B
V
72

Jerzy Konikowski
Uwe Bekemann

Eröffnungen

Englische Eröffnung

Band 1

Symmetrievariante

lesen – verstehen – spielen

Joachim Beyer Verlag

ISBN 978-3-95920-197-1

1. Auflage 2024

Ein Imprint des Schachverlag Ullrich, Zur Wallfahrtskirche 5, 97483 Eltmann

Herausgeber: Robert Ullrich

Zeichenerklärung

!	ein sehr guter Zug
!!	ein ausgezeichneter Zug
?	ein schwacher Zug
??	ein grober Fehler
!?	ein beachtenswerter Zug
?!	ein Zug von zweifelhaftem Wert
+−	Weiß hat entscheidenden Vorteil
−+	Schwarz hat entscheidenden Vorteil
±	Weiß steht besser
∓	Schwarz steht besser
⩲	Weiß steht etwas besser
⩱	Schwarz steht etwas besser
=	ausgeglichen
∞	unklar, mit beiderseitigen Chancen
=/∞	mit Kompensation für den materiellen Nachteil
↑	mit Initiative
→	mit Angriff
⇄	mit Gegenspiel
Δ	mit der Idee
⌓	besser ist
x	schlägt
+	Schach
#	matt

Vorwort

Die Englische Eröffnung kann entstehen, wenn Weiß früh seinen c-Bauern nach c4 führt. Oft passiert dies allerdings nicht gleich im ersten Zug mit 1.c2-c4, sondern unter einer Zugumstellung im Anschluss an Zugalternativen wie beispielsweise 1.♘f3. Schon diese Möglichkeit deutet die Flexibilität an, die sich Weiß mit der Wahl dieser Eröffnung verschafft.

Unter diesem Aspekt ist es zudem wichtig, dass es leicht zu einem Übergang in andere Systeme kommen kann, beispielsweise das Damengambit und die Königsindische Verteidigung. Selbst bestimmte Linien aus der Sizilianischen Verteidigung können auf diesem Umweg erreicht werden.

Die Schwarz zur Verfügung stehenden Hauptantworten sind 1...c5, 1...e5 und 1...♘f6. Unsere Arbeit haben wir mit der Absicht begonnen, das komplette System in einem einzigen Buch zu behandeln. Zunächst haben wir uns auf die Fortsetzung 1...c5 konzentriert, die zur sogenannten Englischen Symmetrievariante führt. Als wir uns dem Abschluss der Erörterung dieser Spielweise näherten, wurde absehbar, dass wir bei einer gleichbleibenden Erläuterungstiefe nicht alle drei genannten Hauptfortsetzungen für Schwarz in einem Buch würden unterbringen können. Wir haben uns deshalb entschieden, die Ergebnisse unserer Arbeit in zwei Bände aufzuteilen. Dem nunmehr veröffentlichten ersten Band zur Symmetrievariante soll baldmöglichst der zweite Band mit den anderen Wegen in die Englische Eröffnungen folgen.

Wie für viele andere Eröffnungen ist auch für die Englische Eröffnung festzustellen, dass sich die meisten Theoriewerke an den fortgeschrittenen Spieler richten. Einsteiger können von diesen schnell überfordert werden. Mit dem vorliegenden Werk setzen wir unsere Buchreihe nach dem Motto ‘lesen – verstehen – spielen’ fort. Entsprechend wollen wir mit ihm gerade den unerfahrenen und noch weniger spielstarken Schachfreund erreichen. Wir haben deshalb allerhöchsten Wert auf die Darstellung der Ideen und Pläne, die sich mit der Eröffnung verbinden, gelegt. In den Hauptlinien soll grundsätzlich jeder Zug erläutert werden, der für das Verständnis der Eröffnungswege von Belang ist. Unsere Leser sollen wissen, warum sie einen Zug spielen und warum gerade dieser in der aktuellen Stellung angebracht ist.

In erster Linie haben wir unser Buch, den Band 1 zur Englischen Eröffnung, für die folgenden Zielgruppen geschrieben:

1. Anfänger im Schach, die schon die Regeln sicher beherrschen und die Grundzüge einer geordneten Spielführung kennen;
2. Spieler mit etwas Erfahrung, die mit einem begrenzten Aufwand ihr Eröffnungsrepertoire verbessern wollen;
3. Freizeitspieler, die über eine ordentlich gespielte Eröffnung einfach nur Stellungen erreichen wollen, aus denen heraus sie interessante und unterhaltsame Partien spielen können.

Sie werden zukünftig die vorgestellten Systeme in der eigenen Partie mit dem Verständnis einsetzen können, das sie über unsere Arbeit aufgebaut oder weiterentwickelt haben und gut zu spielen wissen. An geeigneten Stellen haben wir für beide Seiten alternative Wege dargestellt, um Wahlmöglichkeiten zur konkreten Spielführung zu eröffnen. Wie in den früheren Büchern unserer Buchreihe haben wir uns erneut bemüht, dem Leser Standardideen anzubieten, auf die er in geeigneten Situationen immer wieder zurückgreifen kann.

Und natürlich haben wir unser Augenmerk auf beide Parteien gerichtet; unsere Leser sollen unabhängig von der Figurenfarbe gut in die Partie kommen.

Wir wünschen Ihnen viel Freude an unserem Buch und viel Spaß und Erfolg in Ihren Partien! Wenn wir ein wenig beim Erreichen Ihrer Ziele helfen können, hat sich unsere Arbeit gelohnt.

Einführung zur Englischen Eröffnung

1.c4

Mit diesem Zug wird die *Englische Eröffnung* eingeleitet. Ihr Name geht auf ein Match zurück, das 1843 zwischen dem Franzosen Pierre Charles Fournier de Saint-Amant (1800–1872) und dem Engländer Howard Staunton (1810–1874) geführt worden ist. Darin wendete Staunton den damals seltenen Zug 1.c4 nicht weniger als sechs Mal an. Seine Popularisierung schritt aber erst ab den 1920er Jahren voran. Zwischenzeitlich war – vor allem in Deutschland – die Bezeichnung *Bremer Partie* für diese Spielweise geläufig. Der Bremer Spieler Carl Carls (1880–1958) setzte sich für diesen Namen ein. Weil er selbst kontinuierlich mit 1.c4 eröffnete, gab er einem Spaßvogel die Gelegenheit zu einem Scherz. Dieser klebte den c-Bauern vor einer Partie am Brett fest, so dass Carls alle Figuren durcheinander wirbelte, als er seinen geliebten Eröffnungszug ausführen wollte.

Ein Vorteil des Zuges 1.c4 liegt darin, dass er variabel ist. Weiß besetzt nicht eines der Zentralfelder mit einem Bauern, sondern nimmt darauf mittels seines c-Bauern Einfluss. In der Folge kann sich das Duell in der Theorie der Englischen Eröffnung oder auch in andere Systeme entwickeln, so etwa in das Damengambit, in indische Systeme und sogar in Bereiche der Sizilianischen Verteidigung.

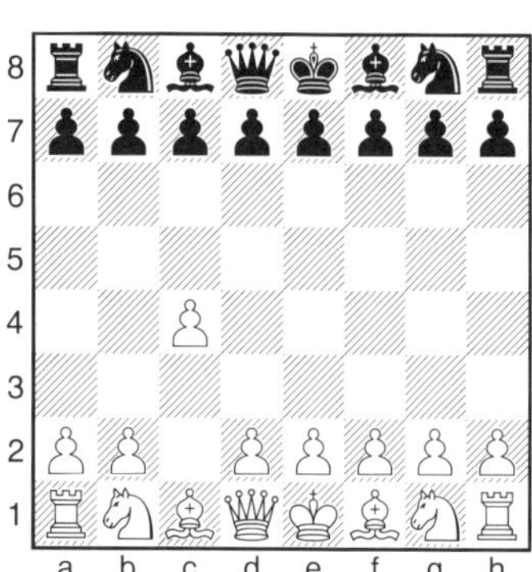

Als Hauptvarianten sind nun möglich und werden entsprechend von uns vorgestellt:

1...c5 **(Band 1).**

1...e5 und 1...♘f6 **(Band 2)**.

Wenn sich das Spiel nicht oder nicht direkt in die Hauptvarianten bewegt, können sich beispielsweise die folgenden Entwicklungen ergeben. Unter Zugumstellungen kann dabei auch nachträglich eine der in den verschiedenen Kapiteln behandelten Hauptvarianten auf das Brett kommen, z.B. via 1...g6.

I. 1...c6 ist eine Option für den Spieler, der den Gegner aus den Hauptvarianten ziehen und zugleich die Möglichkeit offenhalten möchte, dass sich die Partie in andere Systeme entwickelt. So ist ein Übergang zu verschiedenen Systemen vom Damengambit bis Caro-Kann möglich.

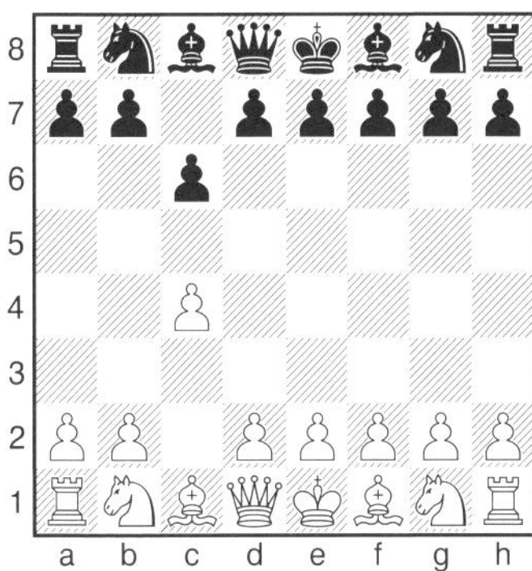

2.e4

(Die Folge 2.d4 d5 führt zur Slawischen Verteidigung, die wir in unserem Buch Eröffnungen – Damengambit, lesen – verstehen – spielen, Joachim Beyer Verlag 2020, ausführlich vorgestellt haben.

Möglich ist auch 2.g3 mit Übergang sowohl zu verschiedenen Varianten der Englischen Eröffnung, die wir im Verlauf des Buches weiter erörtern werden, als auch zu Systemen, die wir im Band über das Damengambit besprochen haben.

Die Vorstellung einiger weiterer Eröffnungspläne ist für den Folgeband vorgesehen.

2.♘f3 wird an dieser Stelle in der Praxis am häufigsten gewählt. Regelmäßig lenkt das Spiel unter Zugumstellung in die von uns behandelten oder angesprochenen Varianten und Systeme wieder ein.)

2...d5 ist die beste und deshalb auch mit Abstand am häufigsten von Schwarz gewählte Alternative. Sie führt zur sofortigen Klärung der Lage im Zentrum.

3.exd5 cxd5

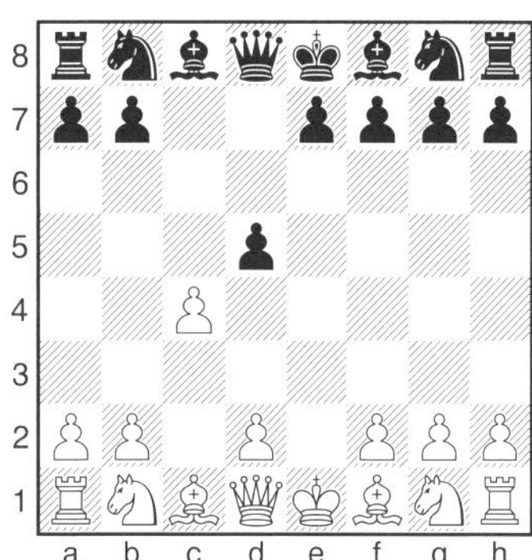

Nach 4.cxd5 wird erkennbar, dass Weiß bei der Wahl dieses Eröffnungsweges bereit ist, mit einem isolierten Damenbauern zu spielen.

(4.d4 überführt die Partie in die Caro-Kann-Verteidigung. Nach den weiteren Zügen 4...♘f6 5.♘c3 ist der Panow-Angriff in diesem Verteidigungssystem auf dem Brett entstanden.)

4...♘f6 5.♘c3 ♘xd5 6.♘f3 ♘c6

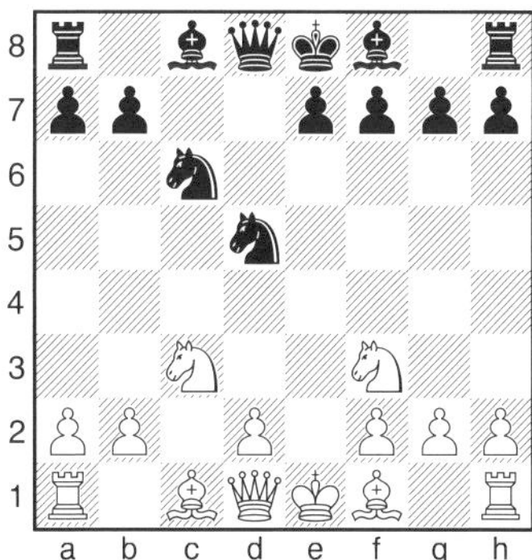

Wir bewegen uns weiter in einem Areal, dessen Stellungen auch über andere Eröffnungswege entstehen können. Dies soll uns aber nicht daran hindern, sie unter der Überschrift „Englische Eröffnung“ zu betrachten.

A) 7.♗b5 wird am häufigsten gespielt. Zu beachten sind aber auch die Alternativen 7.♗c4 und 7.d4, die wir uns deshalb im Anschluss auch kurz anschauen wollen.

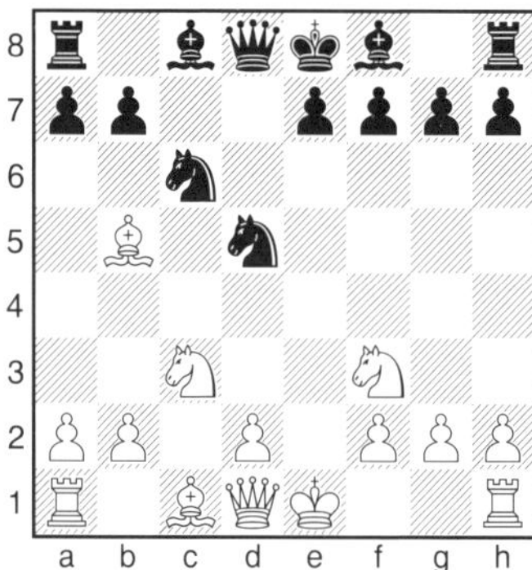

7...e6 Hier dient der Schritt mit dem e-Bauern insbesondere der Aktivierung des ♗f8. Er wird uns an verschiedenen weiteren Stellen des Buches und mit dann gelegentlich auch anderen Ideen verknüpft begegnen. So werden wir ihn beispielsweise auch als Räumung eines Entwicklungsfeldes für den ♘g8 kennenlernen, wenn Schwarz den ♗f8 ins Fianchetto führen will und der Springer sich ihm nicht auf f6 vor die Nase stellen soll.

8.0–0

(Von 8.d4 muss Schwarz sich nicht erschrecken lassen. Der Zug kommt lediglich als Zugumstellung vor. Die weiße Rochade muss sowie kommen, so dass er unbeirrt 8...♗e7 spielen kann, worauf 9.0–0 das Duell in die Variante zurückführt.)

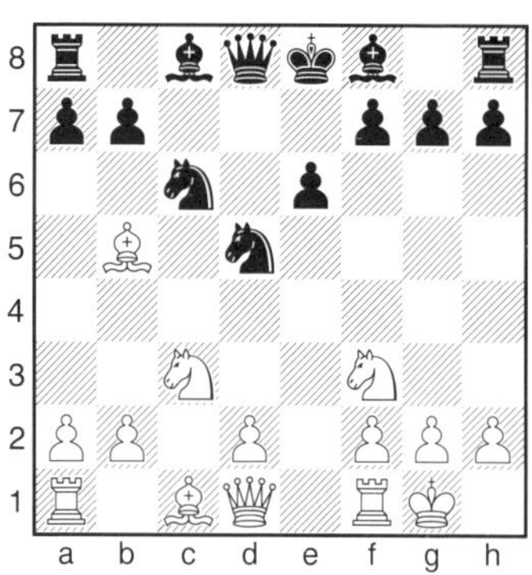

Weitergehen kann es mit den nach allgemeinen Eröffnungsprinzipien gespielten Zügen 8...♗e7 9.d4 0–0 10.♖e1 ♗d7. Der weitere Weg ist nicht vorbestimmt. Schwarz hat aber schon jetzt die Hand am Ausgleich. Er kann ♖a8–c8 folgen und sich von Weiß zeigen lassen, was dieser beabsichtigt, um sich dann auf seine Reaktion festzulegen. Eine häufig gespielte Folge ist nun 11.♗d3 ♖c8 12.♘xd5 exd5 13.♘e5 ♗f6= und Schwarz kann mit seiner soliden Stellung sehr zufrieden sein. Die Ergebnisse aus der Praxis bestätigen ihm, dass er mit gleichwertigen Chancen ausgestattet ist.

B) Nach 7.♗c4 muss Schwarz zur Rettung seines Springers reagieren, aber der weiße Läufer wird sich auch nicht auf c4 ausruhen können.

7...♘b6 8.♗b3

Der Läufer ist mit Tempogewinn nach b3 gelangt, doch hat sich auch der schwarze Springer viel von seiner Energie bewahrt. Mit 8...♗f5 kann Schwarz effizient seine Entwicklung fortsetzen und sich einen etwa gleichen Einfluss auf das Zentrum sichern.

9.d4 e6

Der Bauer hält den ♙d4 auf und macht den Weg für den eigenen Läufer frei.

10.0–0 ♗e7 11.♗e3

Weiß bleibt auf seinem Weg, mit dem Isolani zu spielen, und führt die Aktivierung seiner Kräfte unter gleichzeitiger Stärkung seines Bauern fort.

(Die Alternative, sich mit 11.d5 exd5 12.♘xd5 des isolierten Bauern zu entledigen, lässt viel Fantasie aus der Stellung weichen und bringt Weiß keinen Vorteil. Der Isolani ist vom Brett, die weitere Entwicklung mit 12...♘xd5 13.♕xd5 ♕xd5 14.♗xd5 0–0 lässt das Duell allerdings bereits die Richtung zum Endspiel einschlagen. Mit 15.♗xc6 bxc6 kann Weiß dem Gegner eine Bauernschwäche beibringen, hat allerdings nach 16.♗e3 ♖fd8 nicht mehr als Ausgleich erreicht.)

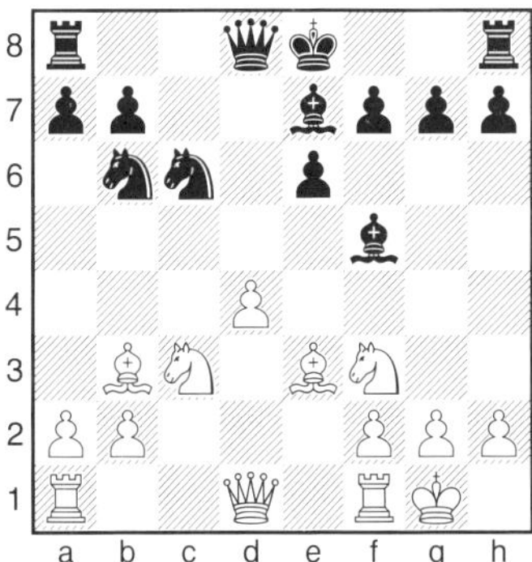

Nach 11...0–0 stehen beide Parteien vor dem Abschluss ihrer Entwicklung, ihre Chancen sind etwa gleich. Weitergehen kann es beispielsweise mit 12.♘e5, einer Fortsetzung, die in der Turnierpraxis am häufigsten gewählt wird.

(Im Falle von 12.d5 kann Schwarz den ♙d5 sowohl mit dem Bauern als auch mit dem Springer schlagen.)

Nach 12...♘a5 13.♗c2 ♗xc2 14.♕xc2 ♖c8 ist Schwarz ohne besondere Probleme zu einem aktiven Spiel gekommen.

C) 7.d4

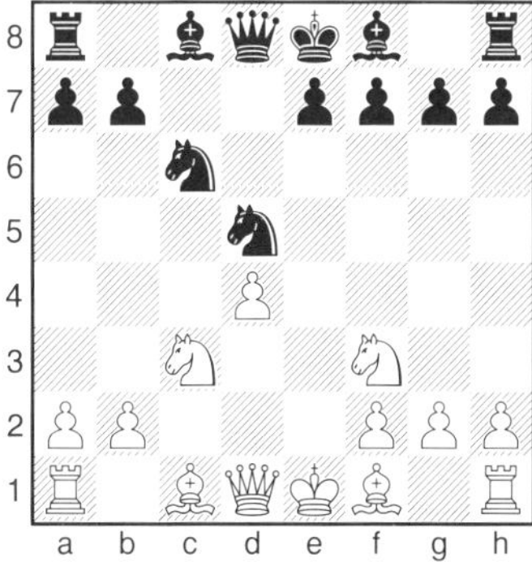

Vor uns liegt eine typische Caro-Kann-Stellung, die auf herkömmlichem Weg über die Zugfolge 1.e4 c6 2.d4 d5 3.exd5 cxd5 4.c4 ♘f6 5.cxd5 ♘xd5 6.♘f3 ♘c6 7.♘c3 entsteht.

7...♗g4

(7...e6 lässt die Eröffnung noch einmal das Gewand wechseln. Über 8.♗d3 ♗e7 9.0–0 0–0 10.♖e1 ♗f6 11.♗e4 ♘ce7 entsteht eine Stellung aus der *Verbesserten Tarrasch-Verteidigung* im Damengambit, die wir ebenfalls in unserem oben genannten Buch zum Damengambit behandelt haben.)

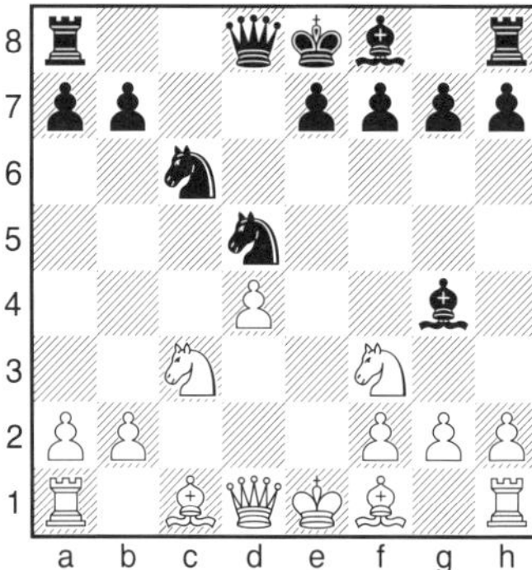

Die Fortsetzung 8.♕b3, die das Entstehen eines Doppelbauern auf der f-Linie zulässt, wird mit großem Abstand am häufigsten gespielt. Für das Zugeständnis der Schwächung seiner Bauernstellung erhält Weiß eine anderweitige Kompensation.

(Die eher passiv ausgelegte Reaktion 8.♗e2, mit der Weiß die Fesselung des Springers auflöst und den Doppelbauern verhindert, lässt Schwarz problemlos ausgleichen. Ein plausibler Fortgang wird über die Zugfolge 8...e6 9.0–0 ♗e7 10.h3 ♗h5 11.♕b3 ♕b6 möglich.)

8...♗xf3 9.gxf3

(Auf 9.♕xb7 gewinnt 9...♘db4!.)

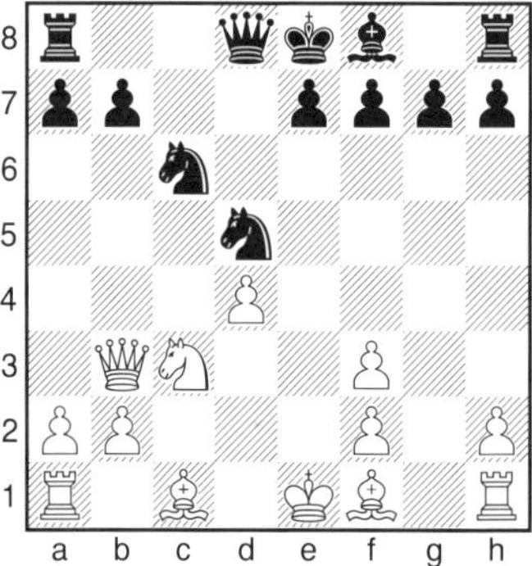

C1) Nach 9...e6 gibt es für Weiß zu dem forschen weiteren Vorgehen mit 10.♕xb7 keine echte Alternative.

(Wenn er mit 10.♗e3 die Lage zu sichern versucht, spielt er Schwarz in die Hände. Nach 10...♗b4 11.♗b5 0–0–+ hat Schwarz schon früh eine Gewinnstellung erreicht.)

Auch für Schwarz kommt nur ein weiterer offener Schlagabtausch in Betracht. 10...♘xd4 11.♗b5+ ♘xb5 12.♕c6+ ♔e7 13.♕xb5

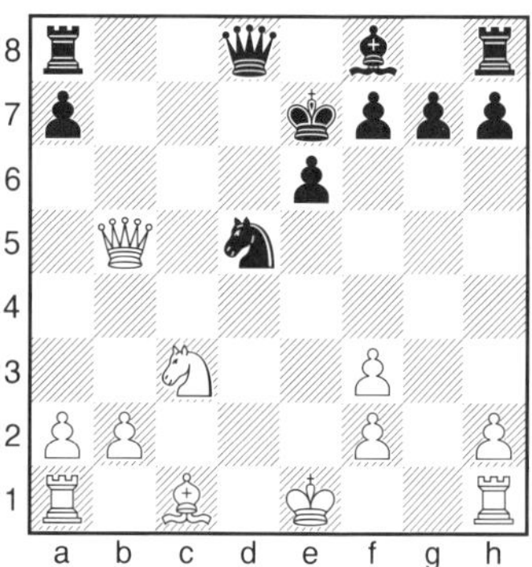

13...♕d7

Bis hier enthält die Variante als zwingend bzw. dringend anzuraten einzuschätzende Züge. Wir möchten den Leser aber animieren, sich an den Stellen 12.♕c6+ und 13...♕d7 einmal nach Alternativen umzuschauen und sich dabei klarzumachen, warum bis auf seltene Ausnahmen doch genau in der von uns dargestellten Variante gespielt wird.

Das Duell kann nun einen kurzen Weg ins Endspiel nehmen, und zwar über die Fortsetzung 14.♘xd5+ ♕xd5 15.♕xd5 exd5 16.♗e3 ♔e6 17.0–0–0

♗b4 18.♔b1 ♖hc8. Ohne ein „echtes“ Mittelspiel ausgefochten zu haben, können sich die Kontrahenten nun in einem ausgeglichenen Endspiel messen.

C2) 9...♘xc3

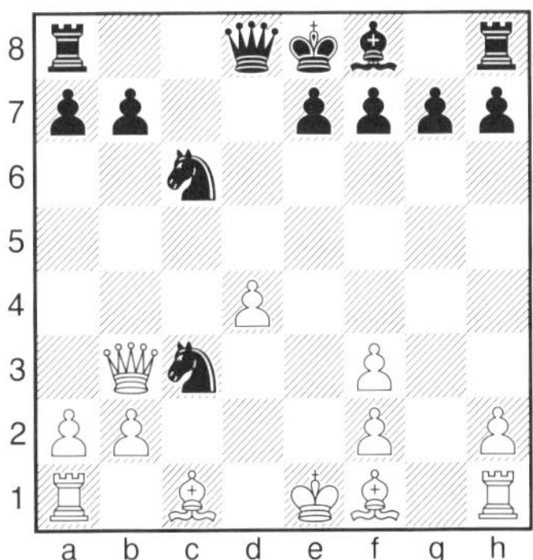

Diese Entscheidung ist nicht zu empfehlen.

10.♕xb7

(Stark ist auch allerdings 10.bxc3!?.)

Zur Bestätigung unserer Einschätzung fügen wir die folgende Variante an: 10...♘xd4 11.bxc3 ♘c2+ 12.♔e2 ♖b8 13.♕c6+ ♕d7 14.♕xd7+ ♔xd7 15.♗f4 ♖b2 16.♖d1+ ♔c6 17.♗c1 ♖xa2 18.♖d2 e6 19.♔d1 mit Materialgewinn.

II. Die Fortsetzung 1...e6 hat nur wenig eigenständige Bedeutung. Sie wird meist mit der Absicht einer Zugumstellung gespielt.

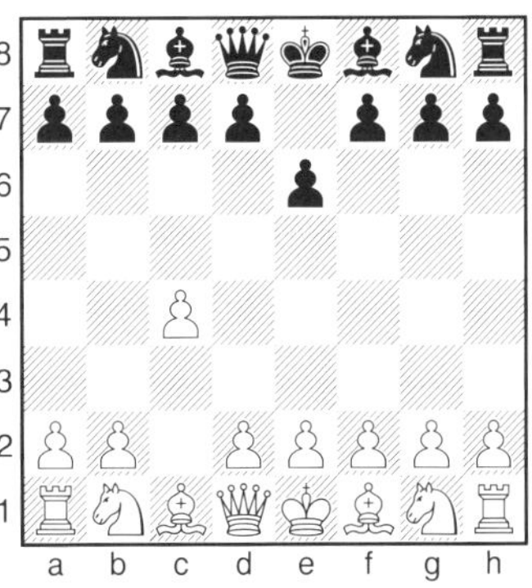

A) 2.♘c3 d5

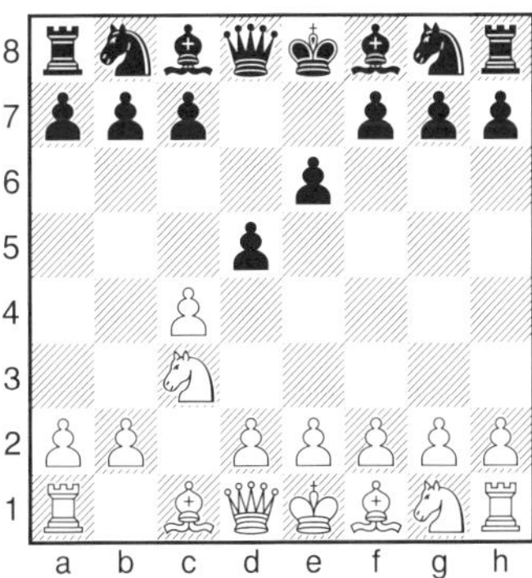

3.b3 Mit dieser Spielweise stimmt Weiß grundsätzlich einem beiderseitigen ruhigen Aufbau zu.

(3.d4 ♘f6 4.♗g5 führt ins Damengambit.)

Die aus reinen Entwicklungszügen bestehende Variante 3...♘f6 4.g3 c6 5.♗g2 ♗e7 6.♗b2 0–0 7.♘f3 ♘bd7 8.0–0 b6 9.d3 ♗b7 zeigt einen beispielhaften, zugleich aber auch typischen

Verlauf an. Schwarz ist problemlos zu einer soliden Aufstellung gekommen. Die weiße Stellung ist reif für ein aktives Vorgehen im Zentrum mit 10.e4. Die Statistik weist einen deutlichen Erfolgsüberhang für ihn aus, wenn auch auf der Basis einer nicht allzu großen Zahl an Partien.

Nach 10...dxe4 11.dxe4 kann Schwarz aber mit 11...e5 eine Alternative wählen, die ihm unseres Erachtens bessere Chancen als der Rest einräumt. Und auch der Computer sieht ihn etwa auf Augenhöhe agierend. Weitergehen kann es beispielsweise mit 12.♕e2 ♖e8 13.♖ad1 ♕c7 14.♖d2 a5 15.♖fd1 ♗f8 und das Ergebnis des Duells ist nicht absehbar. Gute Aussichten verspricht Schwarz die Fortsetzung seines Aufbaus nach dem Schema g7–g6, ♗f8–g7, ♖a8–d8 und ♘d7–f8.

B) 2.♘f3 d5

(Wenn Weiß früh, zum Beispiel wie hier im 2. Zug, ♘g1–f3 spielt, macht er dies zumeist mit der Absicht, seinen Königsläufer zu fianchettieren. Dies antizipierend kann Schwarz präferierte Stellungsmuster anstreben, zum Beispiel mit 2...♘f6 und der möglichen Folge 3.g3 b6 4.♗g2 ♗b7 5.0–0 und nun wird mit 5...c5 6.♘c3 der Übergang ins Kapitel 4 des Buches erreicht – und zwar nach dortiger 6.0–0 in der Hauptvariante.)

3.g3 ist einer der beiden Hauptzüge.

(Die Variante 3.d4 ♘f6 4.♘c3 ♗e7 führt ins Damengambit.

3.cxd5 exd5 4.♘c3 ♘f6 usw. wäre aus weißer Sicht wenig ambitioniert.)

Es kann sich nun eine typische Phase anschließen, während der die beiden Parteien mit den natürlichen Zügen 3...♘f6 4.♗g2 ♗e7 5.0–0 0–0 ihren Königsflügel entwickeln. Ihre weiteren Aufgaben sind vorgezeichnet. Es gilt auch den Damenflügel zu aktivieren und sich genügend Einfluss auf das Zentrum zu sichern.

6.b3

Nach der gegnerischen Rochade wäre ♕d1–a4+ als Antwort auf d5xc4 mit Rückgewinn des ♙c4 nicht mehr möglich. Weiß deckt seinen c-Bauern und macht zugleich den Weg für seinen ♗c1 frei.

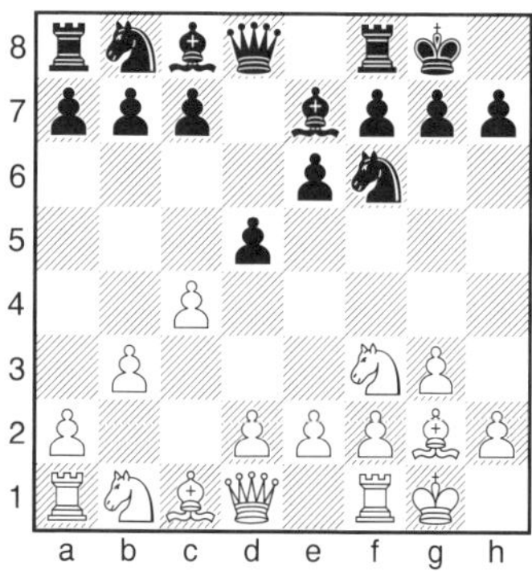

6...c5

Der Bauer greift in den Kampf um das Zentrum ein, bevor ihm der Weg mit ♘b8–c6 verstellt werden kann. Der für Weiß einfachste Weg führt ihn in dieser Reihenfolge seiner Züge über 7.cxd5 ♘xd5 8.♗b2 ♘c6 9.♘c3 nahe an die Erfüllung seiner wesentlichen Eröffnungsaufgaben heran.

9...♗f6 ist die übliche Fortsetzung, mit der Schwarz durch Abtausch und anschließender Verbesserung der Position eigener Kräfte seinen Einfluss auf Augenhöhe hält.

Mit 10.♕c1 übernimmt die Dame die Deckung von Läufer und Springer, ohne sich einer Springeranrempelung von b4 aus auszusetzen.

10...♘xc3 11.♗xc3 e5

Damit wird ein Kerngedanke des jüngsten schwarzen Manövers deutlich. Neben der guten Zentralstellung und einer Verringerung des Einflusses des gegnerischen Läufers auf der Diagonalen a1–h8 hat Schwarz zugleich die Befreiung seines ♗c8 erreicht. Weitergehen kann es beispielsweise mit 12.d3 ♗g4 13.h3 ♗e6 14.♕b2 ♖e8= usw.

C) 2.g3

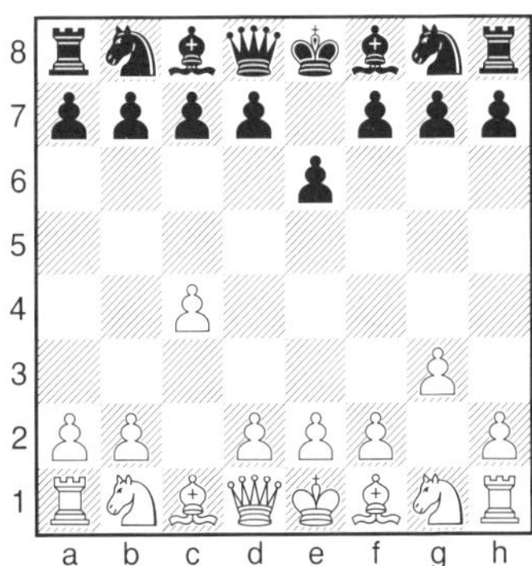

Wenn Schwarz auf diese Wahl nicht mittels 2...d7–d5 oder 2...♘f6 Hauptwege ansteuern will, kann er insbesondere auch auf 2...f5 zurückgreifen. Allzu oft kommt diese Variante in der Praxis allerdings nicht vor. Die Erfolgsstatistik spricht allgemein eindeutig für Weiß. Es gibt aber Wege, auf die sich Schwarz konzentrieren kann, um mehr als das statistisch Wahrscheinliche erreichbar zu machen.

3.♗g2 ♘f6

Hier zeigt sich eine positive Folge des frühzeitigen Bauernvorstoßes. Der Springer kann entwickelt werden und Einfluss auf die weißen Zentralfelder nehmen, wobei er seine beiden schon ins Feld gerückten Bauern unterstützt, ohne dabei den f-Bauern zu verstellen.

4.♘f3

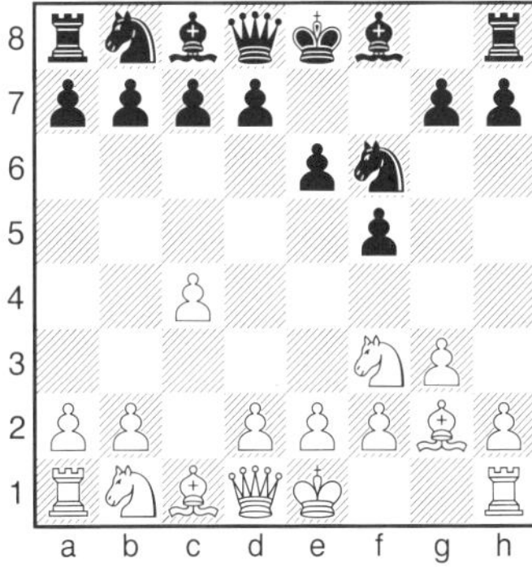

Weiß verfolgt weiter sein Ziel der schnellen Aktivierung seines Königsflügels.

4...d6 ist eine solide Wahl, die das Duell auf Pfaden abseits der Hauptvarianten hält.

(4...c6 mit der Absicht d7–d5 ist eine erwägenswerte, wenn auch nicht problemfreie Alternative.

5.0–0 d5 6.d3 ♗e7 7.b3

Zur harmonischen weiteren Entwicklung der weißen Kräfte trägt das Fianchetto des Damenläufers bei, dem ein wirksames Einsatzfeld auf der langen

Diagonalen a1–h8 winkt, wobei er die weiße Dominanz über die schwarzen Zentralfelder ausbauen kann.

7...0–0 8.♗b2

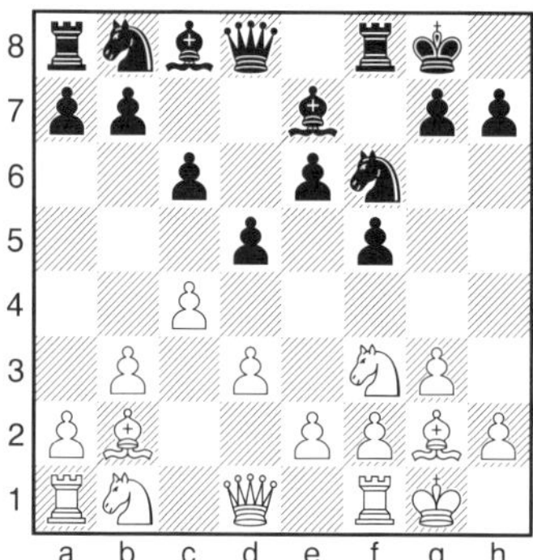

Mit 8...a5 kann sich Schwarz Potenzial auf ein weiteres aktives Vorgehen sichern und Weiß zur Vorbeugung gegen a5–a4 veranlassen, womit die weiße Position am Damenflügel unterminiert werden könnte.

9.a3

Die Probleme für Schwarz, seinen Damenflügel ins Spiel zu bringen, sind nicht zu übersehen. Der ♗c8 beißt auf Granit im eigenen Lager und für den Springer muss noch eine gute Position gefunden werden. Die Lösung kann ein Aufbau mit Überführung des Läufers auf die Diagonale e8–h5 und dem Springer auf c5 sein. Ein Weg dorthin führt über die Variante 9...♘a6 10.♘bd2 ♗d7 11.♕c2 ♗e8± mit nachfolgend ♘a6–c5 und Postierung des ♗e8 auf der erreichten Diagonalen je nach Bedarf.

Weiß hat die Zeit, die sein Gegner für sein Manöver benötigt hat, für die Fortsetzung seiner Entwicklung mit natürlichen Zügen genutzt. Die Praxis bestätigt, dass Schwarz die Partie mit ordentlichen Aussichten führen kann, auch wenn Weiß freier und harmonischer steht.)

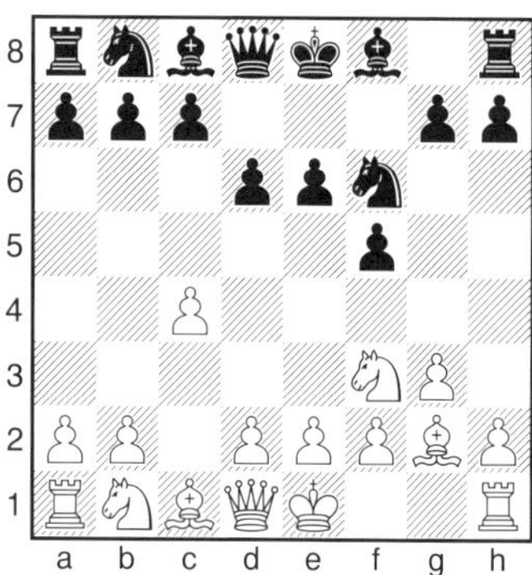

Anschließen kann sich nun eine Passage, in der beide Seiten schlicht auf Entwicklung spielen, insbesondere über die Züge 5.d3 ♗e7 6.♘c3 0–0 7.0–0 ♘c6. Eine Idee für Weiß besteht nun darin, mit 8.♖b1 die Durchsetzung von b2–b4 vorzubereiten und daran festzuhalten, wenn Schwarz mit 8...a5 Gegenwehr leistet.

Nach 9.a3 ist das Fundament für den Bauernvorstoß geschaffen. Schwarz hat eine gute Möglichkeit, sein Gegenspiel am Königsflügel aufzuziehen. Zu diesem Zweck kann er 9...♕e8 spielen, von wo aus die Dame weiter auf den Flügel gebracht werden kann. Nach 10.b4 axb4 11.axb4 ♕h5 sind die Konturen des weiteren Kampfes erkennbar. Weitergehen kann es beispielsweise mit 12.b5 ♘d8 13.♗d2 ♘f7± usw. Auch hier steht Weiß freier, jedoch ist Schwarz nicht ohne Gegenchancen.

III. 1...f5

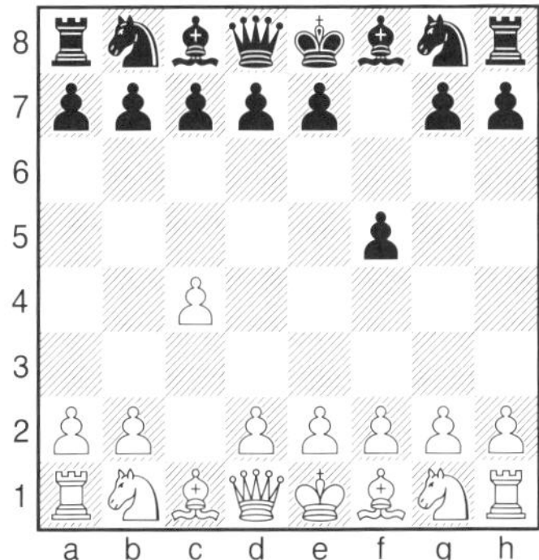

Die hiermit eingeleitete Variante zeigt einige Parallelen zur oben bereits behandelten Variante 1...e6 2.g3 f5 usw. auf. Es ist deshalb lohnenswert, unsere Anmerkungen dort bisweilen auch hier beizuziehen. Mit 1...f5 nimmt Schwarz das Zentrumsfeld e4 unter Kontrolle und bereitet die Springerentwicklung nach f6 vor. Die folgende Entwicklung ist typisch: 2.♘c3 ♘f6 3.g3.

(Die Fortsetzung 3.d4 führt zur *Holländischen Verteidigung*, die wir in einem separaten Band behandeln werden.)

Nach 3...g6 4.♗g2 ♗g7 hat Weiß eine breite Auswahl für seine Fortsetzung. Meistgespielt ist 5.d3.

(Die Alternative 5.d4 würde weiterhin einen Übergang zur Holländischen Verteidigung einleiten können.)

5...0–0 6.e3 d6

Natürlich möchte Weiß kurz rochieren. Zur Vorbereitung kommt die Springerentwicklung nach e2 und grundsätzlich auch nach f3 in Frage.

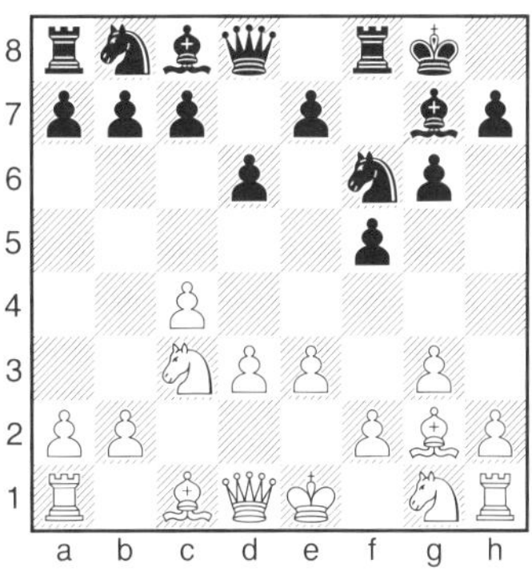

A) 7.♘ge2

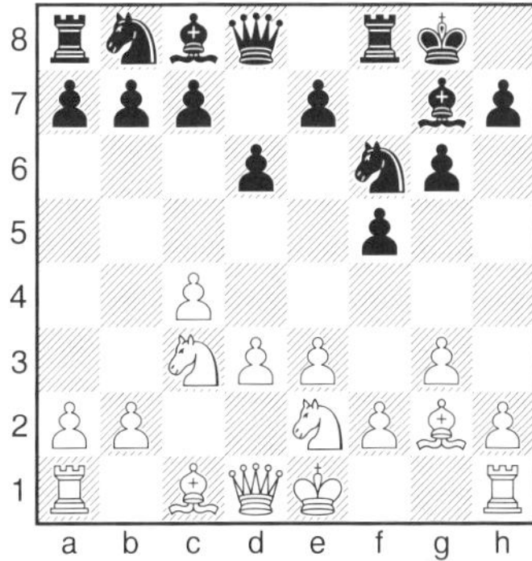

Dies ist die gebräuchliche Fortsetzung. Da der ♗g2 gegen den schwarzen Damenflügel drückt, ist Schwarz weniger frei in seinen Entscheidungen. Zumeist greift er zu einem Aufbau mit dem e-Bauern auf e5 und dem c-Bauern auf c6. Die entsprechenden Züge 7...e5 und 7...c6 können in unterschiedlicher Reihenfolge vorkommen. Sie werden teilweise unmittelbar in direkter Folge ausgeführt, teilweise kommt es zu einem von beiden aber auch zeitverzögert.

Bei der Betrachtung der Alternative 7...e5 gehen wir auf die Folgen ein, die sich einstellen können, wenn die beiden vorgenannten Kandidaten in direkter Folge ausgeführt werden.

(Nach 7...c6 8.0–0 verspricht sich Schwarz von 8...a5 einen doppelten Nutzen. Einerseits übernimmt der Bauer die Kontrolle über das Feld b4, so dass Weiß nicht zu einem schnellen b2–b4 kommt. Anderseits kann er seinen Springer über a6 bis nach c7 entwickeln, ohne dass dieser zwischenzeitlich den a-Bauern verstellt und ihn an einem rechtzeitigen Eingriff in den Kampf um b4 hindern kann.

Mit seinen beiden nächsten Zügen arbeitet Weiß darauf hin, den Vorstoß seines b-Bauern umsetzen zu können.

9.♖b1 ♘a6 10.a3

Schwarz hat seinem Gegner die Umsetzung seines Plans am Damenflügel maximal erschwert, so dass jetzt Zeit für den eigenen Vorstoß 10...e5 ist. Nach beispielsweise 11.b4 axb4 12.axb4 ♘c7 13.b5 ♗d7 hat Schwarz sich gute Konterchancen erarbeitet.)

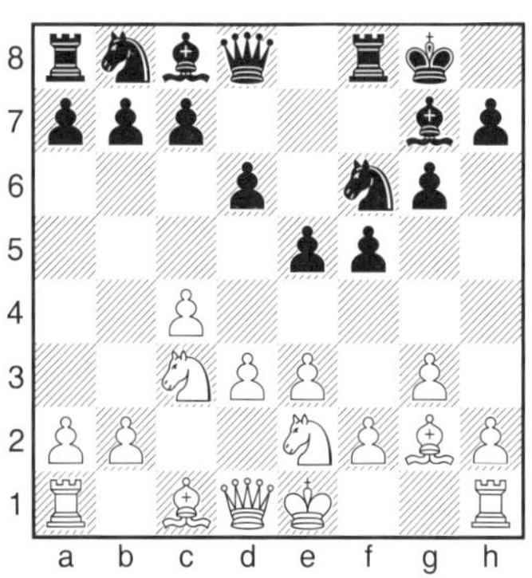

8.0–0 c6 9.♖b1 a5 10.a3 ♗e6

(Nun würde 10...♘a6 11.b4 in die Variante mit dem zeitverzögerten Zug e7–e5 führen, was die nahe Verwandtschaft beider Spielweisen unterstreicht.)

Nach 11.b4 axb4 12.axb4 garantiert 12...d5! Schwarz ein gutes Spiel.

B) Nach 7.♘f3 errichtet Schwarz mit 7...e5 ein starkes Bauernzentrum.

(7...e6 geht auch, aber es gibt wenig Grund dafür, diese bescheidenere Entwicklung dem Vorstoß d7–d5 vorzuziehen. Ein solcher ist, dass Schwarz das Feld d5 besser unter Kontrolle hält und damit auch den König vor Flankenangriffen schützt.

Nach 8.0–0 hat Weiß seinen König gesichert und kann nun auf dem Damenflügel nach dem bewährten Muster ♖a1–b1 und b2–b4 vorgehen, ggf. mit Unterstützung durch a2–a3. Schwarz muss sehen, dass er seinen Damenflügel aktiviert bekommt.

8...♕e7 9.♖b1 a5 10.a3 ♘c6 11.b4 axb4 12.axb4 ♗d7

Beide Seiten haben ihre Zwischenziele erreicht. Weitergehen kann es mit 13.b5 ♘d8. Das Manöver ♘d8–f7 und g6–g5 kann Schwarz zur Einleitung seines Gegenspiels am Königsflügel nutzen.)

8.0–0 ♘c6

Insbesondere von der Stellung des schwarzen c-Bauern abgesehen weist das aktuelle Stellungsbild eine deutliche Ähnlichkeit zu Positionen auf, die wir im Kapitel 3 behandeln. Dort ist der Vorstoß b2–b4 eine häufige Option für Weiß. Sie ist auch hier gegeben und kann mit 9.♖b1 vorbereitet werden.

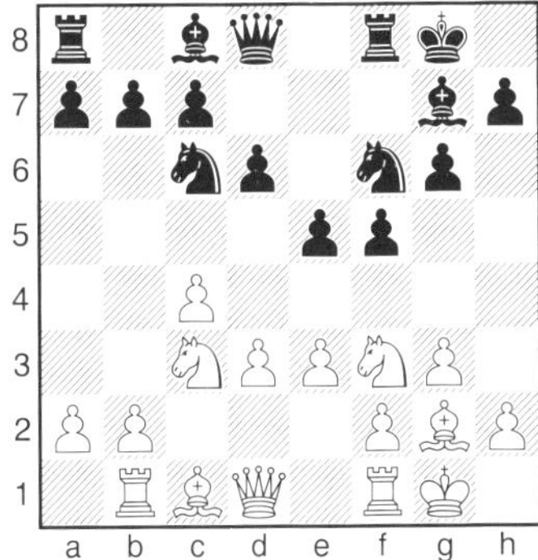

B1) Da Schwarz auf c5 keinen Bauern stehen hat, könnte der weiße Bauer nun im nächsten Zug vorpreschen, was Schwarz aber mit 9...a5 zumindest erst mal verhindern kann.

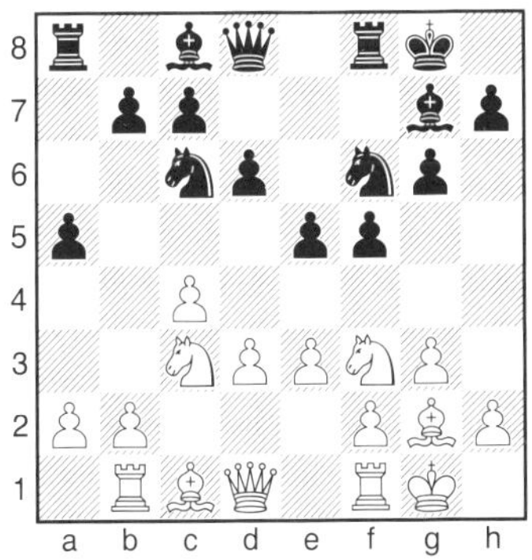

Wenn Weiß an seinem Vorhaben festhält, muss er also zusätzliche Zeit investieren. Nach 10.a3 lässt sich der b-Bauer nicht weiter zurückhalten und Schwarz kann sich der Umsetzung seines Plans mit h7–h6 und g6–g5 widmen.

10...h6 11.b4 axb4 12.axb4 g5 und nach 13.b5 ♘e7 nebst ♘e7–g6 kommt Schwarz zu einem aktiven Spiel auf dem Königsflügel.

B2) Es stellt sich die Frage, ob Schwarz gut beraten ist, wenn er Weiß am Damenflügel gewähren lässt und mit 9...h6 seine eigenen Ambitionen am Königsflügel verfolgt. Er liebäugelt mit g6–g5. Sollte er sich eventuell nach 10.b4 zunächst mit der gegnerischen Aktion auf der anderen Seite befassen oder kann er unbeeindruckt weiter an seinem Angriff arbeiten?

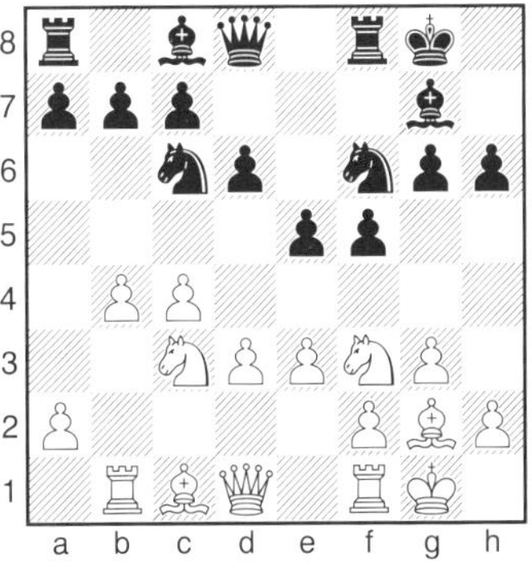

Die folgenden Varianten zeigen, dass ihm beide Möglichkeiten offenstehen.

10...♗e6

(10...a6 11.a4!?;

10...g5 macht Weiß keine Zugeständnisse auf der anderen Seite. Wie nach 10...♗e6 kann er seinen a- und seinen b-Bauern nach vorne treiben, so dass es zum Fortgang mit 11.b5 ♘e7 12.a4 kommt. Nach 12...♗e6 13.♘d2 ♖b8 mit Rückkehr in die Variante nach 10...♗e6 wird deutlich, dass 10...g5 kaum mehr Bedeutung als eine mögliche Zugumstellung hat.)

11.b5 ♘e7 und nun beispielsweise 12.♘d2 ♖b8 13.a4 g5 mit einer sich ergebenden sowohl komplexen als auch komplizierten Lage.

IV. Mit 1...g6 Zug leitet Schwarz das Fianchetto seines Königsläufers ein. Da dieses ein Element einer unbestimmten Anzahl an Spielweisen ist, lässt sich aus seiner Wahl nicht ableiten, wohin die Reise gehen wird. Allgemein lässt sich feststellen, dass dieser Zug Weiß viel Gestaltungsspielraum lässt.

2.♘c3 ♗g7

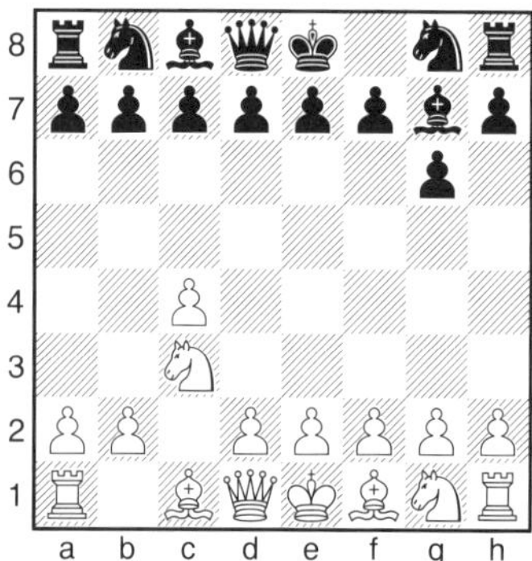

Die Hauptfortsetzungen für Weiß sind nun 3.g3 und 3.d4.

A) Mit der Wahl von 3.g3 gibt er zu erkennen, dass er das Spiel zumindest zunächst im Bereich der Englischen Eröffnung halten möchte.

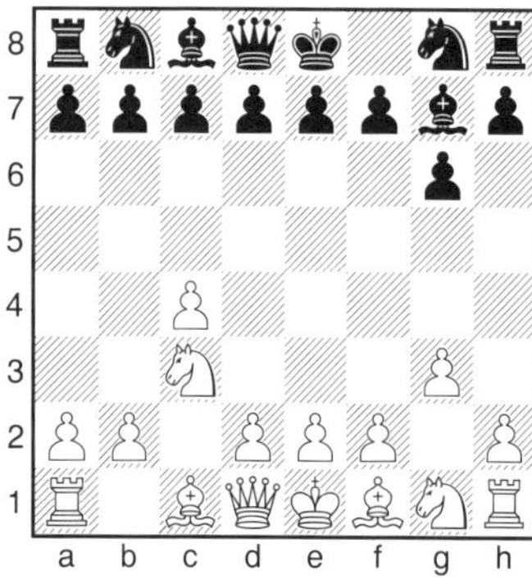

A1) 3...d6

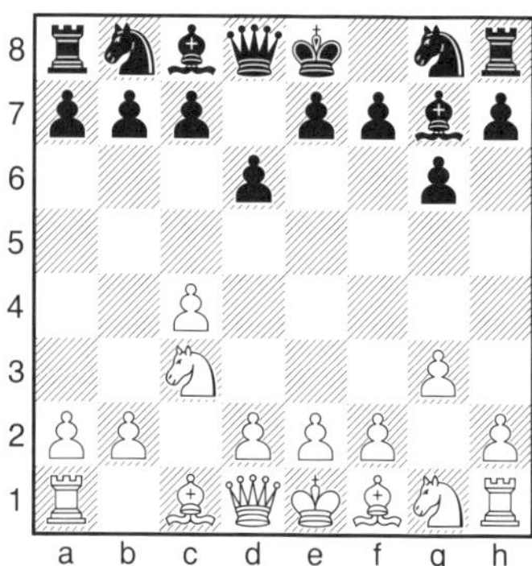

Mit diesem Aufbau lehnt sich Schwarz an Systeme wie *Moderne Verteidigung* und *Pirc-Ufimzew-Verteidigung* an, die allerdings im Anschluss an e2–e4 gewählt werden.

A1a) 4.♗g2

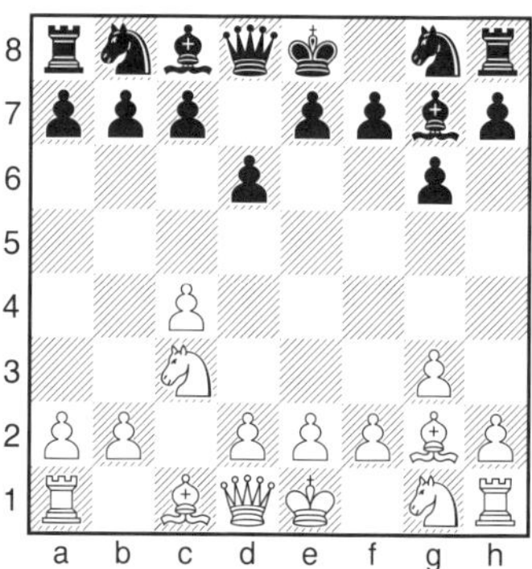

Beide Parteien streben zunächst eine gute Entwicklung an, bevor sie in Konflikt treten wollen. Entsprechend kann es zu einem ruhigen und beispielhaften Fortgang mit 4...♘c6 5.e4 e5 6.♘ge2 ♘ge7 7.0–0 0–0 8.d3 kommen, bevor Schwarz mit 8...f5 eine erste Bauernspannung schafft. Der typische Fortgang mit 9.♘d5 ♗e6 10.♗e3 ♕d7 hält die Stellung im Gleichgewicht, so dass die Kontrahenten ein Kampf auf Augenhöhe im Mittelspiel erwartet.

A1b) Eine eventuelle Hoffnung von Weiß, mit 4.d4 einen Vorteil erreichen zu können, kann Schwarz einfach mit 4...e5 enttäuschen.

5.dxe5 (5.d5 f5!?) 5...♗xe5 6.♘f3 ♗g7 7.♗g2

Nun sollte Schwarz zunächst die Entwicklung seines Königsflügels abschließen und dabei seinen König aus der Mitte bringen. Dies kann über 7...♘e7 8.0–0 0–0 geschehen. Damit hat er die Hand am Ausgleich. Folgen kann beispielsweise 9.♗g5 h6 10.♗d2 ♘bc6 11.♕c1 ♔h7= und Schwarz behält alles unter Kontrolle.

A2) Wenn Weiß 3...c6 zulässt, soll d7–d5 folgen.

4.♗g2

(Die Variante 4.d4 d5 5.cxd5 cxd5 6.♗g2 führt in die Grünfeld-Indische Verteidigung mit weißem Königs-Fianchetto.)

Nach 4...♘f6 könnte der d-Bauer nach d5 gezogen werden, doch mit 5.e4 vereitelt Weiß dieses Vorhaben. Am leichtesten für Schwarz zu spielen ist nun der Aufbau mit 5...e5. Der Bauer stoppt sein Gegenüber und kontrolliert die Felder d4 und f4. Auf dem Weg 6.♘ge2 0–0 7.0–0 d6 8.d3 können beide Seiten ihre natürliche Entwicklung fortsetzen.

(Nach 8.d4 kann sich Schwarz entscheiden, ob er den Bauern schlagen oder die Spannung mit 8...♘bd7 aufrechterhalten will. Beide Alternativen sind gut.)

8...a6

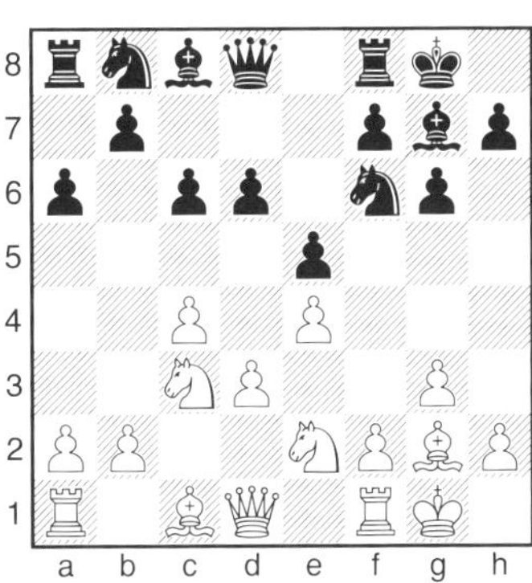

Schwarz hofft auf die Möglichkeit zu b7–b5, doch mit 9.a4 wird sie von Weiß vereitelt. Nach dem Prinzip „wie du mir, so ich dir“ nimmt Schwarz mittels 9...a5 nun ebenfalls den Traum vom Vorstoß seines b-Bauern wahr. Nun ist Zeit zu 10.h3 zur Sicherung des Feldes g4.

Nach 10...♘a6 soll der Springer nach c5 gebracht werden. Dies verhindert Weiß mit 11.♗e3, so dass Schwarz zusätzliche Figurenkraft braucht, um c5 doch besetzen zu können. Nach 11...♘d7 sieht 12.f4 gut aus für Weiß, in der Praxis aber hat er überwiegend schlechte Erfahrung mit diesem Vorgehen gemacht.

(Eine interessante Alternative kann 12.d4 sein. Die Folgen sind nicht abschließend abschätzbar. Plausibel weitergehen kann es aber mit 12...♘b4 13.♕d2 exd4 14.♘xd4 ♘c5 15.♖ad1 ♖e8 mit einer komplizierten Lage. Die Idee 12.d4 lohnt eine weitere Untersuchung und den Test in der Praxis.)

Dem Vorstoß mit dem f-Bauern folgen kann beispielsweise 12...♘dc5 13.f5

♘b4 und Schwarz steht gut. Wenn Weiß zu 14.d4 greift und den Springer vertreibt, flüchtet dieser nicht, sondern geht mit 14...♘cd3 weit ins weiße Lager vor.

B) Die Zugfolge 3.d4 d6 4.e4 lässt eine Struktur entstehen, die stark an die Königsindische Verteidigung erinnert. Und tatsächlich liegt diese in der Luft. Ob sie auf das Brett kommt, liegt an Schwarz. Mit 4...c5 bleibt er in der Englischen Eröffnung und will die Lage in der Mitte sofort klären.

(Mit 4...♘f6 überführt er das Spiel in die Königsindische Verteidigung, die wir in unserem Buch Eröffnungen – Königsindische Verteidigung, lesen – verstehen – spielen, Joachim Beyer Verlag 2019, behandelt haben.)

5.d5

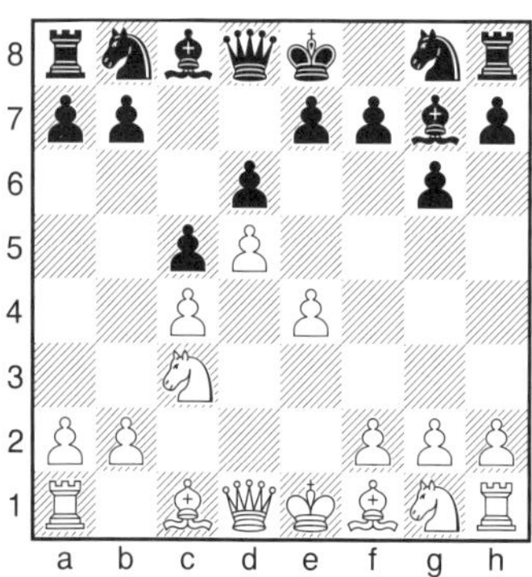

Dies ist die beste Lösung für Weiß. Entsprechend wird sie mit großem Abstand am häufigsten gespielt.

5...e6

(Ein interessanter Plan, bei dessen Wahl Schwarz darauf setzt, den Damenflügel zumauern zu können, wird mit 5...♗xc3+!? eingeleitet. Nach 6.bxc3 e5 ist das Zentrum erst mal geschlossen, und auf dem Damenflügel kann Weiß kaum aktiv werden.

Während er seinen Königsflügel entwickelt, kann sich Schwarz für ein Vorgehen auf der anderen Seite präparieren. Unter diesem Ansatz kann es beispielsweise zum Fortgang mit 7.♗d3 ♘d7 8.♘e2 ♕e7 9.0–0 ♘gf6 kommen.

10.f3

Wohin mit dem ♗c1? Weiß will ihn nach e3 führen, und, um ihn dort vor einer Anrempelung durch den gegnerischen Springer von g4 aus zu schützen, sperrt er dieses Feld mit seinem f-Bauern. Und wo findet der schwarze König einen sicheren Unterschlupf? Er findet ihn auf dem Damenflügel. Die Idee zu der Wanderung 10...♔d8 11.♗e3 ♔c7 stammt aus der Praxis. Folgen kann b7–b6, a7–a5 usw. Die Stellung ist als unklar einzuschätzen.)

Anschließen kann sich eine aus den natürlichen Entwicklungszügen 6.♘f3 ♘e7 7.♗e2 0–0 8.0–0 ergebende Passage. 8...exd5 ist der direkteste Weg, aber manchmal wird zuvor a7–a6 gespielt und erst auf die mehr oder weniger erzwungene Reaktion a2–a4 auf d5 geschlagen. Grundsätzlich ist dies ohne Bedeutung, wenn Schwarz sich ohnehin auf den Schritt mit dem a-Bauern festgelegt hat.

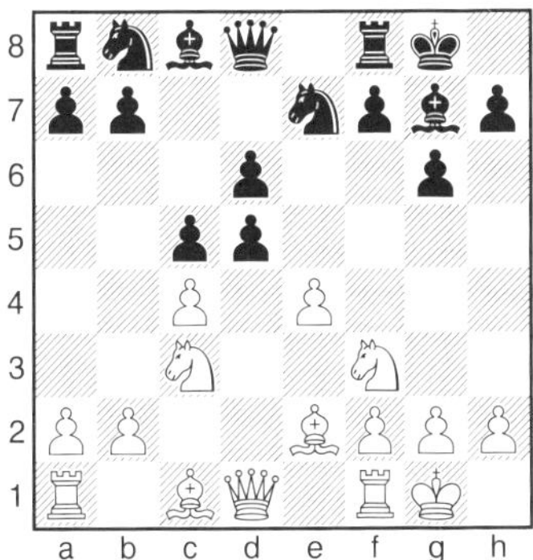

9.cxd5

(Im Falle von 9.exd5 kann Schwarz gut eine Variante mit 9...♗g4 spielen, wobei er grundsätzlich beabsichtigt, den nicht leicht zu aktivierenden und dann auch aktiv zu haltenden Läufer abzutauschen#.

Mit 10.♗f4 entwickelt Weiß seinen Läufer so, dass er zugleich die schwarze Schwachstelle d6 ins Visier nimmt.

10...♘f5

Da der Läufer ohnehin nicht zurückgezogen werden soll, kann der Springer ihm den Weg bedenkenlos versperren. Nach h2–h3 gibt Schwarz den Läufer wie grundsätzlich beabsichtigt auf. Schwarz muss damit rechnen, dass sein Gegner die Schwachstelle d6 weiter unter Beschuss nimmt, insbesondere mittels ♘c3–e4. Vor diesem Hintergrund dient der Springerzug nach f5 nicht allein einer Verbesserung der Position des Springers, die er ggf. in der Zukunft auch zu einem Weiterziehen nach d4 nutzen kann, sondern auch dem Parieren der weißen Drohung unter Beteiligung des ♖f8.

11.h3 ♗xf3 12.♗xf3 ♖e8 13.♘e4 ♗e5

Mit der Unterstützung seines Turms kann sich der Läufer seinem weißen Gegenüber entgegenstellen, ohne dass ein Abtausch auf e5 zu einem weißen Freibauern auf der d-Linie führt.

14.♗xe5 ♖xe5 15.♖e1 ♘d4 und Schwarz hat sich ein gutes Spiel verschafft. In der Folge kann er sich weiter mittels f7–f5 und ♘b8–d7 oder auch mit ♕d8–e7!? und ♘b8–d7 entwickeln.)

B1) 9...a6

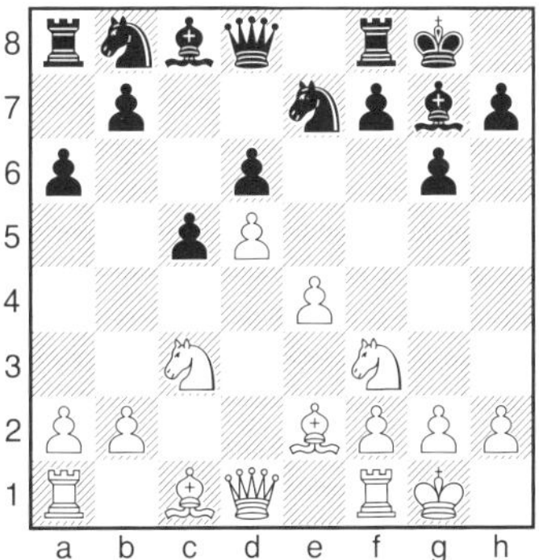

10.a4

In unserem Buch werden uns etliche Male und für beide Seiten Manöver begegnen, mit denen der jeweilige b-Bauer im Doppelschritt nach vorne gebracht werden soll. Aus weißer Sicht geschieht dies oft unter Beteiligung des a-Bauern, der auf a3 gestellt wird, damit der Nachbar genügend Deckung für seinen Marsch nach b4 erhält. Für Schwarz gilt dies, so wie hier, spiegelbildlich. Die andere Partei versucht den Vorstoß oft zu unterbinden oder zumindest zu erschweren, indem sie den eigenen a-Bauern nach vorne treibt und dieser die Kontrolle über das Zielfeld des gegnerischen Bauern übernimmt. Dies ist auch hier der Grund für a2–a4.

Mit 10...h6 verwehrt der Bauer den gegnerischen Figuren das Betreten des Felder g5. Die Situation ist kompliziert und nicht klar einzuschätzen. Das Spiel kann sich in verschiedene Richtungen entwickeln. Wir folgen einer mehrfach in der Praxis gespielten Variante, um mit ihr exemplarisch einen plausiblen Fortgang zu veranschaulichen.

11.♘d2

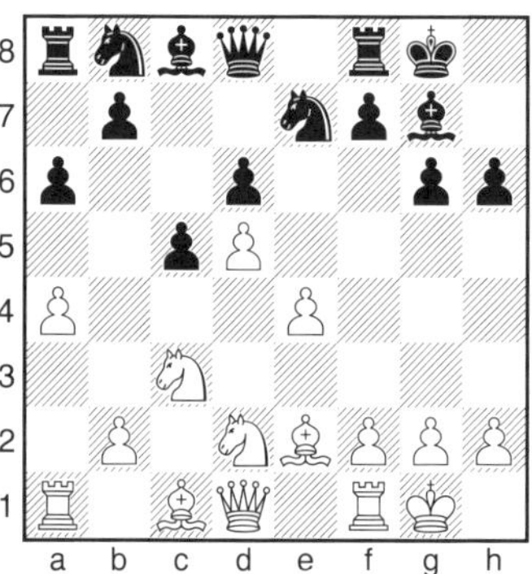

Der Springer entzieht sich einer lästigen Fesselung durch ♗c8–g4, was Schwarz zum Abtausch seines Läufers nutzen könnte, der nur schwer zu aktivieren ist. Der Springer strebt nach c4. Zugleich verschafft sich Weiß die Option auf den Vorstoß f2–f4.

11...♘d7 12.♘c4

Hier kann Schwarz den Springer nicht dulden. Mit 12...♘b6 stellt er nicht nur die Deckung des ♙d6 wieder her, sondern zwingt Weiß zur Entscheidung, was mit seinem ♘c4 passieren soll.

13.♘e3 f5

Dieser lange geplante Schlag sichert dem schwarzen Spiel genügend Aktivität. Von der folgenden Variante gibt es für beide Seiten kaum eine Möglichkeit zu einer Abweichung. Entsprechend kann es mit 14.a5 f4 15.axb6 fxe3 16.♗xe3 ♕xb6 weitergehen.

17.♕d2 fängt Schwarz mit 17...♔h7 ab. Verglichen mit seinem Gegner steht er vor der etwas schwereren Aufgabe, doch ein Vorgehen nach dem Plan ♗c8–d7, ♖a8–e8 usw. verschafft ihm ordentliche Gegenchancen.

B2) Unklar ist, ob Schwarz sofort 9...f5 spielen kann, um die gegnerische Zentralstellung zu unterminieren.

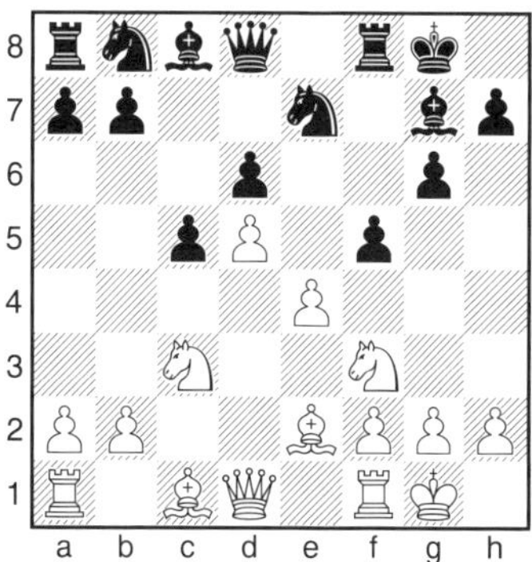

In den wenigen Fällen, in denen diese Stellung ausgespielt worden ist, hat Weiß mit den Fortsetzungen 10.♘g5 und 10.e5 weniger gute Erfahrung gemacht. Aus seiner Sicht ist allerdings 10.♖e1 weiter zu untersuchen. Schauen wir uns kurz an, was im Anschluss an die beiden genannten Alternativen passieren kann:

B2a) 10.♘g5 a6 11.a4

Sonst kommt Schwarz zu b7–b5.

11...h6 12.♘e6

Wenn der Springer nach hinten ausweichen würde, könnte Schwarz den Vorstoß f7–f5 als gute Entscheidung werten.

12...♗xe6 13.dxe6 ♘bc6

Die Stellung ist zweischneidig. Der ♙e6 kann sich als Schwäche erweisen, doch gesichert ist dies nicht. Weitergehen kann es beispielsweise mit 14.exf5 ♖xf5 15.♗g4 ♖f8 usw.

B2b) Nach 10.e5 dxe5 11.d6 (11.♗e3!?) 11...♘ec6 12.♕d5+ ♔h8∓ verfügt Schwarz über mehr Raum.

Zusammenfassung: Mit dieser Einführung stellen wir Spielweisen vor, die nicht zu den Hauptwegen zählen und in der Praxis vergleichsweise selten vorkommen. Unsere Darstellungen können nur beispielhaft darauf eingehen.

Einführung zum Band 1

1.c4 c5

Diese Einführung zum **Band 1** dient der Übersicht über die Möglichkeiten, die sich ergeben, wenn Schwarz symmetrisch mit seinem c-Bauern reagiert.

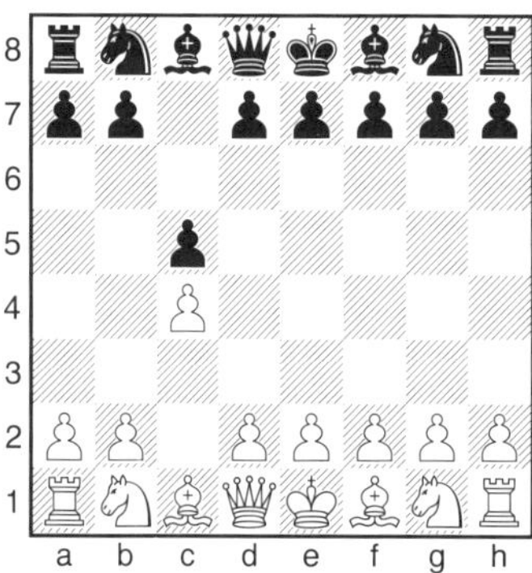

Die symmetrische Erwiderung mit dem c-Bauern verfolgt das Ziel, Raum im Zentrum zu gewinnen. Schwarz ist bestrebt, die Kontrolle über das Feld d4 zu erreichen und damit die aktiven Möglichkeiten von Weiß in der Mitte einzuschränken. Den beiden Parteien stellen sich die folgenden Aufgaben: Weiß bemüht sich um die Kontrolle über die Felder d5 und e4 und um die Ausweitung seines Einflusses im Zentrum durch d2–d4 und eventuell f2–f4. Schwarz hingegen versucht die Dominanz über die Felder d4 und e5 zu erreichen, den Gegenschlag d7–d5 vorzubereiten und in einem günstigen Moment durchzuführen.

2.♘c3

Diese Fortsetzung ist am häufigsten anzutreffen. Weiß entwickelt seinen Springer, der nunmehr das Feld d5 kontrolliert. Mit 2.♘f3, 2.g3, 2.b3 und 2.e3 gibt es vier weitere Möglichkeiten, die eine gesteigerte Beachtung verdienen. Wir behandeln sie wie folgt:

I. 2.♘f3 **(Kapitel 1).**

II. 2.g3 **(Kapitel 2).**

III. 2.b3 Der Damenläufer soll – und dies frühzeitig – auf die lange Diagonale a1/h8 geführt werden, auf der er die wichtigen Zentralfelder d4 und e5 bestreicht, so dass Schwarz die Aufgabe erschwert wird.

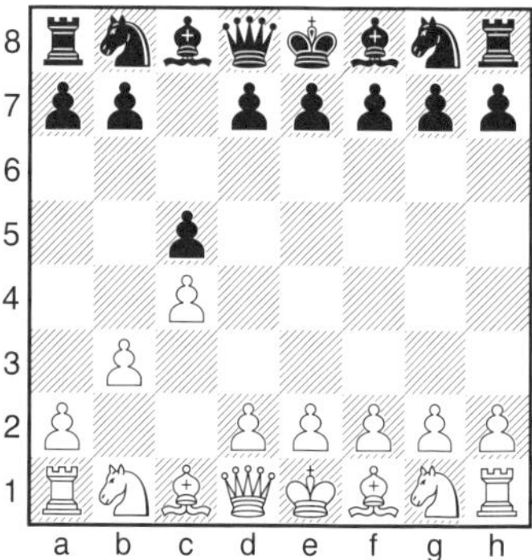

Die Aufrechterhaltung der Symmetrie mit 2...b6 ist eine gute Entscheidung. (Wichtige weitere Möglichkeiten sind 2...♘c6 und 2...♘f6, worauf das Spiel in verschiedene Varianten wechseln kann, so dass sich der weitere Weg an dieser Stelle noch nicht genau bestimmen lässt.)

3.♗b2 ♗b7

Als stünde ein Spiegel an der Demarkationslinie in der Mitte – Schwarz verfährt nach dem Prinzip „wie du mir, so ich dir“ und lässt seinen Läufer u. a. die Felder d5 und e4 ins Visier nehmen.

4.♘f3 ♘f6 5.e3

(Einen vergleichbaren Rang in der Spielergunst nimmt 5.g3 ein. Schwarz kann dann einen gleichen Aufbau wählen und nach beispielsweise 5...e6 6.♗g2 ♗e7 7.0–0 0–0 8.♘c3 seinen d-Bauern nach d5 oder d6 führen.)

5...e6

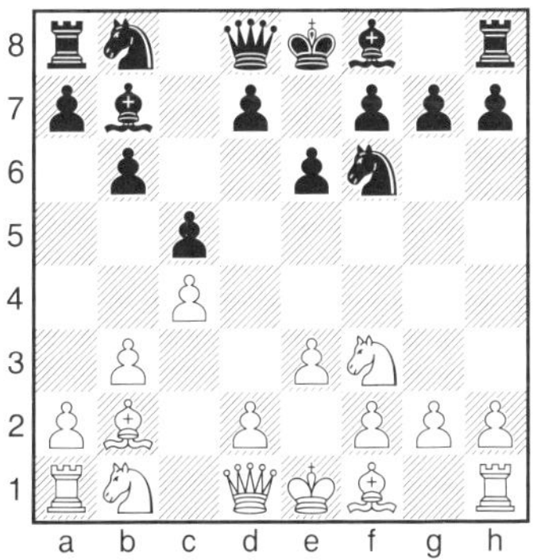

6.♗e2

(Zum Ausgleich führt 6.d4 cxd4 7.exd4 und nun 7...d5=.)

6...♗e7 7.0–0 0–0

Diese Stellung werden wir noch einmal im **Kapitel 1** erreichen (in der Variante nach 3.b3 e6). Dort gehen wir allein auf die alternative Fortsetzung 8.d3 ein. Hier behandeln wir das weitere Vorgehen mit 8.d4. Wir behandeln die beiden Varianten aus systematischen Gründen an verschiedenen Stellen unseres Buches, aber jeweils mit einem Hinweis zur anderen.

8.d4

Weiß hat diesen Vorstoß gut vorbereitet und kann ihn nun platzieren.

8...cxd4

Mit dieser Aufgabe der Symmetrie hat Schwarz in der Turnierpraxis gute Erfahrung gemacht. Ebenfalls gut ist 8...d5, nicht zuletzt für den noch wenig erfahrenen Schachfreund aber schwerer zu spielen.

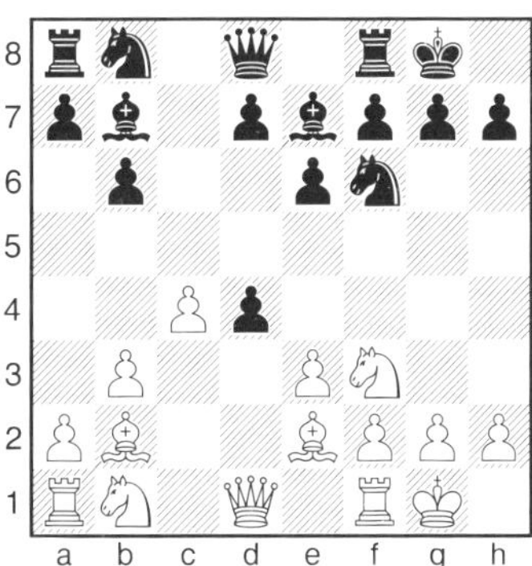

9.♘xd4

(9.exd4 beantwortet Schwarz gut mit nun doch 9...d5. Folgen kann 10.♘bd2 ♘c6, womit beide Parteien ihre Türme befreien, um sie dann mit 11.♖c1 ♖c8= ins Spiel einbeziehen zu können.)

9...a6

Schwarz hat einen klaren Plan: Nachdem er Weiß den Zutritt nach b5 verwehrt hat, will er weitgehend ungestört seine Entwicklung vorantreiben, indem er seine noch auf ihren Ausgangsfeldern stehenden Figuren aktiviert.

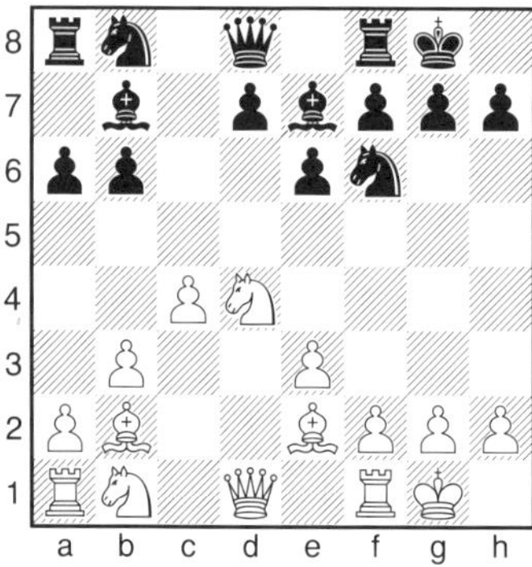

Mit 10.♘c3 greift der Springer in den Kampf um die Felder d5 und e4 ein und macht zugleich den Weg für seinen Turm frei.

10...d6 11.♗f3

Weiß will die Kontrolle des ♗b7 über die weißen Zentralfelder neutralisieren und diesen ggf. abtauschen.

11...♕c7 12.♖c1 ♘bd7 13.♗xb7 ♕xb7 14.♕e2

Weiß will e3–e4 durchdrücken.

14...♖ac8 15.e4 ♘c5

Nun muss sich Schwarz um seinen ♙e4 kümmern. Nach 16.♖fe1 kann er die Umsetzung seines Plans mit 16...♖fd8 abschließen. Er hat seine Kräfte elastisch postiert und kann nun darüber nachdenken, wie er seinem ♗e7 zu mehr Einfluss verhelfen kann. Eine Idee hierzu ist ♗e7–f8–g7. Der Vorbereitungszug g7–g6 kann in einem passenden Moment geschehen.

IV. Nach 2.e3 beabsichtigt Weiß d2–d4 und will im Falle von c5xd4 mit seinem e-Bauern zurückschlagen, um ein starkes Bauernduo in der Mitte zu bilden.

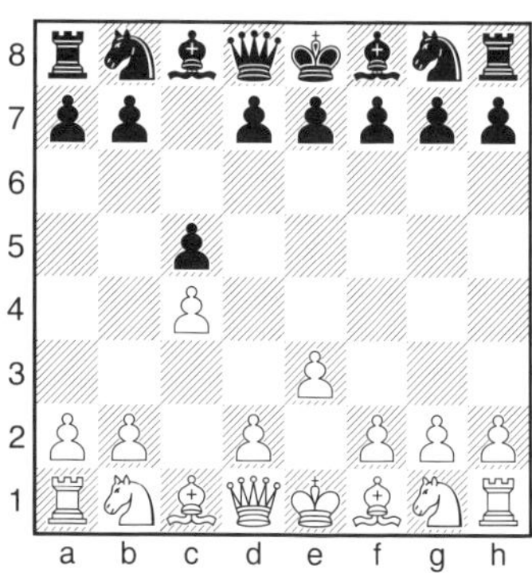

2...♘f6 ist die am häufigsten anzutreffende Antwort, die mit guten statistischen Werten für Schwarz verbunden ist.

(2...♘c6 ist eine gleichwertige Alternative. Im Kampf um das Feld d4 kann über die Züge 3.♘f3 e6 4.d4 und nun 4...d5 eine für die Tarrasch-Verteidigung im Damengambit typische Konstellation entstehen. Dieser Spielweise haben wir uns in unserem Buch „Eröffnungen – Damengambit, lesen – verstehen – spielen“, Joachim Beyer Verlag 2020, gewidmet.)

3.d4 g6

Der hiermit eingeleitete Fianchetto-Aufbau seines Königsflügels verbrieft Schwarz gute Chancen.

4.♘c3

(4.dxc5 muss Schwarz nicht fürchten. Die schlichte Antwort 4...♘a6 reicht bereits als Erwiderung aus.)

4...♗g7 5.♘f3 0–0 6.♗e2

Weiß bereitet die kurze Rochade unter Aktivierung seines Läufers vor. Mit 6...cxd4 leitet Schwarz die Entwicklung 7.exd4 d5 ein, die ihm viel Einfluss auf das Zentrum sichert.

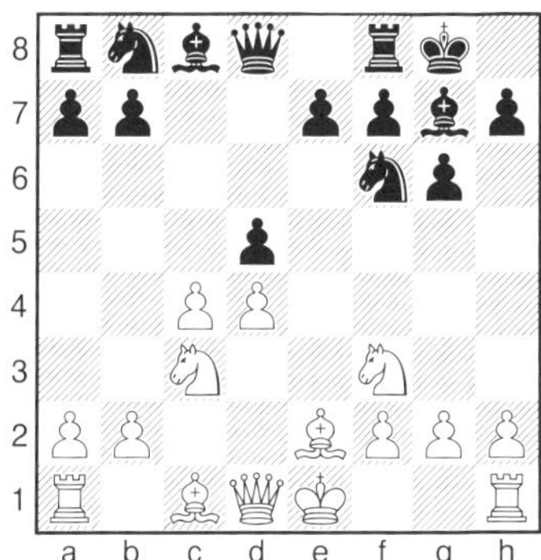

8.0–0

(Von 8.cxd5 sollte Weiß die Finger lassen. Sein isolierter d-Bauer neigt latent zur Schwäche. Nach 8...♘xd5 ist eine auf der Turnierbühne oft und mit einem für Weiß desaströsen Ergebnis ausgespielte Stellung erreicht.)

Miz 8...♘c6 baut der Springer Druck auf den ♙d4 auf.

9.h3

Weiß verwehrt seinem Gegner den Zuritt nach g4, von wo aus der schwarze Läufer den ♘f3, der den ♙d4 sichert, attackieren könnte.

Nach 9...dxc4 kommt Schwarz weitgehend automatisch zu einem guten Spiel. Nun sieht sich der weiße Isolani auch frontal der gegnerischen Dame gegenüber. Weiß muss sein Zugrecht einsetzen, um auf c4 zurückzuschlagen, worauf Schwarz Zeit zur Verbesserung seiner Position findet.

10.♗xc4

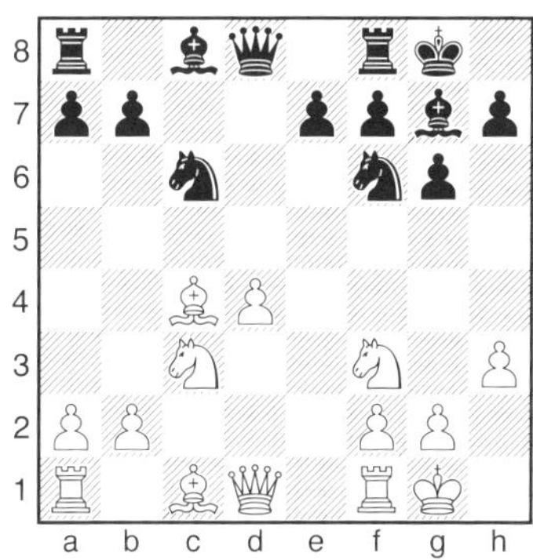

10...♘a5

(10...b6 11.♗e3 ♗b7 12.♖c1 ♖c8 13.♕e2 ♘b4 14.♘e5 ♘bd5)

11.♗e2 ♗e6

Der Läufer soll weniger den ♙d4 hemmen als Schwarz den Zutritt zu c4 eröffnen. Die Chancen der Kontrahenten sind in etwa gleichwertig. Das Stellungsmuster ist aber für Schwarz leichter zu spielen, was auch die Ergebnisse aus der Praxis bestätigen. Weitergehen kann es beispielsweise mit 12.♖e1 ♖c8 13.♗g5 h6 14.♗h4 ♘c4 15.♗xc4 ♗xc4= und Schwarz hat sich wirksam und harmonisch aufgestellt.

2...♘f6

Mit dieser Erwiderung entscheidet sich Schwarz für eine asymmetrische Aufstellung. Er strebt den frühzeitigen Vorstoß mit d7–d5 an.

2...♘c6 hält die Symmetrie aufrecht.

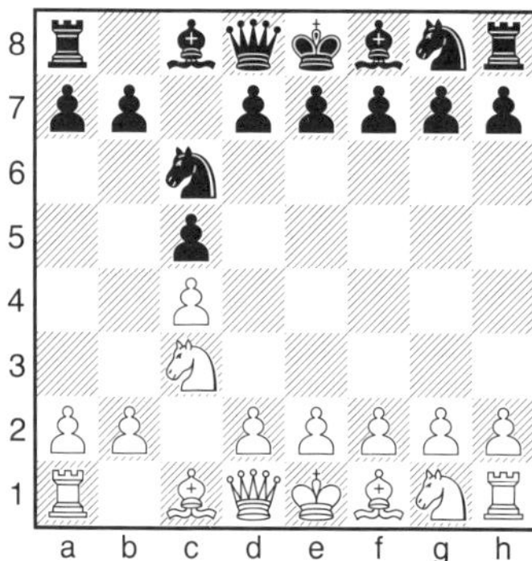

Nun verfügt Weiß über die beiden Hauptfortsetzungen 3.g3 und 3.♘f3, die wir wie folgt in separaten Kapiteln behandeln:

I. 3.g3 **(Kapitel 3).**

II. 3.♘f3 **(Kapitel 4).**

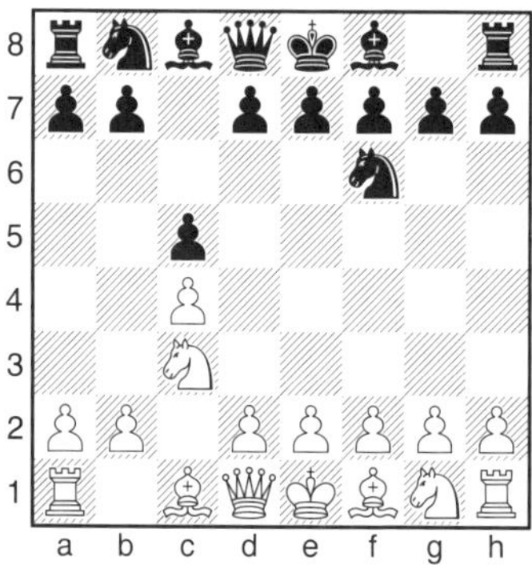

3.♘f3

Ein normaler Entwicklungszug.

Die wesentliche Alternative ist 3.g3, worauf wir 3...d5 empfehlen. Dies ist der meistgespielte Zug und er passt gut zu den weiteren Repertoireempfehlungen, die wir in unserem Buch abgeben. Es kann 4.cxd5 ♘xd5 5.♗g2 mit Übergang ins **Kapitel 2** folgen (siehe dort Variante 3...♘f6 zum Hauptzug 3...♕xd5).

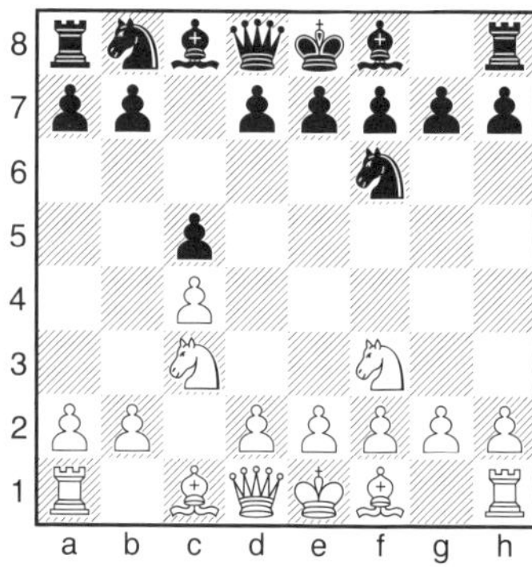

3...♘c6

Damit schlägt die Partie die Richtung zum Vierspringer-System ein.

I 3...e6 führt ins **Kapitel 4.**

II. 3...d5 führt ins **Kapitel 5.**

III. 3...g6 führt zu Stellungen, die wir im Wesentlichen im **Kapitel 6** behandeln.

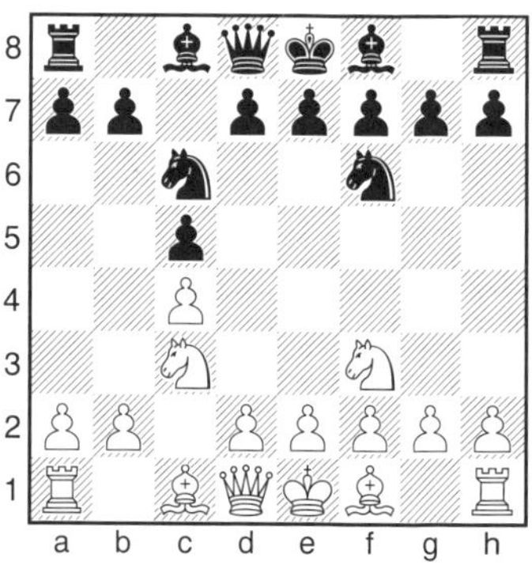

4.d4

Dieser Vorstoß ins Zentrum ist die aktivste Möglichkeit. Ein eventueller Übergang ins Damengambit bleibt zu beachten.

Am häufigsten entscheidet sich Weiß an dieser Stelle zugunsten des Allrounders 4.g3, der unter Zugumstellung zu

Stellungen führt, die wir an verschiedenen Stellen unseres Buches behandeln. Eine exakte Beschreibung der Wegstrecke ist deshalb noch nicht möglich.

4...cxd4 5.♘xd4

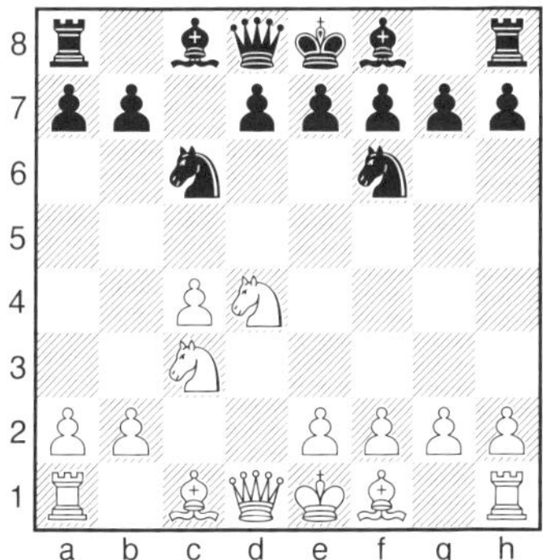

5...g6

Dies ist eine populäre Fortsetzung.

Die logische Erwiderung 5...e6, mit der Schwarz seinen Läufer nach b4 oder c5 zu entwickeln beabsichtigt, führt das Spiel in unser **Kapitel 1** (Variante 5...♘c6 zum Hauptzug 5...♗b4).

5...d5 führt ebenfalls ins **Kapitel 1** (Variante 4...♘c6 zum Hauptzug 4...e6 und dann 5.♘c3 d5 usw.).

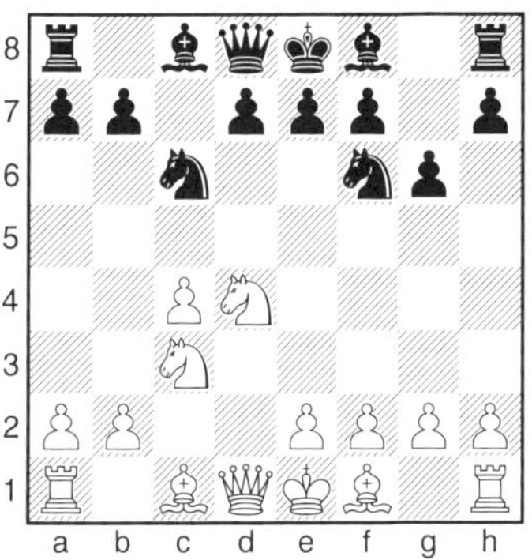

6.g3

Mit 6.e4 entsteht eine Stellung, die zumeist über die Sizilianische Verteidigung erreicht wird. Sie gehört dort zum Maroczy-Aufbau, und zwar mit der herkömmlichen Zugfolge 1.e4 c5 2.♘f3 ♘c6 3.d4 cxd4 4.♘xd4 g6 5.c4 ♘f6 6.♘c3. Zu diesem System siehe **Kapitel 12** unseres Buches *Eröffnungen – Sizilianische Verteidigung, lesen – verstehen – spielen*, 2. Auflage, Joachim Beyer Verlag 2021.

6...♗g7 7.♗g2 0–0

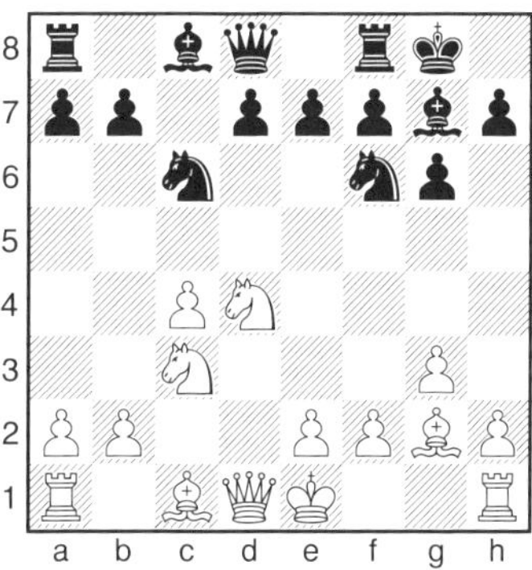

8.♘c2

8.0–0 führt in eine stellungsgleiche Situation im **Kapitel 3**, und zwar nach 5...♘f6 zum Hauptzug 5...e6 gefolgt von 6.0–0 0–0 7.d4 cxd4 8.♘xd4 usw.

8...d6

Da diese Übersicht nur anzeigen soll, wie wir das Material in unserem Buch gegliedert haben, schließen wir die Betrachtung dieser Variante ohne Urteil ab. Die natürliche Fortsetzung mit ...

9.0–0 ♗e6 10.b3 ♕d7

... usw. repräsentiert einen der verschiedenen Wege, den die Kontrahenten beschreiten können, um ihre Kräfte in gute Positionen zu entwickeln.

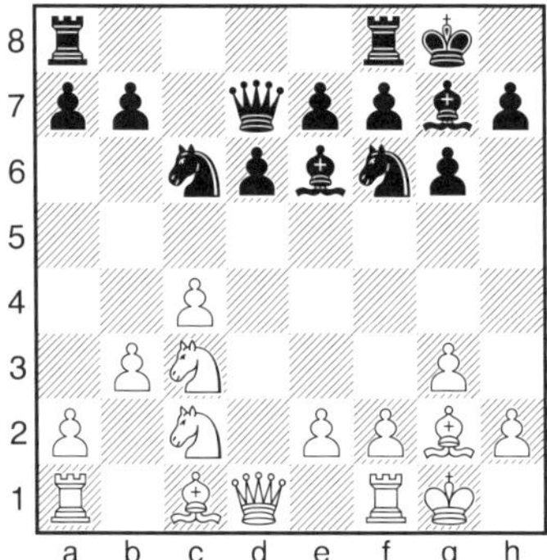

Kapitel 1

Die Fortsetzung 2.♘f3

1.c4 c5 2.¤f3

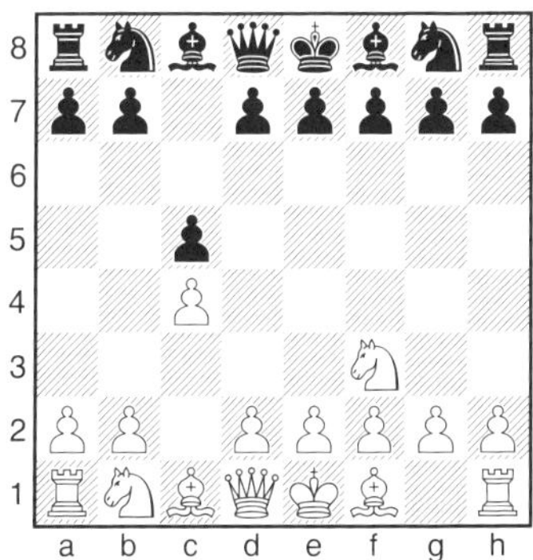

2...♘f6

Damit erhält Schwarz die Symmetrie erst mal noch aufrecht. Zusätzlich zu diesem normalen Entwicklungszug kann Schwarz besonders auf die folgenden Alternativen zurückgreifen:

2...♘c6 und 2...g6 führen zu Stellungsmustern, die wir an verschiedenen anderen Stellen unseres Buches behandeln, wobei es nicht sinnvoll wäre, diese hier alle bezeichnen zu wollen.

Mit der Wahl von 2...b6 kann Schwarz auf ein Erreichen der Igel-Aufstellung spielen, der wir uns im **Kapitel 4** widmen.

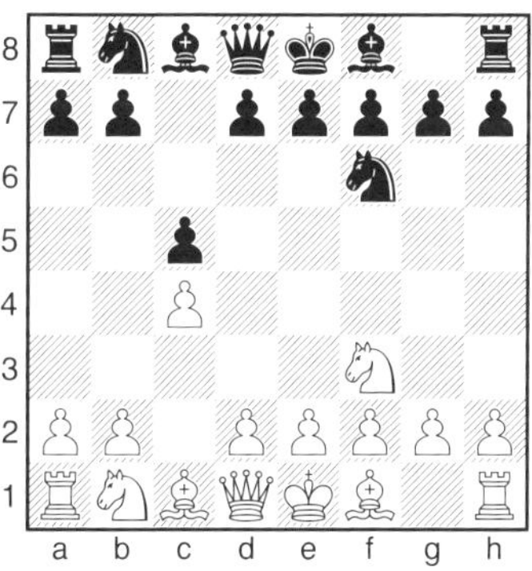

3.d4

3.g3 ist ein Universalzug, der Weiß erlaubt, eine ganze Reihe von Varianten in verschiedenen unserer Kapitel anzustreben, so dass er seine Absichten noch offen lassen kann.

Gelegentlich greift Weiß auch zu 3.b3. Als Reaktion darauf schlagen wir Schwarz, beginnend mit 3...g6 oder 3...e6, alternativ zwei Pläne vor. In beiden Fällen hat es Weiß nicht leicht, seinen Gegner in Schranken zu halten.

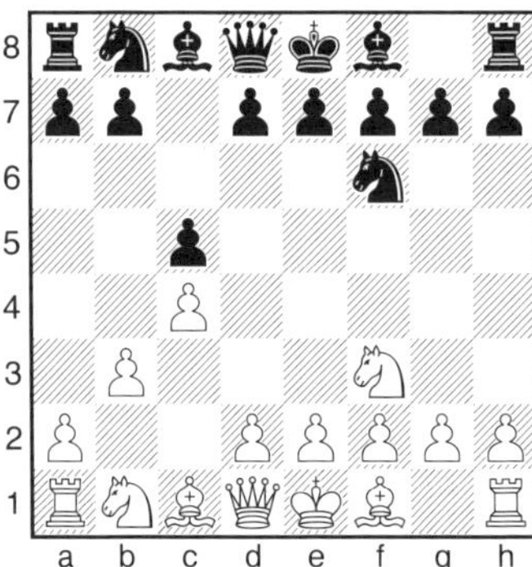

A) 3...g6

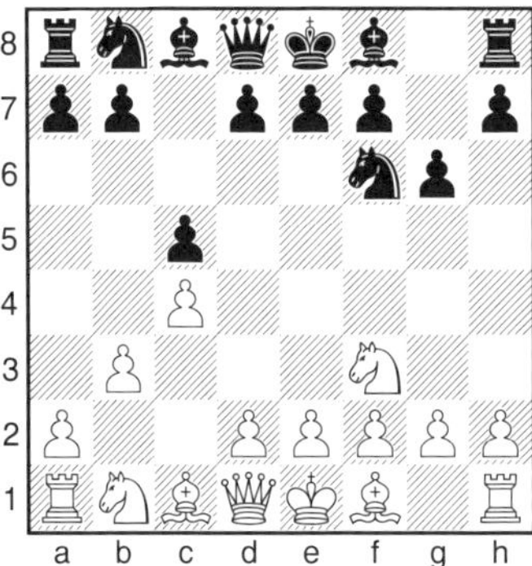

Schwarz entscheidet sich für das Fianchetto seines Königsläufers. Er geht davon aus, dass 3.b3 die Entwicklung ♗c1–b2 vorbereiten soll und will seinen Läufer dem gegnerischen gegenüberstellen.

4.♗b2 ♗g7 5.e3

(Von der gelegentlich anzutreffenden Alternative 5.e4 raten wir ab. Ihre Wahl führt zu einer Schwächung des Feldes d5, die Schwarz kaum wieder gutmachen kann. Wir beschränken uns zur Bestätigung auf die ohne eine besondere Kommentierung gut nachvollziehbare Variante 5...d6 6.d3 ♘c6 7.♘c3 0–0 8.♗e2 ♗d7 9.0–0 ♘g4 10.h3 ♘ge5 11.♘xe5 dxe5 und das Feld d4 ist fest in schwarzer Hand.)

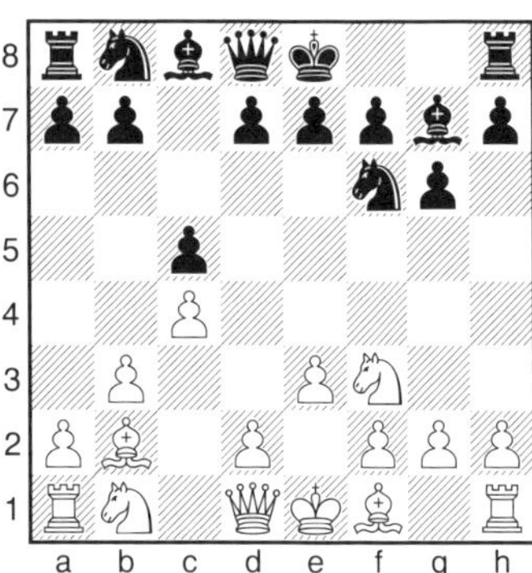

Nach den beiderseitigen schlichten Entwicklungszügen 5...0–0 6.♗e2 ♘c6 7.0–0 ist ein guter Zeitpunkt für den Vorstoß 7...d5 gekommen.

(Interessant ist auch die Möglichkeit 7...b6 mit der plausiblen Fortsetzung 8.d4 cxd4 9.♘xd4 ♘xd4 10.♗xd4 ♗b7, die Ähnlichkeiten zu Aufbauten mit ♙b6 und ♗b7 in anderen Kapiteln aufweist. 11.♗f3 wartet aus der Sicht von Weiß nun mit guten Ergebnissen aus der Praxis auf, obwohl die aktuelle Stellung nicht als für ihn vorteilhaft einzuschätzen ist.)

8.cxd5

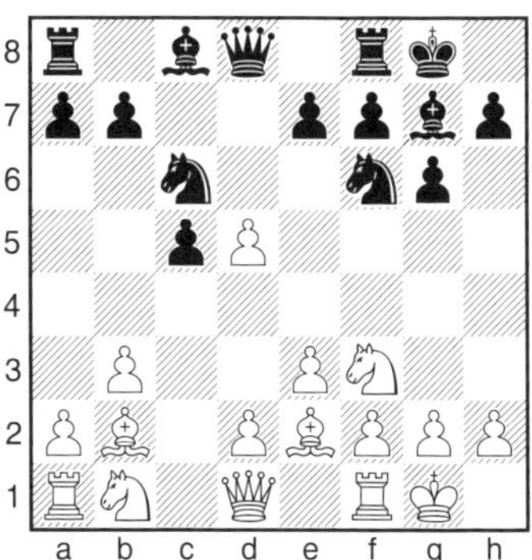

8...♕xd5

(Beachtenswert und objektiv gleichwertig ist 8...♘xd5!?, obwohl diese den Abtausch 9.♗xg7 ♔xg7 ermöglicht. Die Fianchetto-Stellung des schwarzen Königs ohne den schwarzfeldrigen Läufer ist nicht jedermanns Sache, auch wenn die Stellung nach beispielsweise 10.♕c1 ♕d6= ausgeglichen ist.)

Mit 9.♘c3 kommt der Springer mit Tempogewinn ins Feld, doch muss die Dame nicht weit ins eigene Lager zurückbeordert werden. Mit dem Ausweichen 9...♕f5 hält sie ihre zentrale Positionierung aufrecht. Ob dies ein Vor- oder Nachteil ist, hängt insbesondere auch davon ab, ob sie von Weiß als Angriffsobjekt genutzt werden kann. Nach beispielsweise 10.♖c1 ♖d8 kann Schwarz zufrieden sein.

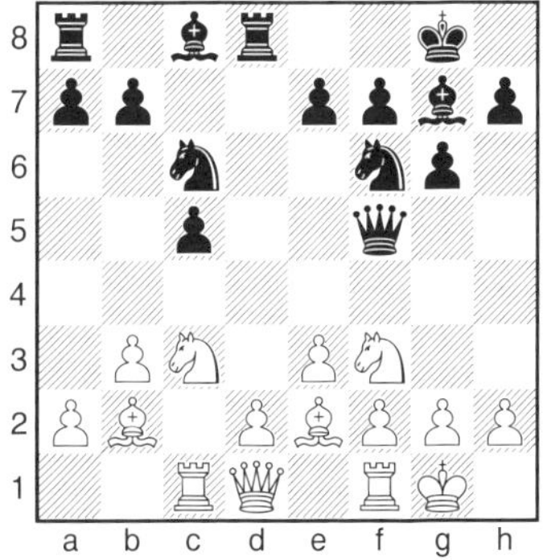

Mit b7–b6 und ♗c8–b7 bietet sich ihm eine natürliche Fortsetzung seiner Entwicklung an. Für Weiß gibt es u.a. eine Umbauidee nach dem Muster ♗e2–c4/b5, ♘c3–e2–g3 usw. Die Idee zur Fortsetzung mit a2–a3 und b3–b4 zur Ablenkung des ♙c5 sollte er jedoch verwerfen, es sei denn, dass es besondere Gründe wie eine Überforderung des Gegners im Umgang mit den sich ergebenden Eckpunkten des Spiels gibt. Die Beispielvariante 11.a3 b6 12.b4 cxb4 13.axb4 ♘xb4 14.♘d4 zeigt auf, was bei einem solchen weißen Vorhaben passieren kann.

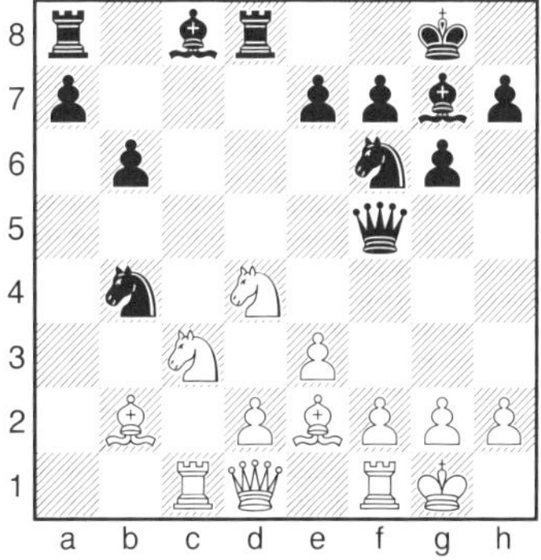

Jetzt nämlich kann Schwarz 14...♖xd4! Spielen und nach 15.exd4 ♗b7 kommt er zu einer starken Initiative für die Qualität.

B) Mit 3...e6 will Schwarz eine Aufstellung seines Königsflügels erreichen, in der seine dortige Bauernphalanx nicht aufgegeben wird. So lassen sich von vornherein Stellungen vermeiden, in denen es zum Abtausch der schwarzfeldrigen Läufer kommt und die schwarze Rochadestellung hierdurch zumindest leicht geschwächt zurückbleibt.

3...e6 macht den Weg für ♗f8–e7 frei und kann zugleich der Vorbereitung von d7–d5 dienen.

4.♗b2

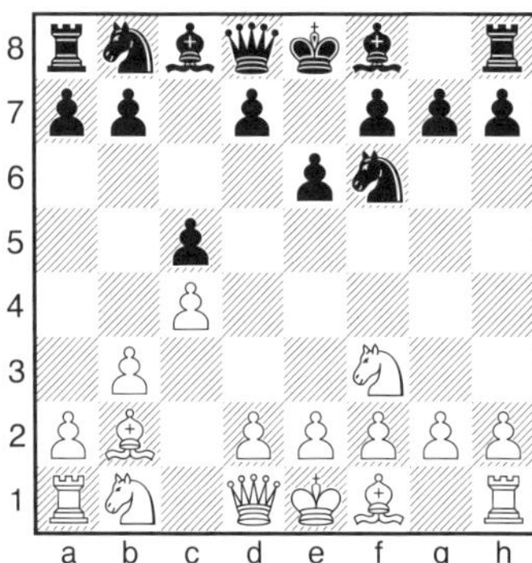

Schwarz hat Zeit und kann sich bedenkenlos zunächst der Entwicklung seines Königsflügels mit 4...♗e7 widmen.

(4...d5 wird auch und auch mit Erfolg gespielt. Allerdings hält sich dieser Zug nicht so ganz an die allgemeine Empfehlung, zunächst für eine gute Aktivierung der eigenen Kräfte zu sorgen und erst dann aktive Versuche zu unternehmen. Weiß kommt relativ einfach zu einem guten Aufbau. Mittels 5.e3 stoppt er den gegnerischen Bauern und sorgt für einen Fortschritt in seiner Entwicklung. Nach 5...♘c6, womit Schwarz seine Kontrolle über das Feld d4 verstärkt, verschafft er sich über 6.cxd5 exd5 7.♗b5 in Grundzügen eine aktive Aufstellung, die er in der Folge ausbauen kann. Weitergehen kann es beispielsweise mit 7...♗d6 8.0–0 0–0 9.d4 cxd4.

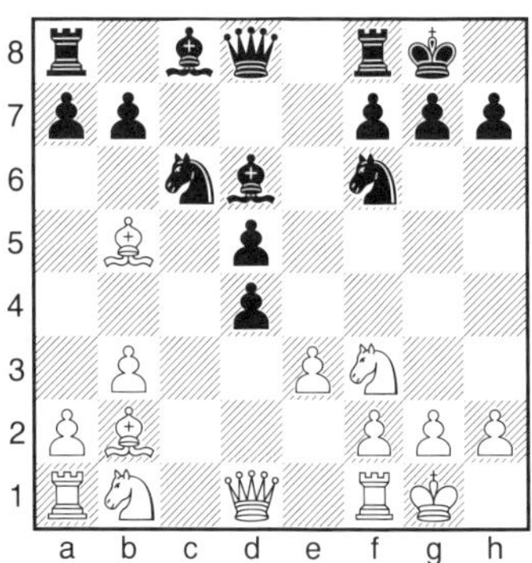

Nach 10.♘xd4 kann Weiß zufrieden sein. Der Isolani auf d5 muss erst noch beweisen, dass er sich behaupten kann. Die plausible Fortsetzung mit 10...♗d7 11.♗e2 ♖c8 12.♘c3 ♖e8 führt in eine Stellung, für die der Computer den Hauch eines Vorteils für Weiß errechnet, die nach menschlichem Ermessen aber als unklar anzusehen ist.)

Es wird nun eine natürliche Entwicklung über die Züge 5.e3 0–0 6.♗e2 b6 7.0–0 ♗b7 in eine Stellung möglich, die wir zuvor auch schon in der **Einführung** erreicht haben (in der Variante nach 2.b3).

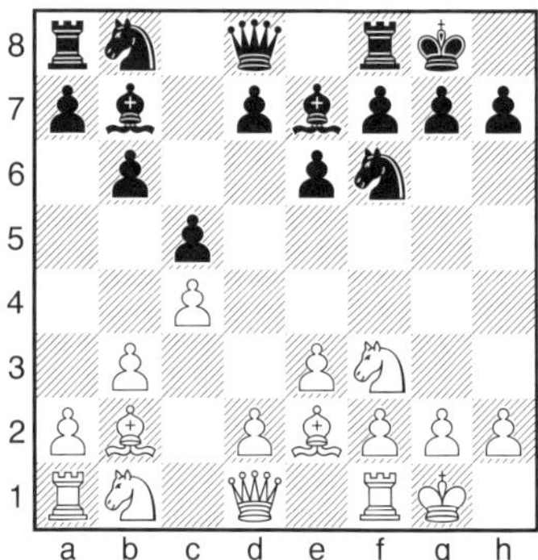

Dort haben wir die Fortsetzung 8.d4 behandelt. Aus systematischen Gründen behandeln wir die Fortsetzungen 8.d3 und 8.d4 an zwei verschiedenen Stellen unseres Buches, aber jeweils mit einem Hinweis zur anderen.

Hier also geht es nun für uns mit 8.d3 weiter. Der weiße Aufbau ist von einer massiven Aufstellung seiner Figuren in der Mitte hinter einer robusten Bauernformation geprägt.

8...d5

Hier ist dieser raumgreifende schwarze Befreiungszug besser vorbereitet als in unserer oben betrachteten Variante mit 4.d5.

9.♘bd2 ♘c6

Beide Seiten haben ihre Kräfte bis hierher elastisch entwickelt. Nun müssen noch die Türme ins Spiel gebracht werden, was zur Frage führt: Wohin mit den Damen? Schauen wir uns dazu ein illustrierendes Beispiel aus der Praxis an.

Nachdem Weiß mit 10.a3 seine Ansprüche auf das Feld b4 geltend gemacht hat, kann es zu einem Fortgang mit 10...♕c7 11.♖c1 ♖ac8 12.♕c2 ♕b8 13.♕b1 ♖fd8 14.♕a1 ♕a8 kommen. In unserer abschließenden Beispielstellung sind die Chancen der beiden Parteien etwa gleich. Hervorzuheben ist darin aber die Stellung der beiden Damen. Ihre Aufstellung hinter dem Läufer ist typisch für einige Varianten der Englischen Eröffnung.

3...cxd4

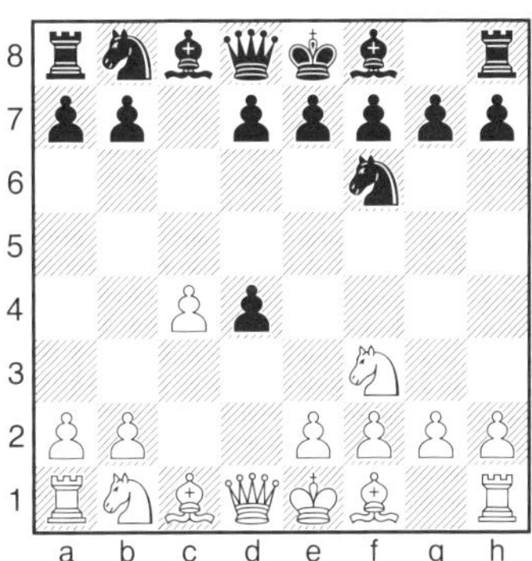

4.♘xd4

Die Alternative 4.♕xd4 gibt Schwarz die Möglichkeit zum Tempogewinn mit 4...♘c6.

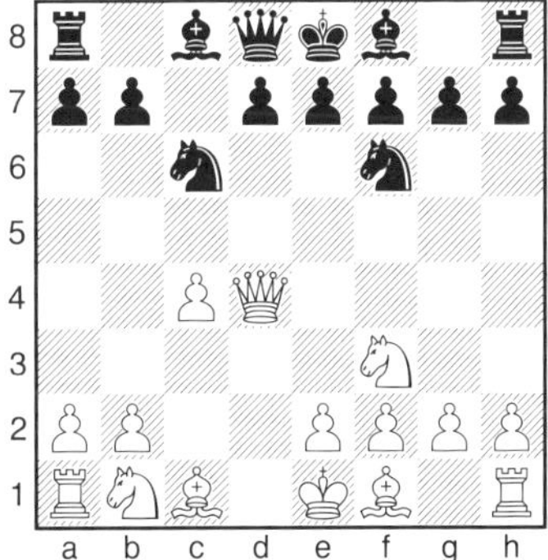

Weiß steht somit vor der Entscheidung, ob er seine Dame auf ihr Ausgangsfeld zurückführen oder weiter im Feld belassen will. Wenn sie im Feld bleiben soll, gilt es eine Position zu finden, in der sie die Entwicklung der anderen Kräfte nicht stört und möglichst sicher steht.

5.♕d1

(Nach 5.♕d3 sind die beiden vorgenannten Bedingungen erfüllt, allerdings kann Schwarz auf Abtausch spielen, worüber ihm der Ausgleich erleichtert würde.

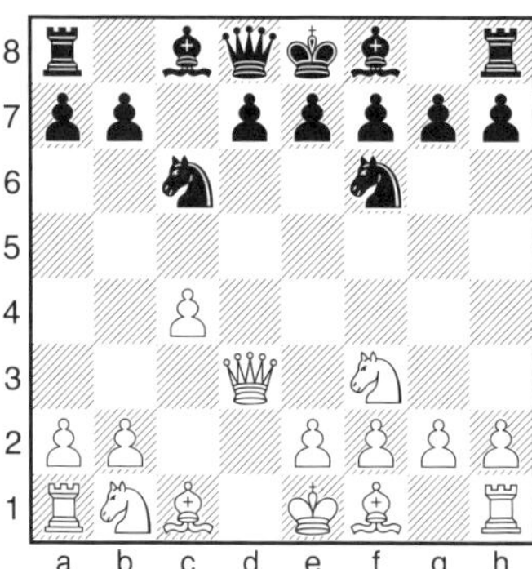

Nach 5...d5 kann Weiß ein weiteres Vorrücken des Bauern nicht gut zulassen, so dass 6.cxd5 die zentrale Handlungsmöglichkeit ist. Nach 6...♕xd5 ist 7.♕xd5 die beste Antwort für Weiß, so dass schon nach 7...♘xd5 die beiderseits stärksten Waffen vom Brett sind. Weiß muss seine Schwäche c2 gegen die schwarzen Springer schützen, was ihm mit 8.a3 gelingt. Der Wettlauf zur weiteren Aktivierung der Kräfte wird, einen normalen Verlauf vorausgesetzt, in einem Unentschieden enden, auch wenn Weiß zwischendurch ein wenig das Geschehen zu bestimmen scheint.

8...e5 9.e4 ♘b6 10.♗b5

Weiß muss aufpassen, dass er seinen ♙e4 nicht verliert, indem der ♘c6 als ihn einzig deckende Figur ausfällt – durch Fesselung wie jetzt oder Schlagen nach einem eventuellen ♗c8–d7. Nach 10...f6 ist die Gefahr gebannt. Weitergehen kann es beispielsweise mit 11.♘c3 ♗e6 12.♗e3 0–0–0= und Gleichstand.)

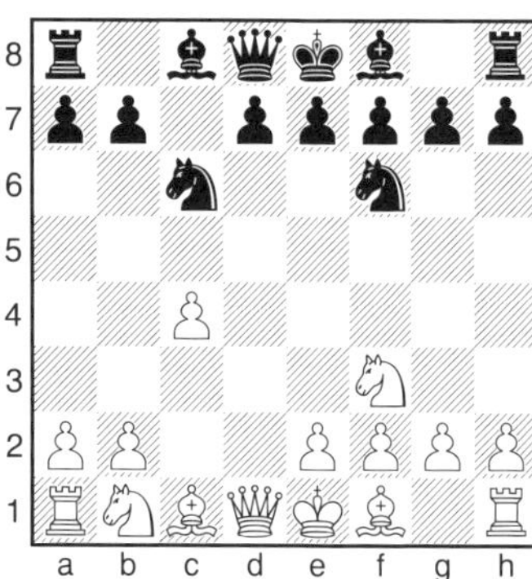

Es ist nun Geschmackssache, ob Schwarz seinen Königsläufer fianchettiert und dies mit 5...g6 vorbereitet oder die Bauernstellung geschlossen hält und seinen Läufer nach e7 bringt.

(Mit 5...d6 kann er Anleihen beim Igel-System machen, das wir im Kapitel 4 behandeln. Es kann zu einer ruhigen Entwicklung nach dem Muster 6.♘c3 e6 7.e3 ♗e7 8.♗d3 b6 9.0–0 0–0 10.b3 ♗b7= kommen. Das Beispiel zeigt, wie beide Seiten auf typische Eröffnungszüge gestützt zu einem guten Aufbau kommen können.)

6.♘c3 ♗g7 7.e4

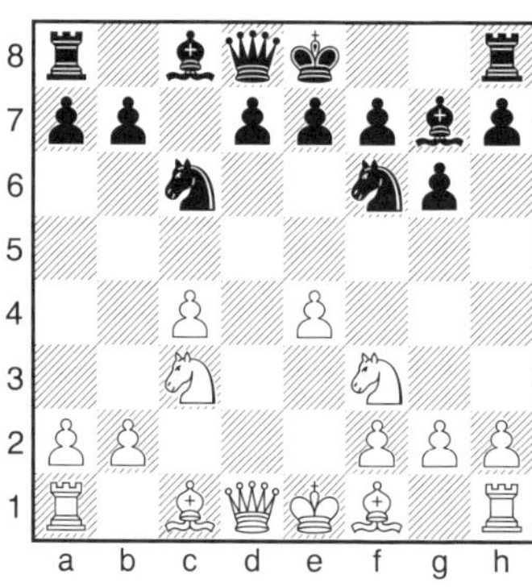

Nun ist 7...d6 universell, räumt dem ♘f6 mit d7 aber ein Zielfeld ein, das er für einen Transfer nutzen kann, seinem ♗g7 dabei den Blick ins weiße Lager freigebend. Nach beispielsweise den normalen Entwicklungszügen 8.♗e2 0–0 9.0–0 kann der Springer diese Möglichkeit bereits nutzen.

9...♘d7

Schwarz hat die Möglichkeit vor Augen, dem Gegner die Bauernformation am Damenflügel zu zerstören.

10.♕c2

Die Dame versucht den Angriff des gegnerischen Läufers auf den ♘c3 zu entschärfen, indem sie ihn deckt.

(Auf 10.♗e3 folgt natürlich 10...♗xc3!.)

Aber Schwarz lässt nicht locker. Er stellt die Drohung ♗g7xc3 neu auf. Zu beachten ist, dass der jetzt angegriffene ♙e4 zwar von Springer und Dame gedeckt ist, die Dame aber überlastet wird, wenn sie den Bauern stützen und die Schwächung der Bauernstellung vermeiden soll. Dies wird nach 10...♘c5 11.♗e3 mit Angriff auf den Springer deutlich.

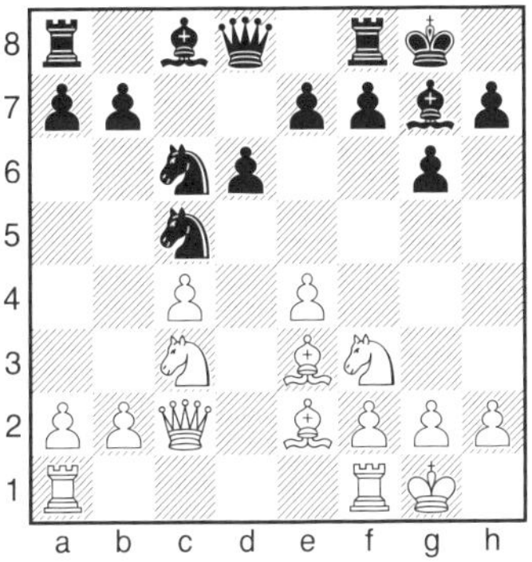

Hiervon muss Schwarz sich nicht beeindrucken lassen, er kann mit 11...♗xc3! reagieren. Nun nutzt Weiß der Angriff des ♗e3 auf den ♘c5 nichts mehr, denn wenn er dort schlagen würde, wäre ♗c3xb2 die Folge. So muss Weiß entweder in die Zerstörung seiner Bauernstellung einwilligen oder er verliert den ♙e4.

12.bxc3 ♕a5

Vor dem Hintergrund der weißen Bauernschwächen auf dem Damenflügel verfügt Schwarz über gute Aussichten. In Abhängigkeit von den Entscheidungen seines Gegners sollte er sich zunächst bemühen, seine Entwicklung abzuschließen, bevor er andere Aktivitäten entfaltet. Im passenden Moment kann b7–b6 ein angebrachter Stützungszug sein, der beim Behaupten des wichtigen Feldes c5 vor dem weißen Doppelbauern helfen kann.

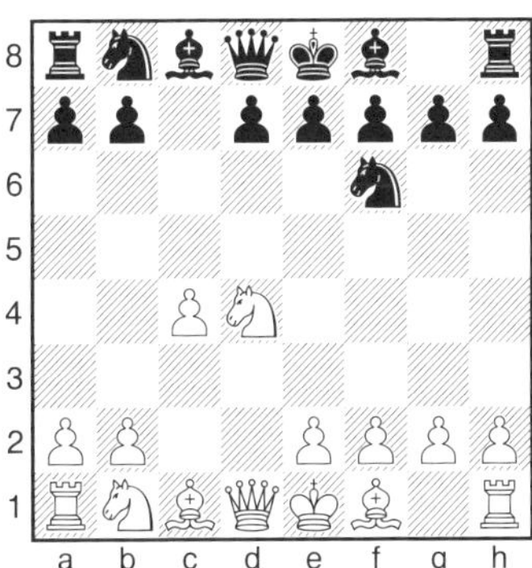

4...e6

So bereitet Schwarz die Entwicklung seines Läufers nach e7 vor. Wichtige Alternativen sind 4...e5, 4...♘c6 und 4...g6 mit Hinwendung zur Fianchetto-Lösung für den Königsflügel. Auf die

Folgen der Wahl einer dieser Möglichkeiten gehen wir nun weiter ein.

I. Wenn Schwarz sich für 4...e5 entscheidet, sollte er grundsätzlich bereit sein, eine interessante, aber zweischneidige Gambitvariante zu spielen. Andernfalls kann er Mühe bekommen, im Spiel zu bleiben.

Mit 5.♘b5 verweigert der Springer einen Rückzug und droht sein Weiterziehen nach d6 an, worauf mit 5...d5! die Einladung zum Gambitspiel ausgesprochen wird. Eine echte Wahl zwischen Annahme und Ablehnung hat Weiß nicht, denn die Ablehnung würde ihn deutlich in Nachteil bringen.

6.cxd5

A) Nach 6...♗c5 wird der Effekt des schwarzen Manövers erkennbar: Hergabe von Material zugunsten einer schnellen und effektiven Entwicklung. Mit f2 nimmt der Läufer die Achillesferse im weißen Lager ins Visier.

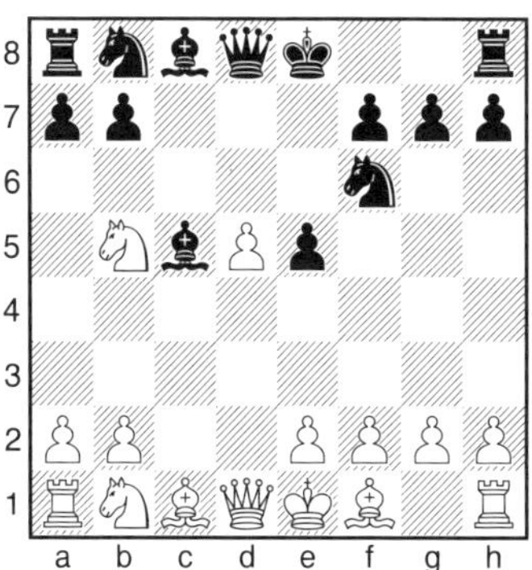

A1) 7.♘5c3

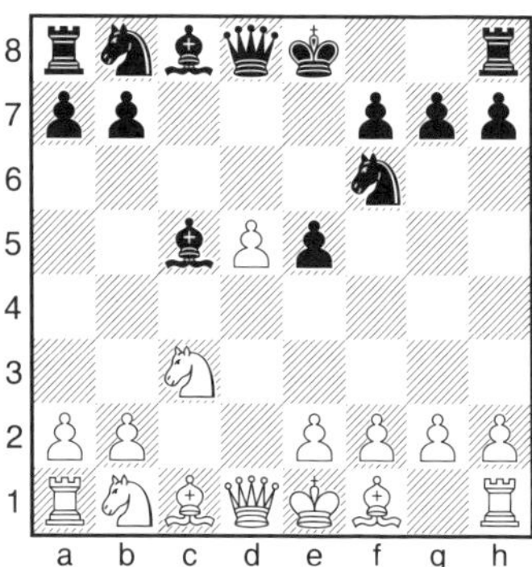

Dies ist am einfachsten, denn auf b5 hatte der Springer ohnehin keine Zukunft. Nun hilft er dabei, Schwarz die Rückeroberung des Bauern zumindest zu erschweren.

7...0–0 8.e3 e4 9.♗e2

Wenn Schwarz hier nicht nach dem Muster der Varianten im Anschluss an 7.e3 vorgehen und ♖f8–e8 spielen will, kann er auch einen Aufbau mit 9...♕e7 10.♘d2 ♖d8 wählen. Weiß sollte einen Weg finden, wie er sowohl und zeitlich gut koordiniert seinen Damenflügel ins Spiel bekommt und die Rochade ausführen kann. Sein ♗c1 wird nur auf der Diagonalen c1–a3 aktiviert werden können, so dass b2 geräumt werden muss.

Mit 11.a3 bereitet Weiß b2–b4 vor, sperrt zunächst b4 für eventuelle gegnerische Ambitionen und hält sich die Möglichkeit offen, seinen Läufer nach b2 zu bringen, ohne dass das eventuell für beispielsweise einen Transfer wichtige Feld b3 von einem Bauern besetzt wird.

11...♘xd5

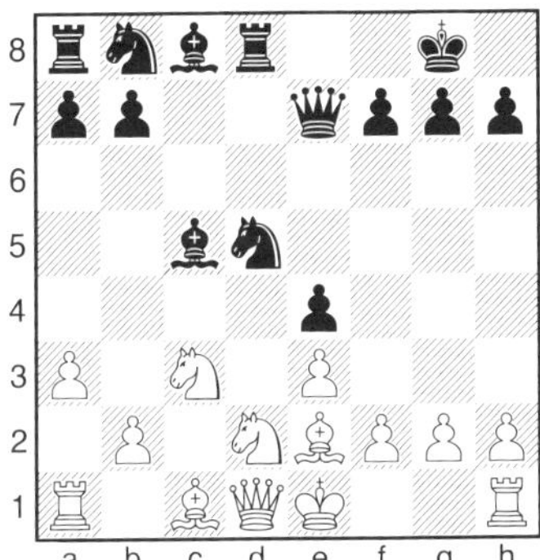

Ein guter Zeitpunkt für die Wiederherstellung des materiellen Gleichstandes. Aber es ist angebracht, hier kurz einmal innezuhalten. Indem Schwarz auf d5 schlägt, verliert der ♙e4 seine ausreichende Deckung. So ist zu klären, ob Weiß besser auf d5 oder eben e4 schlagen sollte. Unsere Empfehlung ist 12.♘xd5.

(Die Alternative 12.♘cxe4 gibt Schwarz die Möglichkeit zu dem Figurenopfer 12...♘xe3!. Nach 13.fxe3 ♗xe3 bekommt er für die geopferte Figur gute Angriffsmöglichkeiten, was auch die Praxis bestätigt. Hier kann der Spieler mit Weiß also spekulieren: Wird sein Gegner die Aufgabe wohl meistern können oder ist er unerfahren, so dass er möglicherweise überfordert sein wird.)

12...♖xd5 13.♕c2 ♗f5

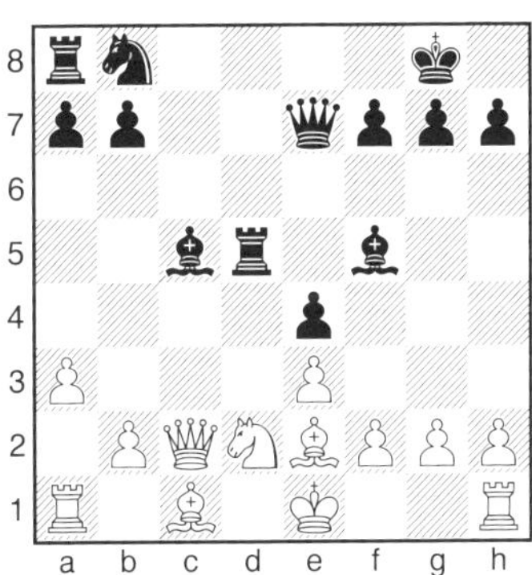

14.b4

Mit zwei kraftvollen Zügen bringt Weiß seine Entwicklung deutlich voran.

14...♗b6

Die Würfel zur Frage, ob die beiderseitigen Eröffnungskonzepte aufgehen, sind noch nicht gefallen. Wir wollen deshalb den Blick noch etwas tiefer in die Partie hinein richten. Die Lage klärt sich endgültig nach beispielsweise 15.♗b2 ♘c6 16.0–0 ♗c7 17.♖fd1 ♖c8 und Schwarz hat vollwertiges Spiel.

A2) Nach dem Entwicklungszug 7.e3 steht es Schwarz offen, ob er zunächst unbeirrt die Entwicklung seines Königsflügels abschließt oder sofort die Möglichkeit zur Springervertreibung mit 7...a6 nutzt. Wir geben dieser Möglichkeit den Vorzug, weil sie Weiß auf der Suche nach den besten Zügen etwas mehr abverlangt. Die beiden Linien können sich an späterer Stelle wieder treffen.

(Die Fortsetzung mit 7...0–0 ist angenehm für Weiß.

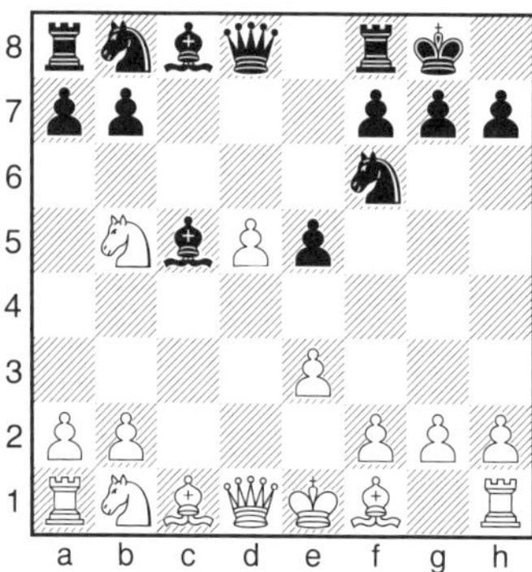

Er kann sie zu 8.♗c4 nutzen, verbunden mit mehreren nützlichen Effekten. Der Läufer ist im Spiel, der Weg für die Rochade ist frei und der ♙d5 ist noch besser abgesichert.

8...a6 9.♘5c3

Zu den weiteren schwarzen Zügen 9...e4, 10...♖e8, 11...♗f5 und 13...♗g6 können unsere Anmerkungen in der Variante 7...a6 herangezogen werden.

9...e4 10.♘d2

Auch hier leitet Weiß das Manöver ♘b1–d2–b3–d4 ein.

10...♖e8 11.a3 ♗f5 12.♘b3 ♗d6 13.♘d4 ♗g6

Im Vergleich zur Situation nach 13 Zügen in der Variante nach 7...a6 steht Weiß hier aktiver und hält den ♙d5 energischer fest.)

8.♘5c3 0–0

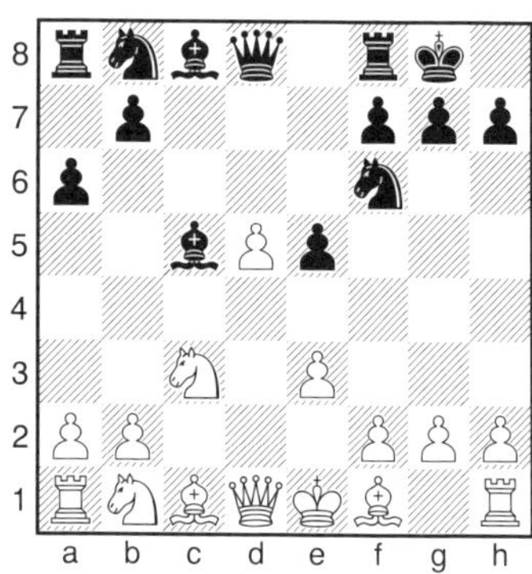

9.♗e2

Hier kann e2 als das einzige gut geeignete Zielfeld für den Läufer erscheinen, insbesondere auch im Vergleich mit c4, wo der Läufer mit b7–b5 angegriffen werden könnte. Allerdings ist dies ein Irrtum.

(Mit 9.♗c4 könnte Weiß in die Variante nach 7...a6 wechseln und dazu raten wir ihm auch.)

Nach 9...e4 steckt dieser Bauer wie ein Stachel im Fleisch von Weiß. Er hemmt dessen harmonischen Aufbau spürbar und kann sich einer guten Unterstützung der schwarzen Figuren von hinten sicher sein. So wird es Weiß nicht leichtfallen, ihn zu beseitigen, insbesondere nicht ohne eine Schwächung der eigenen Bauernstruktur.

10.0–0 ♖e8 11.♘d2 ♗f5 12.♘b3 ♗a7 13.♘d4 ♗g6

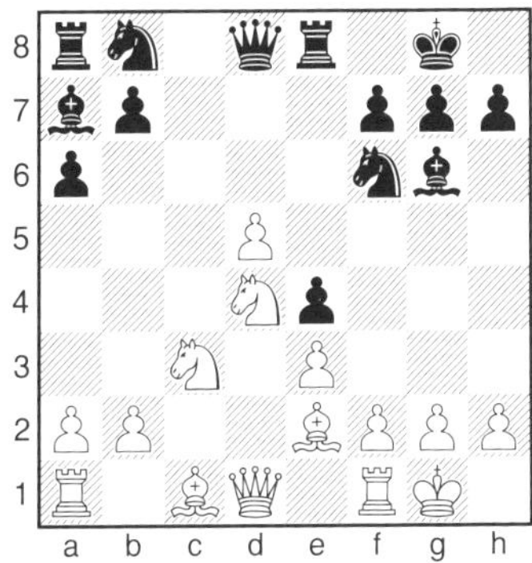

Die schwarzen Figuren finden ihre besten Plätze hier quasi von selbst. Bis auf den ♘b8 und den ♖a8 haben sie inzwischen wirkungsvolle Aufstellungen gefunden, ohne dass sie vom Gegner leicht daraus vertrieben werden könnten. Weiß muss um seine Entfaltungsmöglichkeiten weiter kämpfen. Als Möglichkeiten in Erwägung zu ziehen sind insbesondere 14.♕b3, 14.b3 und 14.b4.

Nach 14.♕b3 ist Schwarz erst mal zu einer Reaktion gezwungen.

(Die Fortsetzung 14.b3 ist aus der Praxis bekannt, aber ziemlich brav.

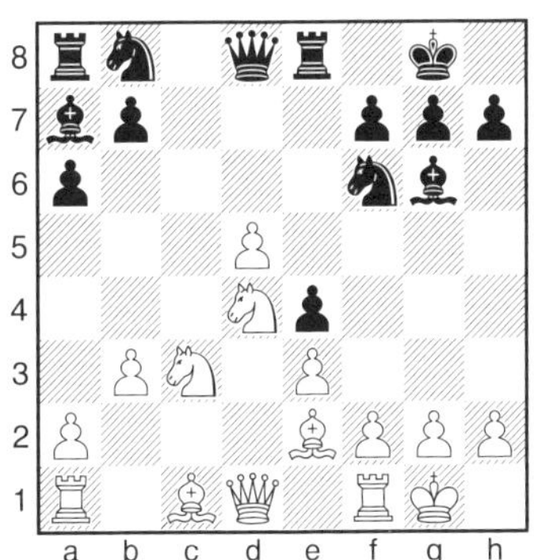

Anschließen kann sich ein schlichter beiderseitiger Abschluss der Entwicklung über die Züge 14...♘bd7 15.♗b2 ♘e5 16.♕d2 ♖c8 17.♖fc1 und nach 17...h5 verfügt Schwarz nicht nur über Gegenspiel, sondern auch insgesamt über die besseren Perspektiven.)

Auf 14.b4 kann Schwarz auf verschiedene Weise reagieren.

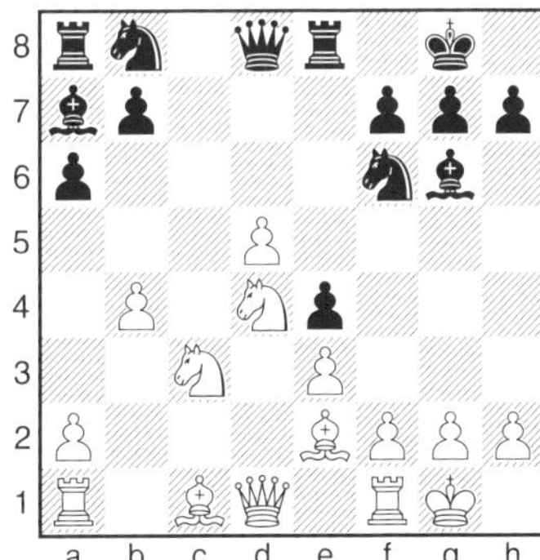

Es geht beispielweise 14...♘bd7 15.b5 und aus dieser wilden Stellung heraus ist alles möglich.)

14...♕c8

(Es würde auch 14...♕c7 zur Deckung des Bauern gehen, wo sie aber in einem günstigen Moment mit d5–d6 attackiert werden könnte.)

15.♕c4

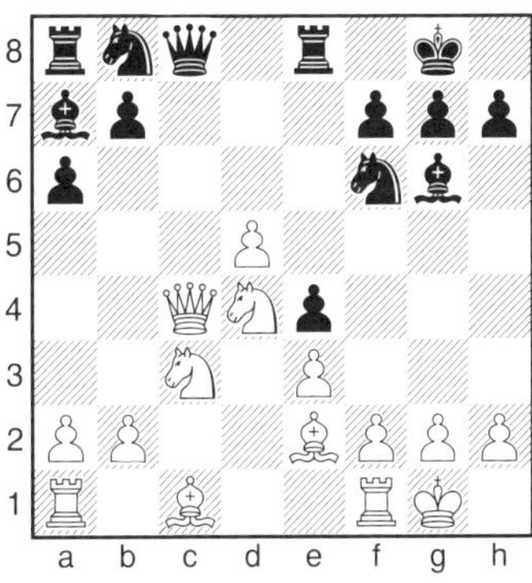

Folgen kann beispielsweise 15...♘bd7 16.♕xc8 ♖axc8 17.♘b3 Δ♖f1–d1 usw., verbunden mit etwa gleichen Perspektiven.

B) 6...♗b4+ geht auch. Die Entscheidung zwischen den beiden alternativen Läuferzügen ist mehr oder weniger Geschmackssache.

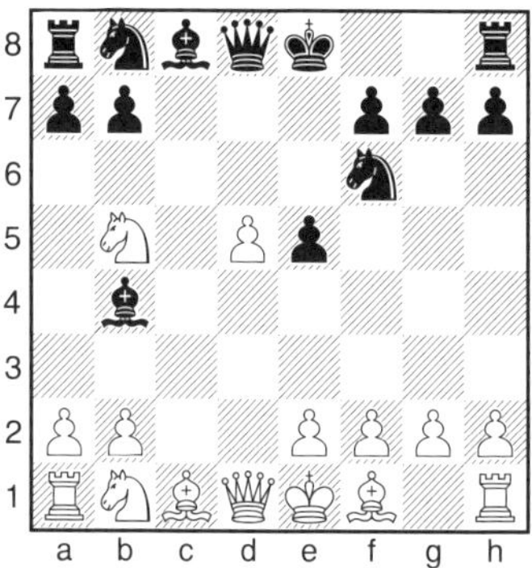

B1) Mit 7.♗d2 hebt der Läufer das Schachgebot auf, steht auf d2 aber etwas ungünstig.

7...♗c5

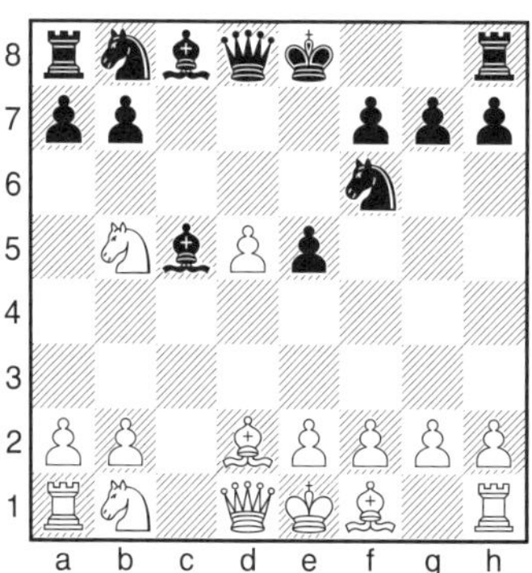

B1a) Mit 8.d6 kann Weiß die Suppe kräftig nachsalzen. Als Antwort empfehlen wir 8...♘a6, womit das Feld c7 hinreichend gesichert wird.

(Nach 8...♗xd6 stünde Weiß die starke Antwort 9.♗c3! zur Verfügung. Im Fernschach wurde die interessante Alternative 8...♗b6!? mit Erfolg ausprobiert. Sie eignet sich für weitere Untersuchungen.)

Beide Parteien kommen nicht umhin, sich nachdrücklich um die weitere Aktivierung ihrer Kräfte zu bemühen. Weiß konnte den Gegner in dessen Entwicklungsarbeit stören, hat dabei aber auch selbst kaum Fortschritte erzielen können. Seinen Mehrbauern wird er nicht verteidigen können.

Ein beispielhaft plausibler Fortschritt in der Partie wird nun über die Züge 9.e3 0–0 10.♗c3 ♗g4 11.♗e2 ♗xe2 12.♕xe2 ♗xd6 möglich. Wenn Schwarz überhaupt leichte Probleme bei seiner Entfaltung gehabt haben sollte, so hat er sich inzwischen freigestrampelt. Die Beispielvariante 13.0–0 ♘c7 14.♘xd6 ♕xd6 15.♖d1 ♕e6= veranschaulicht einen möglichen weiteren Weg unter Erhaltung des Gleichstandes.

B1b) 8.♕c2

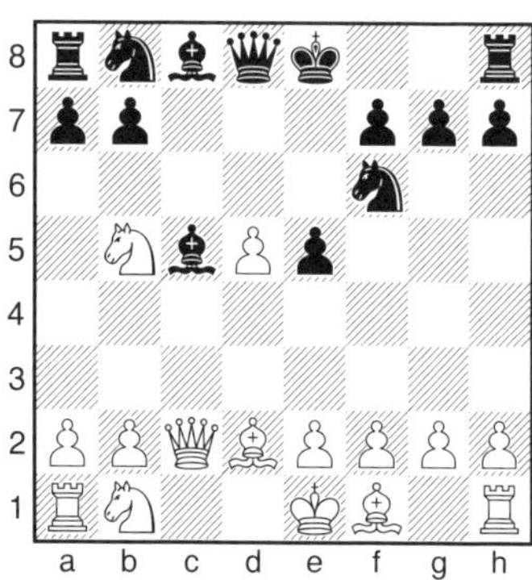

Damit lässt Weiß seine Dame nicht nur den Läufer angreifen, sondern er stellt zudem die Aufmerksamkeit seines Gegners auf die Probe. Der ♙d5 ist tabu, denn auf ♕xd5 würde die Springergabel ♘c7+ möglich und Schwarz könnte aufgeben. Nach der Sicherung des Feldes c7 mit 8...♘a6 ist die Drohung gegen den ♙d5 allerdings akut.

B1b1) 9.b4

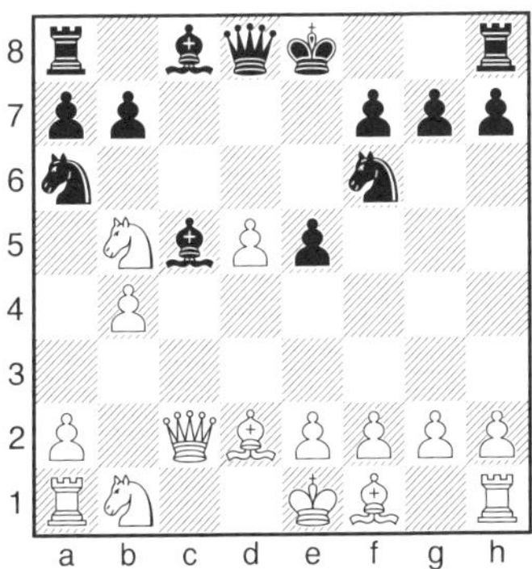

Weiß kompliziert die Lage.

9...♗b6

(Der ♙b4 ist unantastbar, denn nach 9...♗xb4 10.♗xb4 ♘xb4 11.♕a4± würde Schwarz schwer unter Druck geraten.)

10.♘1c3 0–0

(10...♘xb4? 11.♕a4+–

10...♘xd5 führt ebenfalls zum Ausgleich. Folgen kann 11.a3 0–0 12.e3 ♘ac7 und die Weichenstellungen zum Ausgleich sind erfolgt.)

11.♕b3

Von hier aus deckt die Dame die beiden Bauern auf b4 und auf d5 und nach 11...♗f5 12.e3 ♖c8= ist der Gleichstand kurz vor dem Übergang von der Eröffnung ins Mittelspiel sichergestellt.

B1b2) Alternativ kann Weiß den Gambitbauern schlicht zurückgeben und damit den Weg für eine beiderseits ruhige weitere Entwicklung frei machen.

9.♘1c3 0–0 10.a3

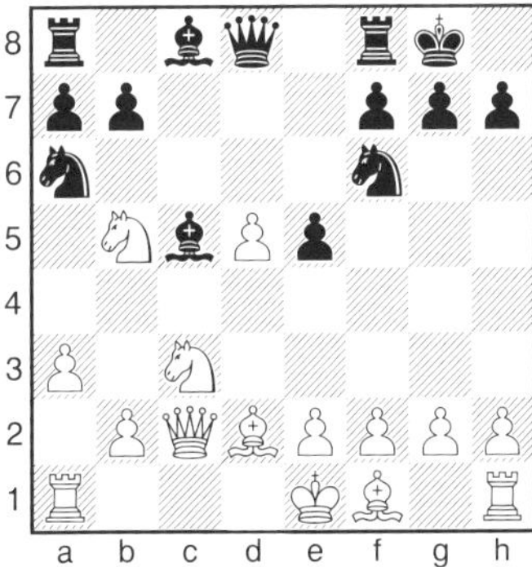

Die Zeit, die Schwarz für die Rückeroberung des Bauern braucht, kann Weiß für den Aufbau einer starken Aufstellung seines Damenflügels nutzen. Der a-Bauer hindert Schwarz nicht nur am Betreten des Feldes b4, sondern bereitet auch den Doppelschritt seines Nachbarn vor.

10...♘xd5 11.b4 ♗b6

Die Stellung ist schwer einzuschätzen und weit davon entfernt, ausbalanciert zu sein. Zum Abschluss seiner Entwicklung muss Weiß noch seinen ♗f1 aktivieren, die Situation seines Königs klären und die Türme ins Spiel bringen.

Der schwarze König ist schon gesichert, doch hinsichtlich seiner auf der Grundreihe verbliebenen Figuren stellt sich ihm eine vergleichbare Aufgabe. Die Absicherung des Feldes c7 hat zu einer etwas weniger harmonischen Aufstellung der schwarzen Figuren geführt.

Der weitere Weg ist nicht vorgezeichnet. Beispielhaft und ohne eine besondere Kommentierung gut nachvollziehbar weitergehen kann es mit 12.e3 ♘ac7 13.♘xc7 ♕xc7 14.♗d3 ♘f6 15.♘e4.

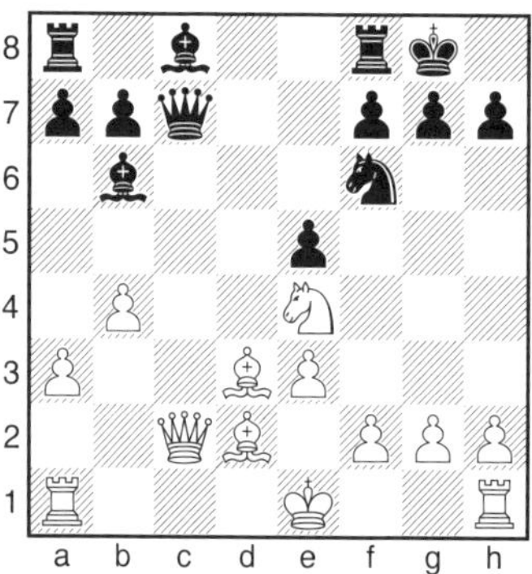

15...♘xe4

(15...♕xc2 geht auch, aber nach 16.♘xf6+ 16...gxf6 17.♗xc2= muss Schwarz mit einem Doppelbauern spielen.)

16.♕xc7 ♗xc7 17.♗xe4 ♖b8=

B2) Im Falle von 7.♘5c3 gibt Weiß den Gambitbauern wieder her. Mit 7...♕xd5 bietet Schwarz den Damentausch an, der ihm den Ausgleich vereinfacht. Die Fesselung des ♘c3 ist dabei die Lebensversicherung für die Dame.

(7...♘xd5 geht auch, ermöglicht Weiß aber den raumgreifenden Schritt 8.e4. Über den Abtauschreigen 8...♘xc3 9.♕xd8+ ♔xd8 10.♘xc3 ♗xc3+ 11.bxc3 erreicht Schwarz gleichwertige Chancen. Nach 11...♗e6= hat Weiß das Läuferpaar, Schwarz die kompaktere Bauernstellung.)

8.♕xd5

Andere Möglichkeiten wie beispielsweise 8.♕a4+ bringen Weiß keine besseren Chancen ein.

8...♘xd5 9.♗d2

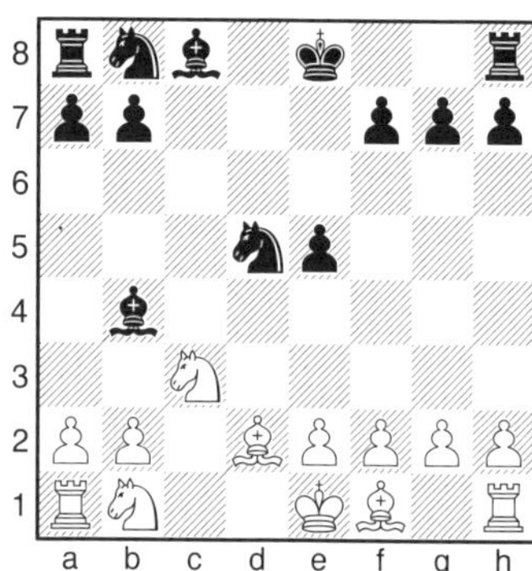

Nach Aufhebung der Fesselung des ♘c3 muss sich Schwarz um seinen bedrohten Springer kümmern. Eine gute Alternative ist nun 9...♘c7, womit der Springer im Spiel gehalten und für einen anderen Einsatzort vorbereitet wird. Für beide Seiten ist die erfolgreiche Bewältigung der Entwicklungsaufgabe längst noch nicht in Sicht. Mit 10.e3 kann Weiß seinem Läufer den Weg frei machen, so dass das Feld b5 in seine Hand gerät. Nach dem normalen Entwicklungszug 10...0–0 kann er mit 11.♘b5 die Klärung der Lage herbeiführen.

11...♗xd2+ 12.♘xd2 ♘xb5 13.♗xb5

Den Kontrahenten bietet sich nun die für beide gleichermaßen zum Abschluss der Entwicklung führende Variante 13...a6 14.♗a4 b5 15.♗b3 ♗b7

16.♖c1 ♘c6 17.♔e2 ♖ac8= an. Das reduzierte Material macht den Verbleib des weißen Königs in der Mitte nicht zu einem Risiko. Er bekommt dadurch vielmehr die Chance, sich schneller aktiv ins Spiel einzubringen, je weiter die Partie in Richtung Endspiel voranschreitet.

II. 4...g6

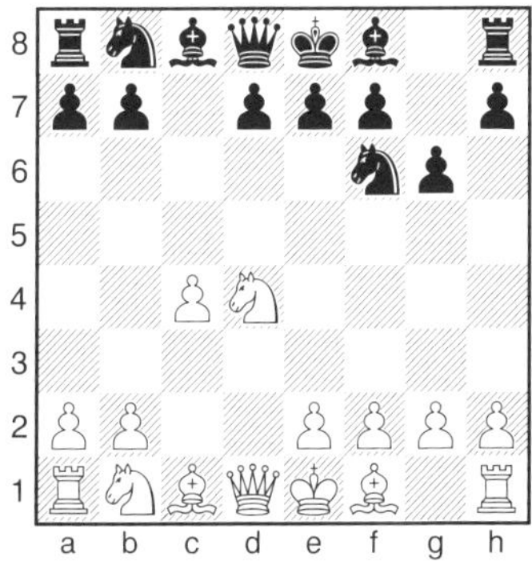

Auch hier hat Schwarz die Möglichkeit, für seinen Königsflügel den Fianchetto-Aufbau zu wählen. Eventuell erlaubt ihm dieses Vorgehen eine spätere Überleitung in andere Systeme, zum Beispiel in die Königsindische Verteidigung.

5.♘c3

(Auf 5.g3 ist besonders 5...d5! stark.)

5...d5

(Interessant ist 5...♗g7 6.e4, wodurch ein Stellungsmerkmal eintritt, das für die offenen Spielweisen der Sizilianischen Verteidigung typisch ist, nämlich das Fehlen des weißen d- und des schwarzen c-Bauern. Die Fortsetzung 6...d6 lässt eine Position des Maroczy-Aufbaus der Sizilianischen Verteidigung entstehen, zu der es herkömmlich über 1.e4 c5 2.♘f3 d6 3.d4 cxd4 4.♘xd4 g6 5.c4 ♘f6 6.♘c3 ♗g7 kommt. Hierzu haben wir bereits vorne in der Übersicht zu diesem Band Informationen eingefügt.)

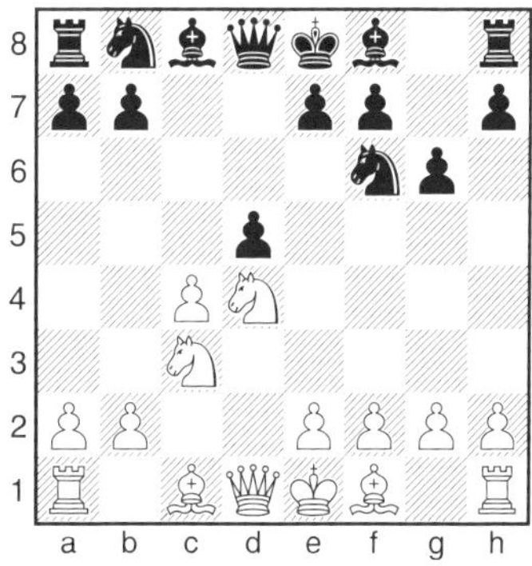

A) 6.♗g5

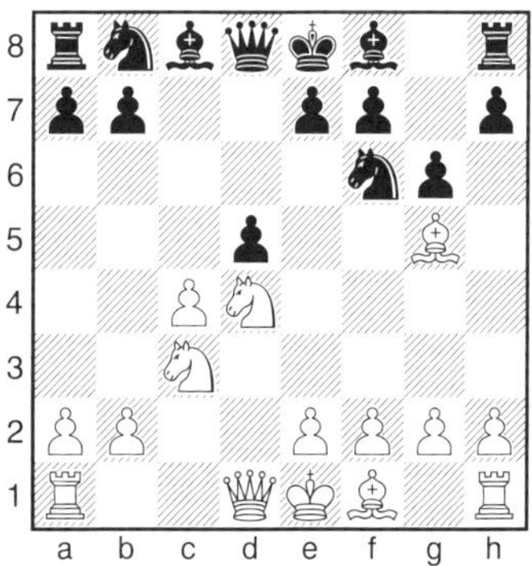

Mit dieser Fortsetzung verbindet Weiß zwei Absichten. Einerseits droht er den Tausch Läufer gegen Springer an, worauf der ♙d5 hängen würde, andererseits kann er nun e2–e3 spielen, ohne seinen Läufer einzusperren.

6...dxc4 ist die natürliche Reaktion und unsere Empfehlung. Der Bauer geht von sich aus zusammen mit seinem weißen Gegenspieler vom Brett.

(Eine Überlegung wert ist allerdings auch 6...♘e4, womit Schwarz die verletzliche Stellung des Läufers ausnutzt und einen Abtausch provoziert, allerdings zum Preis eines Doppelbauern. Nach 7.♘xe4 dxe4 diktiert Weiß zunächst das Geschehen. Der Springer nimmt mit 8.♘b5 die Schwäche c7 ins Visier und stellt die Verbindung zwischen den Damen her, die Schwarz aber nicht gut zum Abtausch nutzen kann, da er nach ♖a1xd1 und seinem Verteidigungszug ♘b8–a6 in eine schlechtere Stellung geraten würde. Besser ist es, mit 8...♗g7 seine Entwicklung fortzusetzen.

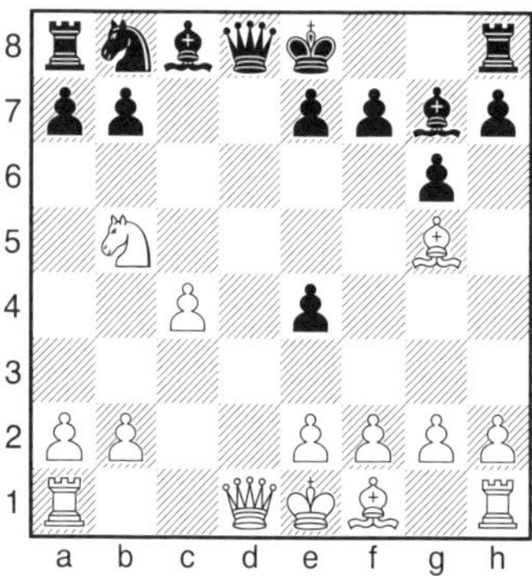

Nach 9.♕xd8+ verliert er sein Rochaderecht und erlaubt Weiß die weitere Entwicklung mit Tempogewinn, bleibt aber dennoch im Spiel, wie die Variante 9...♔xd8 10.0–0–0+ ♗d7 11.♗f4 ♘a6 12.g3 ♔e8 zeigt. Die Schwäche c7 ist gedeckt und mit Zügen in der Reihenfolge f7–f5, ♔e8–f7 ♖h8–c8 usw. steht ihm ein guter Plan für das weitere Vorgehen zur Verfügung.)

7.e3

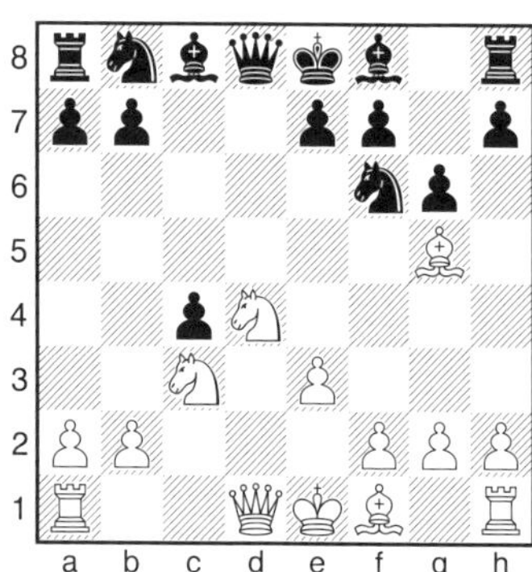

Natürlich kann Schwarz den Bauern nicht halten. So ist es richtig, die Zeit für eine konsequente Fortsetzung der Entwicklung zu nutzen. Nach 7...♗g7 8.♗xc4 0–0 9.0–0 kann er seine Ausgleichschancen mit 9...a6 festhalten, wobei er einem Plan mit b7–b5, ♗c8–b7 und ♕d8–b6/a5 folgt.

Weiß kann seine Entwicklung beispielsweise mit 10.♖c1 weitgehend abschließen, bevor er auf das schwarze Vorgehen reagieren muss. So kann sich ein Fortgang mit 10...b5 11.♗e2 ♗b7 12.♗f3 ♕b6 ergeben, der zu einer Stellung mit ausgeglichenen praktischen Chancen führt, auch wenn der Computer einen minimalen Vorteil für Weiß errechnet.

B) Das Manöver 6.cxd5 ♘xd5 7.♘db5 führt für Schwarz zum Verlust seines Rochaderechts, was jedoch unter den dabei eintretenden Umständen nicht schlimm ist. Auch wegen des wunden Punktes c7 kann Schwarz nur auf c3 schlagen, um im Spiel zu bleiben.

(7.♗d2 wäre harmlos. Nach 7...♗g7 ist 8.♘db5 leicht zu kontern, weil der ♗d2 das Vis-à-vis der Damen verhindert.

8...♘xc3 9.♗xc3 und nun kann Weiß nach 9...♗xc3+ nicht auf d8 nehmen, weil der Läufer mit Schachgebot auf c3 geschlagen hat.

10.♘xc3 0–0=)

7...♘xc3 8.♕xd8+ ♔xd8 9.♘xc3

Die Situation beider Parteien ist ähnlich. Wenn Schwarz sein Zugrecht für die Entwicklung einer Figur verwendet hat, haben beide eine Figur im Feld und müssen noch vier weitere entwickeln. Dies kann auf die folgende Weise geschehen: 9...♗g7 10.♗d2 ♘c6.

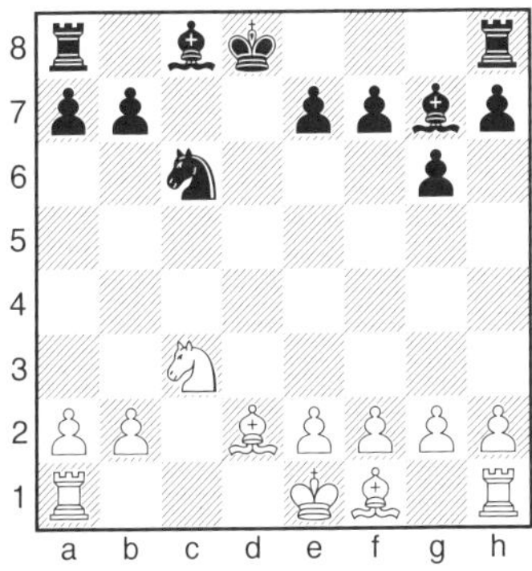

Für den weißen Königsläufer bietet sich nun das Fianchetto an, denn auf der Diagonalen h1–a8 winkt ihm ein wirkungsvoller Einsatzbereich mit Druck gegen den schwarzen Damenflügel. Allerdings sieht auch die lange Rochade verlockend aus, zumal der gegnerische König zu diesem Manöver nicht mehr in der Lage ist.

11.g3

(Nach 11.0–0–0 droht ♗d2–h6+, so dass Weiß dieses Abzugsschach verhindern muss. Er kann dies mittels 11...♗d7 mit einem Fortschritt in seiner Entwicklung kombinieren.

12.e4 ♖c8 13.♔b1

Der König entfernt sich prophylaktisch aus der Fernwirkung des ♖c8. Nach 13...♔e8= kann Schwarz die Beseitigung seiner Restsorgen in einem passenden Moment über f7–f5 einleiten.)

11...♗e6 mag nicht sonderlich hübsch aussehen, weil der Läufer nun dem e-Bauern vor der Nase steht, ist aber der Alternative 11...♗d7 vorzuziehen und völlig ausreichend, um den Ausgleich zu halten.

(Nach 11...♗d7 kann Schwarz nach dem Rezept 12.♗g2 ♔e8 13.0–0 f5 nebst ♔e8–f7 und ♖h8–d8 usw. spielen.)

12.♗g2 ♖c8 13.0–0 ♔e8 mit Ausgleich. Auch hier ist der Vorstoß f7–f5 der Schlüssel für das weitere Fortkommen.

III. Der schlicht auf Entwicklung gespielte Zug 4...♘c6 ist mit der Hauptvariante verbunden.

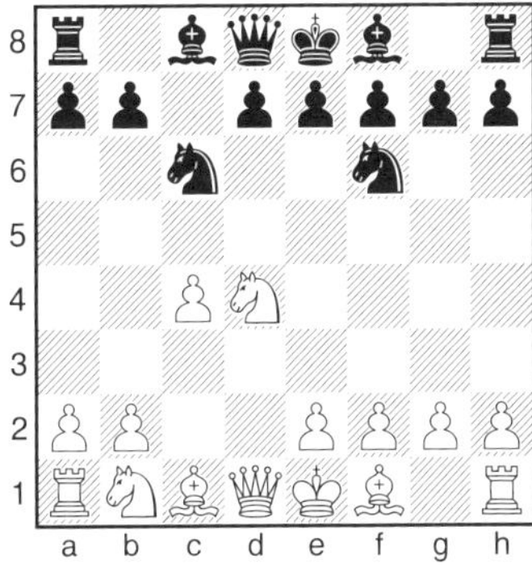

A) 5.♘c3

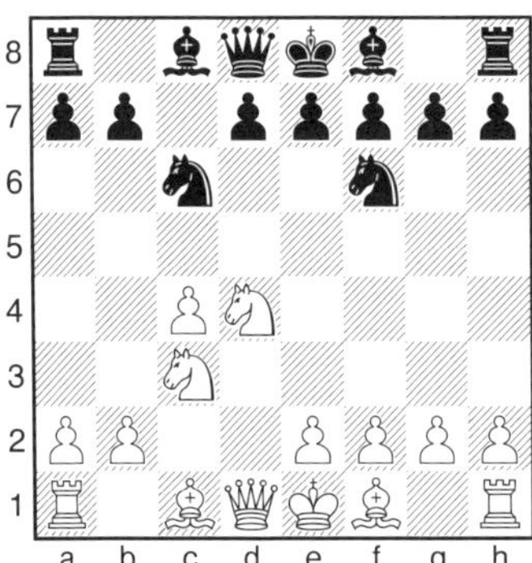

Nun ist das forsche Vorgehen mit 5...d5 viel besser, als die Partienstatistik glauben machen will. Hier verbirgt sich für Schwarz also durchaus etwas Überraschungspotenzial.

(5...e6 mit Übergang in die mit 5...♘c6 eingeleitete Variante als Abweichung zu 5...♗b4 in der Hauptvariante ist dennoch vorzuziehen.)

Mit 6.cxd5 kann Weiß seinem Gegner einen isolierten Bauern auf der c-Linie beibringen.

(6.♘xc6 bxc6 gibt beiden Seiten die Gelegenheit, beinahe schiedlich friedlich ihre Entwicklung fortzusetzen, da sich aus der Stellung kaum noch ein aktuelles Konfliktpotenzial ergibt. Ein Fortgang mit natürlichen Zügen kann den Weg 7.e3 e6 8.♗e2 ♗d6 9.0–0 0–0 10.b3 ♕c7= nehmen.)

6...♘xd5 7.♘xc6 bxc6

(„Wie du mir, so ich dir" geht hier natürlich nicht. Der Fingerfehler 7...♘xc3?? würde zum abrupten Ende 8.♕xd8# führen.)

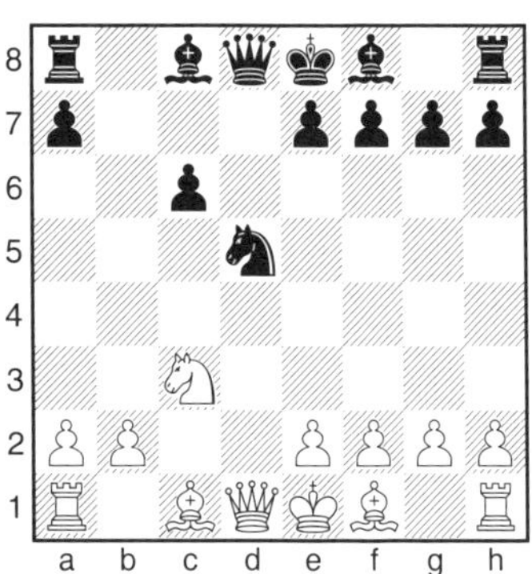

Mit 8.♗d2 übernimmt der Läufer die Deckung des ♘c3, damit Weiß nach ♘d5xc3 einen eigenen Isolani vermeiden kann. Zugleich stellt er mit dieser Entscheidung eine Verbindung zwischen Dame und Turm her, so dass nach einem künftigen ♕d8xd1 der Turm zurücknehmen könnte. Dieser erhält zudem das Feld c1 für seine Entwicklung.

8...e5

Wir ziehen den Doppelschritt des Bauern einer Entwicklung mit e7–e6 vor, wenngleich auch dies häufig gespielt wird. Auf e5 entwickelt der Bauer mehr Einfluss nach vorne und lässt vor allen Dingen das Feld e6 für den Läufer frei, entweder als Stand- oder als Durchgangsfeld. Für Weiß ist nun der Fianchetto-Aufbau eine Methode der Wahl, um schnell und effektiv die Entwicklung voranzutreiben.

9.g3 ♗e6 10.♗g2 ♗e7 11.0–0 0–0 12.♖c1

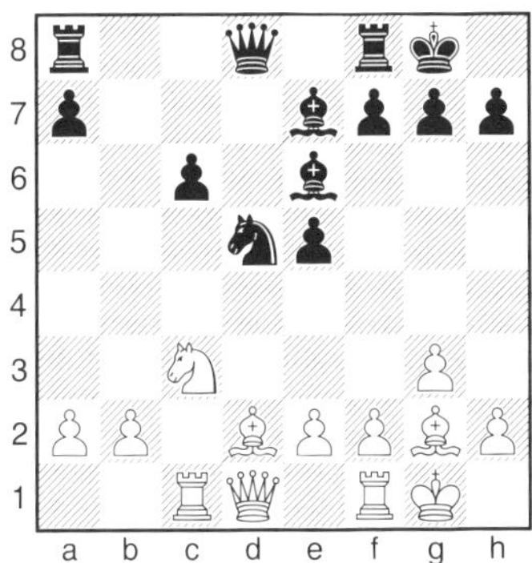

Die Ergebnisse aus der Praxis, allerdings auf der Basis nur sehr weniger Partien, signalisieren hier bessere Perspektiven für Weiß. Die schwarze Stellung ist allerdings verteidigungsfähig.

Eine Variante dazu: Nach 12...♕d7 muss Weiß je nach Fortgang des Duells damit rechnen, dass sein Gegner mittels ♗e6–h3 auf Läufertausch spielt, solange der Turm noch auf f1 steht.

13.♘a4

Es droht nun ♘a4–c5 mit einem erzwungenen Tausch Läufer gegen Springer.

13...♕b7

Nun würde ♘a4–c5 Weiß den Bauern b2 kosten.

14.b3 ♕b5

Die schwarze Bauernstellung ist etwas schwächer, so dass Weiß hier die leicht besseren Chancen haben dürfte, wofür aber eine Bewertung mit ± fast schon überzogen wirkt. Um zu zeigen, wie schnell sich das Bild wandeln kann, schauen wir noch etwas weiter in die beiderseitigen Möglichkeiten hinein und wählen dazu einen Fortgang auf der Basis natürlicher Züge.

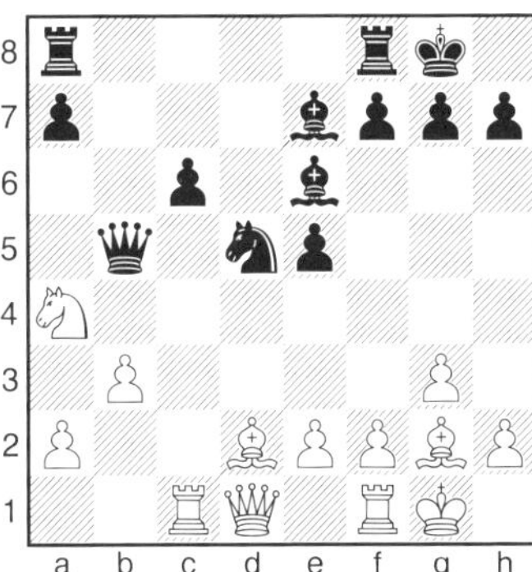

Mit 15.♘b2 strebt der Springer nach c4, also vor den schwarzen Isolani.

15...♖ac8 16.♘c4 ♖fd8 und bis auf die schon angesprochene Schwäche ist an der schwarzen Stellung nichts auszusetzen. Und Weiß muss aufpassen. Nicht gut wäre nun 17.♘xe5 in der Hoffnung auf einen gesunden materiellen Vorteil wegen 17...♗a3 18.♖c4 ♘e7 19.♖e4 ♗d5 und plötzlich verfügt Schwarz über die besseren Aussichten.

B) Nicht nur ausnahmsweise greift Weiß auf die Fortsetzung 5.g3 zurück, die ohnehin zu seinen Standardoptionen zählt und schon deshalb an den verschiedensten Stellen anzutreffen ist. Unsere Empfehlung für Schwarz ist nun der energische Vorstoß 5...e5, der nicht zu den meistgespielten Antworten zählt, jedoch mit guten statistischen Daten aufwartet und ein gewisses Überraschungspotenzial mitbringt.

6.♘b5

(Die in der Praxis selten gespielte Alternative 6.♘xc6 ist harmlos. Schwarz kommt mühelos zum Ausgleich. Er schlägt mit dem b-Bauern und somit Richtung Zentrum zurück, so dass er Rückenwind für seine Absicht d7–d5 bekommt. Nach 6...bxc6 führt die plausible Zugfolge 7.♗g2 ♗b4+ 8.♗d2 ♖b8 9.0–0 0–0 beinahe automatisch zu einem guten schwarzen Entwicklungsfortschritt. 10.e4 und nun der geplante Vorstoß 10...d5= halten die Stellung im Gleichgewicht.)

Nun kann Schwarz mit 6...♗b4+ unter Schachgebot seinen Läufer aktivieren.

7.♗d2

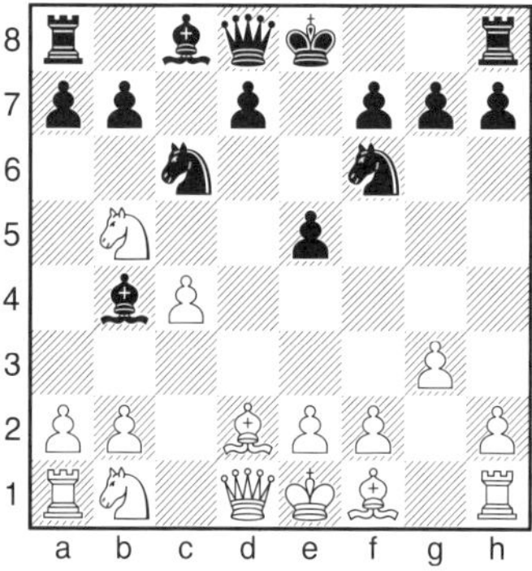

Mit 7...a6 kann der Springer jetzt vertrieben werden.

8.♘5c3

Den Abschluss seines Manövers bildet nun 8...d5 und seine Fortschritte in der Entwicklung sind deutlich erkennbar.

9.cxd5 ♘xd5

Inzwischen ist Weiß derjenige, der um den Ausgleich kämpfen muss. Mit 5.g3 hat er das Fianchetto des Königsflügels vorbereitet, entsprechend ist 10.♗g2 nun die folgerichtige Umsetzung. Dass er dies mit Angriff auf den ♘d4 machen kann, ficht Schwarz nicht an, denn mit 10...♗e6 sorgt er für dessen hinreichende Deckung unter Fortsetzung seiner Entwicklung.

11.0–0 ♘b6=

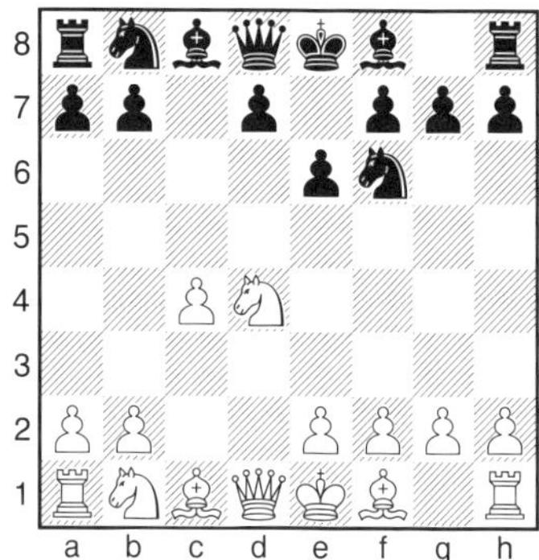

5.♘c3

Ein normaler Entwicklungszug.

Die Alternative 5.g3 kann in diffuse bzw. für beide Seiten unübersichtliche Stellungsbilder führen. Es will deshalb gut überlegt sein, wenn der noch wenig erfahrene Spieler diesen Weg einschlägt. Die energische Reaktion 5...d5! dürfte die beste Möglichkeit sein. Sie sorgt für eine Stellungsstruktur, die für die Katalanische Eröffnung typisch ist (1.d4 ♘f6 2.c4 e6 3.g3 d5 usw.) und in die die Eröffnung in der Folge auch komplett übergehen kann. Wenn Weiß die Absicht zu einer ruhigen Fortsetzung seiner Entwicklung gehabt haben sollte, wird sie hiermit durchkreuzt. Er muss sich nun entscheiden, ob er auf d5 schlagen soll oder nicht.

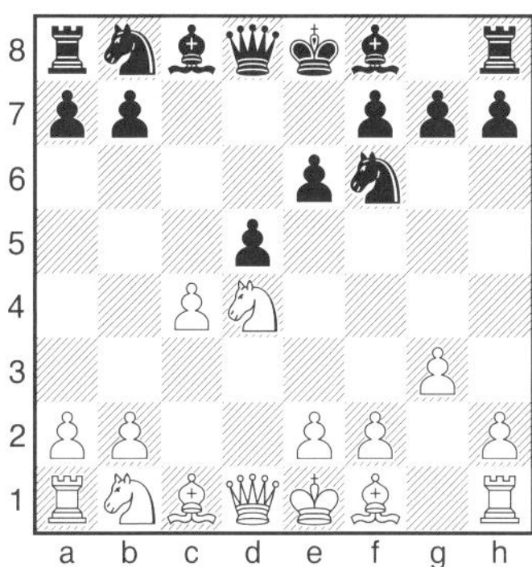

A) 6.♗g2

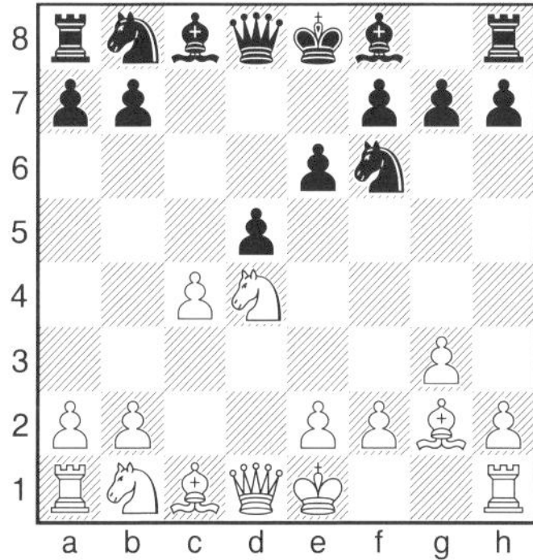

Wenn Weiß auf das Schlagen verzichtet, gibt er Schwarz die Gelegenheit, eine feste Bauernstellung im Zentrum zu etablieren, eventuell mit Tempogewinn. Nach 6...e5 muss der Springer weichen und anschließend kommt Schwarz zu d5–d4. Zu beachten sind die drei Alternativen 7.♘f3, 7.♘b3 und 7.♘c2 mit den folgenden daraus ggf. resultierenden Entwicklungen:

7.♘f3

(Auf 7.♘b3 kann Schwarz genauso reagieren.

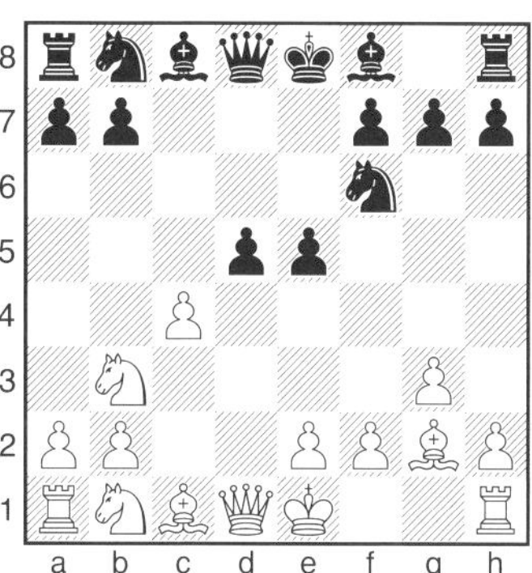

Entsprechend ist 7...d4 die übliche und auch beste Antwort. Die erreichte Stellung ist schon häufig in der Praxis ausgespielt worden, mit einem deutlichen Erfolgsüberhang von Schwarz.

8.0–0 ♘c6

Der Springer übernimmt die zusätzliche Deckung des ♙d4, so dass der ♙e5 mobil werden kann. Dies zahlt sich bereits aus, wenn Weiß mit 9.f4 das schwarze Bauernzentrum zu unterminieren trachtet, denn nun ist 9...e4 als Antwort möglich. Es ist für beide Seiten nicht einfach, auch die weiteren Kräfte ins Spiel zu bringen und dabei den Einfluss des Gegners zu stören.

Zu einer sehr dynamischen Entwicklung kann es kommen, wenn Weiß mittels 10.f5 den gegnerischen Läufer von g4 fernhalten will. Über das Intermezzo 10...g6 11.♘a3 ♗xf5 scheint Schwarz einen Bauern gewinnen zu können, doch dem ist nicht so, wie eine mit 12.♘b5 beginnende Variante zeigt. Schwarz kann den ♙d4 nicht dauerhaft verteidigen. Anschließen kann sich 12...♘g4 13.h3 ♘ge5 14.♘5xd4 ♘xd4 15.♘xd4 ♗d7= mit weitgehend ausgeglichenen Chancen.

Der Wegzug 7.♘c2 wird Weiß Zeit für eine spätere bessere Aufstellung des Springers kosten.

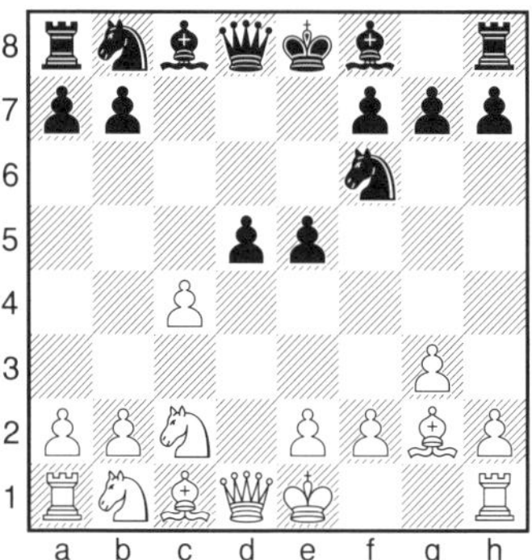

Auch hier ist 7...d4 die Antwort der Wahl für Schwarz, woraufhin sich beide Seiten einer eher ruhigen Entwicklung über Standardzüge widmen können. Möglich wird ein Fortgang über 8.0–0 ♘c6 9.♗g5 ♗e7 10.♘d2 0–0∓. Der unbefriedigend stehende ♘c2 kann auf dem Weg c2–e1–d3 in eine bessere Position überführt werden. Schwarz kann seinen Damenläufer nach e6 ziehen und dann aus einer soliden Position heraus und mit guten Chancen das Mittelspiel aufnehmen. ♕d8–c8 ist für ihn in der Folge eine Option, um ♗e6–h3 vorzubereiten.)

7...d4 8.0–0 ♘c6

Die nach 6...e5 entstandenen Stellungen unterscheiden sich nach dem 8. Zug nur durch die Stellung jeweils des weißen Springers. Nach 7.♘b3 und 7.♘c2 schlagen wir 9.e3 wegen der dort jeweils starken Antwort 9...d3 nicht vor. Hier aber ist der Zug für Weiß auf jeden Fall gut spielbar.

Also: 9.e3

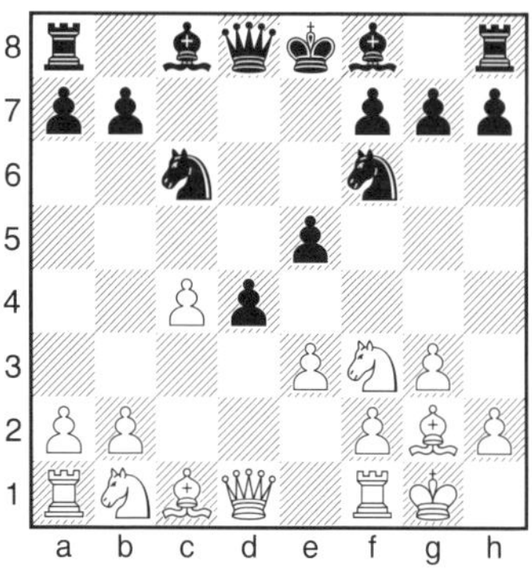

A1) 9...♗e7

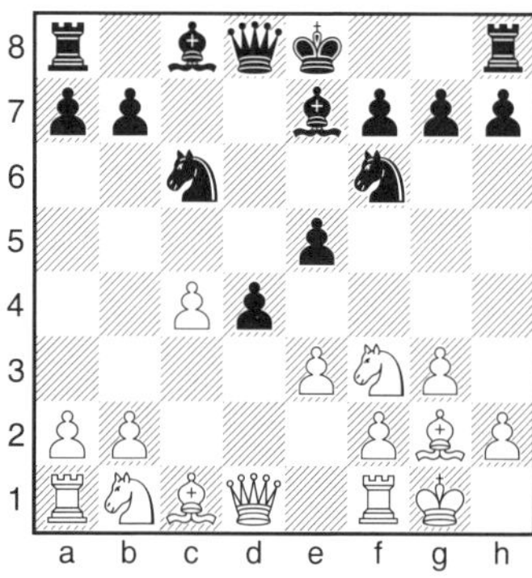

Nach 10.exd4 exd4= sind die schärfsten Klippen umschifft. Die Kontrahenten müssen noch ihre letzten Hausaufgaben zur Aktivierung ihrer Kräfte erledigen und können dann auf Augenhöhe ins Mittelspiel einbiegen.

Mit 11.♗f4 zieht der Läufer ins Feld, bevor sich ihm der ♘b1 vor die Nase stellen kann. Indem er die Kontrolle über das Feld e5 übernimmt, bereitet er seinem ♘f3 den Sprung darauf vor.

(11.a3 mit der Absicht b2–b4 sollte Schwarz mit 11...a5! abfangen.)

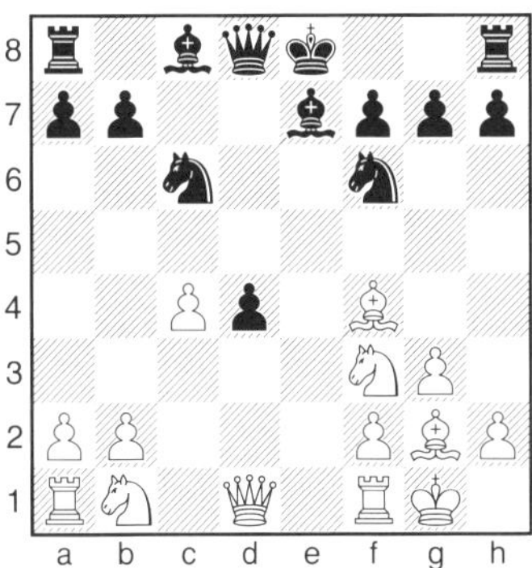

A1a) Unsere Empfehlung für den wenig erfahrenen Spieler ist nun 11...♗e6. Der Läufer nimmt den ♙c4 aufs Korn und antizipiert damit das Vorhaben von Weiß, den Springer nach e5 zu führen, indem nun der Weg des Turms nach c8 frei wird.

12.♘e5

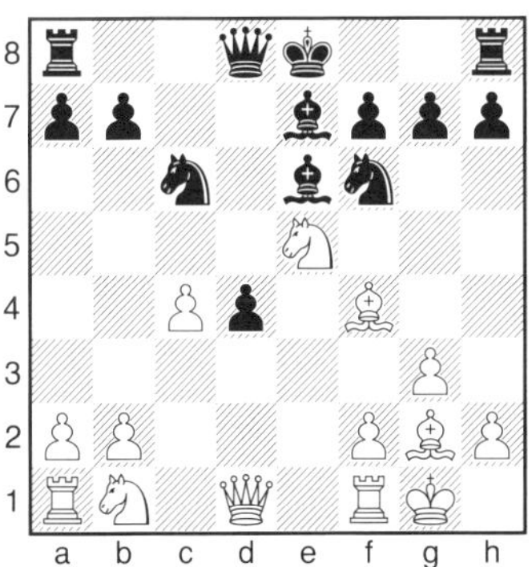

Anschließen kann sich die ohne besondere Erläuterungen gut nachvollziehbare Variante 12...♖c8 13.♘d2 0–0 14.♘df3 ♘xe5 15.♘xe5 ♗xc4 16.♘xc4 ♖xc4 und Schwarz behält alles unter Kontrolle.

A1b) Meistgespielt, aber komplizierter zu behandeln, ist 11...0–0. Für den erfahrenen Spieler mögen sich mit der Wahl dieser Alternative bessere Chancen verbinden.

12.♘e5 ♕b6

Die Dame hilft bei der Verteidigung des ♘c6 und greift den ♙b2 an.

13.♕b3

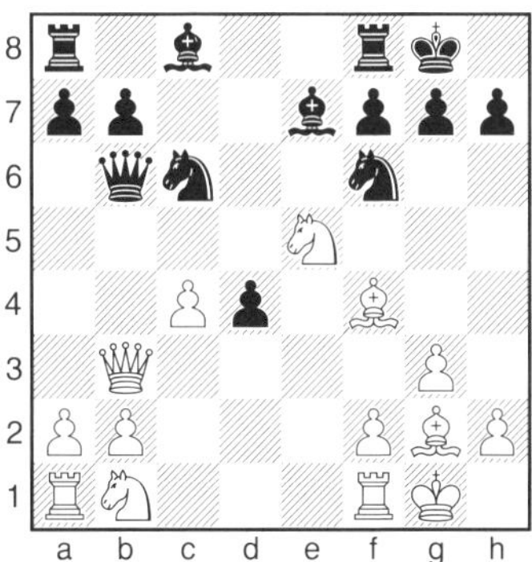

13...♘a5

(13...♕xb3 14.axb3 wäre eher günstig für Weiß, wie auch die Ergebnisse aus der Praxis bestätigen.)

Nach 14.♕xb6 axb6 gefolgt von 15.♘d2 ♘h5 16.♘b3 ♘xf4 17.gxf4 ♖d8 sind die Chancen ausgeglichen; z.B. 18.♗d5 ♗e6 19.♗xe6 fxe6 20.♖fd1 ♗f6= usw.

A2) Es ist nicht sicher einzuschätzen, wie 9...d3 hier zu bewerten ist. Dies bestätigen auch die Ergebnisse aus der Praxis, sowohl im herkömmlichen Turnierschach als auch im Fernschach.

Nach 10.♘c3 ♗b4 (10...♗e6!?) hat Weiß die Gelegenheit zu 11.♘xe5, womit er ausnutzt, dass der ♘c6 nicht zugleich den ♙e5 und den ♗b4 wirksam verteidigen kann. Nach 11...♘xe5 hat der Läufer seine Deckung eingebüßt, was ihn das Leben kosten wird. 12.♕a4+ zwingt Schwarz zu 12...♘c6, wenn der Läufer nicht sofort vom Brett genommen werden soll. Nach 13.♗xc6+ bxc6 14.♕xb4 ist es dann aber doch um ihn geschehen. Die Stellung entzieht sich einer belastbaren Einschätzung der beiderseitigen Perspektiven.

B) Nach 6.cxd5 kann Schwarz mit der Dame zurücknehmen, so dass sein Gegner auf die Bedrohung des ♖h1 reagieren muss. Nach 6...♕xd5 7.♘f3 ♕xd1+ 8.♔xd1 hat Schwarz den Ausgleich in der Tasche. Eine gute Wahl ist nun 8...b6 mit der Absicht, den Läufer nach b7 zu spielen. In Erwartung von ♗f1–g2 kann er auf der langen Diagonalen die Aussichten seines weißen Gegenübers stark einschränken.

(Eine ebenfalls gut spielbare Aufbauidee folgt dem Muster 8...♗c5 9.♔e1 ♘c6 usw.)

Nach einem beispielhaften Fortgang über normale Entwicklungszüge wie 9.♘c3 ♗b7 10.♗g2 ♘a6 11.♗g5 ♗e7 steht Schwarz gut. Das Feld a6 dient dem Springer nur als Transferfeld. Von hier aus kann er nach Bedarf und im passenden Moment vielseitig eingesetzt werden.

5...♗b4

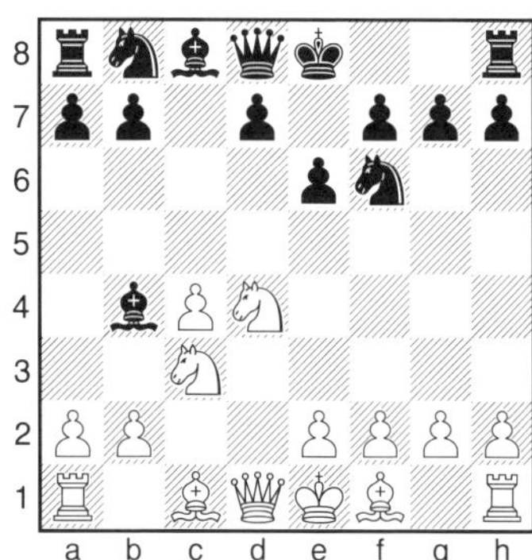

Dieser Läuferausfall wird am häufigsten gespielt.

Im Falle von 5...d5 können sich unter Zugumstellung Varianten und Systeme ergeben, die wir an verschiedenen anderen Stellen unseres Buches behandeln.

Eine starke Alternative ist auch 5...♘c6.

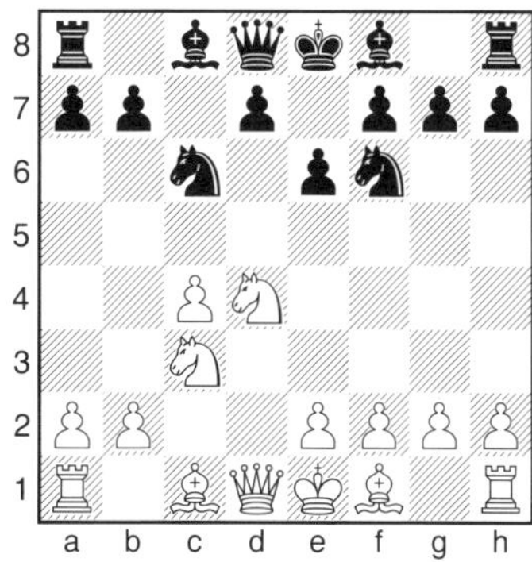

Mit 6.g3, 6.♗f4 und 6.♘db5 verfügt Weiß über drei starke Hauptantworten. Die Brettsituation trägt ein hohes Potenzial für Zugumstellungen in sich.

A) 6.g3

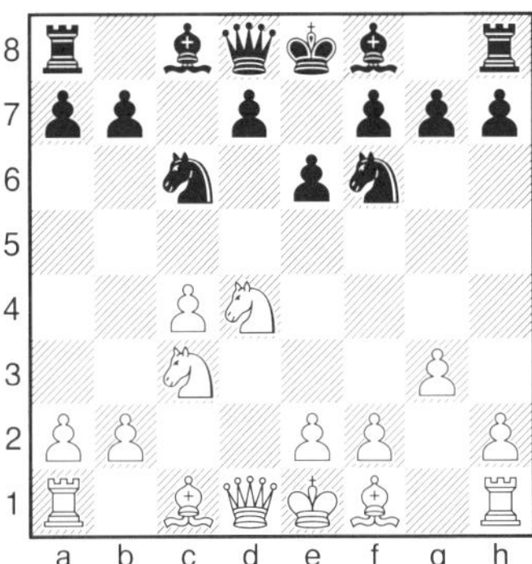

A1) Mit 6...♕b6 zwingt Schwarz seinen Gegner zu einer sofortigen Reaktion zum Schutz seines ♘d4. Zur Flucht stehen dem Springer insbesondere die Züge 7.♘b3, 7.♘db5 und 7.♘c2 zur Verfügung.

A1a) 7.♘b3 ist die Hauptantwort.

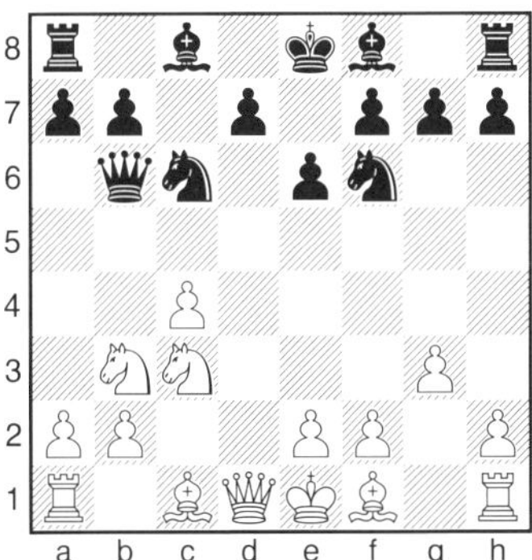

A1a1) 7...♘e5

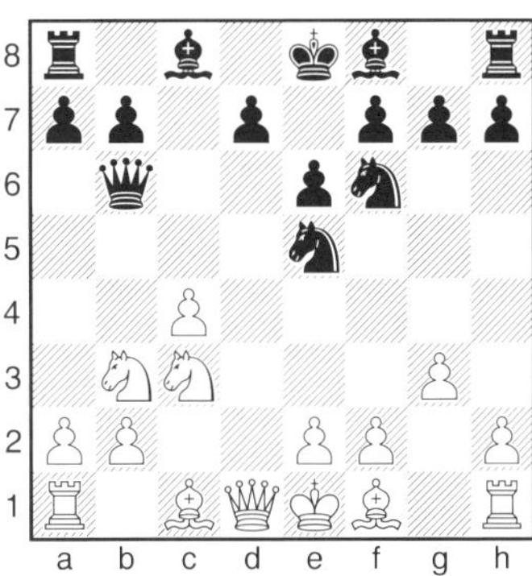

Dieser Springerzug ins Zentrum wird mit Abstand am häufigsten gespielt. Zur Deckung seines c-Bauern wird Weiß seinen e-Bauern nach e4 beordern müssen. Sein Vorstoß lässt den ♗f1, der eigentlich nach g2 entwickelt werden soll, die Deckungsfunktion übernehmen. Auf e3 würde der Bauer weniger gut stehen, weil er seinen ♗c1 einsperren würde. Allerdings kann er auch auf e4 später noch stören, wenn der Läufer in der Zukunft doch noch fianchettiert werden kann.

8.e4 ♗b4

Dies ist ein reiner Entwicklungszug, mit dem Schwarz nicht etwa einen Tausch Läufer gegen Springer auf c3 anstrebt, um Weiß eine Bauernschwäche beizubringen. Wie wir gleich noch sehen werden, wäre ein solches Manöver vorteilhaft für Weiß. Dieser kann die Abtauschmöglichkeit auf c3 also ignorieren und 9.♕e2 spielen. Hier ist die Dame universell und harmonisch ins weiße Entwicklungskonzept eingesetzt. Bei diesem Aufbau liebäugelt Weiß grundsätzlich mit der langen

Rochade, für die natürlich zunächst die beiden Felder c1 und d1 frei gezogen werden müssen. Da der Läufer inzwischen im Feld ist, kann Schwarz den d-Bauern mit 9...d6 nach vorne rücken, ohne diesen zu verstellen.

(Von 9...♗xc3+? 10.bxc3 und dann 10...d6 sollte Schwarz die Finger lassen, denn nach 11.f4 ♘g6 12.♗a3 usw. hätte er schwere Probleme.)

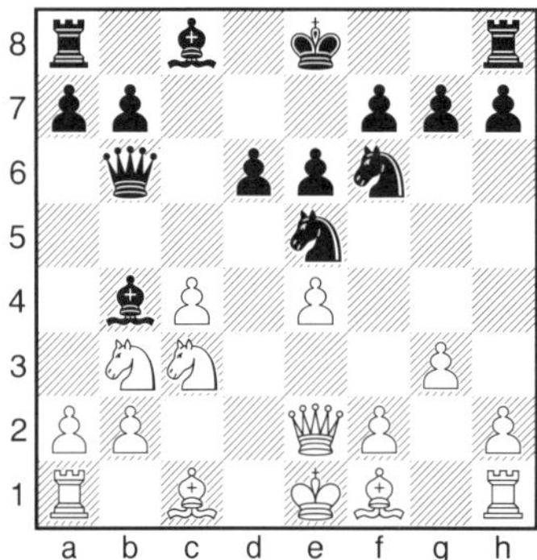

A1a11) Mit 10.f4 kann Weiß eine scharfe Variante einläuten, in der sich Schwarz aber eine ausreichende Verteidigungsfähigkeit erhalten kann.

10...♘c6 11.♗e3 ♗xc3+

Dies ist hier die meistgespielte Alternative für Schwarz. Im Duell auf der herkömmlichen Turnierbühne wartet sie mit den eindeutig besten Ergebnissen auf.

(Das Fernschachspiel hat allerdings bewiesen, dass auch 11...♕a6 und 11...♕c7 spielbar sind.)

12.bxc3 ♕c7 13.♗g2

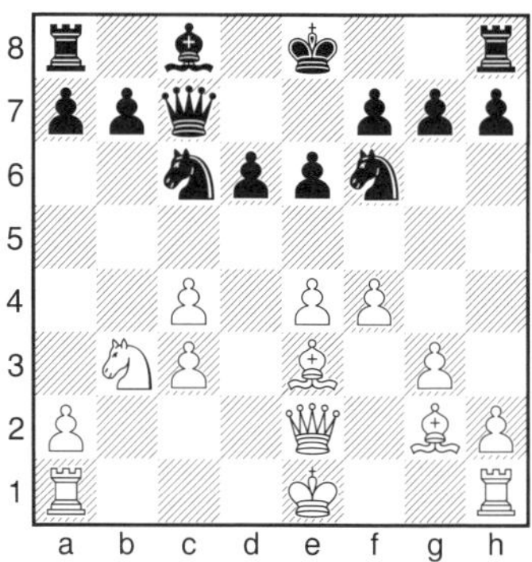

Unsere Empfehlung an den noch wenig erfahrenen Spieler ist nun die ruhige Fortsetzung mit 13...0–0. Der König kommt aus der Mitte und Schwarz ist gut auf die gegnerischen Versuche, ein Übergewicht aufzubauen, vorbereitet.

(Es geht auch 13...e5, was aber nicht ganz so leicht zu spielen ist. Wir stellen die Möglichkeit deshalb vor, ohne sie aber bis ins Detail zu erörtern. Dennoch werden wesentliche Aspekte der Partieführung erkennbar, die dem allgemeinen Verständnis des Stellungstyps dienen können.

Mit dem Textzug blockiert Schwarz den weißen e-Bauern, so dass dieser die Wirkung des ♗g2 bis auf Weiteres beschränken wird. Die Schwächung des Feldes e5, das ein Loch in der schwarzen Stellung bildet, fällt momentan nicht ins Gewicht, zumal Weiß zunächst mal kein Kapital daraus schlagen kann. Wichtiger ist, dass nunmehr das Feld d4 nicht mehr als Drehscheibe für das weiße Spiel zur Verfügung steht.

Mit 14.c5 löst Weiß seinen Doppelbauern auf und versucht dabei die gegnerische Zentrumsstellung zu schwächen sowie die d-Linie zu öffnen. Weitergehen kann es mit 14...b6 15.cxd6 ♕xd6 16.0–0 0–0 17.♖fd1 ♕e7=.

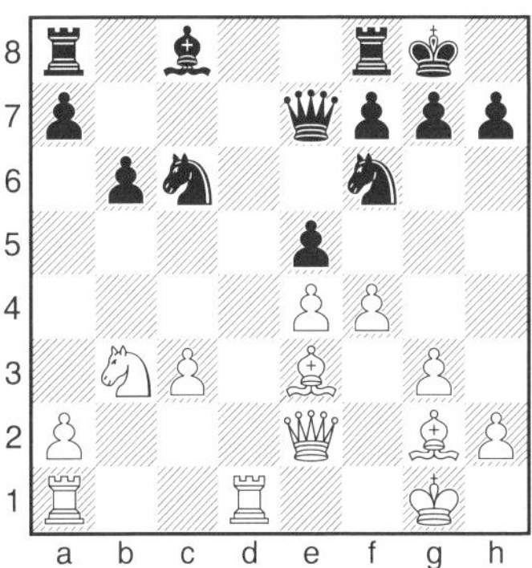

Schwarz hat den Stellungsausgleich in der Tasche. Für Weiß bietet sich ein weiteres Vorgehen mit seinen Bauern am Königsflügel nach dem Muster f4–f5, g3–g4, g4–g5 und h2–h4 an. Schwarz kann seine noch nicht aktiven Figuren mit ♗c8–b7, ♖f8–d8 und ♖a8–c8 ins Geschehen bringen und sein Gegenspiel auf dem Damenflügel aufziehen.)

Weiß kann nun mit 14.c5 den ♙d6 von der Deckung des Feldes e5 ablenken, um nach 14...dxc5 15.♗xc5 ♖d8 zu 16.e5 zu kommen, womit sein ♗g2 aus dem Abseits befreit wird.

Nun ist 16...♘a5 kein Fehler, sondern ein trickreiches Manöver! Im Falle von 17.exf6 würde sich die schwarze Dame auf der anderen Seite am Material von Weiß schadlos halten.

17.♗b4 ♘xb3 18.axb3 ♘d5=

A1a12) 10.♗d2 0–0 11.0–0–0

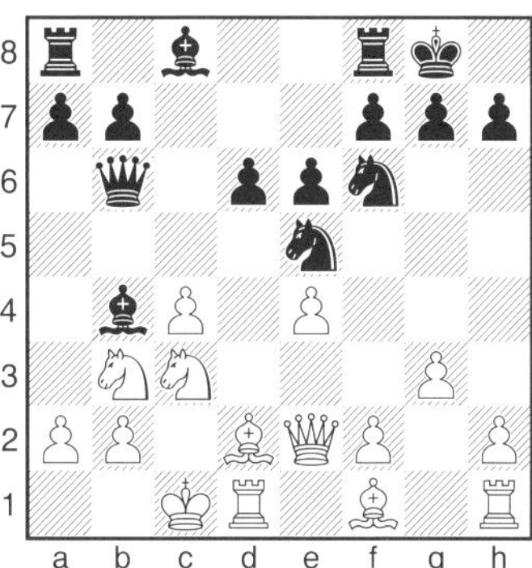

Wenn die Kontrahenten auf verschiedene Flügel rochieren, führt dies oft zu einem dynamischen Kampf, weil der Angriff auf den gegnerischen König mit weniger Rücksichtnahme auf die Sicherheit des eigenen geführt werden kann, etwa weil dessen schützende Bauernformation nicht aufgegeben werden muss. Für beide Seiten ist es dann oft angezeigt, keine Zeit für das eigene aktive Spiel zu vergeuden.

A1a121) 11...♗d7

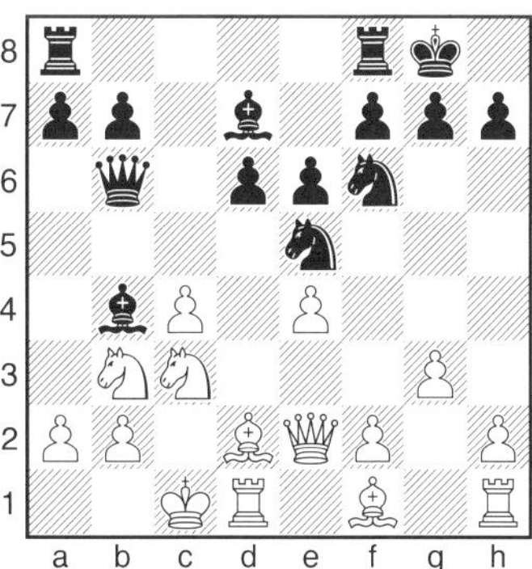

Nach den weiteren natürlichen Zügen 12.f4 ♘g6 13.♗g2 ♖fc8= verfügen beide Parteien an der Schwelle des Übergangs von der Eröffnung zum Mittelspiel über ausgeglichene Perspektiven.

A1a122) Für Schwarz anzutreffen ist auch das aggressive Vorgehen mit 11...a5.

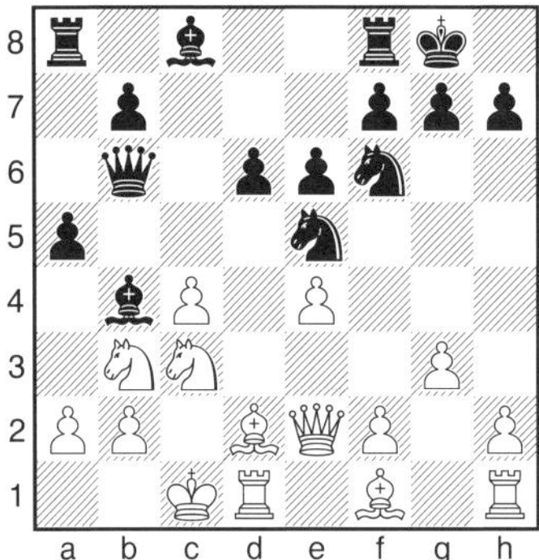

Nun führt die Antwort 12.f4 zu großen Komplikationen. Es kann sich dann ein Fortgang über die Züge 12...♘c6 13.♗e3 ♕a6 14.♘b5 ergeben, die jeweils als Aktion und Reaktion zwischen den Parteien ausgetauscht werden. Nun aber muss Schwarz aufpassen, denn im Spiel bleibt er allein mit 14...a4.

(Wenn er die Springergabel auf c7 mit 14...♘e8? verhindern will, gerät er nach 15.a3 a4 ins Hintertreffen. Die Alternativen zu dieser Gegenattacke sind noch schwächer.)

Nach 15.♘c7 hat Schwarz kein Fluchtfeld für seine Dame, allerdings braucht er auch keins, um im Spiel zu bleiben.

15...axb3 16.♘xa6 bxa2 und weil Weiß nun a2–a1♕+ mit 17.♔c2 verhindern muss, bekommt Schwarz mit 17...♖xa6 auch noch den Springer zur Kompensation.

A1a2) Spielbar ist auch hier wieder 7...d5!?, obwohl Weiß das Feld d5 nominell beherrscht. Wie sich gleich zeigen wird, bleibt der nach dem Abtausch ungedeckte Bauer auf d5 für Weiß nach dem Muster, das wir schon mehrfach auf dem Brett hatten, unantastbar.

A1a21) 8.cxd5 ♘xd5 9.♘xd5 exd5

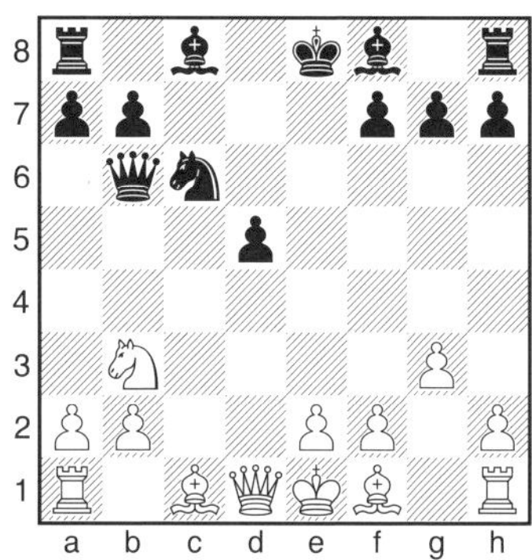

10.♗g2

(10.♕xd5?? würde Schwarz wieder mit 10...♗e6 beantworten, worauf Weiß keinen Ausweg mehr hätte. Nach beispielsweise 11.♕e4 ♗b4+ 12.♗d2 0–0–+ müsste er erkennen, dass er keine ausreichenden Verteidigungsmöglichkeiten mehr gegen alle schwarzen Angriffsoptionen hat.)

10...♗b4+ 11.♗d2

A1a211) 11...a5 12.0–0 ♗xd2

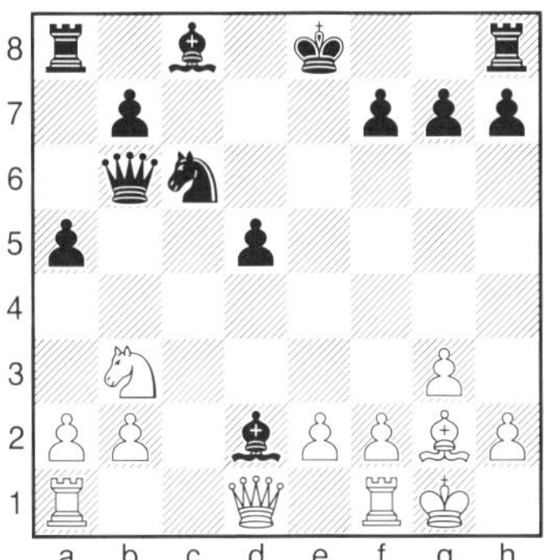

13.♕xd2

Diese Stellung ist schon einige Male ausgespielt worden und immer hat Schwarz mit 13...a4 fortgesetzt, verbunden mit guten Erfahrungen.

14.♘c1 0–0

Hier hat die Rochade den Doppeleffekt, dass der König aus der gefährlicheren Mitte geführt und der Turm für einen Einsatz auf der d-Linie vorbereitet wird.

15.♗xd5 ♖d8 16.e4

Damit scheint Weiß den gerade errungenen Mehrbauern halten zu können, was aber nicht der Fall ist. Mit 16...♘d4 droht der Springer die tödliche Gabel auf f3 an, hilft aber zugleich dabei, die Stellung des ♗d5 zu unterminieren. Dabei nimmt er gleich mehrere Schwächen im weißen Lager aufs Korn. Nach 17.♕d3 ♗e6 geht der Mehrbauer beim Abtausch der Läufer auf d5 wieder verloren, da Weiß seinen Einfluss auf dieses Feld nicht mehr ausreichend steigern kann.

A1a2111) 18.♖d1

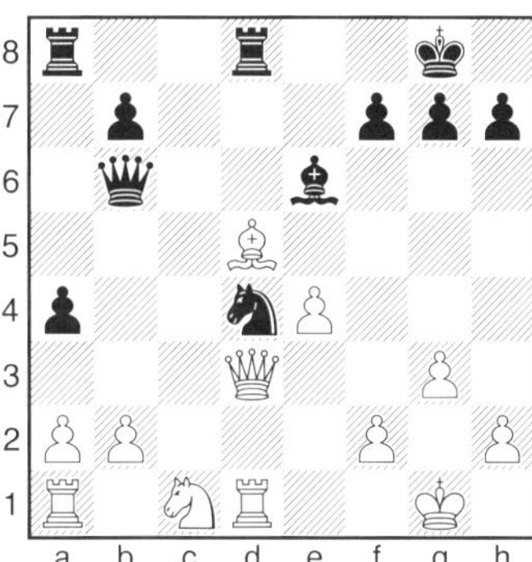

18...♗xd5 19.exd5 ♖xd5=

A1a2112) 18.♗xe6

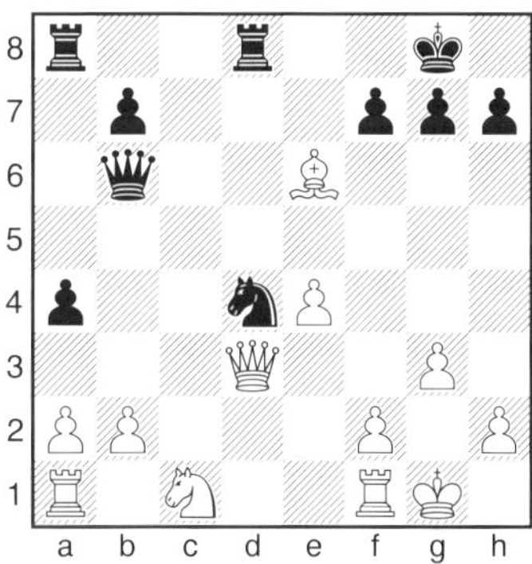

Diese Idee scheitert an 18...♕xe6, da die weiße Dame sich nicht zugleich aus der Bedrohung des ♖d8 entziehen und die Schwächen im eigenen Lager abdecken kann. Diese bieten dem schwarzen Springer weit offenstehende Einfallstüren an. Zwei Beispiele dafür sind 19.♘e2 ♘b3 bzw. 19.♖b1 ♘b3 Δ♘d2–+.

A1a212) 11...0–0 ist eine gute Alternative für diejenigen, die nach dem Prinzip „safety first“ verfahren wollen. Aber es ist auch zu bedenken, dass damit nicht nur der König in Sicherheit gebracht wird, sondern zugleich auch der Turm für einen Einsatz in der Mitte bereitgestellt wird.

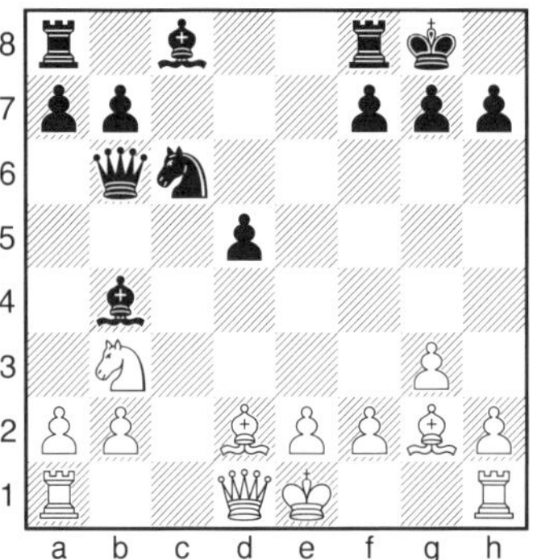

Es ist richtig, sich hier zunächst mit 12.0-0 der Königssicherheit zu widmen.

(Zu gefährlich wäre 12.♗xd5 wegen 12...♖d8 und Weiß steckt in Schwierigkeiten.)

Indem der Turm den ♙d5 jetzt mit 12...♖d8 stützt, nimmt er weißen Angriffen darauf rechtzeitig den Wind aus den Segeln.

13.♗xb4

(13.♗g5 kann Weiß mit 13...f6 kontern und kommt nach 14.♗f4 und nun 14...♗e6= zu einer soliden Stellung.)

Nach 13...♕xb4= kann Weiß seine Entwicklung abschließen, indem er seine Dame aktiviert (z.B. auf das Feld c2), seinen ♖f1 nach d1 führt und seinen ♖a1 im passenden Moment nach c1. Schwarz kann seinen ♗c8 nach e6 spielen und ebenfalls bei passender Gelegenheit seinen ♖a8 nach c8.

A1a22) 8.♗e3 sieht wenig ästhetisch aus, weil sich der Läufer vor den e-Bauern stellt, ist in der Praxis gelegentlich aber ebenfalls anzutreffen. Die Dame muss sich nun entscheiden, ob sie nach vorne oder hinten ausweicht. In Situationen wie dieser ist die betroffene Partei immer gut beraten, auf die Sicherheit ihrer Dame zu achten, damit sie bei einem zu offensiven Vorgehen nicht gefangen wird.

Hier aber ist 8...♕b4 möglich. Die Dame wird, wenn Weiß sie zu fangen versucht, den ♙c4 gewinnen und einen sicheren Rückweg finden. Andernfalls kommt sie ohnehin nicht ernsthaft in Gefahr.

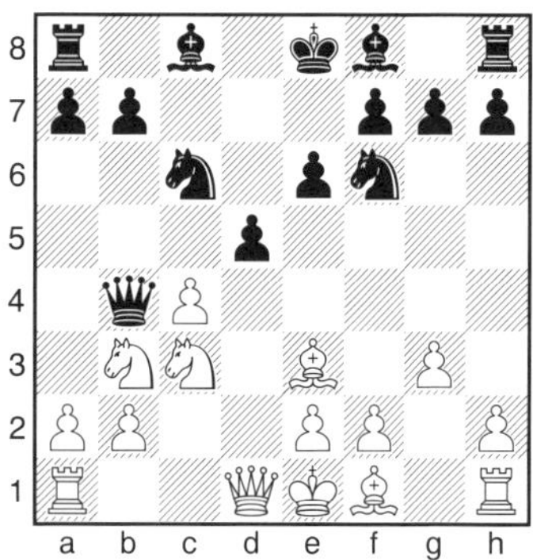

A1a221) 9.a3

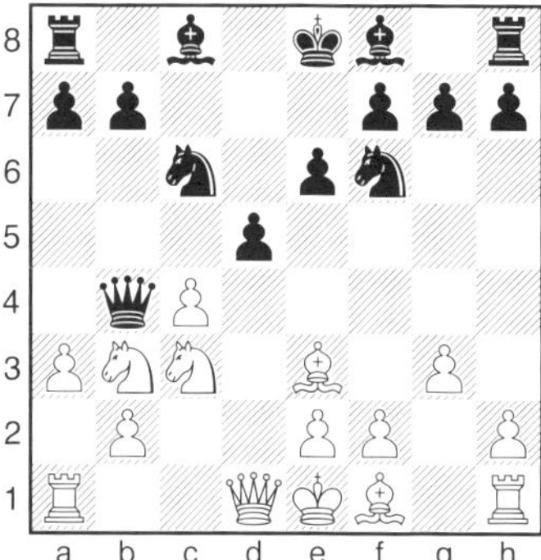

Als Reaktion auf diesen Angriff gibt es keine brauchbare Alternative zu 9...♕xc4 und nach 10.♖c1 ist nicht ganz klar, welches die bestmögliche Fortsetzung für Weiß ist. Zu den erstrangigen Kandidaten zählen 10...♕a6 und 10...♘e4.

Am sichersten aber ist 10...♕a6.

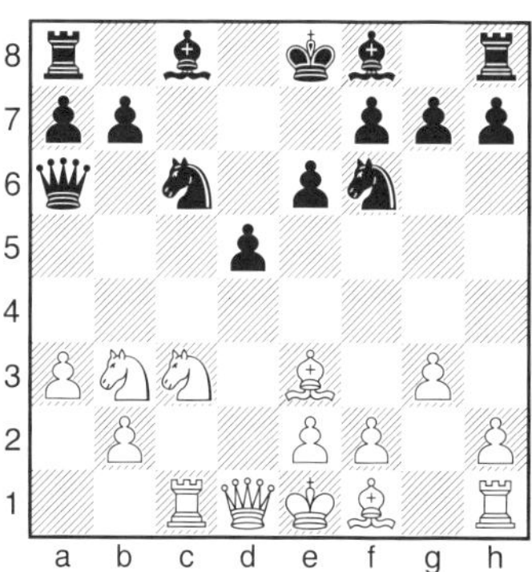

Deshalb ist diese Fortsetzung unsere Empfehlung zumindest für den wenig erfahrenen Spieler. Die Dame entzieht sich der Fernwirkung des ♖c1; Schwarz behält seine Chance auf die Behauptung des Mehrbauern.

Nun ist 11.f3 universell, denn er sperrt die Felder e4 und g4 für den gegnerischen Springer und schafft ein Schlupfloch auf f2 für den eigenen Läufer.

(Weiß läuft einem schwarzen Mehrbauern hinterher. Wenn sich beide Seiten schlicht auf die eigene Entwicklung konzentrieren, ist nicht zu erkennen, wie Weiß einen Gegenwert für den materiellen Nachteil erlangen soll, geschweige denn den materiellen Ausgleich erreichen. Die Variante 11.♘d4 ♗e7 12.♗g2 0–0 13.0–0 ♖d8∓ ist ein veranschaulichendes Beispiel für diese Einschätzung.)

11...b6

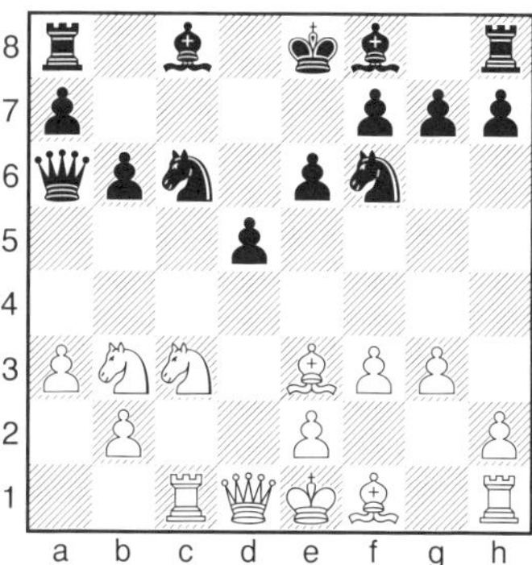

Macht das Feld b7 für die Dame frei, die damit nicht nur endgültig sichere Gefilde erreicht, sondern auch für eine ggf. baldige neue Aufstellung vorbereitet wird.

12.♗f2 ♕b7 13.♗g2 ♗e7 14.e4∓

Die weißen Kräfte stehen etwas freier, was aber als Ausgleich für den Materialnachteil nicht ausreicht.

14...dxe4

(Schwarz kann sich auch zugunsten

von 14...0–0 entscheiden, denn nach 15.exd5 exd5 scheitert 16.♘xd5?? an 16...♖d8–+.)

Weitergehen kann es mit 15.f4 0–0 16.♘xe4 ♗d7 17.♘d4 ♘d5 und Schwarz hat den Mehrbauern behauptet.

A1a222) 9.cxd5 erleichtert Schwarz die Aufgabe, da der ♘c3 gefesselt ist, so dass für Weiß nach 9...♘xd5 nur 10.♗d2 in Betracht kommen kann. Nach 10...♘xc3 11.♗xc3 ♕e4 hat er die Wahl zwischen 12.f3 und 12.♖g1, um den Angriff auf den Turm zu parieren.

12.f3

(Im Falle von 12.♖g1 hat Schwarz die Zeit zu 12...f6, um seinen Königsflügel zu schützen, bevor er auf den wahrscheinlichen Angriff auf seine Dame mit 13.♗g2 reagieren muss. Dies kann er nach einem Plan 13...♕a4 nebst ♗c8–d7, 0–0–0 usw. machen. Weiß bietet sich 14.f4 als Antwort auf 13...♕a4 an, um seinen Einfluss auf das Zentralfeld e5 zu erhöhen.)

12...♕e3

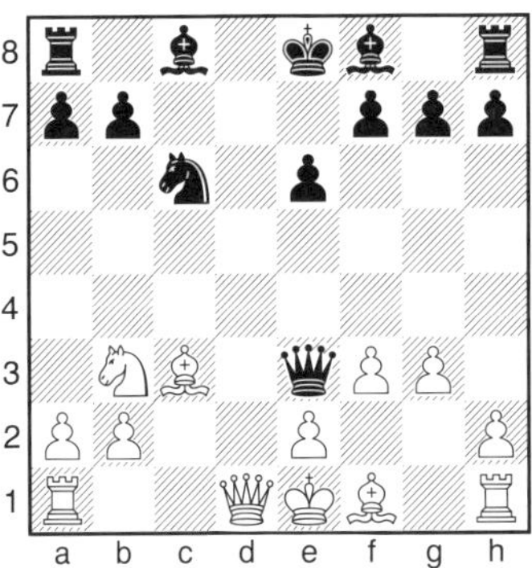

Die Dame bleibt lästig, provoziert 13.♕d2 und nimmt mit 13...♕xd2+ den angebotenen Abtausch an, womit ihre Odyssee ihr Ende findet. Nach 14.♔xd2 f6= ist die Welt auch für Schwarz in Ordnung.

A1b) 7.♘db5 kann Schwarz hier keine Schweißperlen auf die Stirn zaubern, da es dem Springer an weiteren Möglichkeiten und Unterstützung mangelt.

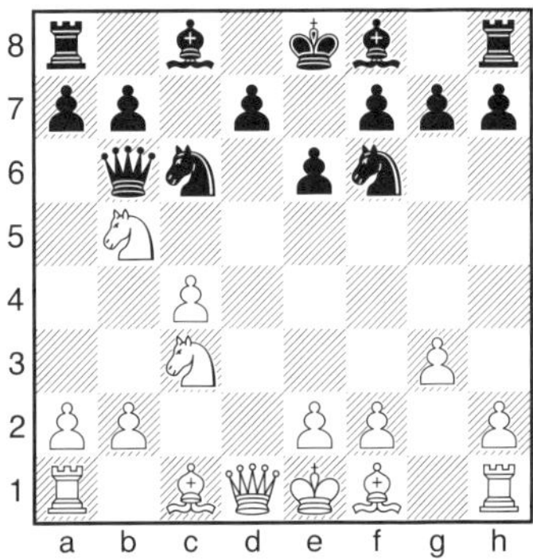

7...♘e5 8.♗g2 a6

(Schwarz sollte nicht annehmen, dass er hier auf lockere Weise einen Mehrbauern einstreichen kann. 8...♘xc4 9.♕a4 a6 führt nur zu einer Zugumstellung.)

9.♕a4

(Es mag etwas verwundern, dass auch 9.♘a3 Anhänger sowohl auf der herkömmlichen Turnierbühne als auch unter den Fernschachspielern hat, weil Weiß nach 9...♗xa3 10.bxa3 ♘xc4 eine desolate Bauernstellung hat, und doch ist es so. Nach 11.0–0 d5 hat sich Schwarz das nötige Gegenspiel gesichert.

Aktuell befindet sich die Stellung in einem dynamischen Gleichgewicht. Wenn bis dahin besondere Verschiebungen ausbleiben, dürfte Schwarz im Endspiel die besseren Chancen haben. Dies deuten auch die Ergebnisse aus dem Fernschach an, wenn auch auf einer schmalen Datenbasis.)

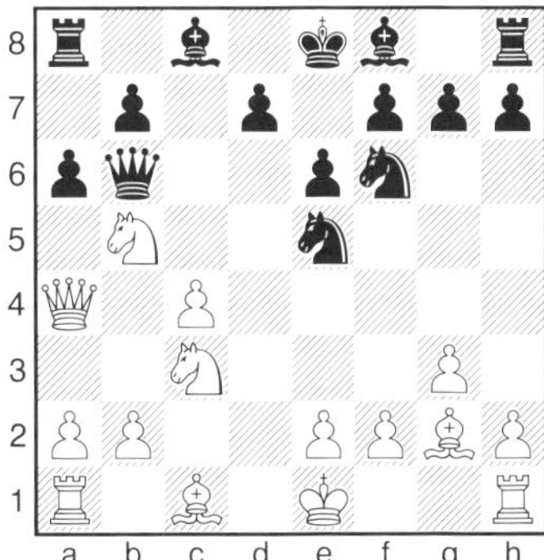

Das schon bekannte Muster: Die Dame fesselt den ♙a6, so dass der ♘b5 für Schwarz tabu ist.

9...♘xc4

(Eine sehr interessante Variante kann sich ergeben, wenn Schwarz einfach mittels 9...♖b8!? die Fesselung aufhebt.

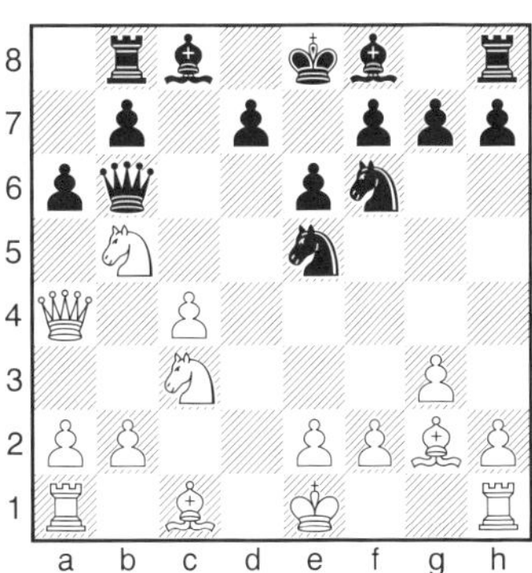

In einem dynamischen Ablauf unter verschiedenen Verwicklungen über die Züge 10.♗e3 ♗c5 11.♗xc5 ♕xc5 12.♕a3 b6 13.♘d6+ ♔e7 kann es zur aktuellen Position kommen. Zunächst musste sich Schwarz des Läuferangriffs auf seine Dame erwehren, dann hätte ihm nach 12.♕a3 das Schlagen der Dame nichts eingebracht, weil der Springer zurückgenommen hätte, und nun hat der von der Dame unantastbare Springer seinen König nach vorne gelockt. Diese Stellung aber ist durchaus in seinem Sinn. Nach 14.♕xc5 bxc5 15.♘xc8+ ♖hxc8 16.b3 d5 17.cxd5 c4 hat er ein qualifiziertes Gegenspiel erreicht.)

Die Kontrahenten können nun, ohne dass sich eine lukrative Möglichkeit für ein Abweichen aufdrängen würde, mittels 10.♕xc4 axb5 11.♕xb5 ♕xb5 12.♘xb5 ♗b4+ 13.♗d2 ♗xd2+ 14.♔xd2 ♔e7= in eine ausgeglichene Stellung abwickeln.

A1c) 7.♘c2 ist von einer vergleichsweise geringen praktischen Bedeutung.

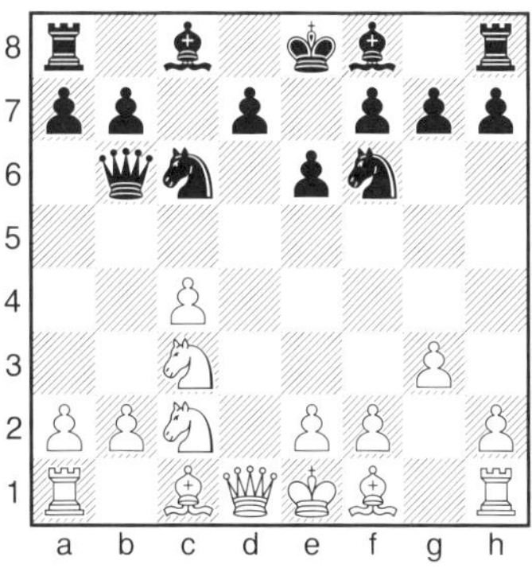

Schwarz hat kaum Mühe, seine Eröffnungsziele zu erreichen. Mit 7...♗c5 setzt sich der Läufer bei seiner Aktivierung gleich effektvoll in Szene, indem er zusammen mit der Dame in seinem Rücken f2 attackiert.

(Erwägenswert ist auch 7...d5!?.

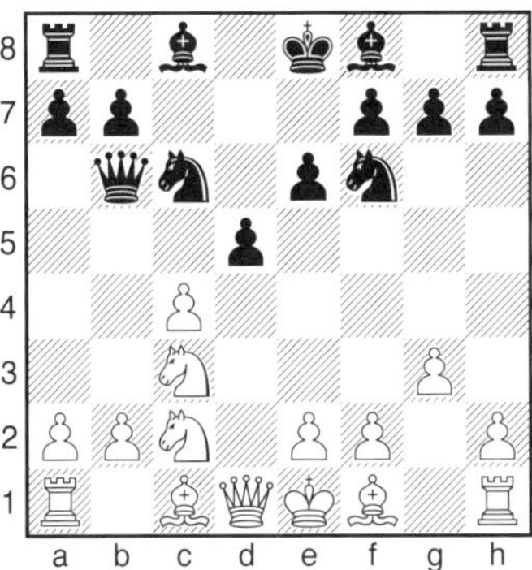

Zu erwarten ist die Folge 8.cxd5 exd5. Wenn Weiß unvorsichtig auf d5 schlägt, kann er seinem Gegner zu einer starken Initiative verhelfen. Angeraten ist für ihn 9.e3, um schnell den Königsflügel entwickeln zu können.

(Im Falle von 9.♘xd5? ♘xd5 10.♕xd5 kommt Schwarz durch zwingende Züge wie Angriff auf die Dame oder Züge mit Schachgebot zur schon angekündigten Initiative. Weitergehen kann es entsprechend mit 10...♗e6 11.♕e4 ♗b4+ 12.♘xb4 ♕xb4+ 13.♕xb4 ♘xb4 und nun kann allein 14.♔d1 die Drohung ♘b4–c2 akzeptabel parieren. Nach 14...0–0 hat Schwarz zum Preis des hingegebenen Bauern das Heft in der Hand.)

8.e3 0–0 9.♗g2

Der Punkt d5 wird von Weiß kräftemäßig ausreichend verteidigt, und dennoch ist 9...d5 hier genau richtig platziert. Dabei spielt die Schachtaktik eine ähnliche Rolle wie oben bereits kennen gelernt.

10.cxd5 exd5

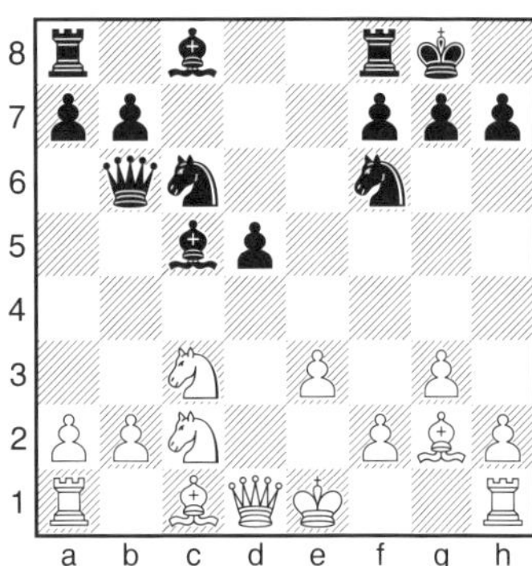

Es ist richtig, mit 11.0–0 die Entwicklung des Königsflügels abzuschließen und nicht etwa auf Materialgewinn zu spielen.

(Nach 11.♘xd5? ♘xd5 12.♕xd5 ♗e6 führen andere Züge als 13.♕d2 Weiß noch näher an den Abgrund, aber auch nach 13...♖fd8 14.♕c3 ♖ac8–+ kann er die Partie bei einem normalen Verlauf nicht mehr halten.)

Mit 11...♗e7 zieht sich der Läufer zurück, um die Springergabel auf a4 zu vermeiden.

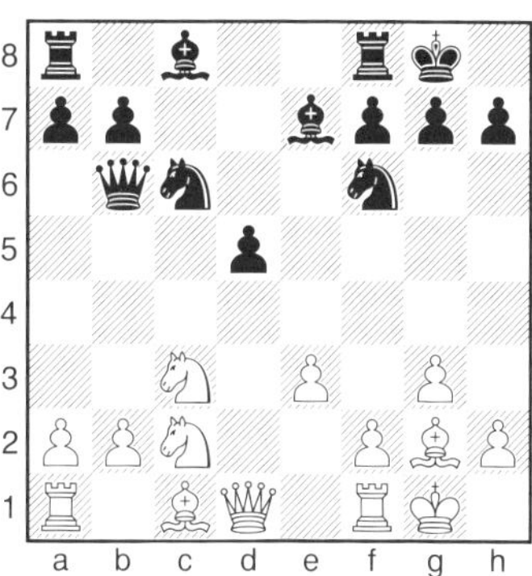

12.b3

Zur Entwicklung des ♗c1 kommt die Diagonale c1–h6 bis auf Weiteres nicht in Betracht. Folglich ist die Flanke hierfür das richtige Ziel, wofür Weiß ein freies Feld b2 benötigt.

(Auch weiterhin bringt 12.♘xd5 Weiß keinen „echten“ Materialgewinn ein. Die folgende Variante zeigt „reine Schachtaktik“, die hierfür verantwortlich ist. Die einzelnen Züge sprechen für sich und bedürfen zum Verständnis keiner Kommentierung.

12...♘xd5 13.♕xd5 ♗e6 14.♕e4 ♗f6 15.♘d4 ♘xd4 16.exd4 ♗xd4 17.♕xb7 ♕xb7 18.♗xb7 ♖ab8 19.♗f3 ♗xb2=)

Mit 12...♗g4 nutzt Schwarz die Möglichkeit, seinen Läufer mit einer Anrempelung der gegnerischen Dame zu entwickeln, so dass Weiß zunächst darauf reagieren und seine eigenen Entwicklungsabsichten aussetzen muss. Nach 13.♘e2 gefolgt von 13...♖fd8 14.♗b2 ♖ac8 ist die Stellung ausgeglichen. Auch Schwarz ist es gelungen, seine Kräfte harmonisch aufzustellen.

A2) 6...♗c5 würde einen vergleichbaren Effekt auslösen.

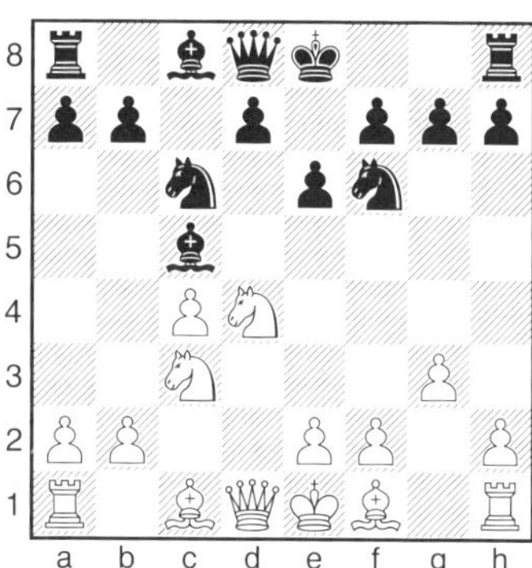

Allerdings könnte Weiß mit 7.♘b3 sogleich zu einer Riposte greifen. Dennoch ist auch dies eine gut geeignete Fortsetzung.

(Es lassen sich kaum Argumente finden, die für eine ersatzweise Wahl von 7.♘c2 sprechen. Deshalb kommt sie in der Praxis auch nur selten vor. Wenn Weiß sie doch mal präsentiert, ist 7...d5! einen guten Rat wert. Anschließen kann sich 8.cxd5 exd5 9.♗g2, woraufhin der Bauer mit 9...d4 laufen kann. Nach 10.♘e4 ♘xe4 11.♗xe4 kann Schwarz seinem Gegner mit 11...♗h3 die Suppe versalzen, weil dieser bis auf Weiteres an der Fortsetzung eines harmonischen Aufbaus gehindert ist. Die schwarze Stellung ist inzwischen vorzuziehen.)

Nach 7...♗e7 kann sich eine Passage anschließen, in der beide Seiten ohne großes Konfliktpotenzial ihre Entwicklung fortsetzen.

8.♗g2 0–0 9.0–0 b6 10.♗f4 ♗b7 11.♖c1

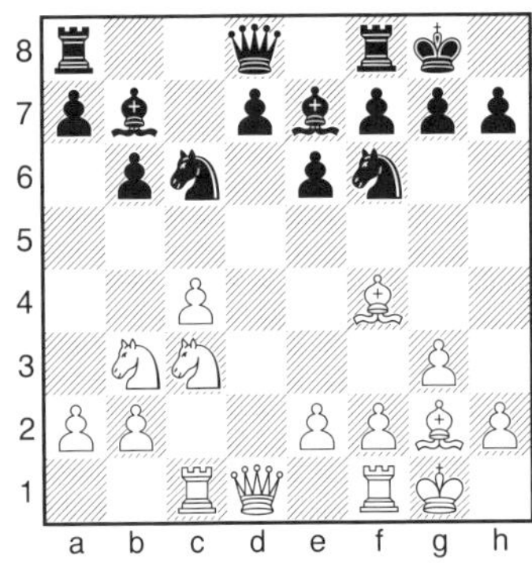

11...♖c8

Auch in dieser Variante kann Weiß nun seine Hoffnung auf die Dominanz setzen, die er über die schwarzen Felder im Lager des Gegners ausübt. Somit kann nach dem schon bekannten Muster 12.♗d6 ♘e8 13.♘b5 a6 folgen. Die Abwicklung über 14.♗xe7 ♕xe7 15.♘a7 ♖c7 16.♘xc6 ♗xc6 führt zu ausgeglichenen Verhältnissen.

B) 6.♗f4

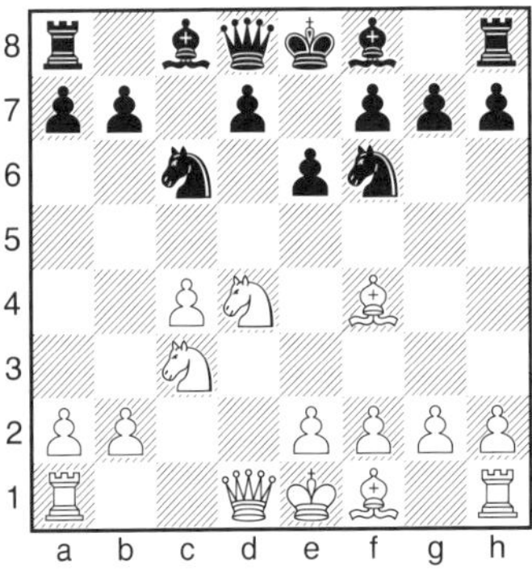

Auf der Diagonalen h2–a8 verschafft sich der Läufer viel Einfluss. Er bestreicht dabei auch die Felder c7 und d6, die für den ♘d4 nach einem Satz auf b5 interessant sein können.

B1) Als stärkste Antwort gilt der forsche Vorstoß mit 6...d5 ins Zentrum, der deshalb auch mit Abstand meistgespielt ist. In der Folge kann Schwarz eine Schwächung seiner Bauerstellung am Damenflügel nicht verhindern, die allerdings moderat bleibt und seine Erfolgschancen praktisch nicht mindert.

7.cxd5

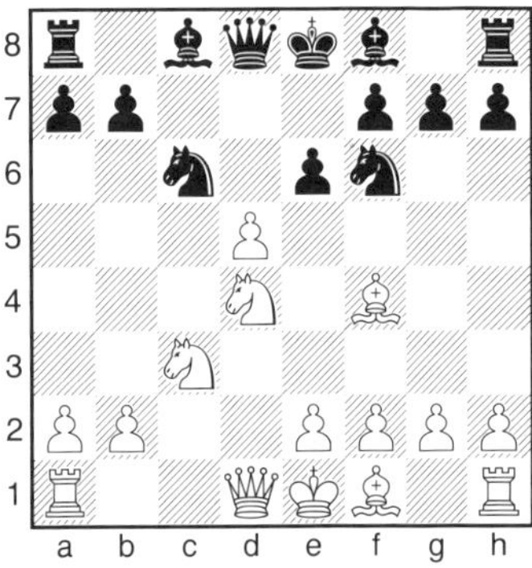

7...♘xd5

(Natürlich darf sich Schwarz nicht zu 7...exd5?? hinreißen lassen, denn nach 8.♘db5+– ist er der Drohung ♘b5–c7 ausgeliefert.)

Nach 8.♘xc6 hängt zwar der ♗f4, aber Schwarz kann daraus keinen Profit ziehen, da er wegen des Angriffs auf seine Dame natürlich zunächst auf c6 zurücknehmen muss.

(Im Falle von 8.♘xd5 sollte Schwarz die Variante 8...♕xd5 9.♘xc6 ♕xc6 herbeiführen. Weiß sollte nun mit 10.a3 das Feld b4 für den gegnerischen Läufer sperren. Für diesen kommt nun nur die Entwicklung 10...♗e7 in Frage. Nun kann Weiß seinen Turm mit 11.♖c1 unter Tempogewinn aktivieren. Nach 11...♕b6 benötigt der ♙b2 Unterstützung. Diese übernimmt die Dame, und zwar am besten von d2 und nicht von c2 aus. Auf d2 steht sie schwerer angreifbar, deckt die Flanke des Königs und hält ihren Einfluss auf die d-Linie aufrecht.

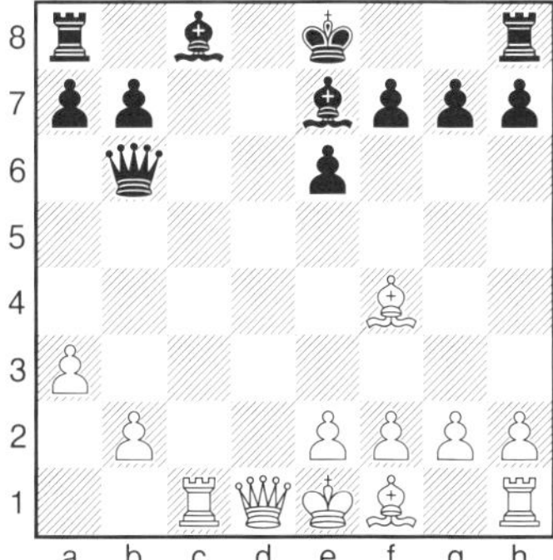

Nach 12.♕d2 0–0 sind die beiderseitigen Perspektiven weitgehend ausgeglichen, auch wenn Weiß seinen Gegner zunächst mit 13.♗c7 ärgern und an der Fortsetzung seiner Entwicklung hindern kann. Nach 13...♕b3= sieht eine Fortsetzung mit 14.♖c3 verlockend aus, ist aber mit Vorsicht zu betrachten (besser wären 14.e4, 14.e3 oder auch 14.g3). Nach 14...♕a2 gefolgt von ♗e7–f6 steht Schwarz gut.)

8...bxc6 9.♗d2

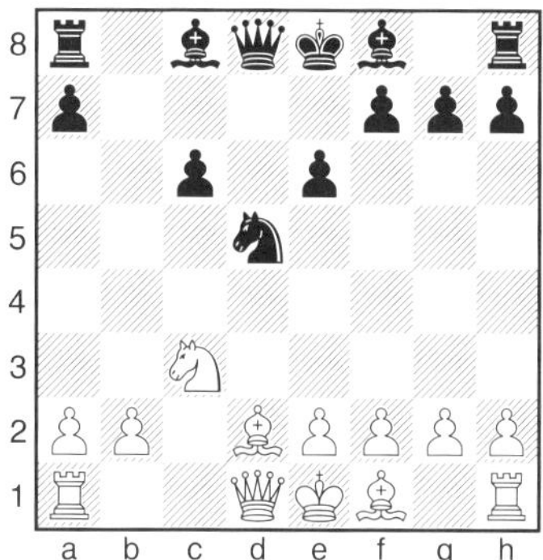

Der Läufer macht aus der Not eine Tugend, indem er durch die Deckung des ♘c3 dem Entstehen eines Doppelbauern vorbeugt und präventiv auch dem König die Flanke absichert.

9...♗b4

(Die Alternative 9...♗e7 belässt Weiß mehr Entscheidungsspielraum, ist aber auch gut möglich. Anschließen kann sich ein plausibler Verlauf über 10.e4 ♘b6 11.♗f4 ♕xd1+ 12.♖xd1 und nun ist 12...f6 mit der Absicht e6–e5 gut geeignet, um Schwarz auf Augenhöhe zu halten. Wenn Weiß das gegnerische Vorhaben mit 13.e5 durchkreuzt, wird das Feld d5 für den Springer frei. Nach 13...♘d5= ist der Ausgleich auch weiter gesichert.)

Der weitere Weg der Partie ist nicht vorgezeichnet. Weiß stehen hier mehrere gut brauchbare Züge zur Verfügung. Zu diesen zählt 10.♕c2, womit er alles unter Kontrolle hält. Mit 10...♖b8 nutzt Schwarz das relativ offene Feld, um sein Figurenspiel weiter gegen den weißen Damenflügel auszurichten.

11.e3

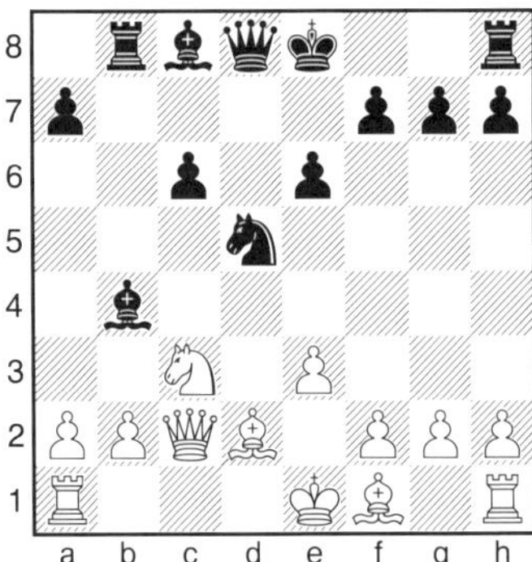

Nach 11...♘xc3 sollte Weiß nicht automatisch auf c3 zurücknehmen, sondern 12.a3 in Erwägung ziehen, seine wohl stärkste Antwort. Da zwei schwarze Figuren von einem Bauern angegriffen werden und sich keine mit einer taktischen Finesse (zum Beispiel einem Rückzug unter Schachgebot) dem Angriff entziehen kann, wird Weiß seine Figur auf jeden Fall zurückbekommen.

(12.♗xc3 geht allerdings auch, worauf wie in der Leitvariante 12...♕a5 möglich ist.)

Mit 12...♕a5 nutzt Schwarz die Fesselung des ♙a3 aus, um seinen Angriff zu verstärken. Da nach 13.♕c1 der ♖a1 gedeckt ist, muss Schwarz reagieren. Andernfalls droht Materialverlust.

13...♕b6

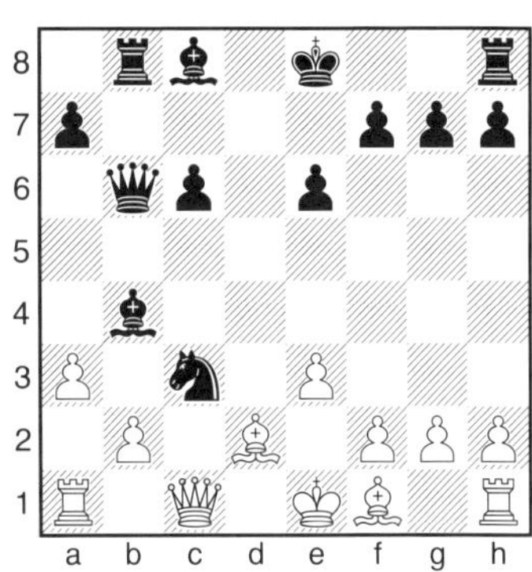

Einfach und ausreichend.

14.axb4

(14.bxc3 ♗e7 15.♗d3 0–0=)

14...♘e4 15.♗c3 ♘xc3 16.bxc3 c5=

Die Partie weist bereits eine Tendenz zum Endspiel auf. Die Perspektiven der Kontrahenten sind ausgeglichen. Unsere allgemeine Betrachtung lassen wir hier enden, wollen aber noch eine Möglichkeit zeigen, die Schwarz zur Verfügung steht, um den Kampf aus der Balance zu treiben.

Nach 17.b5 0–0 18.♗e2 (18.c4 a6=) kann er mit 18...c4 ein interessantes Bauernopfer anbieten. Wenn es mit 19.♗xc4 und dann 19...♗d7 20.0–0 ♖fc8 weitergeht, verfügt er über ein aktives Gegenspiel für den kleinen materiellen Nachteil. In einem Praxisbeispiel ist es Schwarz problemlos gelungen, ein Remis zu erreichen.

B2) Grundsätzlich beachtenswert ist auch 6...♗b4!?, obwohl es den unerfahrenen Spieler leicht überfordern kann. Allerdings vermeidet diese Alternative eine Beeinträchtigung der Bauernformation. Weiß kann nun mittels 7.♘db5 die Springergabel auf c7 androhen und auch das Feld d6 für seine Aktionen ins Auge fassen. Schwarz muss also aufpassen und genau spielen. Mit 7...0–0 entschärft er die Drohung auf c7.

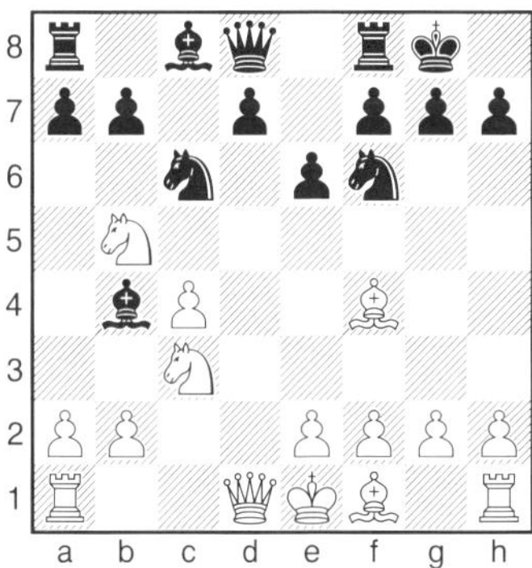

B2a) 8.♗d6

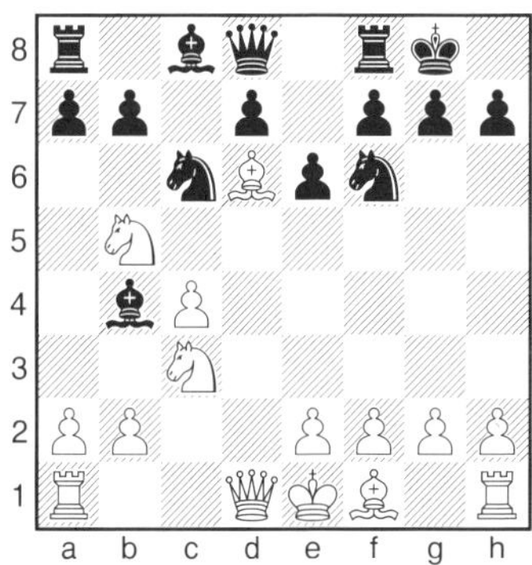

Weitergehen kann es mit 8...♗xd6 9.♘xd6 ♕b6.

(Die Variante 9...♘e8 10.e3 ♕b6 11.♖b1 ♕c5 12.♘xe8 ♖xe8 usw. führt ebenfalls zum Erfolg.)

Nach 10.♕d2 ♘e8 ist Schwarz im Begriff, seine beengte Lage zu überwinden.

B2b) Die Variante 8.♗c7 ♕e7 9.♗d6 ♗xd6 10.♕xd6 und nun 10...♕d8 führt zu einer gedrückten schwarzen Lage, die aber überwunden werden kann. Der Weg zur Befreiung in eine ausgeglichene Stellung stellt aber Anforderungen und kann sich als kompliziert darstellen.

(Der Rückzug der Dame nach d8 ist aber besser als 10...♕xd6, denn die damit verbundene Idee, nach 11.♘xd6 mit 11...♘e8 den lästigen Stachel auf d6 loszuwerden, funktioniert nicht richtig, wie die Entwicklung mit 12.0–0–0 ♘xd6 13.♖xd6± zeigt.)

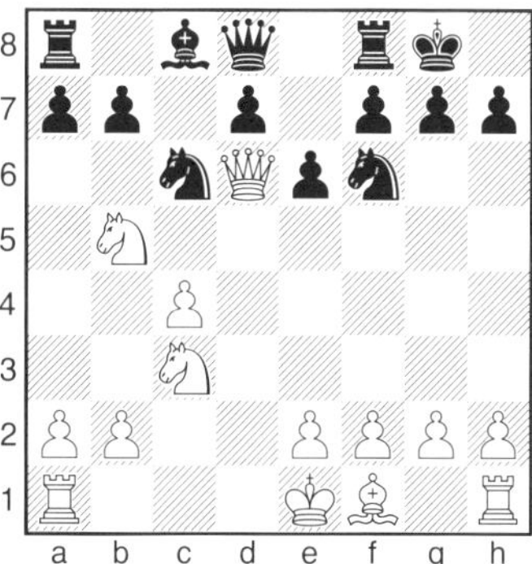

Mit 11.e4 nutzt Weiß die Gelegenheit, raumgreifend seinem Läufer den Blick ins Feld frei zu geben, der mit seiner baldigen Aktivierung dann auch die Rochade ermöglichen wird.

(11.0–0–0 gibt Schwarz die Möglichkeit, sich ein schnelles Gegenspiel zu verschaffen.

11...a6 12.♘d4 ♘xd4 13.♖xd4 b5

Seine Chancen sind den weißen mindestens ebenbürtig. Nach 11.e3 kann sich Schwarz einfach mit 11...a6 und nach 12.♘d4 mit 12...♘e8 aus der Umklammerung lösen. Folgen kann 13.♘xc6 bxc6 14.♕d4 d5= und die für ihn lästige Situation ist überwunden.)

11...♕b6

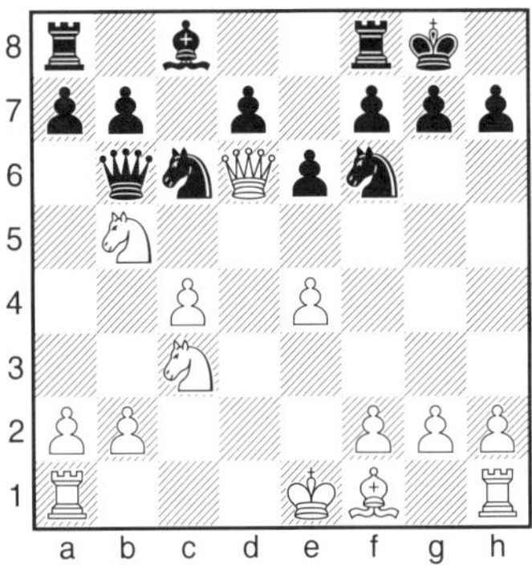

Mit 12.♖b1 deckt der Turm den ♙b2 prophylaktisch für den Fall, dass der ♘b5 seine Position verlassen muss und dabei den Angriff der Dame auf den Bauern auslöst.

12...a6 13.♘c7 ♖b8 14.♗d3

Die weiße Dame steckt wie ein Stachel im schwarzen Lager. Mit 14...♕a5 Δ♕a5–e5 kann Schwarz einen Vertreibungsversuch starten.

15.0–0 ♕e5 16.c5

Die Stellung ist unübersichtlich und auch kompliziert. So lässt sich nicht sicher abschätzen, wie es um das Chancenverhältnis der Kontrahenten steht.

C) Die Fortsetzung 6.♘db5 verbindet sich mit der Idee ♗c1–f4, um die Schwäche des Feldes d6 auszunutzen.

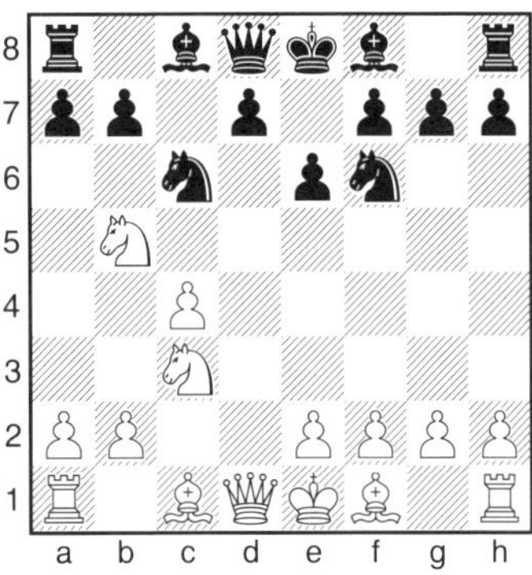

C1) 6...d5

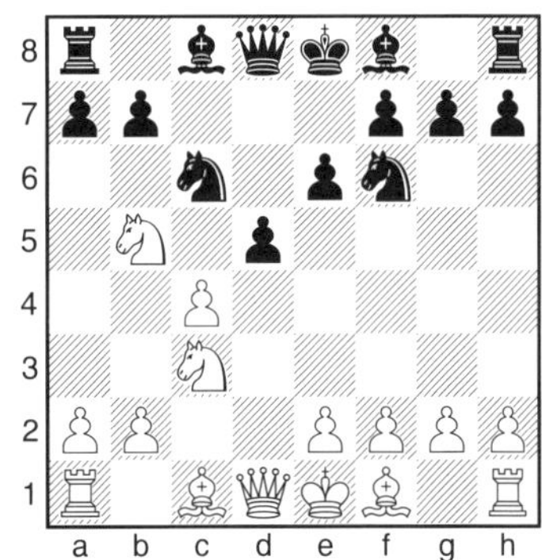

Dieser energische Vorstoß eröffnet Schwarz die besten Aussichten auf ein freies und unabhängiges Spiel.

C1a) 7.♗f4

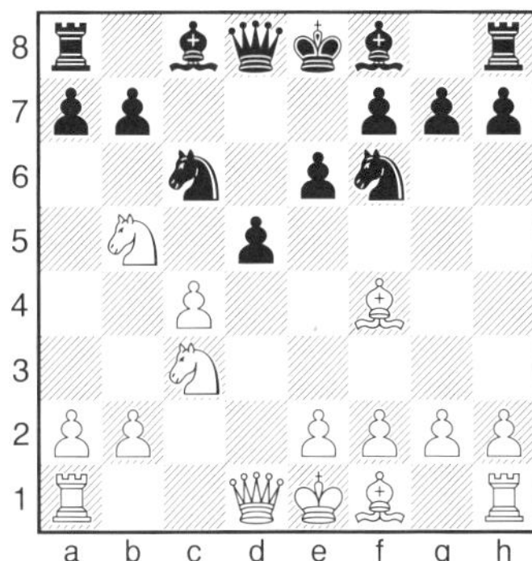

Damit stellt Weiß die starke Drohung ♘b5–c7+ auf. Für Schwarz führt, um die Gefahr auf c7 zu parieren, kein Weg an 7...e5 vorbei, um dem Läufer die Kontrolle über c7 zu nehmen.

Stellungsgemäß ist nun der Eintritt einer dynamischen Entwicklung über 8.cxd5 exf4 9.dxc6 bxc6 10.♕xd8+ ♔xd8 11.♖d1+ ♗d7 12.♘d6, aus der beide Parteien kaum ohne einen Nachteil ausbrechen können. Inzwischen hat sich der Rauch etwas verzogen. 12...♔e7 vermeidet nun einen Verlust des ♙f7 und nach beispielsweise 13.g3 ♘d5 sind die Perspektiven weitgehend ausgeglichen.

C1b) Grundsätzlich ungefährlich für Schwarz ist 7.cxd5 mit der Folge 7...♘xd5 8.♘xd5 exd5.

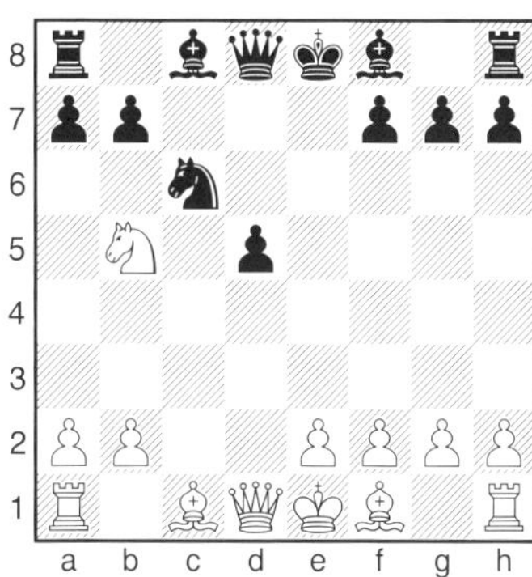

Nach 9.♕xd5 ist von Schwarz eine wichtige Entscheidung zu seinem weiteren Vorgehen gefragt. Natürlich und völlig ausreichend ist nun 9...♗b4+.

(Wenn er dem Kampf ein wenig Pfeffer einblasen möchte, kann er auch zu 9...♕b6!? greifen, verbunden mit der Hoffnung, ein aktives Spiel aufziehen zu können. Nach dem möglichen Fortgang mit 10.e3 ♗e6 11.♕e4 ♗b4+ 12.♘c3 0–0 hat sich seine Hoffnung erfüllt.

Nicht ratsam ist 9...♕xd5 wegen 10.♘c7+ und anschließend 11.♘xd5±.)

10.♗d2 ♕e7 mit gutem Spiel für Schwarz.

C2) 6...♗b4 7.♗f4

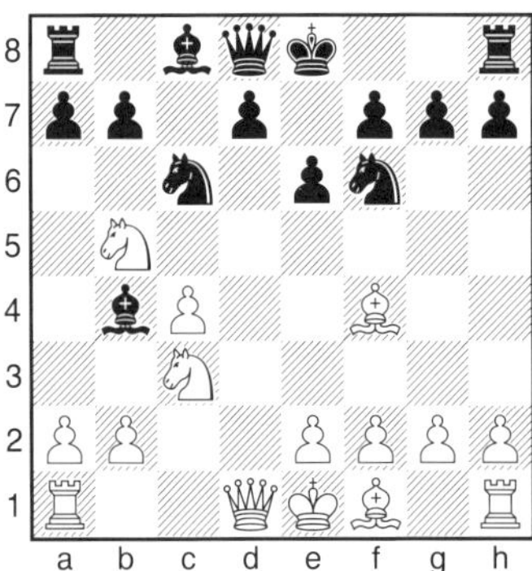

Dieses Vorgehen führt in die oben bereits behandelte Variante nach 5...♘c6 (zum Hauptzug 5...♗b4) 6.♗f4 ♗b4 7.♘db5.

C3) 6...♗c5

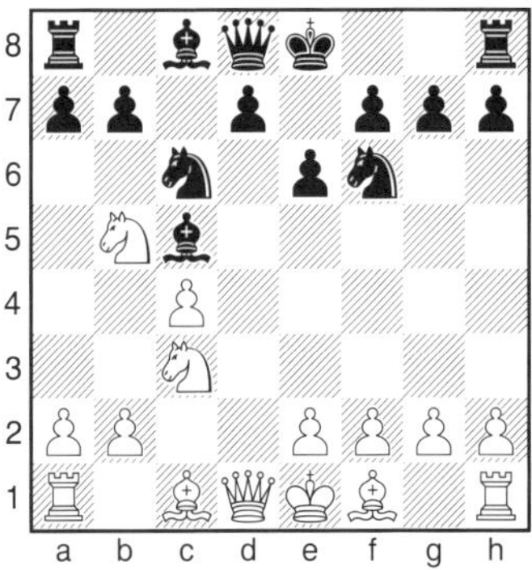

7.♗f4

(Keine Angst haben muss Schwarz vor 7.♘d6+. Diese Aktion des Gegners kostet ihn zwar die Rochademöglichkeit, doch fällt dies hier kaum ins Gewicht. Bei Bedarf wird er den König gegen etwas investierte Zeit auch künstlich sichern können. Außerhalb dieser Erwägungen ist das weiße Springerschach nicht mehr als ein Strohfeuer.

Nach 7...♔e7 ist die beste Wahl für Weiß 8.♘de4, worauf die Variante 8...♘xe4 9.♘xe4 ♗b4+ 10.♗d2 d5 Schwarz ein gutes Spiel einbringt.)

7...0–0

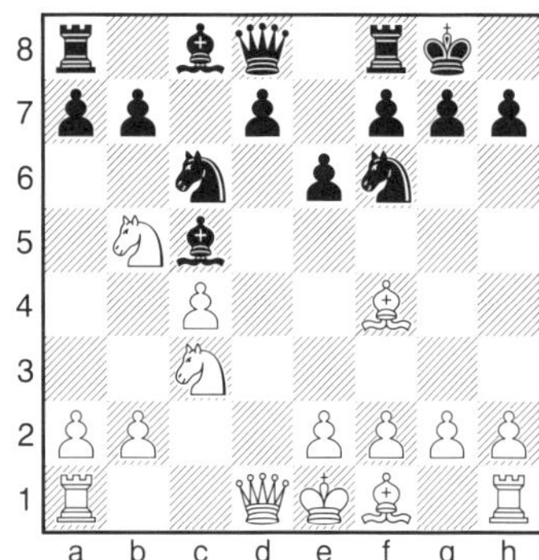

Weiß dominiert auf den dunklen Feldern des schwarzen Königsflügels. Er kann also versuchen, daraus einen konkreten Nutzen zu ziehen.

8.♗c7

(Auf die Alternative 8.♗d6 ist 8...♕b6! eine starke Reaktion. Das schwarze Duo aus Läufer und Dame will dem König über dessen Schwachstelle f2 an den Kragen.)

Nach 8...♕e7 9.♗d6 ♗xd6 erreicht das Spiel erneut die Variante 5...♘c6 (zum Hauptzug 5...♗b4), diesmal nach dem weiteren Verlauf mit 7.♘db5 0–0 8.♗c7 ♕e7 9.♗d6 ♗xd6 usw.

6.♘db5

Dieser Zug ist charakteristisch für viele Varianten der Englischen Eröffnung. Weiß droht nicht nur mit ♘b5–d6+, sondern vermeidet auch die Schwächung seiner Bauernstellung nach ♗b4xc3+. Rechnen muss Schwarz aber auch mit den Alternativen 6.♗d2 und 6.g3.

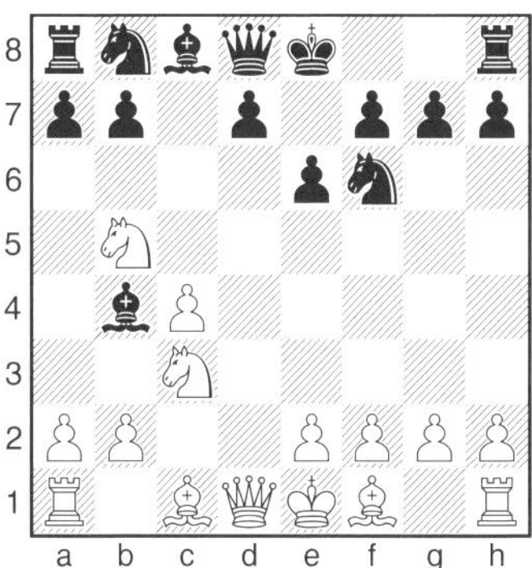

I. 6.♗d2

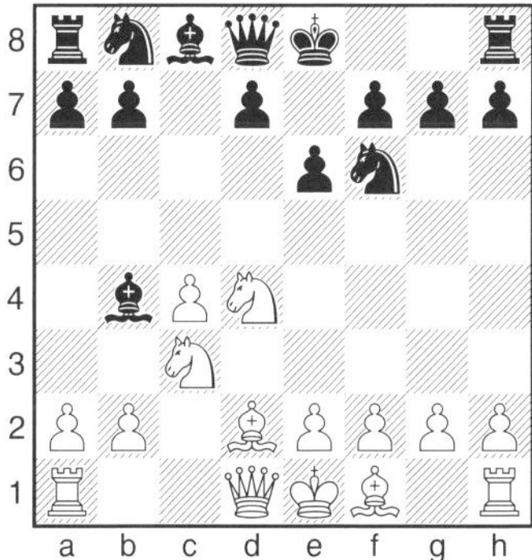

Die hinter diesem Zug stehende Logik liegt auf der Hand; der Läufer löst die Fesselung des ♘c3 auf und vermeidet ebenfalls eine Schwächung der Bauernstruktur für den Fall, dass Schwarz auf c3 schlägt. Im Gegensatz zu 6.♘db5 ist er aber mit keiner zusätzlichen Drohung verbunden und somit auch weniger aktiv.

6...♘c6

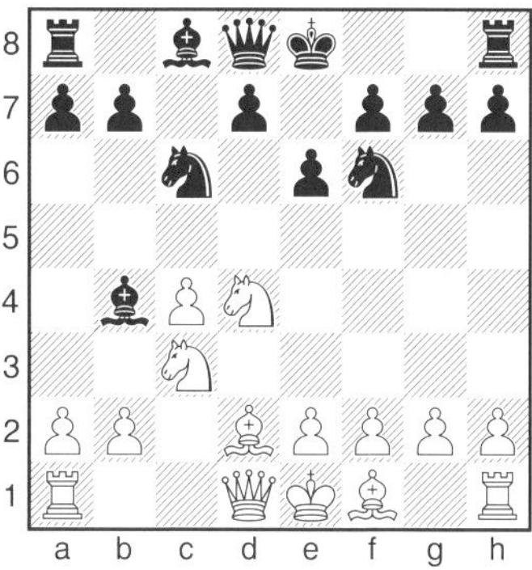

Mit diesem einfachen Entwicklungszug fühlt Schwarz seinem Gegner auf den Zahn. Wenn dieser auf c6 tauschen würde, wäre dies ebenso im schwarzen Sinn wie ein Rückzug. ♘d4–b5 ist aktuell keine Option mehr, weil Schwarz den Springer daraufhin mit a7–a6 vertreiben könnte und dieser nicht nach d6 ziehen könnte, weil der ♗d2 seiner Dame im Wege steht und diese somit als Unterstützungsfigur ausfällt.

7.a3

(Auch mittels 7.♘c2 könnte der Läufer zum Wegziehen animiert werden, allerdings weniger konsequent. Weil er kein b2–b4 fürchten muss, wäre der „kleine Rückzug" 7...♗c5 ausreichend, so dass er weiter im Feld bleibt und Weiß an seine Achillesferse f2 erinnert.

Weiß kann hier aus verschiedenen Möglichkeiten seine Fortsetzung auswählen. Eine harmonische weitere Entwicklung ermöglicht 8.e3, worauf Schwarz seinen starken Vorstoß 8...d5 platzieren kann. Folgen kann 9.cxd5 exd5 10.♗e2 a6 und nach 11.0–0 0–0 halten sich die beiderseitigen Chancen die Waage.)

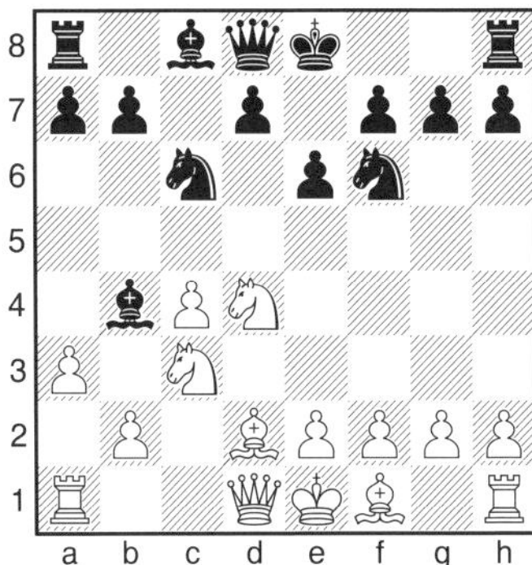

Die Vertreibung des Läufers mit dem a-Bauern, der dabei mit Tempogewinn nach vorne kommt, ist eine gute Möglichkeit.

7...♗e7

Der lange Weg zurück ins eigene Lager ist hier die beste Reaktion, zumal der Läufer eine mögliche Springerfesselung mit 8.♗g5 antizipiert.

8...0–0

Getreu dem Motto gespielt, dass die Rochade eine gute Entscheidung ist, wenn es nichts Dringenderes zu erledigen gilt.

9.e3

Der Bauer kann ziehen, ohne den schwarzfeldrigen Läufer einzusperren. Allerdings hat dieser nun auch keinen Rückweg mehr, so dass ihm auf 9...h6 nur 10.♗h4 bleibt, wenn er nicht gegen einen Springer abgetauscht werden will. Typisch ist auch hier das weitere schwarze Vorgehen mit 10...d5, worauf es zur Abwicklung 11.cxd5 ♘xd5 12.♗xe7 ♘cxe7 13.♘xd5 ♘xd5 kommen kann.

Das Brett hat sich bereits ziemlich geleert, doch beide Seiten haben noch Restaufgaben im Rahmen ihrer Eröffnung zu erledigen. Den angestrebten Ausgleich hat Schwarz erreicht. Weitergehen kann es beispielsweise mit 14.♗d3 e5 15.♘f3 ♘f6 16.♗e2 ♕e7 17.0–0 ♖d8 18.♕c2 ♗g4= usw.

II. Wenn Weiß die Fianchetto-Lösung für seinen Königsflügel anstrebt, kann Schwarz zunächst rochieren und dann nach dem Standardkonzept mit d7–d5 verfahren.

6.g3

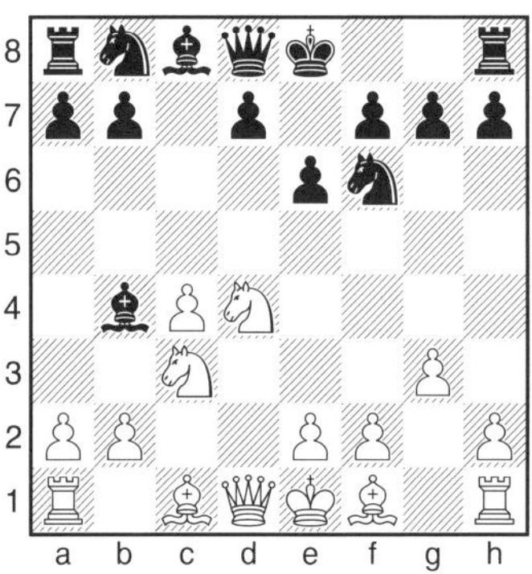

6...0–0

(6...♗xc3+?! 7.bxc3 würde dem ♗c1 den Weg nach a3 öffnen, was für Schwarz problematisch wäre.)

7.♗g2 d5 8.cxd5

(Interessant ist auch die Alternative 8.♘c2, womit Weiß den ♗b4 zur Erklärung zwingt. Anders als eben zuvor ist nun allerdings 8...♗xc3+ möglich. Nach 9.bxc3 nimmt Schwarz mit 9...♕a5 den ♙c3 aufs Korn, was Weiß jedoch zunächst ignorieren und mit 10.cxd5 fortsetzen kann. Den angegriffenen Bauern kann er nach 10...♘xd5 mit 11.♗d2 sichern.

Natürlich muss Schwarz nun Vorsorge gegen c3–c4 treffen, was ihm mittels 11...♕c7 gelingt. Der ♙c3 ist für Weiß nicht verloren; er ist indirekt gesichert, indem Weiß die Möglichkeit zur Fesselung des schwarzen Springers für den Fall vorbereitet, dass dieser auf c3 nehmen sollte.)

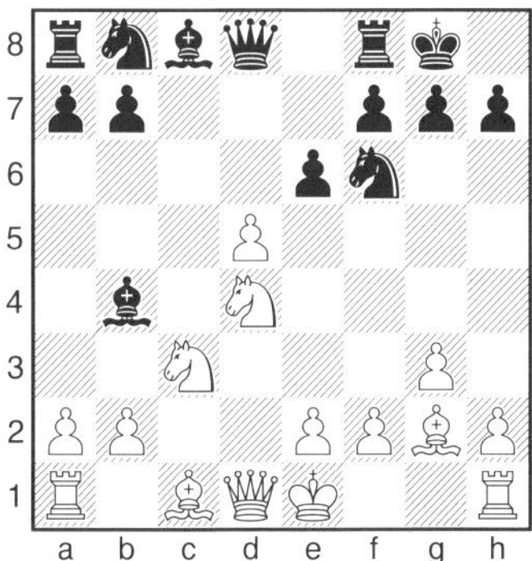

Nach 8...♘xd5 ist es nicht ganz „Jacke wie Hose", ob Weiß mit 9.♕b3 fortsetzt oder seinen Läufer nach d2 beordert, um die Fesselung des ♘c3 aufzuheben. Der Damenzug ist etwas aktiver, weil die Dame eine Fernwirkung gegen den ♙b7 entwickelt, die sich mit jener des ♗g2 ergänzt.

(9.♗d2 geht aber auch. Nach 9...♗xc3 hat Schwarz den Ausgleich längst in der Tasche. Er bringt Weiß jetzt noch einen Isolani auf der c-Linie bei, unabhängig davon, ob es zum Abtausch einer oder zwei Leichtfiguren kommt. Nach 10.bxc3 behält Weiß zumindest das Läuferpaar. Mit 10...e5 vertreibt der Bauer den Springer und begibt sich auf ein Feld, auf d7 dem er nach dem beabsichtigten nächsten Zug gedeckt sein wird.

11.♘b3 ♘c6 12.0–0 Zu den Möglichkeiten, die Schwarz in der Folge zur Erlangung eines guten Spiels offenstehen, zählen nun ♘d5–b6 und auch ♘d5–e7.)

9...♕b6

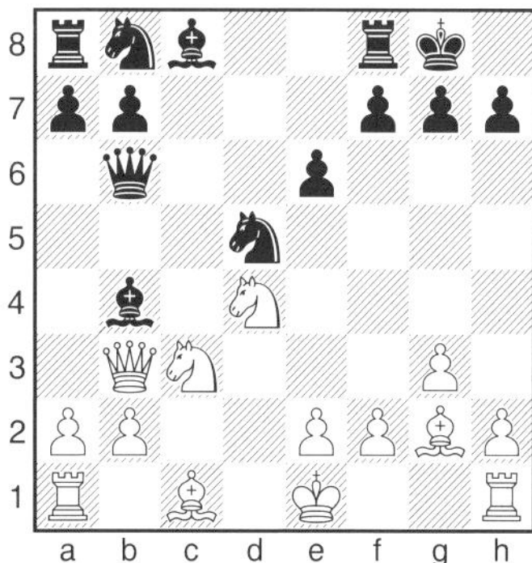

Mit diesem aktiven Zug schirmt Schwarz seinen Damenflügel inklusive des Feldes b7 ab und zwingt Weiß wegen des Angriffs auf den ♘d4 zu einer sofortigen Reaktion. Weiß muss sich nun entscheiden, ob er sein Läuferpaar aufgeben soll oder nicht. Mit 10.♗xd5 entscheidet er sich für dessen Aufgabe und nimmt damit auch eine gewisse Schwächung der weißen Felder seiner Königsstellung für den Fall in Kauf, dass er kurz rochieren wird.

(Die Alternative 10.♘c2 kostet ihn bei einem Fortgang mit 10...♗xc3+ 11.bxc3 ♕xb3 12.axb3 ♘xc3 einen Bauern, verschafft ihm aber zugleich den Vorteil des aktiven Läuferpaars. Nach 13.♗b2 ♘b5 ist trotz des stark reduzierten Materials eine komplizierte Situation auf dem Brett entstanden.)

10...exd5 11.♗e3

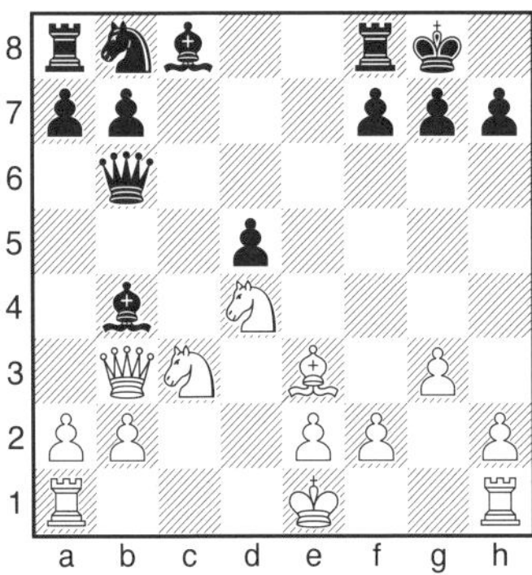

Mit 11...♕a5 entzieht sich die Dame prophylaktisch dem drohenden Angriff durch den ♗e3, wenn der ♘d4 sein Feld räumt, und erhöht den Druck auf der Diagonalen a5–e1.

(Mit 11...♘c6 kann Schwarz die Variante 12.♕xd5 ♖d8 13.♘xc6 ♖xd5 14.♗xb6 bxc6 15.♗e3 ♗xc3+ 16.bxc3 provozieren, in der ein wenig erfahrener Gegner durchaus straucheln kann. 16...♗a6= hält dann den Ausgleich, mehr aber auch nicht.)

In der Stellung mit ungleichfarbigen Läufern nach 12.0–0 ♗xc3 13.bxc3= sind die beiderseitigen Aussichten gleich. Weitergehen kann es beispielsweise mit 13...♘c6 14.♖fd1 ♘xd4 15.♖xd4 ♗e6 usw.

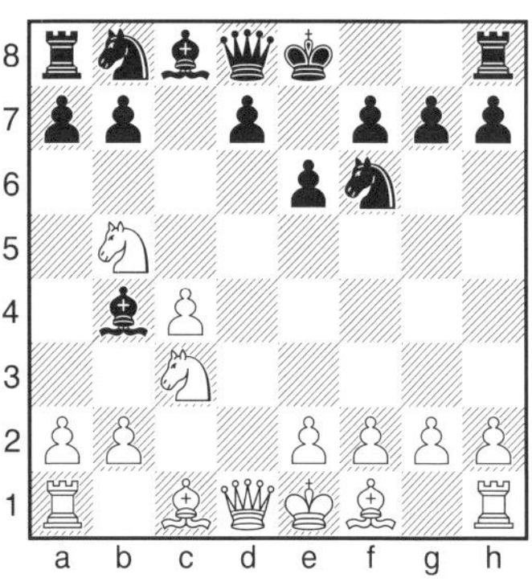

6...d5

Zum Ausgleich braucht Schwarz den Vorstoß d7–d5. Er kann ihn so wie hier in unserer Hauptvariante spielen, aber auch noch etwas später.

6...0–0 ist eine gleichwertige Alternative, bei deren Wahl er d7–d5 erst noch zurückstellt.

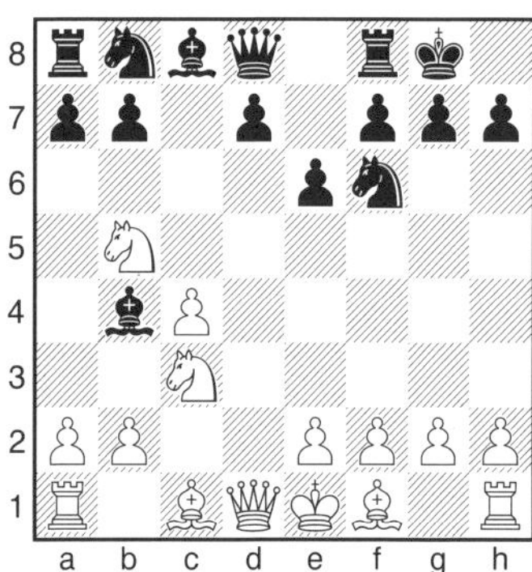

Mit 7.a3 erzwingt Schwarz die Auflösung der Fesselung und die Entscheidung des Läufers. Nur die Reaktion 7...♗xc3+ ist zufriedenstellend aktiv. Nach 8.♘xc3 ist kein echter Grund mehr erkennbar, um den Vorstoß des d-Bauern noch länger hinauszuzögern, also 8...d5 9.♗g5 h6. Schwarz ist

grundsätzlich bereit, einen Bauern für dynamische Gegenwerte zu opfern.

(Es geht auch 9...dxc4, womit Schwarz auf den Erhalt des materiellen Gleichgewichts spielt. Nach 10.e3 ♕xd1+ 11.♖xd1 ist 11...♘d5!? stark. Schwarz vermeidet die eventuelle Zerstörung der Bauernstellung am Königsflügel, ohne auf den Zug ♘b8–d7 zurückzugreifen, der aus der Sicht einer effektiven und harmonischen Entwicklung Nachteile hat. Während Weiß das materielle Gleichgewicht wiederherstellt, erzielt Schwarz erhebliche Entwicklungsfortschritte; z.B. 12.♘xd5 exd5 13.♖xd5 ♗e6 14.♖d2 f6 15.♗f4 ♘c6=.)

Folgen kann 10.♗xf6 ♕xf6 11.cxd5 exd5.

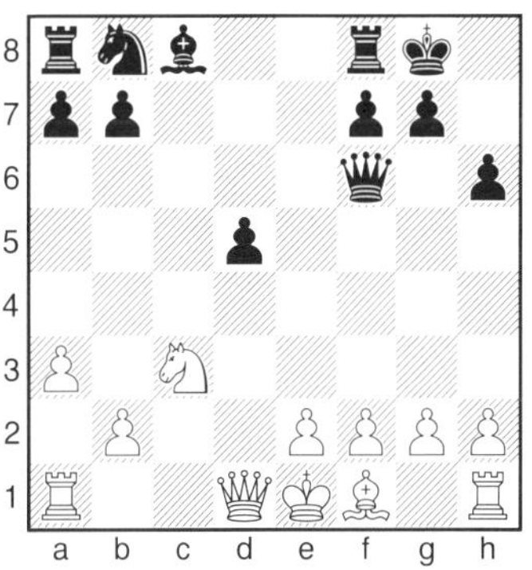

Am Ende dieser Abwicklung hat Weiß mit 12.♕xd5 einen Mehrbauern errungen und Schwarz muss sehen, dass er genügend Kompensation erlangt. Seinen entsprechenden Versuch kann er mit den kräftigen Zügen 12...♖d8 und auf 13.♕f3 ♕b6 einleiten.

Weitergehen kann es beispielsweise mit 14.♖d1 ♖xd1+ 15.♘xd1, womit Weiß seinen ♙b2 verteidigt und sich etwas Entlastung verschafft. Es bleibt sein Problem, den Königsflügel zu entwickeln. Mit einfachen weiteren Entwicklungszügen, beispielsweise in der Variante 15...♘c6 16.e3 ♗e6 17.♗e2 ♖d8, arrangiert Schwarz für den geopferten Bauern ein aktives Figurenspiel.

7.cxd5

Mit dem Zug 7.♗f4 droht Weiß eine böse Springergabel auf c7 an.

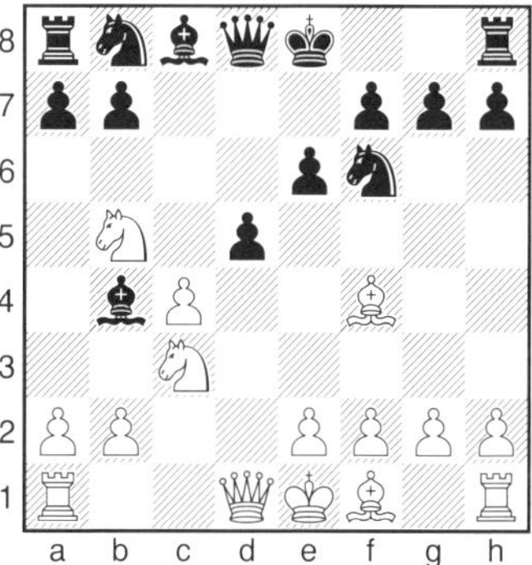

Schwarz entschärft diese Drohung am besten mit 7...0–0, wobei er ein wenig darauf spekulieren kann, dass sein Gegner unvorsichtig trotzdem ♘b5–c7 spielt, weil er die Qualität zu gewinnen hofft. Mit 8.e3 kann Weiß nun weiter an seiner Entwicklung feilen, ohne den nun schon im Feld befindlichen Läufer zu verstellen und natürlich ohne der zweifelhaften Einladung des Springers zu folgen.

(Über 8.♘c7? würde Schwarz sich freuen und den Gegner mit 8...♘h5! aus seinen Träumen holen, denn er kann eine materielle Einbuße nicht vermeiden.)

8...a6

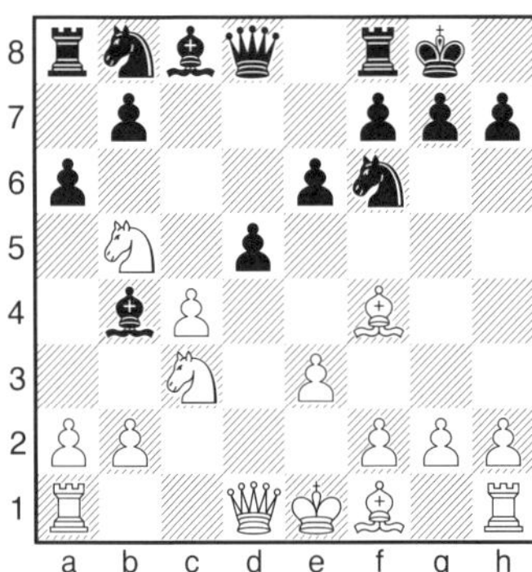

Nach 9.a3 wird die Lage etwas unübersichtlich.

(Die Alternative 9.♘c7 könnte Schwarz nun mit 9...♖a7 beantworten.

10.cxd5 exd5

Der weiße Springer auf c7 steht inzwischen sehr labil. Der aktuell allein ersichtliche Ausweg führt über das Feld d5. Um diesen abzusichern, bedarf es des Vorgehens mit 11.♗e5. Schwarz kann nun die Auflösung der Spannungen mittels 11...♘bd7 initiieren, so dass mit 12.♘7xd5 ♘xd5 13.♕xd5 ♘xe5 14.♕xe5 viel Material vom Brett verschwindet. Schwarz hat einen Minderbauern, aber aufgrund seines aktiven Spiels, das er mit 14...b5 noch verbessern kann, ausreichend Kompensation.)

9...♗a5

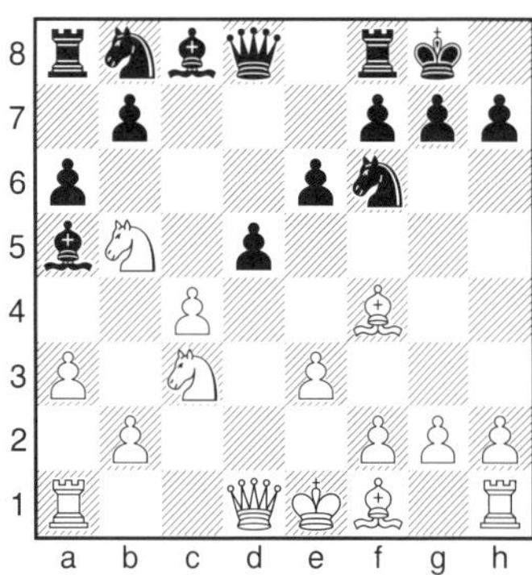

10.♘d6

(10.♘d4 ist keine gleichwertige Alternative, wie die Variante 10...♘bd7 11.♗g3 e5 12.♘b3 ♗xc3+ usw. zeigt. Auf d4 ließ der Springer Schwarz die Fantasie zu einer Bauerngabel auf e5 entwickeln, die er mit 10...♘bd7 androhte, so dass Weiß sofort wieder reagieren musste.)

Nun kann Schwarz nach 10...♗xc3+ 11.bxc3 mit 11...♘bd7 den Zug e6–e5 androhen und, wenn der Läufer diese Entwicklung mit 12.♗g3 antizipiert, trotzdem so fortsetzen. Nach 12...e5 wird mit 13.cxd5 das Feld c4 für den Springer frei, das dieser nach 13...♕c7 für seine Flucht braucht. Und nach 14.♘c4 b5 15.♘d2 ♕xc3∓ gewinnt Schwarz die Oberhand.

7...exd5

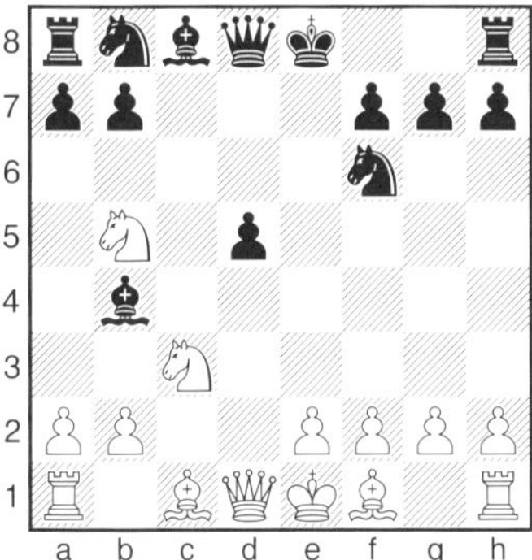

8.♗g5

Im Falle von 8.e3 ist 8...a6 gut, womit der Springer vertrieben wird. Und je nach weiterer Entwicklung kann damit auch eine Vorbereitung von b7–b5 erreicht sein. Nach 9.♘d4 kann es weitergehen mit den schlichten Entwicklungszügen 9...0–0 10.♗d2 ♘c6. Nach nun beispielsweise 11.a3 ♗d6 12.♘xc6 bxc6 13.b4 ♗f5 verfügt Schwarz über ein gutes Spiel. Sein Gegenspiel am Damenflügel kann er über a6–a5 oder auch c6–c5 organisieren.

8...0–0

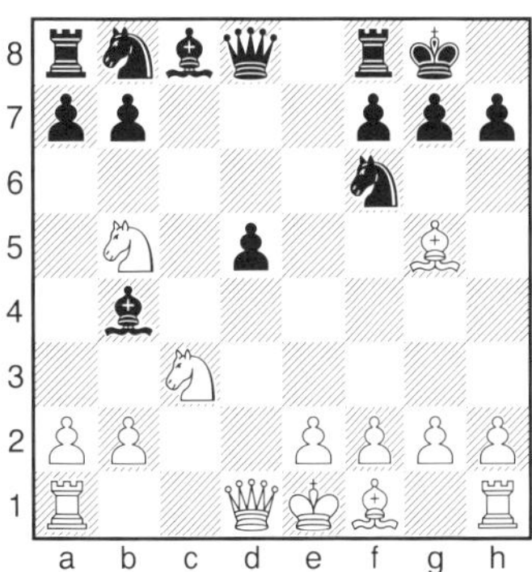

9.♖c1

Wenn Weiß mit 9.a3 vorgeht, ist 9...♗xc3+ eine gute Reaktion.

10.♘xc3 d4

(Spielbar ist auch 10...♘c6!? und nun sollte Weiß mittels 11.e3 schnell auf die weitere Entwicklung seines Königsflügels hinwirken. Das Spielen auf einen Bauerngewinn mit 11.♗xf6? ♕xf6 12.♕xd5 ist nicht empfehlenswert, denn nach 12...♖d8 hätte Schwarz eine starke Initiative.)

11.♘e4 ♘c6

(11...♖e8 12.♘xf6+ gxf6 13.♗f4 ♗f5)

Zwar hat Schwarz nach 12.♘xf6+ gxf6 13.♗h6 ♖e8 die schlechtere Bauernstruktur, dafür aber auch einen Entwicklungsvorsprung. Seine Perspektiven sind vielversprechend.

Nun kann sich der folgende plausible Fortgang ergeben.

9...♘c6 10.e3 a6 11.♘d4 h6

Weiß muss sich nun entscheiden, ob er mit oder ohne seinen schwarzfeldrigen Läufer weiterspielen will.

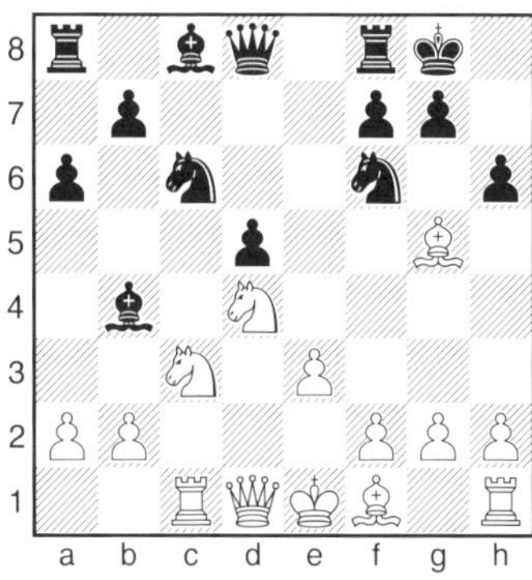

12.♗xf6

Dies ist die aus der Praxis bekannte Lösung.

Zu unklaren Verhältnissen führt 12.♗h4 g5 13.♗g3 ♘e4 14.♗d3 ♖e8 usw.

12...♕xf6 13.a3

Der ♗b4 ist lästig. Nun wird Weiß ihn los, zumindest als fesselnde Figur.

13...♗xc3+

Schwarz hat es in der Hand, sich mittels dieses Abtausches einen sicheren Weg zum Ausgleich oder vielleicht sogar die Fantasie auf mehr zu erhalten.

14.♖xc3

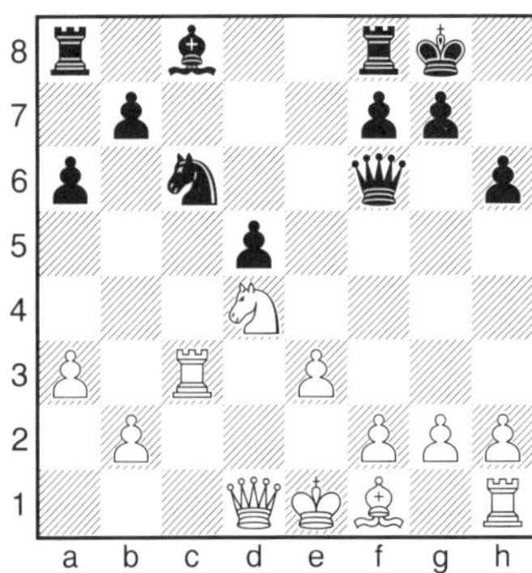

14...♘xd4

Am einfachsten.

Mit 14...♖e8!? und der möglichen Folge 15.♘xc6 bxc6 16.♗e2 a5 17.0–0 ♗a6 usw. kann Schwarz noch für ein kleines Plus an Spannung sorgen.

15.♕xd4 ♕xd4 16.exd4 ♗e6=

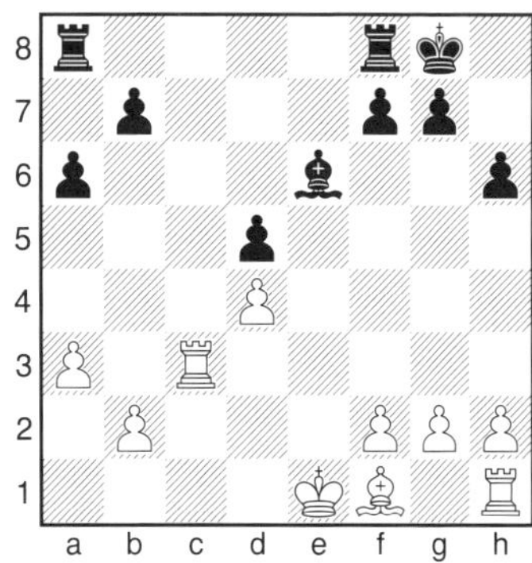

Die Perspektiven der beiden Parteien sind gleich gut. Hier ein Blick auf eine mögliche Fortsetzung.

17.♗d3 ♖fc8 18.♖c5 b6 19.♖xc8+ ♖xc8 20.♔d2 a5 usw.

Zusammenfassung: Der Zug 5...♗b4 sollte Schwarz ein ausgeglichenes Spiel garantieren. Daneben bietet sich 5...♘c6 als starke Alternative an. Weiter vorgerückt ist 14...♖e8!? statt 14...♘xd4 für Schwarz noch einmal eine Möglichkeit, etwas auszuprobieren.

!

Kapitel 2

Die Fortsetzung 2.g3

1.c4 c5 2.g3

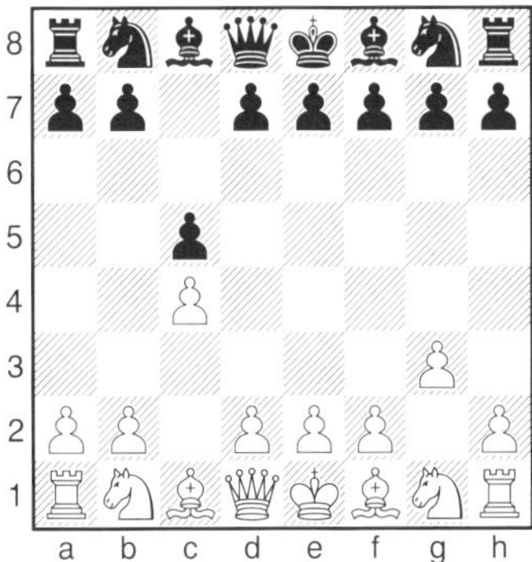

Das Fianchetto des Königsläufers ist Bestandteil zahlreicher Pläne für Weiß in der Englischen Eröffnung. Der Initialzug g2–g3 kann, wie hier, früh vorkommen, genauso gut aber auch später und unabhängig davon, für welchen der Hauptzüge 2...♘c6, 2...♘f6, 2...e6, 2...d6, 2...g6 Schwarz sich entscheidet. Dieses Kapitel widmet sich den Besonderheiten, zu denen es beim frühen 2.g3 kommen kann. Die Folgen eines späteren Einsatzes behandeln wir in den anderen Kapiteln, zu denen es unter Zugumstellung oft kommt. Wir hoffen, dass uns keine Zugumstellung entgangen ist!

Schwarz kann das Spiel nun sowohl mit 2...d5 als auch 2...f5 in einem eigenständigen Fahrwasser halten.

2...d5

Dieser frühzeitige und energische Vorstoß in der Mitte wird in vielen Varianten der Englischen Eröffnung angewendet. Üblicherweise schlägt Schwarz mit dem Springer zurück. Hier aber kann er mit der Dame oder auch mit dem Springer zurücknehmen.

Schauen wir uns zunächst die Folgen von 2...f7–f5 an!

2...f5

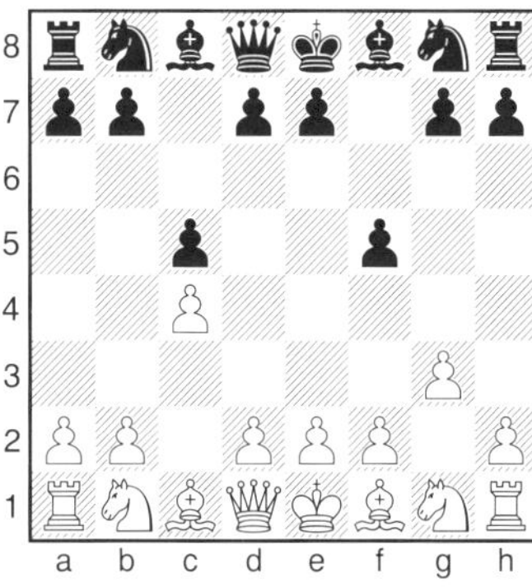

Wir halten diese Fortsetzung für suspekt und empfehlen sie nicht für den Einsatz in einer Wertungspartie. Sie basiert allerdings auf nachvollziehbaren positionellen Erwägungen, so dass mit ihr experimentiert werden kann, und kommt durchaus in der Praxis vor, wenn auch selten. Der Bauer nimmt das wichtige Feld e4 unter Kontrolle. Zudem kann nun mit ♘g8–f6 der Springer beide wichtigen Zentralfelder d5 und e4 ins Visier nehmen, ohne sich seinem Bauern vor die Nase zu stellen. Mit 2.g3 hat Weiß sprichwörtlich A gesagt, so dass er nun, weil nichts

Bedeutenderes anliegt, mit 3.♗g2 auch B sagen sollte.

3...♘f6

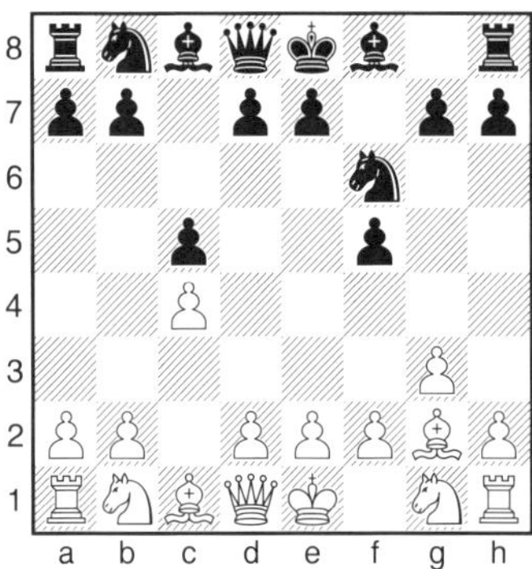

A) Mit 4.♘c3 macht Weiß deutlich, dass er seinem Gegner die weißen Zentralfelder nicht überlassen wird.

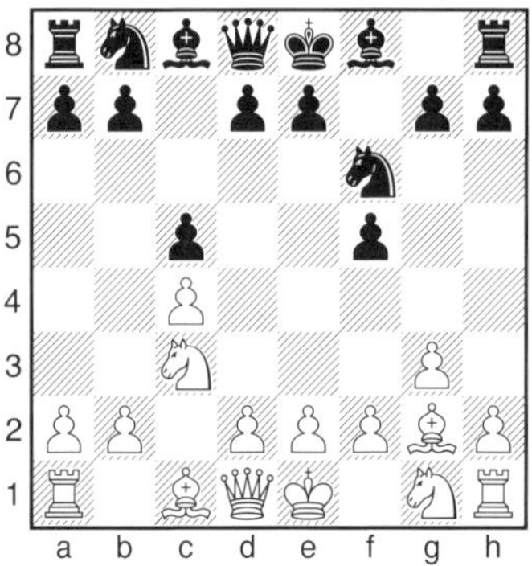

Mit 4...♘c6 entwickelt Schwarz seinen zweiten Springer, der die Felder d4 und e5 bestreicht und somit d2–d4, zumindest sofort ausgeführt, unterbindet.

A1) 5.d3

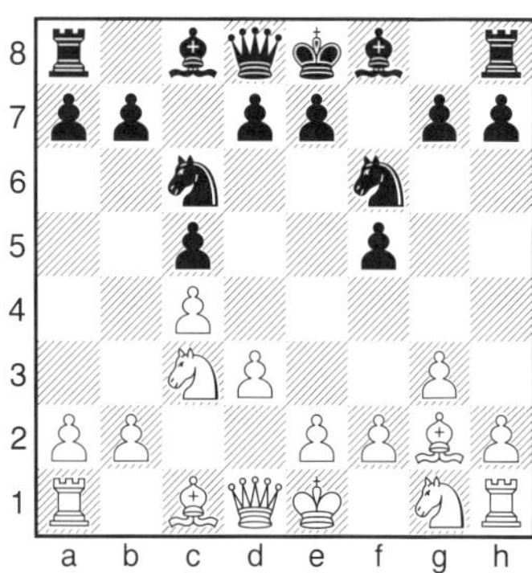

Weiß bereitet e2–e4 vor. Rein kräftemäßig wäre der Vorstoß des e-Bauern natürlich auch sofort möglich, aber auf f5xe4 soll der d-Bauern zurückschlagen. Mit 5...e6 erzielt Schwarz mehrere Effekte. Der Bauer nimmt Einfluss auf das Feld d5 und der Läufer erhält mit e7 ein Entwicklungsfeld, verbunden mit der sich bald anschließenden Möglichkeit zur Rochade. Der ♙c5 bekommt eine Deckung, die zwar momentan nicht notwendig war, aber in der Praxis vor Überraschungen schützt.

Nach 6.e4 ist nun den beiderseitigen Vorbereitungen entsprechend 6...fxe4 7.dxe4 ♗e7 der logische Fortgang des Geschehens. Beide Parteien sollten ihre Entwicklung fortsetzen, was über die Züge 8.♘ge2 d6 9.0–0 0–0 passieren kann. Weiß kann seine Aktivitäten auf die rechte Brettseite konzentrieren, Schwarz hat Konterchancen auf der anderen. Weitergehen kann es beispielsweise mit 10.f4 a6 11.b3 ♗d7 12.♗b2 ♖b8 mit Vorbereitung von b7–b5.

A2) 5.e3 setzt das Ringen um d2–d4 fort, aber mit 5...e5 leistet Schwarz weiter Gegenwehr, so dass Weiß weitere Unterstützung ins Feld führen muss, wenn er von seinem Vorhaben nicht ablassen will. Nach 6.♘ge2 ♗e7 7.d4 kann Schwarz seinem Gegner mit 7...e4 eine echte Überraschung präsentieren.

(Mehrfach ist die verhaltenere Alternative 7...d6 ausprobiert worden, mit allerdings besseren Resultaten für Weiß. Das letzte Urteil über diese Wahl ist jedoch noch nicht gesprochen. Hier eröffnet sich immens viel Raum für weitere Untersuchungen und Praxistests.)

8.0–0

Bei aller Gegenwehr: Schwarz steht unter Druck.

(8.♘f4!? ist aktiver, will aber als Empfehlung gut überlegt sein. 8.0–0 ist prinzipieller, weil damit der allgemeinen Eröffnungslehre entsprochen wird, zunächst auf eine gute Entwicklung zu spielen und erst dann aktive Versuche zu unternehmen.)

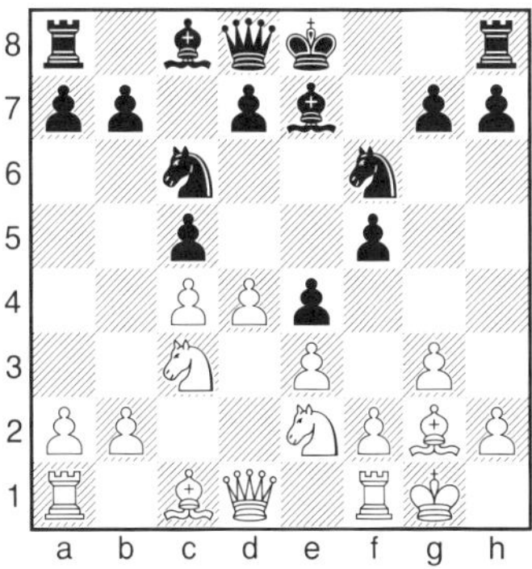

A2a) Mit dem kräftigen Schlag ins Zentrum 8...d5 erzeugt Schwarz den größten Gegendruck.

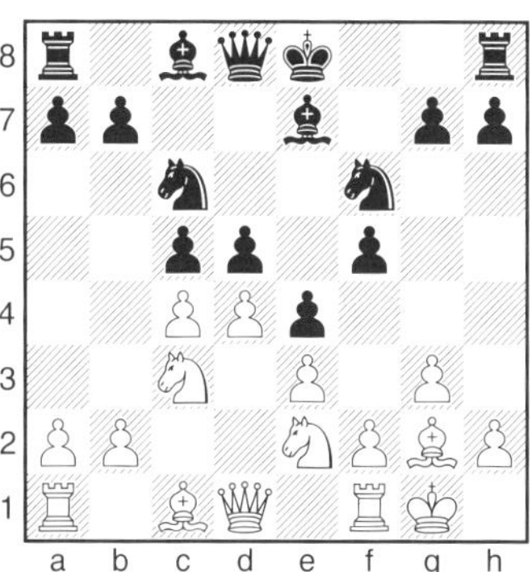

Weiß muss auf den Angriff gegen seinen ♙c4 reagieren. Als seine beste Möglichkeit für eine Reaktion schätzen wir den Abtausch im Zentrum ein, so dass es zu 9.cxd5 ♘xd5 10.♘xd5 ♕xd5 kommen kann. Auch hier halten wir 11.f3 nun für seine stärkste Fortsetzung. Schwarz bleibt an einer freien Entfaltung weiter gehindert, zumal er sich mit neuen Drohungen auseinandersetzen muss.

11...cxd4

(11...exf3 12.♗xf3±)

Nach 12.exd4 0–0± hält Weiß mit 13.♗e3 seinen Vorteil fest.

A2b) 8...d6 ist hier unseres Erachtens zu zurückhaltend. Weiß sollte daraufhin seinem Gegner keine Zeit zum Durchatmen einräumen und die Situation mit 9.f3 weiter eskalieren.

(Wenn er stattdessen ruhiger an der Fortsetzung seiner Entwicklung arbeitet und hierzu seinen Damenläufer ins Fianchetto führt, ist dies günstig für

Schwarz. Folgen kann 9.b3 0–0 10.♗b2 cxd4 11.exd4 d5!? und Schwarz hat seine Position gefestigt.)

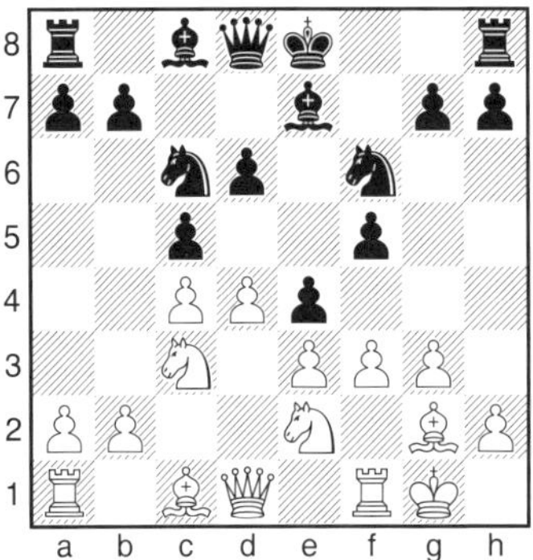

Vollauf befriedigende Züge sind für Schwarz in dieser Lage nicht zu erkennen. Gute Gründe gibt es aber für die Sicherung des Königs unter gleichzeitiger Aktivierung des ♖h8 durch die kurze Rochade sowie für die Aufhebung der Spannung zwischen den beiden Bauern auf e4 und f3. Zu prüfen sind deshalb insbesondere die Alternativen 9...0–0 und 9...exf3.

9...0–0

(Nach 9...exf3 10.♗xf3 0–0 11.♘f4± hat Weiß mehr Raum und die aktivere Stellung. Es wird nicht einfach für Schwarz sein, seine Kräfte in aktive Positionen zu bringen.)

Nach 10.♘f4 kann Schwarz mit 10...exf3 den Druck auf seinen Bauern auflösen, doch nach 11.♗xf3 bleibt seine Lage auch hier problematisch, was auch der Fortgang über plausible Züge wie 11...♗d7 12.b3 ♔h8 13.♗b2± zeigt.

B) 4.♘f3 &d2–d4 geht auch, wobei die Entwicklung des Damenspringers zurückgestellt wird. Ob dieser später über c3 oder anders ins Spiel geführt wird, bleibt dabei noch offen. Wenn Schwarz seinen Springer mit 4...♘c6 aktiviert, kann er nach dem zu erwartenden Ablauf mit 5.d4 cxd4 6.♘xd4 ♕b6 Druck auf den ♘d4 ausüben, so dass Weiß umgehend reagieren muss.

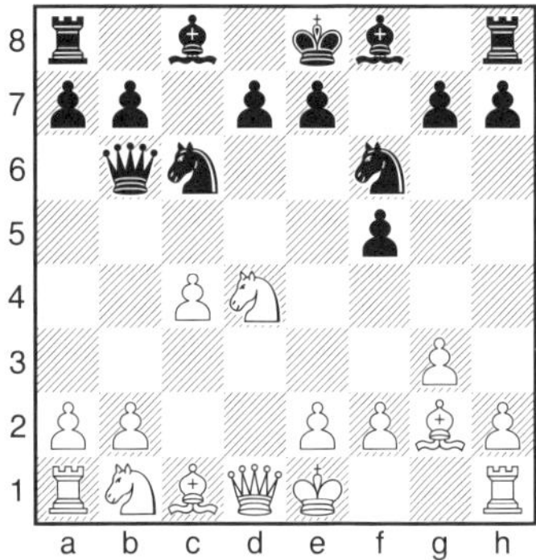

Solide und gut ist nun 7.♘c2, verbunden mit der Absicht, im Anschluss auf eher ruhigen Bahnen die Entwicklung fortzusetzen.

(7.♘b5!? ist eine interessante Alternative, nach der sich in der Partie viel Neuland auftut. Wenn Schwarz mit a7–a6 antworten sollte, steht er nach ♘b5–c3 mit einem schwachen Felderkomplex am Damenflügel da. Auf andere Züge kann ♗c1–e3 eine Überlegung wert sein.)

Es kann sich nun eine Phase anschließen, die beide Parteien für ihre Entwicklung nutzen. Ein plausibler Fortgang kann sich über die Variante 7...e6 8.0–0 ♗e7 9.b3 0–0 10.♘c3 d6 11.♗b2 ♗d7± ergeben. Die Stellung ist weit davon entfernt, ausbalanciert zu sein. Weiß steht allerdings etwas freier, wobei seine Läufer nicht unerheblich zu diesem Eindruck beitragen. Mit unserer Einschätzung, Weiß einen leichten Vorteil zuzugestehen, schließen wir uns dem Rechenergebnis des Computers an. Unter Berücksichtigung der Bedingungen der praktischen Partie kann das Urteil auch auf lauten.

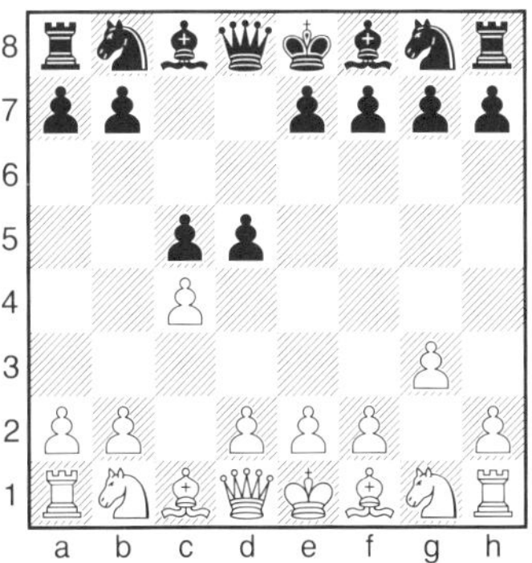

3.cxd5

3.♗g2 kann Schwarz gut mit 3...d4 beantworten. Weiß kann sich nun insbesondere zwischen 4.♘f3 und 4.d3 entscheiden.

A) 4.♘f3

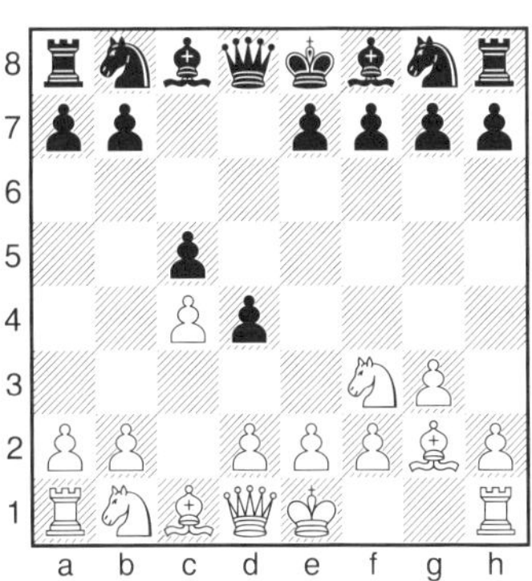

Dies ist unsere Empfehlung an den noch unerfahrenen Spieler. Er kann kurzfristig die Entwicklung seines Königsflügels abschließen. Nach den Entwicklungszügen 4...♘c6 5.0–0 e5 stoppt Weiß den gegnerischen Bauern mit 6.d3. Damit schafft er zugleich die Voraussetzung für e2–e3, womit er das schwarze Bauernzentrum angreifen will. Nach dem schwarzen Entwicklungszug 6...♘f6 bekommt er hierzu bereits die Gelegenheit. Nach 7.e3 ♗e7 bereitet Schwarz mit der Aktivierung des Läufers auch die Rochade vor.

8.exd4 exd4

(8...cxd4 schwächt den Damenflügel und lässt den ♙e5 zu einem gewissen wunden Punkt werden, zumindest vorübergehend. Mit 9.♖e1 kann Weiß dies sofort für seine Entwicklung nutzen.

9...♘d7 10.♘a3

Der Springer strebt nach c2, von wo aus er das Bauernspiel am Damenflügel unterstützen kann.

Nach 10...0–0 11.♘c2 droht b2–b4, weshalb Schwarz mit 11...a5 seine Kontrolle über b4 verstärkt. Nach beispielsweise 12.♖b1 f6 13.a3 a4 ist unklar, wessen Konzept sich als stärker erweisen wird.)

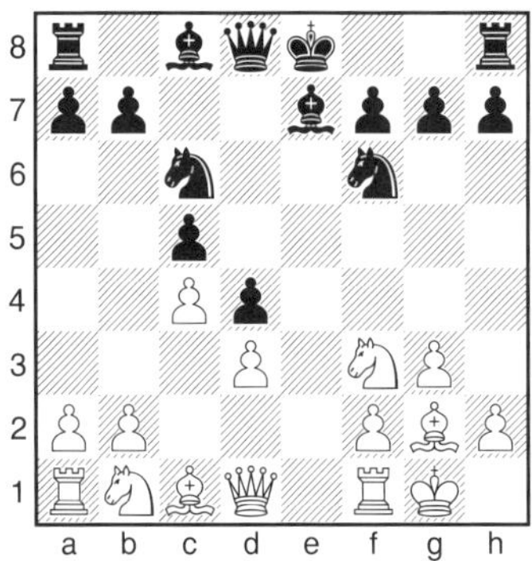

Nach 9.♗f4 zeigt eine kurze Zwischenbilanz die Folgen der bisherigen Geschehnisse auf.

Weiß steht etwas freier, seinem weißfeldrigen Läufer winken gute Wirkungsmöglichkeiten auf der langen Diagonalen und auch die e-Linie bietet ihm Chancen. Dafür hat er einen rückständigen Bauern auf d3, der bekanntlich zur Schwäche neigt und später in der Partie vielleicht zu einem Problem werden kann.

Schwarz steht kompakt, verfügt über die bessere Bauernstellung in der Mitte und hat nur noch wenig Entwicklungsarbeit zu leisten. Zunächst wird seine Aufgabe darin bestehen, seine Entwicklung abzuschließen und seinen Figuren die Wirkung zu verschaffen, die sie brauchen, um das weiße Figurenspiel einzuschränken.

Nach 9...0–0 zeigt die folgende Passage musterhaft auf, wie beide Parteien in der Konsequenz unseres Zwischenfazits weiter vorgehen können.

10.♘e5 ♘xe5 11.♗xe5 ♘g4 12.♗f4 ♗d6 13.♗xd6 ♕xd6

Der ♗g2 dominiert quer über das Brett, aber Schwarz ist es gelungen, das allgemeine weiße Figurenspiel zurückzuwerfen. Beide Seiten können nun versuchen, etwa folgendermaßen ihren Nachschub zu organisieren.

14.♘d2 ♘e5

Der Springer nutzt die Schwäche des ♙d3 zur Verbesserung seiner Position.

15.♘e4 ♕c7 16.h3

Damit wird ♗c8–g4 verhindert.

(16.♕e2 ♗g4! würde Weiß zur positionell schwachen Reaktion f2–f3 zwingen.)

Nach 16...♗f5 gefolgt von beispielsweise 17.f4 ♘d7 18.♕d2 ♖ae8= ist die Stellung weiter ausgeglichen.

B) 4.d3 verbindet sich mit der Absicht, e2–e4 folgen zu lassen.

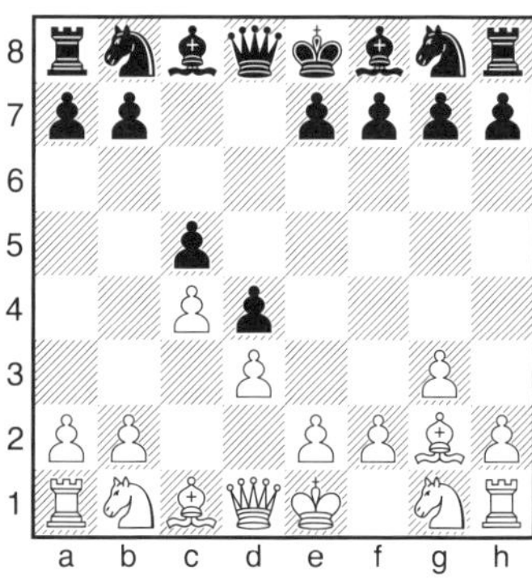

Mit 4...♘f6 will Schwarz die Entwicklung seines Königsflügels voranbringen.

(4...♘c6 wird häufiger gespielt, allerdings mit insgesamt weniger guten Ergebnissen. Der Übergang zurück in unsere Variante mit 4...♘f6 ist aber möglich.)

5.♘f3 e6 6.e4 ♘c6

Schwarz lässt den weiteren Vormarsch des e-Bauern zu. Wenn Weiß diese Möglichkeit nutzt, muss zwar der Springer weichen, aber der ♙e5 wird zum Angriffsziel, das auch vom vertriebenen Springer ins Visier genommen wird.

7.e5 ♘d7 8.♗f4

Es ist eine Stellung erreicht, die für die Bewertung der Variante insgesamt von Bedeutung ist. Weiß hat sich eine aktive Stellung auf dem Königsflügel erarbeitet. Schwarz braucht Gegenspiel, um auf Augenhöhe zu bleiben. Dieses erreicht er mit dem Manöver ♕d8–b6 und a7–a5, sobald er dazu kommt. Weitergehen kann es mit 8...♗e7 9.h4 h6 10.♘bd2 und nun 10...♕b6 11.b3 a5 usw.

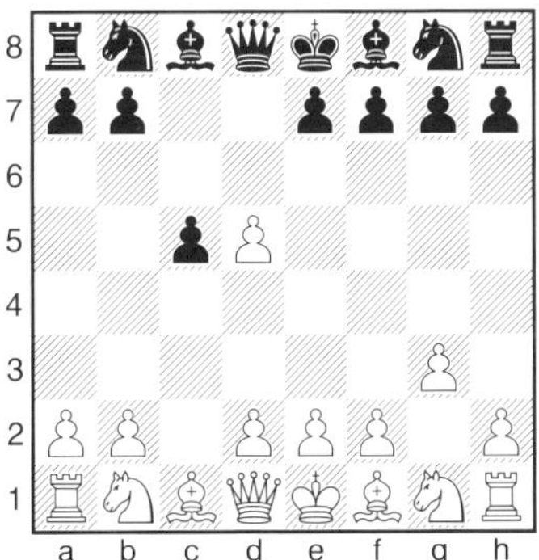

3...♕xd5

Weiß muss achtgeben, damit er den Angriff auf den ♖h1 nicht übersieht.

Es geht auch 3...♘f6, um den Bauern im Anschluss mit dem Springer zu nehmen. Nach 4.♗g2 ♘xd5 ist 5.♘c3 angesagt, um Schwarz zu einer sofortigen Reaktion zu zwingen.

A) 5...e6

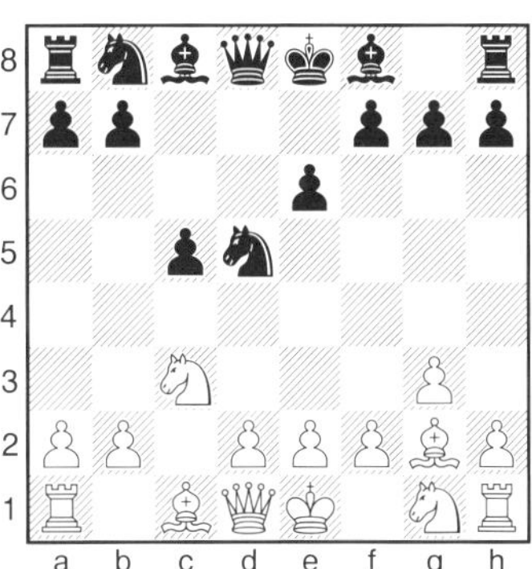

Auf diese Weise befestigt Schwarz zwar seinen Springer im Zentrum, erschwert aber zugleich die Entwicklung seines Damenflügels.

6.♘f3

(Auch ein Vorgehen mit 6.♘xd5 exd5 7.d4 usw. verspricht Weiß nicht mehr als Ausgleich. Nach eventuell 7...cxd4 8.♘f3 hat Schwarz das Spiel zwar mit einem Isolani auf d5 fortzusetzen, was seine Chancen aber nicht schmälert. Da es hierzu bisher nur sehr wenig Material aus der Praxis gibt, lässt sich noch einiges zu den beiderseitigen Möglichkeiten entdecken.)

Nach den normalen Entwicklungszügen 6...♘c6 7.0–0 ♗e7 verspricht der energische Vorstoß 8.d4 Weiß die größten Chancen.

(Anzutreffen ist aber auch 8.♘xd5 mit einem verzögerten Vorstoß nach 8...exd5. Es kann dann entsprechend mit 9.d4 0–0 usw. weitergehen.)

8...0–0 9.e4

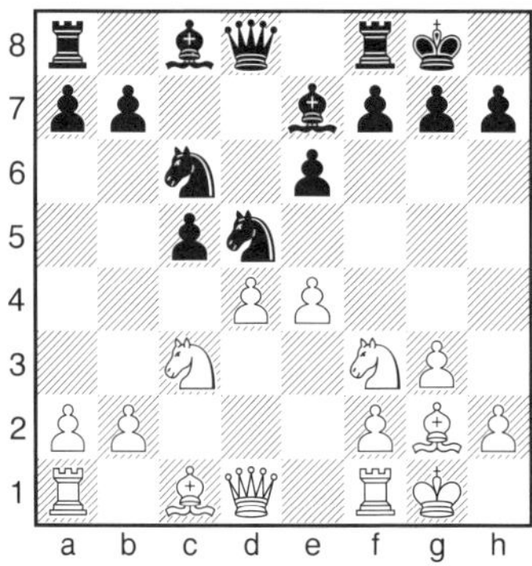

A1) 9...♘db4

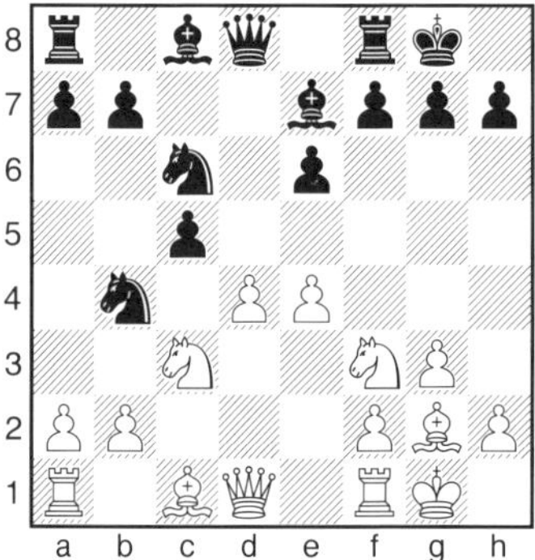

Diese Stellung ist schon häufig in der Praxis ausgespielt worden. Im herkömmlichen Turnierschach hat nun 10.a3 als Fortsetzung Weiß die besten Ergebnisse gebracht. Daneben sind die Züge 10.d5 und 10.dxc5 zu beachten, die im Fernschach eine bessere Statistik aufweisen. Insbesondere aus der Warte des noch wenig erfahrenen Spielers dürfte der Zug mit dem a-Bauern am einfachsten zu spielen sein, weshalb wir uns auf ihn konzentrieren.

10...cxd4

Schwarz verteidigt seine Interessen nicht passiv, sondern mit einem Gegenangriff auf den weißen Springer. Auf diese Weise vermeidet er, dass sein Springer auf ein ungünstiges Feld zurückziehen muss.

11.axb4 dxc3 12.bxc3

Die Lage hat sich geklärt, allerdings mit einer zweischneidigen Stellung als Resultat. Beide Parteien müssen noch restliche Kräfte aktivieren, was nach dem Muster 12...b6 13.♗f4 ♗b7 14.♕e2 ♕c8 15.♖fd1 ♖d8 usw. passieren kann.

A2) Die wichtigste Alternative ist 9...♘xc3.

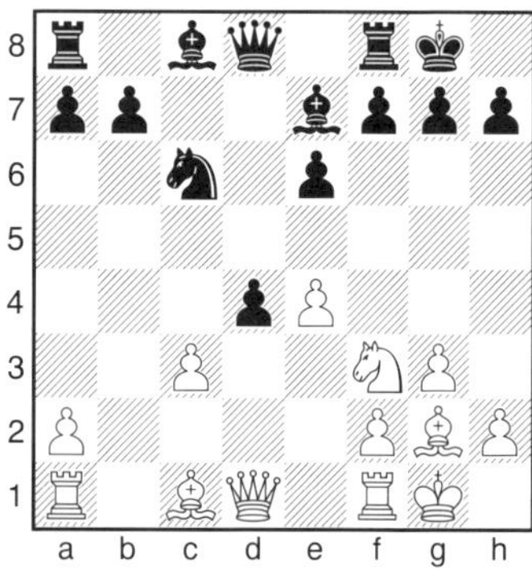

Sie führt über 10.bxc3 cxd4 11.cxd4 zu einem starken weißen Bauernduo in der Mitte, aus dem Weiß einen vorgerückten Freibauern entwickeln kann, wenn er mag.

11...b6 12.d5 exd5 13.exd5 ♘b4 14.♘e5 ♗b7

Bei einem flüchtigen Blick mag es so aussehen, als hätte Weiß mit seinem forschen Vorgehen auf Sand gebaut und der nun dreimal angegriffene ♙d5 müsste fallen. Dies ist aber nicht der Fall, denn 15.♗a3 hält den Laden zusammen.

15...♗c5

(15...♘xd5? 16.♗xd5 würde die Dame aus ihrer Deckungsfunktion für den ♗e7 locken, so dass 16...♕xd5 17.♕xd5 ♗xd5 18.♗xe7 für Schwarz zum Figurenverlust führen würde.)

Nach 16.♘d3 ♘xd3 17.♕xd3 sind die meisten Spannungen überwunden. Mit 17...♗d6 blockiert der Läufer den ♙d5 und begibt sich vor allem auf ein für Schwarz günstigeres Feld für den Fall, dass Weiß ihn abtauschen will.

(17...♗xa3 18.♕xa3 ♗xd5?? 19.♖ad1+–)

18.♖fe1 ♕f6

B) 5...♘xc3

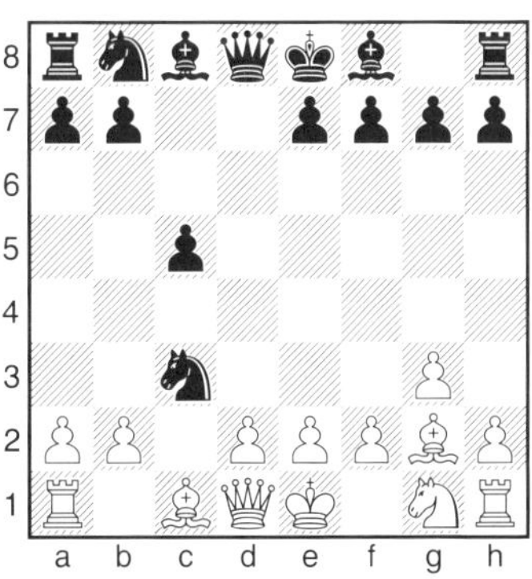

Diese Fortsetzung ist ebenso möglich, auch wenn Schwarz damit seine einzige bisher entwickelte Figur aufgibt und Weiß damit einen leichten Vorsprung bei der Aktivierung der Kräfte einräumt. Schwarz verliert zwar kein Tempo, aber stärkt dadurch die weiße Bauernstruktur im Zentrum und öffnet dem Gegner auch die b-Linie. Mit 6.bxc3 hält sich Weiß an die Regel, dass es zumeist besser ist, mit einem Bauern Richtung Mitte statt zum Rand hin zu schlagen.

(6.dxc3 ♕xd1+ wäre insbesondere für den unerfahrenen Spieler schwerer zu behandeln, weil er sein Rochaderecht aufgibt. Grundsätzlich kann sich Weiß aber auch für diese, allerdings wenig ambitionierte Alternative entscheiden. Wir gehen nicht weiter darauf ein und beschränken uns auf eine unkommentierte Beispielvariante, um zumindest einen logischen Fortgang zu zeigen: 7.♔xd1 ♘c6 8.♗e3 e5 9.♘f3 f6 10.♘d2 ♗e6 11.♔c2 ♖c8=.)

B1) 6...♘c6

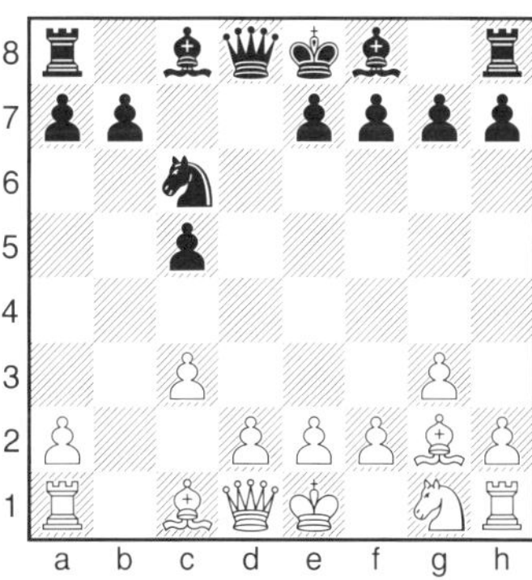

Mit 7.♘f3 geht das Spiel nun doch in eine der von uns als Hauptvarianten angesehenen Linien über. Die weitere Erörterung finden Sie im Kapitel 5 in der Variante 6...♘xc3 zum Hauptzug 6...♘c7.

B2) 6...g6 ist eine weitere Option.

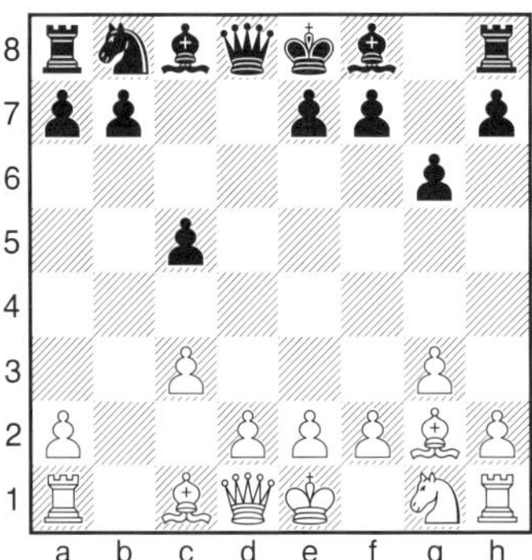

Schwarz fianchettiert seinen Läufer und rochiert kurz. Diese Methode sei hier nur kurz erwähnt. Für sie gibt es Anschauungsmaterial in anderen Kapiteln.

7.♖b1

(7.♕a4+ fängt Schwarz am besten mit 7...♘d7 ab. Er kann dann weiter an seinem beabsichtigten Aufbau am Königsflügel arbeiten, wobei die Fesselung des ♘d7 aufgelöst wird. Dieser ist dann frei, um die Position der gegnerischen Dame auszunutzen, um in eine stärkere Aufstellung zu kommen. Entsprechend kann sich eine Entwicklung nach dem Muster 8.♘f3 ♗g7 9.0–0 0–0 10.d4 ♘b6 ergeben. Die Dame muss fliehen, worauf Schwarz auf d4 abwickeln und dann seinen ♗c8 aktivieren kann. Nach 11.♕a3 cxd4 12.cxd4 ♗f5 13.♗g5 verteidigt Schwarz den doppelt angegriffenen ♙e7 am besten mit 13...♖e8 14.♖ac1 ♗e4.)

7...♕c7 8.♕a4+ ♘d7 9.♘f3 ♗g7 10.0–0 0–0 führt zu einer sehr komplizierten Stellung. Schwarz sollte einen Plan mit b7–b6, ♗c8–b7 vorbereiten.

C) 5...♘c7 führt in die Richtung der Rubinstein-Variante, die wir im Kapitel 5 behandeln. Nach 6.♘f3 ♘c6 ist das Spiel in die dortige Hauptvariante nach 6...♘c7 übergegangen.

4.♘f3

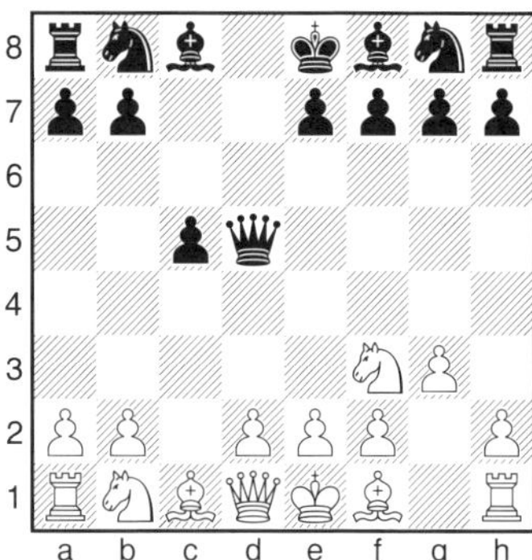

4...♘c6

4...♘f6 ist bisher deutlich seltener gespielt worden, ist aber grundsätzlich eine in Betracht kommende Alternative. Es kann sich dann eine ruhige Entwicklung etwa nach dem Muster 5.♘c3 ♕d8 6.♗g2 ♘c6 7.0–0 e6 8.d3 ♗d7 9.♗e3 ♖c8= ergeben.

5.♘c3

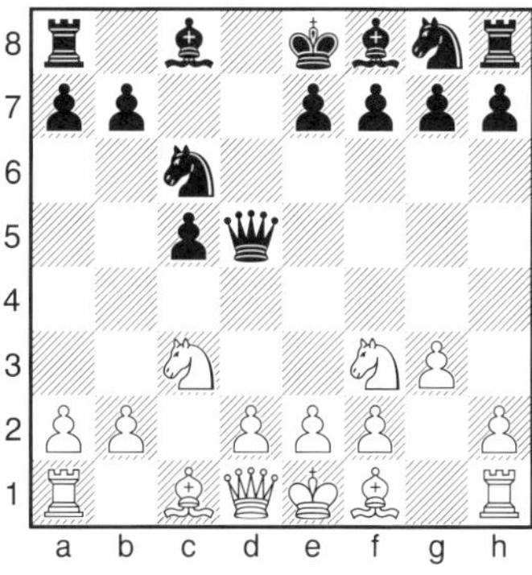

5...♕d8

Die Rückkehr auf das Ausgangsfeld scheint hier die beste Lösung zu sein.

Dessen ungeachtet verdient auch die Fortsetzung 5...♕d7 Aufmerksamkeit. Nach einem beispielhaft logischen Fortgang mit 6.♗g2 ♖b8 7.d3 e5 8.0–0 b6 nebst ♗c8–b7 usw. eröffnen sich Schwarz zwei Wege. Er kann seinen Königsspringer entweder über e7 nach g6 bringen oder ihn einfach auf f6 stellen. Der Läufer wird auf e7 platziert.

6.♗g2 ♘f6 7.0–0

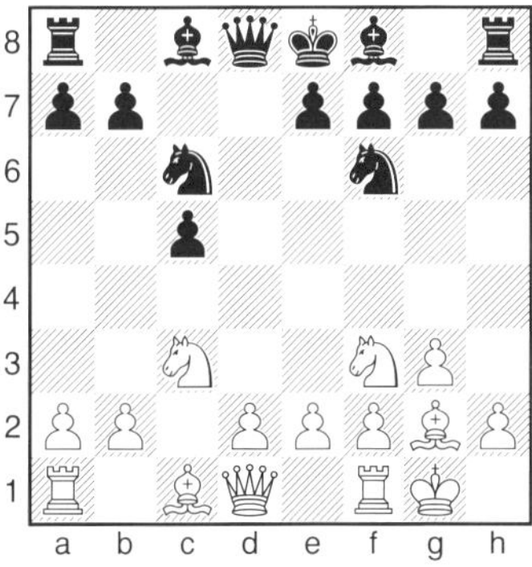

7...e6

Es geht auch forscher mit 7...e5, worauf Weiß 8.d3 spielt und den Bauern aufhält. Diese Fortsetzung wäre aber ohnehin angesagt gewesen, so dass man nicht davon sprechen kann, Schwarz habe ihn mit dem Vorstoß seines e-Bauern dazu gezwungen.

Nach 8...♗d6 strebt der Springer mit 9.♘d2 nach e4.

(Auf 9.♗g5 kann Schwarz mit 9...♗e6 fortsetzen.)

Nach 9...0–0 kann sich die ohne eine besondere Kommentierung gut nachvollziehbare Variante 10.♘de4 ♘xe4 11.♘xe4 ♗e7 12.♗e3 ♘d4 anschließen. Nach der möglichen Fortsetzung mit 13.♖c1 ♕b6 ist das Verhältnis der beiderseitigen Chancen nicht sicher abzuschätzen.

Beide Lager können nun wie folgt weiter entwickelt werden:

8.d3 ♗e7 9.♗f4 0–0 10.♖c1 ♘d5 11.♗d2 b6 12.a3 ♗b7=

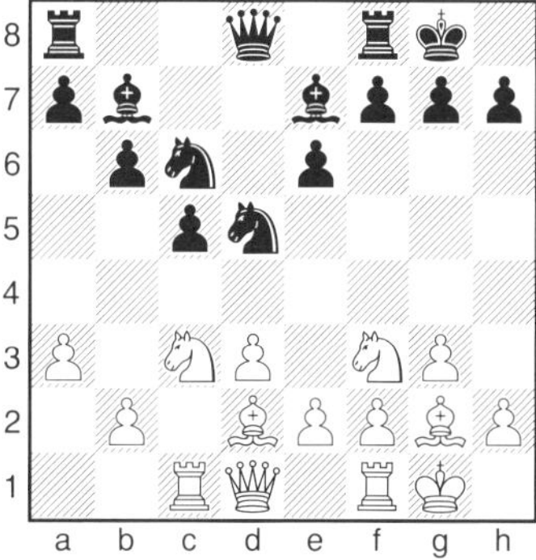

Die Stellung befindet sich etwa im Gleichgewicht.

Zusammenfassung: Die Variante mit einem schnellen Einstieg der Dame ins Spiel verdient Beachtung. Ein Übergang des Spiels in eine der Hauptvarianten ist eine ständige Option.

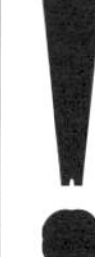

Kapitel 3

Die Fortsetzung 3.g3

1.c4 c5 2.♘c3 ♘c6 3.g3

Dies ist die – mit Abstand – am häufigsten von Weiß gewählte Fortsetzung in dieser Brettkonstellation. Schwarz kann unter Aufrechterhaltung der Symmetrie das Spiel in die Richtung des beiderseitigen Fianchettos des Königsflügels führen, was ganz überwiegend tatsächlich auch passiert.

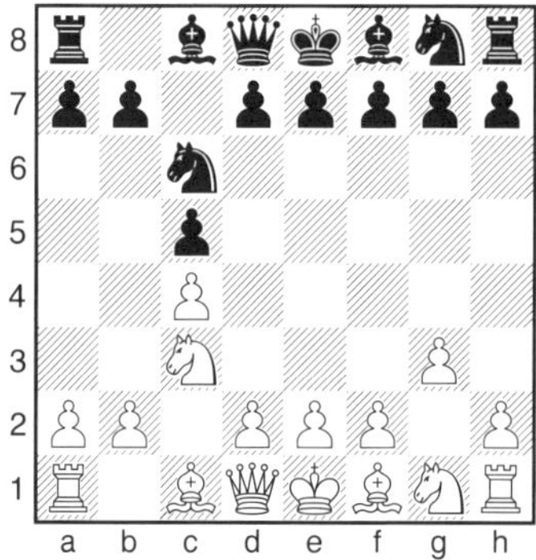

3...g6 4.♗g2 ♗g7

Weiß eröffnet sich nun eine ganze Reihe von gut spielbaren Fortsetzungen, auf die sich Schwarz somit allesamt einstellen muss, wenn auch mit einer unterschiedlichen Wahrscheinlichkeit, dass er auf sie trifft. Zu diesen zählen insbesondere 5.♘f3, 5.e3, 5.e4, 5.a3, 5.b3 und 5.d3.

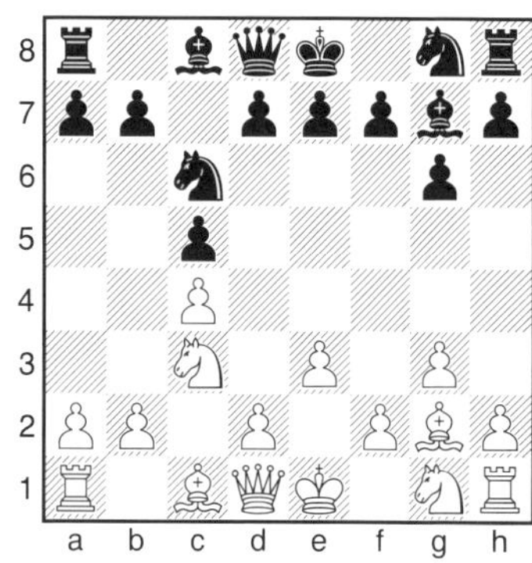

5.♘f3

Diese natürliche Alternative ist unser Hauptzug.

I. 5.e3

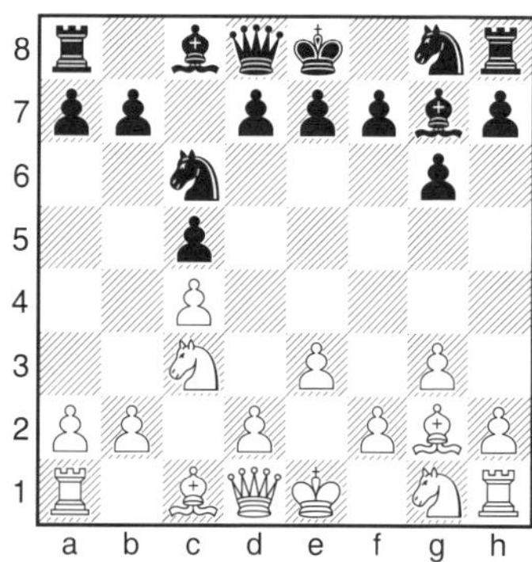

Mit der Wahl dieser Fortsetzung verfolgt Weiß einen recht einfachen Plan. Er will ♘g1–e2 gefolgt von d2–d4 spielen, womit er viel Einfluss auf das Zentrum nehmen möchte.

A) Mit 5...e6 hält Schwarz die Symmetrie aufrecht, um in einem guten

Moment den Gegenschlag d7–d5 ausführen zu können. Nach den weiteren üblichen Entwicklungszügen 6.♘ge2 ♘ge7 7.0–0 0–0 kann Weiß den beabsichtigten Vorstoß 8.d4 platzieren.

8...cxd4

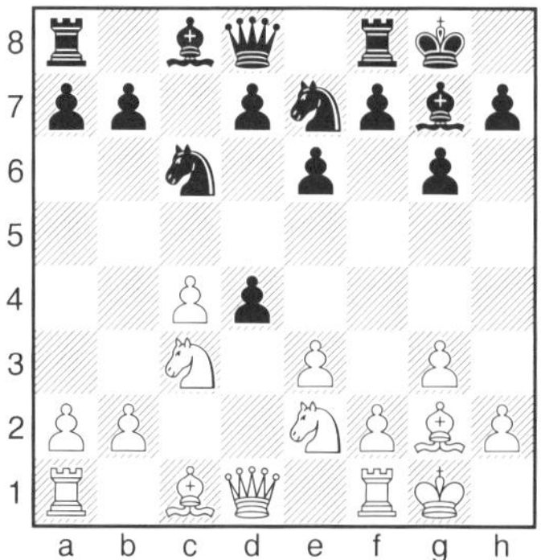

A1) Weiß kann nun mit dem Springer oder dem Bauern zurückschlagen. Beide Alternativen werden gespielt.

9.♘xd4

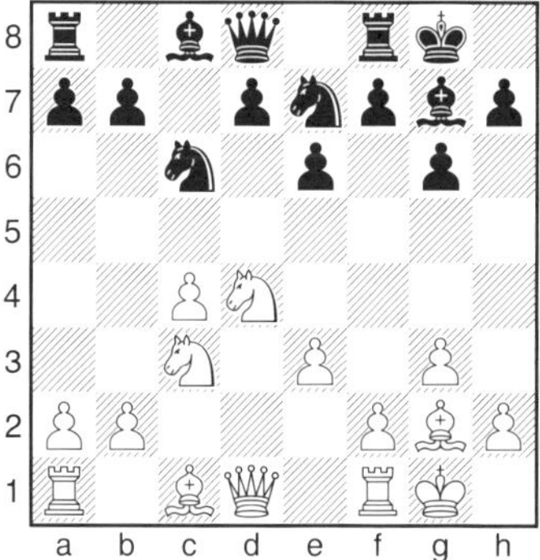

Mit 9...d5 antwortet Schwarz mit seinem elanvollen und typischen Vorstoß des d-Bauern ins Zentrum.

(Er kann sein befreiendes Manöver auch zurückstellen und zunächst 9...♘xd4 spielen, doch hat dies kaum mehr Bedeutung als eine Zugumstellung. Nach 10.exd4 d5 11.cxd5 ist das Duell in die Ausgangsvariante zurückgekehrt.)

Es kann sich nun die Entwicklung 10.cxd5 ♘xd4 11.exd4 ♘xd5 12.♘xd5 exd5 ergeben, von der sich für keine der beiden Seiten eine Abweichung aufdrängt. Weiß kann dem Duell mit der Wahl seiner nächsten Fortsetzung nun verschiedene Richtungen geben, entsprechend ist der weitere Verlauf nicht absehbar. Die Perspektiven der Kontrahenten sind völlig ausgeglichen. Beispielhaft kann es mit 13.♗e3 ♗e6 14.♕b3 ♕d7= usw. weitergehen.

A2) Nach 9.exd4 bleibt zumeist etwas mehr Material auf dem Brett (Springer). Im Kampf um den Ausgleich führt auch hier für Schwarz an 9...d5 kein Weg vorbei. Nach 10.cxd5 führt der für Schwarz einfachste Weg über 10...♘xd5 11.♘xd5.

(Auf 11.♕b3 folgt 11...♘a5! und Schwarz behält alles im Griff.)

11...exd5 12.♗e3

(Wenn Weiß mit 12.♘c3 auf den Abtausch der e-Bauern spielt, kann sich Schwarz problemlos darauf einlassen. Nach 12...♘xd4 13.♘xd5 ♗e6= bleiben die Perspektiven ausgeglichen.)

Die besten Praxisergebnisse erzielt Schwarz nun mit dem Entwicklungszug 12...♗g4. Er droht mit dem Schlagen des ♘e2 zugleich die weiße Dame abzulenken, so dass der ♙d4 gleich zwei Verteidiger verliert und fällt. Weiß wird als Ersatz zwar den ♙d5 erhalten, allerdings bei dann noch weiter reduziertem Material und einem zementierten Ausgleich. Mit 13.♖e1 wird der Springer überdeckt und eine weitere Abwicklung erst mal vermieden.

13...♖e8 14.h3

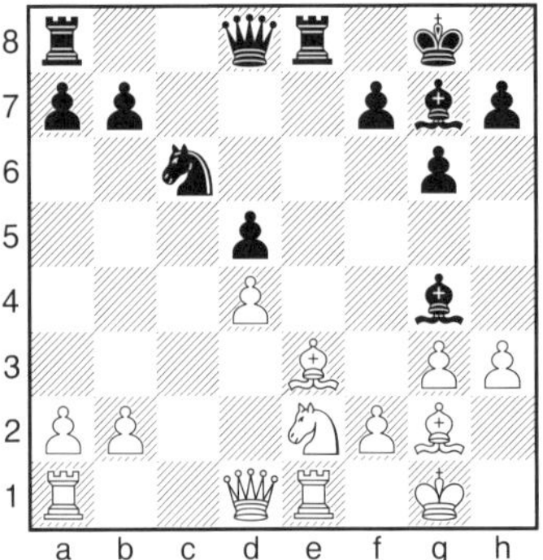

Weiß will den lästigen Läufer loswerden. Dabei muss er kalkulieren, welche Folgen es alternativ für ihn hat, wenn der Läufer zurückweicht oder aber auch auf e2 schlägt. Leichter zu spielen und deshalb unsere Empfehlung für den unerfahrenen Spieler ist 14...♗xe2.

(14...♗f5 macht Verwicklungen möglich, wie wir sie z.B. mittels einer nur wenig kommentierten Variante skizzieren wollen.

15.♕b3 ♗e4 16.♗xe4 dxe4 17.♕xb7 ♘xd4 18.♘xd4 ♗xd4

Wenn es den Kontrahenten gelungen ist, bis hier fehlerfrei zu spielen, gilt es jetzt noch etwas größere Herausforderungen zu meistern, die mit 19.♖ad1 auf den Plan kommen. Schwarz bleibt mit dem Manöver 19...♖b8 20.♕a6 ♕b6 im Spiel. Das nach 21.♕xb6 ♗xb6 entstandene Endspiel ist ausgeglichen.)

Nach 15.♖xe2 ♗xd4 16.♗xd4 ♖xe2 17.♕xe2 ♘xd4 haben sich die Reihen gelichtet. Der schwarze Mehrbauer ist nicht von Dauer. Nach 18.♕d3 kann die schwarze Dame nicht zugleich weiter den ♙d5 und zusätzlich den ♘d4 decken, so dass der Bauer fällt.

18...♘c6 19.♗xd5= mit der möglichen Folge 19...♘e7 20.♖d1 ♘xd5 21.♕xd5 ♕b6 usw.

B) Das Vorgehen mit 5...e5 will gut überlegt sein. Schwarz verstärkt zwar die Kontrolle über d4, um dem Gegner d2–d4 zu erschweren, schwächt aber das Feld d5.

Bevor wir in der konkreten Variantenbehandlung fortfahren, hier eine kurze allgemeine Erklärung: In der nun erreichten Brettkonstellation steht Weiß die Idee für einen Aufbau mit Springern auf d5 und c3, dem unterstützenden Läufer auf g2 und dem ebenfalls unterstützenden Bauern auf c4 zur Verfügung. Dieses Grundkonstrukt wird uns in der Folge wiederholt begegnen.

6.♘ge2 ♘ge7

Der Springer wird auf e7 nicht nur zwischengeparkt, um die Rochade ausführen zu können, sondern von hier aus nimmt er Einfluss auf das Feld d5. Eine Entwicklung nach f6 kam nicht in Betracht, weil er hier seinen ♗g7 stören würde.

7.0–0 0–0

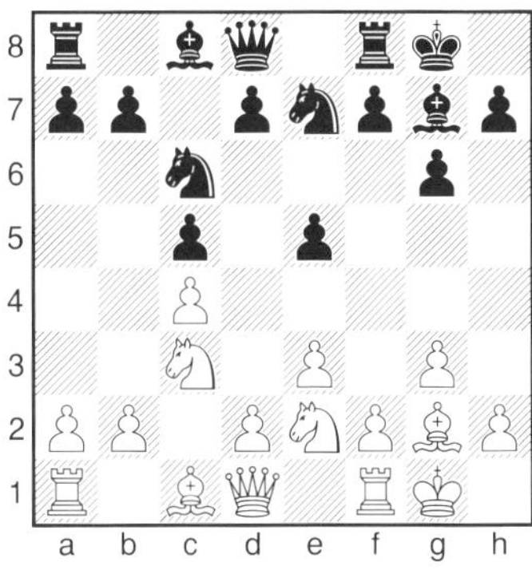

B1) Mit 8.a3 strebt Weiß den Vorstoß b2–b4 an und mit 8...d6 bereitet Schwarz die Entwicklung des Läufers nach e6 vor.

(Alternativ wird auch 8...a5 mit der möglichen Folge 9.d3 d6 und guten Praxisresultaten gespielt.)

B1a) 9.♖b1

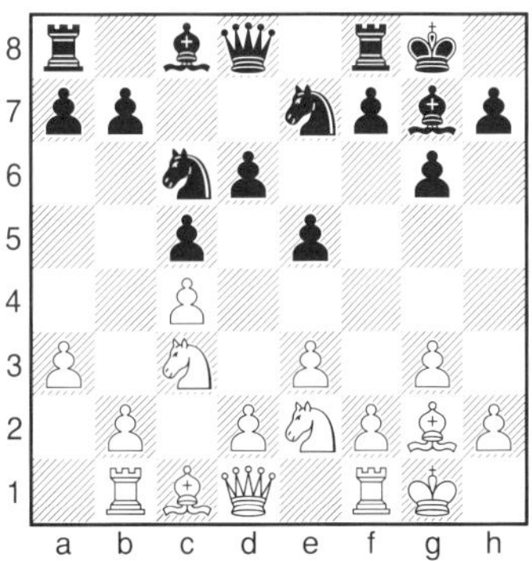

Wenn der Gegner dies zulässt, will Weiß b2–b4 spielen. Da er damit aber nicht rechnen kann, ist es wichtig, dass der Turm trotzdem gut und sicher auf b1 postiert ist. Dies ist der Fall und der Turm kann insbesondere auch gegen Flankenangriffe auf der Diagonalen b1–h7 geschützt werden.

9...a5 10.d3 ♗e6

(Interessant ist auch der aggressive Vorstoß 10...f5 mit der Idee, auf 11.f4 mit 11...♖b8 und möglicherweise auf 12.♘d5 mit 12...b5 zu reagieren, um ein Gegenspiel am Damenflügel aufzuziehen.)

Nach 11.♘d5 hat Schwarz verschiedene Möglichkeiten von einer vergleichbaren Qualität. Praxiserprobt und mit Überraschungspotenzial ausgestattet ist 11...♗g4 mit der Absicht 12.h3 ♗d7. Wenn Weiß dann nach seinem Standardplan verfährt, kommt es zu 13.♘ec3 ♘xd5 14.♘xd5 ♖b8 und Schwarz hat ein vollwertiges Spiel.

B1b) 9.d3 ist eine reizvolle Alternative, die es Weiß ermöglicht, sich ebenfalls gemäß der Kernidee nach 5...e5 aufzubauen, nur etwas früher.

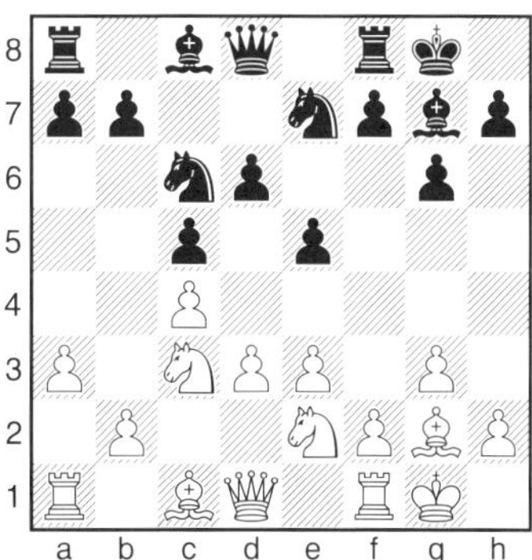

9...♗e6

(Nach 9...a5 haben wir unter Zugumstellung die vorstehende, mit 8...a5 eingeleitete Variante erreicht.)

10.♘d5 ♖b8

Während Weiß an seinem Basisaufbau strickt, bereitet Schwarz den Vorstoß b7–b5 vor, mit dem er die weiße Stellung unterminieren möchte.

11.♘ec3 a6 12.♖b1 b5

B2) Logisch ist auch 8.b3 mit der Absicht, auch den zweiten Läufer ins Fianchetto zu führen.

8...d6

Nach d5 kann der Bauer aktuell nicht. Er begnügt sich deshalb mit dem einfachen Schritt nach vorne, womit der ♗c8 frei wird. Von e6 aus wird dieser dabei helfen können, den Schritt d6–d5 im Bereich des Möglichen zu halten.

9.♗b2 ♗e6

Konsequent nach Plan.

(Mit 9...♖b8!? hat Schwarz aber auch eine zweite Option. Mit dem Turmzug zeigt er an, dass er die Absicht hegt, mittels a7–a6 und b7–b5 ein Gegenspiel am Damenflügel aufzuziehen. Folgen kann beispielsweise 10.d3 a6 11.♕d2 b5 und Schwarz hat sein Zwischenziel erreicht.)

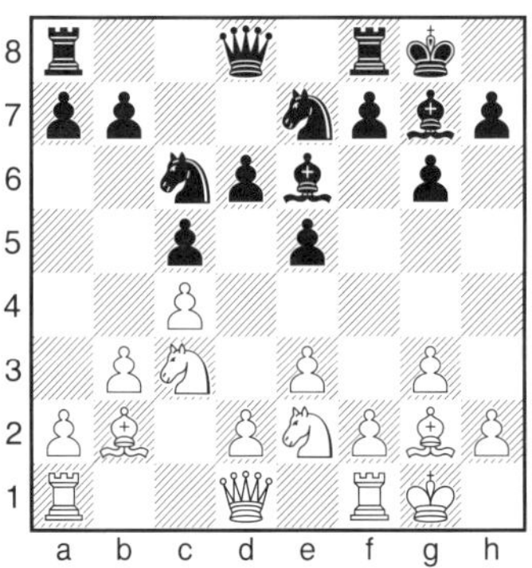

10.♘e4

Wenn der Gegner dies zulässt, soll der Springer nach g5 weiterziehen, um den ♗e6 zu verdrängen.

(Mit der Alternative 10.♘d5 verfolgt Weiß eine interessante Idee. Er etabliert den Springer wirkungsvoll in der Mitte, denn natürlich kann er nicht mit dem ♘e7 eliminiert werden, weil die Bauerngabel nach c4xd5 eine Figur kosten würde, und seinen Läufer wird Schwarz nicht für ihn hergeben wollen. Auf der Basis eines Übergewichts in der Mitte hofft er ein aktives Spiel auf der rechten Brettseite entwickeln zu können. Schwarz kann nach dem schon bekannten Plan ♖a8–b8, a7–a6 und b7–b5 an seinem Gegenspiel basteln.

Vor diesem Hintergrund kann es wie folgt weitergehen: 10...♖b8 11.♘ec3 a6 12.d3 b5 13.♕d2.

Nun läuft die Fortsetzung seiner Aktion am Damenflügel nicht weg, so dass Schwarz mit 13...f5 seine Gegenchancen auch auf dem Königsflügel sichern kann. Nach 14.f4 ♕d7 ist eine komplizierte und unübersichtliche Lage entstanden. Der Computer bewertet sie als gleich, allerdings auch nur, weil er kein „Unklar" kennt und aktuell für keine Seite einen Vorteil errechnen kann.)

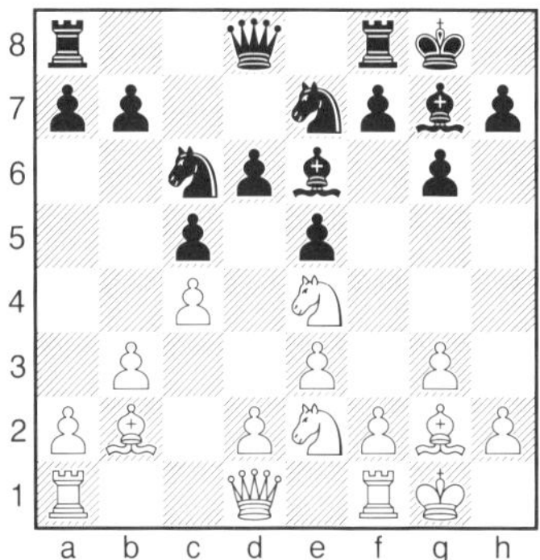

Mit 10...h6 wird ♘e4–g5 unterbunden.

11.f4

Weiß erwartet f7–f5 und macht mit diesem aktiven Versuch das Feld f2 für den Springer frei.

(Mit dem ungedeckten Läufer auf b2 sollte Weiß nicht mit 11.d4 mit dem Kopf durch die Wand wollen. Nach 11...exd4 12.exd4 ♘f5 hat Schwarz Druck auf den ♙d4 aufgebaut, den Weiß aus dem schon genannten Grund nicht mittels d4–d5 abbauen kann. Die Unterstützung des Läufers durch 13.♕d2 kommt zu spät, wie die Variante 13...♘cxd4 14.♘xd4 ♘xd4∓ belegt. Mit ♖a8–b8 kann er in der Folge wieder auf b7–b5 spielen.)

Nach 11...f5 12.♘f2 ♕d7 steht Schwarz gut. Nicht zu empfehlen ist Weiß nun 13.d4, denn die Folge würde 13...cxd4 14.exd4 e4 15.♕d2 d5∓ oder eine für Weiß noch schlechter verlaufende Variante sein.

II. Die Spielweise mit 5.e4 ist als Botwinnik-Variante bekannt. Weiß verzichtet erst mal auf d2–d4; er will seine Stellung nach dem Schema d2–d3, ♗c1–e3 aufbauen. Erst anschließend will er in einem günstigen Moment das schwarze Zentrum mit f2–f4, d2–d4 und sogar b2–b4 angreifen. Schwarz hingegen plant ein Konterspiel unter Einsatz von f7–f5 und b7–b5.

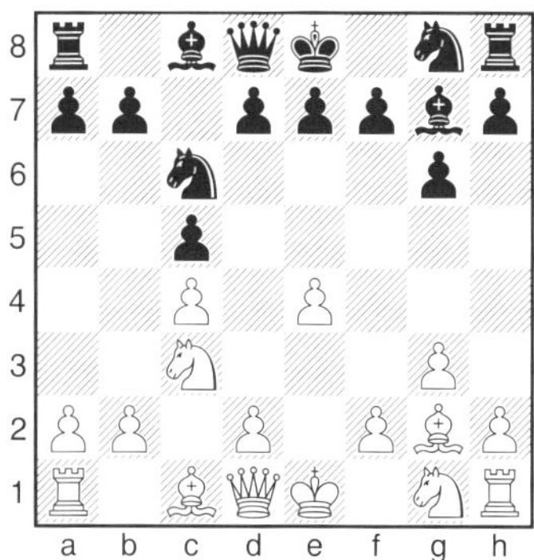

A) 5...e6

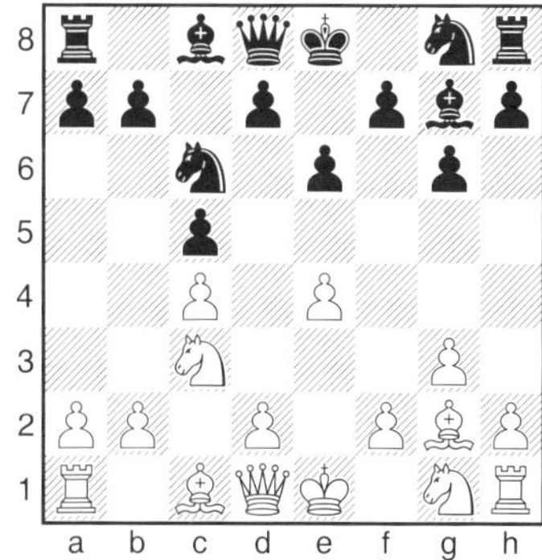

Schwarz plant die Aktivierung seines Königsspringers via e7.

6.♘ge2

Wir erinnern uns an den weißen Aufbauplan, der den Vorstoß f2–f4 beinhaltet. Entsprechend geht der Springer nicht nach f3, wo er seinen f-Bauern einsperren würde, sondern nach e2.

6...♘ge7

Auch hier will Schwarz das Feld d4

mit einem Springer besetzen. Dafür ist der Kollege auf c6 vorgesehen, dessen Platz im Anschluss der ♘e7 einnehmen will. Die Fortsetzung der Entwicklung mit 7.0–0 0–0 8.d3 d6 ist für beide Seiten typisch.

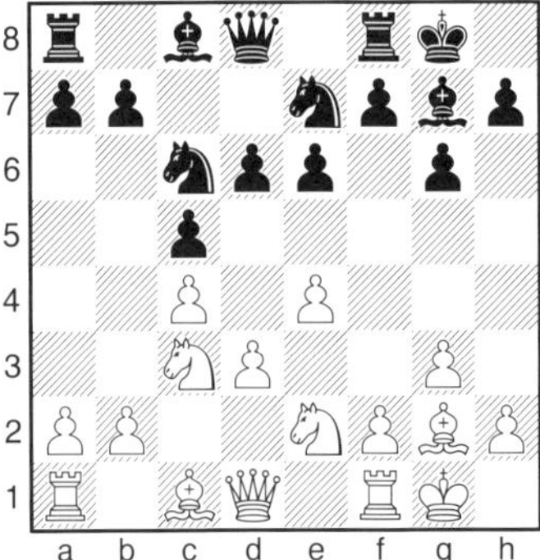

9.♗e3 ist einer der beiden Hauptzüge in dieser Variante. Der Läufer nimmt Einfluss auf das Feld e4, doch ist dies nicht die zentrale Intention dieses Zuges. Er soll grundsätzlich Unterstützung durch die Dame auf der Diagonalen c1–h6 erhalten, um dann nach h6 weiterzuziehen und mittels des Läufertausches die schwarze Rochadestellung zu schwächen.

(Oft gespielt wird auch 9.♖b1 mit der Absicht, a2–a3 und b2–b4 folgen zulassen. Schwarz kann dies zulassen und sich auf seine eigene Entwicklung konzentrieren. Weitergehen kann es entsprechend mit 9...b6 10.a3 ♗b7 11.b4 ♕d7. Mit den gleichen Erwägungen wie in der Variante nach 9.♗e3 kann es auch hier zu dem Manöver 12.♗e3 ♘d4 13.♕d2 kommen, worauf Schwarz sein Gegenspiel mit 13...f5 einleiten kann.)

9...♘d4

Wie schon besprochen, winkt dem Springer auf d4, dem Loch in der weißen Stellung, eine starke Position. Allerdings wird Weiß ihn dort nicht dauerhaft dulden. Vor diesem Hintergrund wird deutlich, dass der Springer Schwarz einen anderen Nutzen bringt – er erschwert Weiß die Durchsetzung von d3–d4. Entsprechend handelt es sich hiermit um ein Standardvorgehen für Schwarz.

10.♕d2 ♘ec6 11.♗h6=

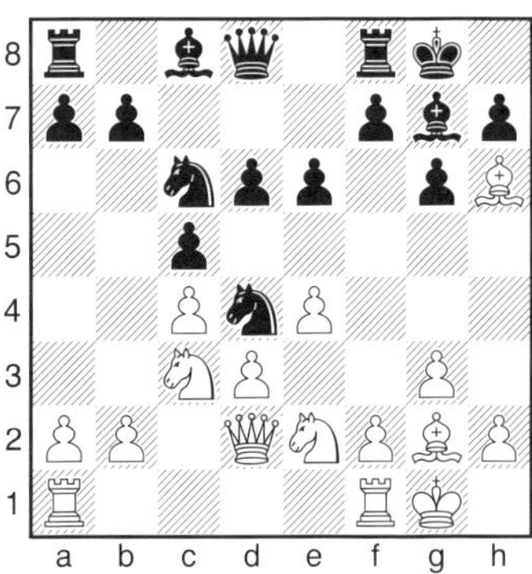

Beide Parteien haben ihre Basisstrategien erfolgreich umgesetzt.

11...♗xh6

Unter den Fernschachspielern ist diese Fortsetzung unangefochten die Nummer 1. Im herkömmlichen Turnierschachspiel ist dies die Alternative 11...♖b8. In beiden Wettkampfformen bringt das Schlagen mit dem Läufer die besten statistischen Werte mit. Um Schwarz eine Auswahl zu ermöglichen, stellen wir beide Varianten vor.

(11...♖b8 liebäugelt mit b7–b5, allerdings kommt Schwarz erst mal nicht dazu. Weiß kann dafür sorgen, dass die Stellung mit 12.♗xg7 ♔xg7 13.♘xd4 ♘xd4 14.♘e2 ♘xe2+ 15.♕xe2 aufgeräumt wird. Nun wäre 15...b5 möglich, worauf Weiß allerdings gut mit 16.b3 antworten könnte.

Solider ist 15...e5, und wenn Weiß sich nun an sein Vorhaben 16.f4 erinnert, behält Schwarz mit 16...f6= alles im Griff.)

Nach 12.♕xh6 kann Schwarz sich zwischen einer Reihe spielbarer Alternativen entscheiden. Eine sichere Wahl und deshalb unser Favorit für den unerfahrenen Spieler ist 12...♕f6, um Weiß mit der Kraft der Dame am Königsflügel Paroli bieten zu können.

13.♘xd4 ♘xd4

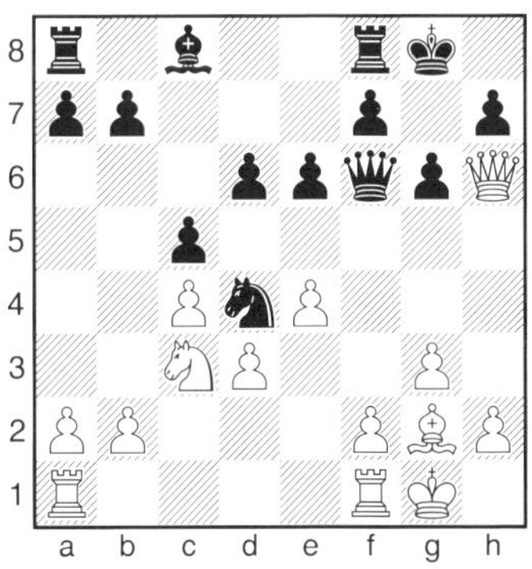

14.♖ae1 ist mit zwei Vorteilen verbunden. Zunächst wird grundsätzlich die Möglichkeit zu ♘c3–e2 geschaffen. Weiß schickt sich allerdings auch an, wie geplant f2–f4 zu spielen. Der Turm sorgt zusammen mit seinem Kollegen auf f1 für die Unterstützung des dann entstehenden Bauernduos auf e4 und f4.

Nach 14...♖b8 entsteht die Drohung b7–b5. 15.f4 ♕g7=. Der Computer tendiert hier zu einem leichten Vorteil für Schwarz, die praktischen Chancen sind aber als ausgeglichen einzuschätzen.

B) 5...♘f6 geht auch, allerdings kommt es durch abweichende Springerwege zu mehreren beachtenswerten Unterschieden. Und auch in dieser Variante hält Weiß natürlich mit 6.♘ge2 den Weg für seinen f-Bauern frei.

(Weiß hat auch die Möglichkeit zu einem Aufbau mit dem Springer auf f3, ohne von seinem strategischen Grundgedanken f2–f4 abzulassen. Hierzu muss er nur frühzeitig seinen f-Bauern nach vorne beordern, um seinen Springer erst im Anschluss ins Feld zu bringen.

Eine hierfür typische Variante ist 6.d3 d6 7.f4 0–0 8.♘f3. Schwarz hat mittlerweile seinen Entwicklungsplan weiter umgesetzt und kann nun nach dem Standardmanöver 8...♘e8 mit anschließendem Weiterziehen des Springers nach c7 verfahren, z.B. in der Variante 9.0–0 ♘c7 usw.)

6...0–0 7.0–0 d6

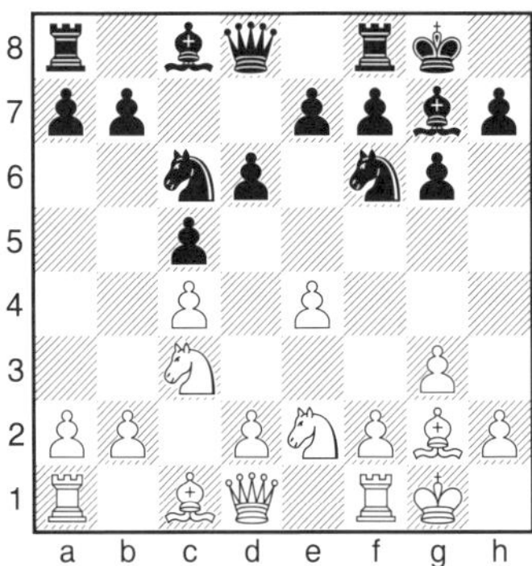

8.d3

(Alternativ kann Weiß auch 8.a3 Δb2–b4 folgen lassen. Eine gute Reaktion darauf ist 8...a5, um Weiß die Umsetzung der Idee zu erschweren.)

8...♘e8 ist der Auftakt zu einem Manöver, das einen strategischen Hintergrund hat. Mit dem Feld d4 hat Weiß ein Loch im Lager. Ein dort platzierter und hinreichend unterstützter Springer nähme eine starke Position ein. Mit ♘e8–c7–e6 bringt Schwarz seinen Königsspringer entsprechend in Stellung.

9.h3 ist ein nützlicher Zug, der dem ♗c8 den Zutritt nach g4 verwehrt, was vor dem Hintergrund des beabsichtigten Vorstoßes f2–f4 lästig wäre.

9...♘c7 10.f4 ♘e6 11.g4

Weiß hat eine beeindruckende Bauernwalze, die er auch über 11.f5 mit der aus schwarzer Sicht guten Folge 11...♘ed4 12.g4 e6 mit Rückkehr in die Variante mit 11.g4 in Szene setzen kann. Die schwarze Stellung ist aber vollauf in Ordnung. Schwarz hat verschiedene Optionen für die Fortsetzung seines Spiels.

B1) So kann er mit 11...♘ed4 sein Ziel zur Besetzung des Feldes d4 erreichen, mit 11...♖b8 seine Idee zu a7–a6 und b7–b5 andeuten oder aber auch 11...♗d7 ziehen, um sich von Weiß zeigen zu lassen, wie dieser mit seiner Bauernwalze umzugehen gedenkt. Die beiderseitigen Aussichten halten sich etwa die Waage. Folgen kann beispielsweise 12.f5 e6= usw.

B2) In der Praxis wurde auch 11...f5 ausprobiert.

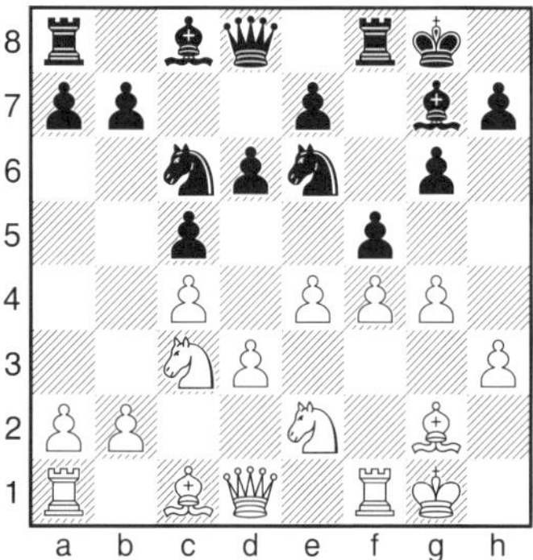

Dies geschah mit der Folge 12.gxf5 (12.exf5!?) 12...gxf5. Diese Entwicklung, unabhängig davon, für welchen Bauern sich Weiß zum Schlagen im 12. Zug entscheidet, verspricht ein für beide Seiten interessantes Duell. Dies kann als Einladung zum Experimentieren verstanden werden. Wir gehen nicht vertiefend auf die weiteren Möglichkeiten ein, führen zur Veranschaulichung aber die Variante 13.♔h2 ♘ed4 14.♘g3 ♗e6 15.♖g1 ♕d7 16.♗e3 ♔h8 an. Die Kontrahenten operieren weitgehend auf Augenhöhe.

C) 5...d6 ist als Möglichkeit für Zugumstellungen zu beachten.

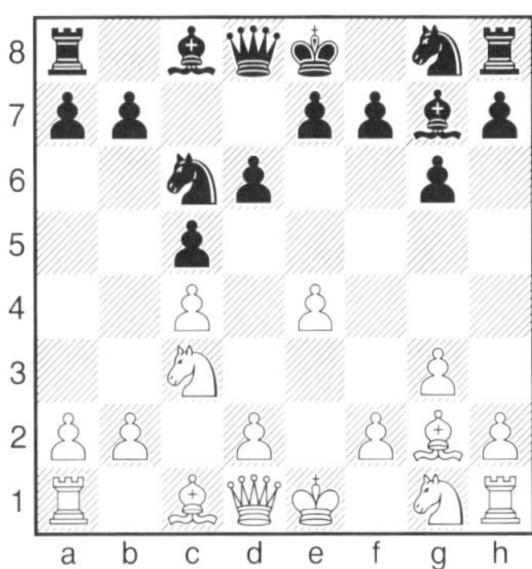

So führt beispielsweise die in der Praxis häufig vorkommende Zugfolge 6.♘ge2 e6 7.d3 ♘ge7 8.0–0 0–0 in die Variante nach 5...e6 (dort nach 8.d3 d6).

III. Der Zug 5.a3 ist in zahlreichen Varianten anzutreffen. Mit seiner Wahl lässt Weiß erkennen, dass er b2–b4 im Sinn hat.

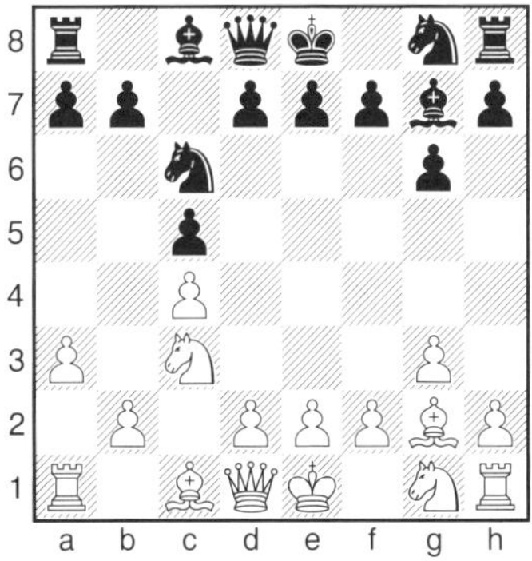

A) 5...d6

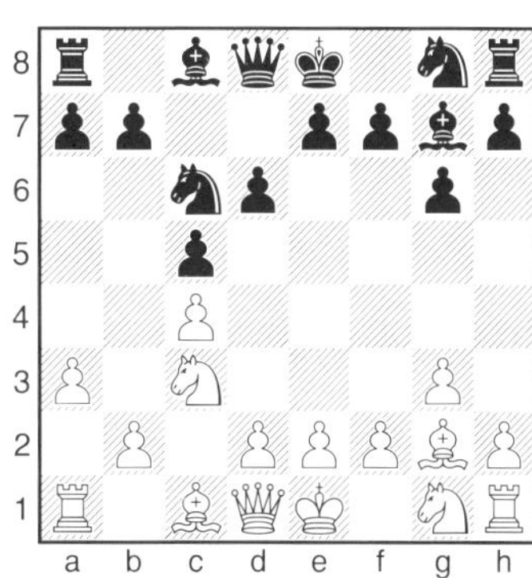

Schlicht auf Entwicklung gespielt. Nicht selten führt d7–d6 unter einer Zugumstellung in hier besprochene Varianten.

6.♖b1 a5

So möchte Schwarz seinem Gegner die Suppe versalzen, damit dieser also nicht einfach zu b2–b4 kommt.

(Möglich ist auch hier ein Plan für Schwarz, nach dem er auf das Manöver a7–a6 und b7–b5 setzt. Wir stellen ihn nur anhand eines Partiefragments vor und gehen nicht vertiefend darauf ein, da unsere zentrale Empfehlung an den unerfahrenen Spieler 6...a5 bleibt.

6...♗d7 7.d3 a6 8.e3 b5!? 9.cxb5 axb5 10.♘xb5 ♖b8 11.a4 ♘b4 mit einem zweischneidigen Spiel. Schwarz muss unter Beweis stellen, dass er genügend Kompensation für den hingegebenen Bauern erlangt hat.)

Anschließen kann sich eine Phase mit beiderseitigen schlichten Entwicklungszügen nach dem Muster 7.d3 e5 8.e3 ♘ge7 9.♘ge2 0–0 10.0–0. An dieser Stelle achten wir darauf, dass wir dem Zugumstellungsteufel nicht ins Garn gehen.

Diese Stellung haben wir bereits einmal erreicht, und zwar in der Variante nach 5.e3 (zum Hauptzug 5.♘f3) und dann 5...e5 6.♘ge2 ♘ge7 7.0–0 0–0 8.a3 d6 9.♖b1 a5 10.d3. Zur weiteren Erörterung schlagen Sie bitte dorthin zurück.

B) Mit der Wahl von 5...e6 verschafft sich Schwarz die Möglichkeit, sich nach einem Plan mit ♘g8–e7 und d7–d5 aufzubauen. Mit 6.♖b1 wird die Drohung, den b-Bauern vorzustoßen, akut. Diesen sollte Schwarz mittels 6...a5 erschweren.

(Wenn Schwarz ungeachtet des weißen Plans ohne Unterbrechung seinen eigenen Aufbauabsichten folgt und 6...♘ge7 spielt, kommt Weiß zu besseren praktischen Chancen. Nach 7.b4 cxb4 8.axb4 und nun etwa 8...d5 9.b5 gerät Schwarz unter Druck. Folgen kann 9...♘a5 10.cxd5 exd5 11.♗a3⩲ und Weiß steht aktiver.)

Der Bauernzug 7.e4 richtet sich gegen d7–d5 und räumt zugleich seinen Platz für den Springer.

7...♘ge7 8.♘ge2

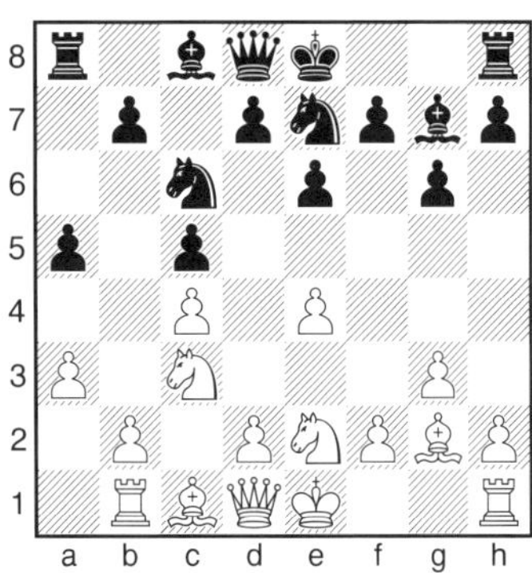

Da nichts Wichtigeres anliegt, ist 8...0–0 zwecks Abschluss der Entwicklung des Königsflügels die sicherste Wahl.

(Mit 8...d5!? wird Schwarz seinen Gegner überraschen können, weil der Bauer nur dreifach gedeckt, aber viermal angegriffen ist und somit verlorengeht. Die eintretende Konstellation ist es jedoch wert, ausprobiert zu werden.

9.exd5 exd5 10.cxd5

Der ♙d5 ist schwach und wird irgendwann erobert werden, aber nach 10...♘d4 ist die Stellung zweischneidig. Schwarz kann versuchen, als Ersatz für den Bauern dynamische Gegenwerte zu bekommen. Die Beispielvariante 11.0–0 0–0 12.d3 ♗g4 veranschaulicht, wie er dies in der Form eines aktiven Figurenspiels erreichen kann.)

9.0–0

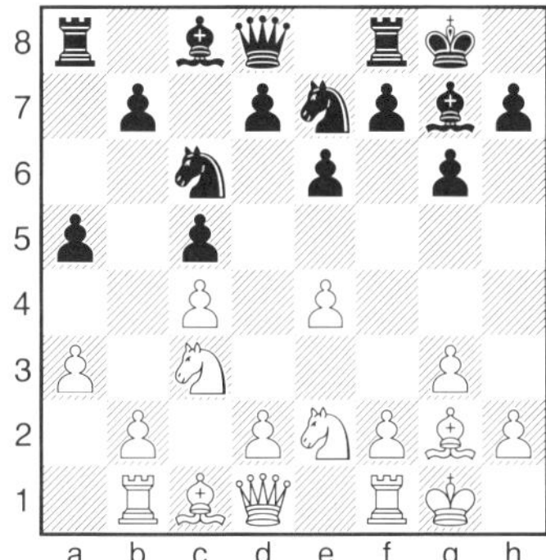

B1) 9...d6

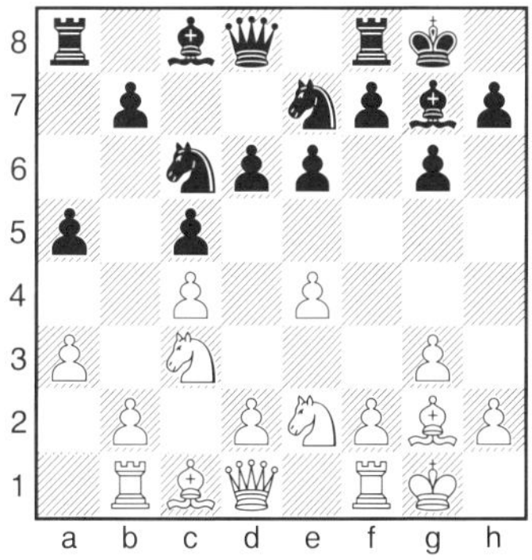

Dies ist die meistgespielte Fortsetzung.

Nach 10.d3 kann Schwarz u.a. 10...b6, 10...♘d4 und 10...♖b8 spielen, um nach schon besprochenen Plänen weiter zu verfahren und ggf. unter Zugumstellung in andere Varianten zu wechseln.

Mit 10...f5 aber möchten wir ein Vorgehen vorstellen, mit dem Schwarz so manchen Gegner wird überraschen können, und das ihm gute Chancen auf ein aktives Spiel einräumt. Der f-Bauer ist eine Speerspitze, die von den weiteren Kräften gut unterstützt wird. Unsere weiteren Ausführungen haben nur einen exemplarischen Charakter, weil sich das Spiel, nicht zuletzt auch von Weiß veranlasst, in verschiedene Richtungen entwickeln kann, die wir in unserem Buch nicht alle darstellen können.

11.♗e3

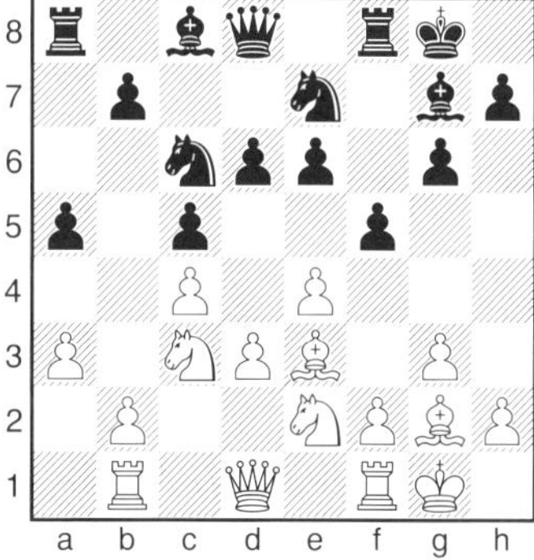

Damit hält Weiß an der Idee fest, weiter auf ein baldiges d3–d4 hinzuarbeiten. 11...e5 ist hier das Mittel der Wahl, um das Feld d4 unter Kontrolle zu behalten. Der Zug bringt zugleich den Vorteil mit, dass Schwarz Tuchfühlung mit dem Feld f4 aufnimmt.

(Es geht aber auch hier 11...♘d4!?, so wie wir dies bereits für ähnliche Situationen festgestellt haben.)

Die Stellung ist kompliziert und verlangt beiden Parteien einiges ab. Sie ist in der Praxis noch nicht allzu oft ausgespielt worden, doch bestätigen die bisherigen Beispiele, dass Schwarz gut mitmischen kann. So führt die aus dem praktischen Turnierspiel stammende Variante 12.♘d5 ♘xd5 13.exd5 ♘d4

14.♗xd4 cxd4 15.b4 axb4 16.axb4 f4 für Schwarz zu guten Angriffsmöglichkeiten am Königsflügel.

B2) 9...b6 ist die wichtigste Alternative, die ebenfalls als „normaler Eröffnungszug" bezeichnet werden kann. Mit ihrer Wahl bereitet Schwarz die Aktivierung des Läufers nach b7 vor, während er sich im Falle von 9...d6 dessen Entwicklungsweg noch offen lässt.

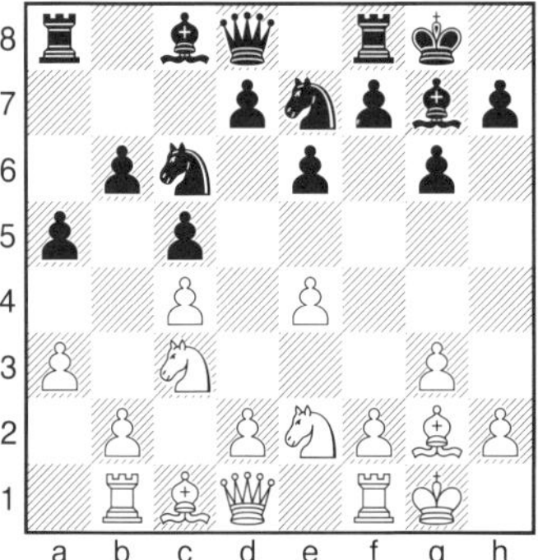

10.d3

(Nun mag 10.♘b5 verlockend aussehen, weil der Springer mit b5 ein Loch in der schwarzen Stellung besetzt, aber auch das Feld d6 ins Visier nimmt. Mit dem starken Gegenschlag 10...d5!= verschafft sich Schwarz jedoch unmittelbar den Ausgleich der Chancen.)

10...♗b7 11.♗e3

Mit der Unterstützung des Läufers verstärkt Weiß seine Kontrolle über das Feld d4, so dass er jetzt zur Durchsetzung von d3–d4 kommen kann, sofern Schwarz ihn nicht daran hindert. Zugleich ist nun ♕d1–d2 vorbereitet, womit Weiß seine Dominanz auf der Diagonalen c1–h6 bis auf das Feld h6 auszuweiten in der Lage sein wird.

11...♘d4

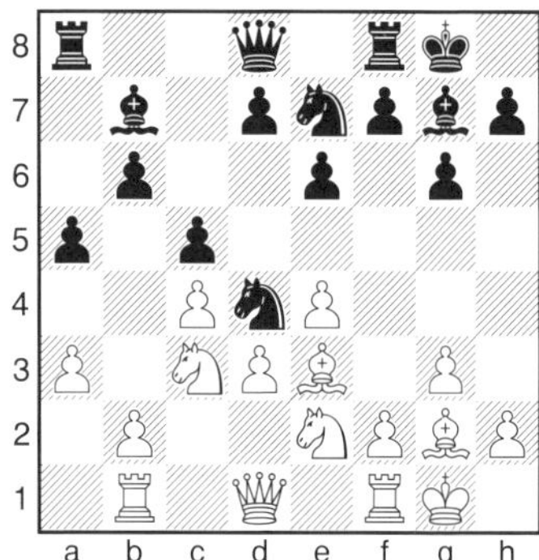

Schwarz hält an seiner Linie fest, den weißen d-Bauern so lange wie möglich aufzuhalten. Allerdings gibt der Springer damit seine Kontrolle über das Feld b4 auf, so dass Weiß nun endlich Kapital daraus schlagen kann, dass er seinen Turm im 6. Zug nach b1 geführt hat.

Nach 12.b4 axb4 13.axb4 d6 steuern die Kontrahenten einen ausgeglichenen Übergang ins Mittelspiel an. Weiß kann in der nahen Zukunft weiter nach seinem schon skizzierten Plan verfahren. In seinem Bemühen um Gegenspiel kann Schwarz auch die a-Linie in seine Überlegungen einbeziehen. So kann sich ein Kampf nach dem Muster der Beispielvariante 14.♕d2 ♘ec6 15.b5 ♘xe2+ 16.♘xe2 ♘d4 17.♘xd4 cxd4 18.♗h6 ♗xh6 19.♕xh6 ♖a3 ergeben.

C) 5...a6

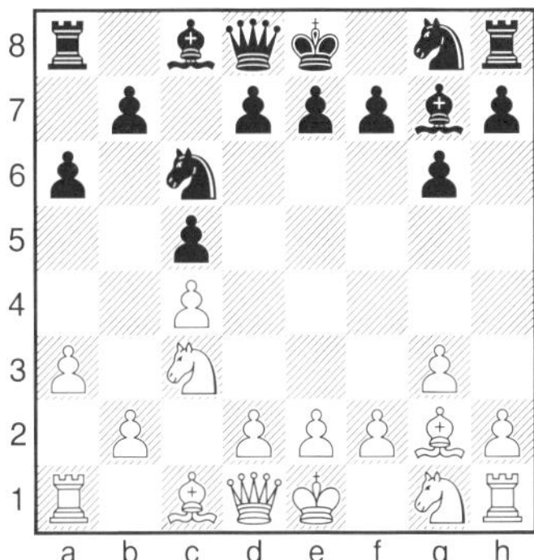

Schwarz hält am Symmetriegedanken fest.

6.♖b1 ♖b8 7.b4

(Gut bekannt ist auch der Versuch, mittels 7.♕a4 den Einfluss sowohl auf b4 als auch auf b5 zu erhöhen, bevor Weiß seinen b-Bauern nach vorne beordert. Mit 7...♘d4 steht Schwarz aber eine gute Kontermöglichkeit zur Verfügung, nach der er 8.b4 – anders als nach dem sofortigen Vorstoß – mit 8...b5 beantworten kann. Nach 9.cxb5 ♘xb5 10.♘xb5 ♖xb5 ist die Welt für Schwarz vollauf in Ordnung. Folgen kann beispielsweise 11.♘f3 ♗b7= mit einem klaren Ausgleich.)

7...cxb4

(Natürlich ist in Sachen Symmetrie zunächst erst mal Schluss mit lustig, wie die einfache Variante 7...b5 8.cxb5 axb5 9.bxc5± zeigt.)

8.axb4 b5

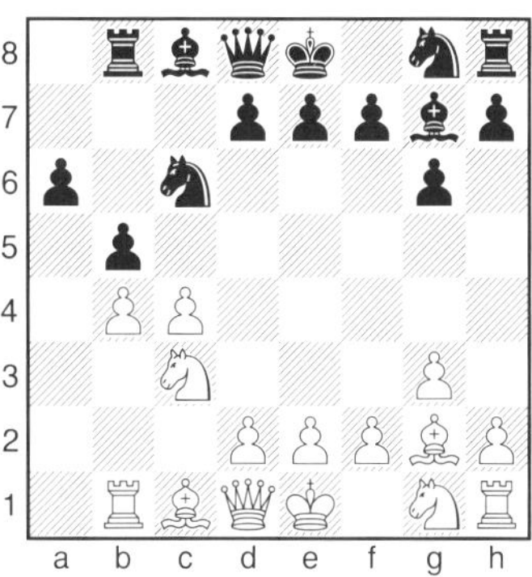

Nach 9.cxb5 (9.c5 a5!=) 9...axb5 ist, als hätten beide Seiten Gefallen daran gefunden, die Symmetrie wiederhergestellt. Damit trägt die Stellung das Virus des Ausgleichs in sich. Weitergehen kann es beispielsweise mit 10.e3 e6 11.♘ge2 ♘ge7 12.0–0 0–0 13.d4 d5 14.♕b3 ♕b6 oder auch ähnlich harmonisch mit 10.♘f3 ♘f6 11.d4 d5 12.0–0 0–0= usw. Dabei gibt es jeweils nichts, womit eine Seite einen Anspruch auf einen Vorteil begründen könnte.

IV. Mit 5.b3 bereitet Weiß die Entwicklung seines Läufers nach b2 vor, damit dieser von dort aus die Wirkung seines schwarzen Kontrahenten auf g7 neutralisieren kann.

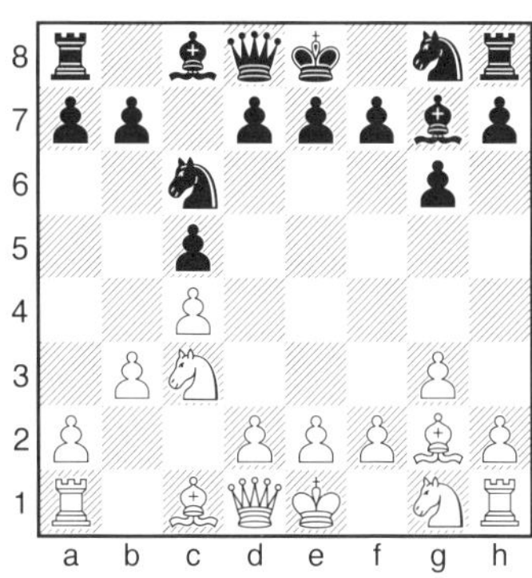

Es gibt hier nun zwei Möglichkeiten für Schwarz für die Verwendung seines ♘g8.

A) Mit 5...e6 bereitet er dessen Entwicklung nach e7 vor.

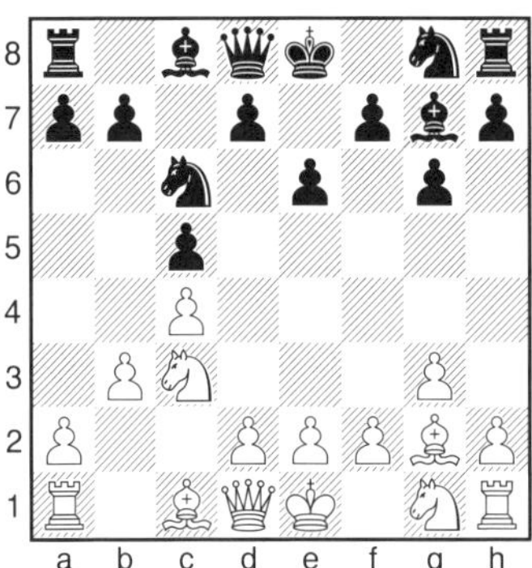

6.♗b2 ♘ge7

Bei dieser Springerentwicklung behält der ♗g7 zumindest zunächst seinen tiefen Blick bis ins feindliche Lager. In Reaktion darauf beteiligt sich die Dame mittels 7.♕c1 an der Verteidigung besonders des ♗b2.

(Auf ein scharfes Vorgehen mit 7.h4 empfiehlt sich 7...h6! als Antwort.)

7...d6

(Wem die ungedeckte Position des ♗g7 nicht behagt, der kann mittels 7...0–0 zwei Fliegen mit einer Klappe schlagen, indem er so für die vermisste Deckung sorgt und zugleich seinen König in Sicherheit bringt.

Nun ist Weiß ♘c3–d5 verwehrt, doch mit 8.♘e4 kann er auf den von ihm gewünscht Abtausch der schwarzfeldrigen Läufer spielen, der die schwarze Rochadestellung leicht schwächen wird. Schwarz kann dem gegnerischen Springer das Betreten des Feldes d6 nicht gut erlauben. Nach 8...d6 erreicht Weiß mit 9.♗xg7 ♔xg7 den Abtausch, kann es aber nicht verhindern, dass Schwarz eine solide Position hält. Nach beispielsweise 10.♕b2+ e5 11.f4 f6= mischt Schwarz voll mit.)

8.♘d5

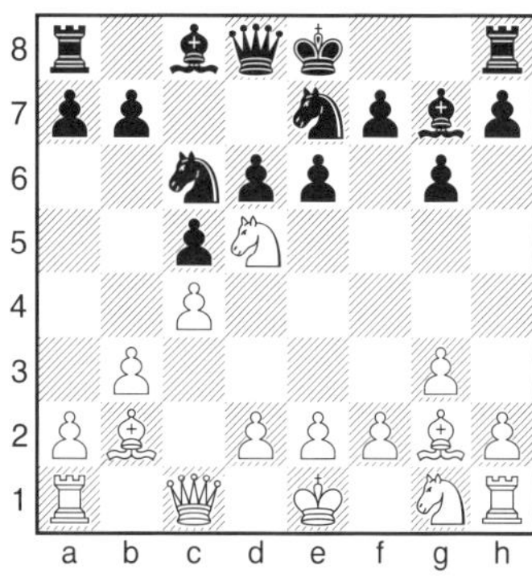

Der Springer ist natürlich für den ♙e6 unantastbar, weil der ♗g7 hängt. Daran würde auch 8...♗xb2 mit Angriff auf die Dame nichts ändern, weil diese nach 9.♕xb2 wiederum den Turm bedrohen würde.

Mit 8...e5 schließt Schwarz die Diagonale a1–h8 und behauptet damit seinen Fianchettoläufer. Nach den nun möglichen Entwicklungszügen 9.d3 0–0 10.♕d2 kann Schwarz zum Schlag gegen die Mitte ausholen.

10...♘xd5

Unabhängig davon, für welche Möglichkeit des Zurückschlagens sich Weiß entscheidet, kommt Schwarz zu einem Gegenspiel. Nach 11.cxd5 beispielsweise kann dies auf dem Weg 11...♘e7 12.e4 ♗d7 13.a4 f5 usw. passieren.

B) Nach 5...♘f6 und den Entwicklungszügen 6.♗b2 0–0 7.♘f3 kann sich Schwarz seinem d-Bauern widmen. Im herkömmlichen Turnierspiel liegt in der Gunst der Spieler ganz eindeutig d7–d6 vorne, während im Fernschach d7–d5 die Nummer 1 ist. Beiden Alternativen werden wir uns in der Folge widmen. Nach 7...d6 liebäugelt Schwarz mit einem Aufbau mit dem Läufer auf d7 und dem Turm auf c8.

(7...d5!? ist energischer und sorgt regelmäßig für Platz auf dem Brett. Nach der Phase eines Abtausches über 8.♘xd5 ♘xd5 9.♗xg7 ♔xg7 10.cxd5 ♕xd5 kann Weiß die Entwicklung seines Königsflügels mit 11.0–0 abschließen, worauf der ♗g2 einen Röntgenblick auf die gegnerische Dame erlangt, den diese gut mit 11...♕d6 aufheben kann. Für beide Parteien steht nun der Abschluss der Entwicklung an, den sie mit den natürlichen Zügen 12.♖c1 ♗d7 13.♕c2 b6 14.♖fd1 e5= erreichen können.)

8.0–0 ♗d7

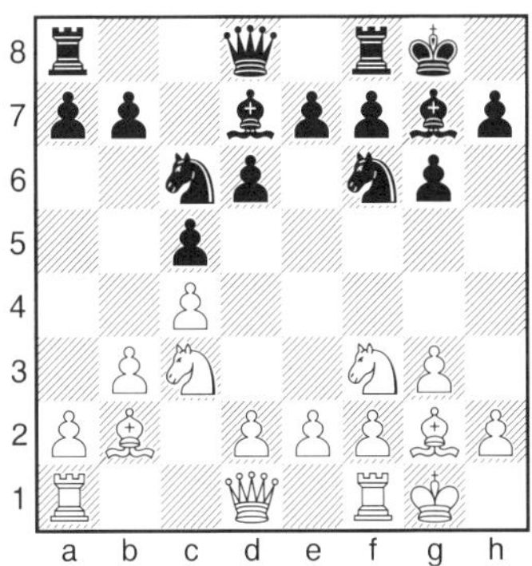

Wenn Weiß weiter auf 9.d4 setzt, ist jetzt der richtige Zeitpunkt dafür.

(Häufig zieht er zunächst 9.e3 zur weiteren Vorbereitung des Vorstoßes d2–d4 ein, worauf Schwarz zumeist mit ♕d8–c8 antwortet, um im Anschluss ♗d7–h3 spielen zu können. Wir empfehlen Schwarz 9...e5 als Alternative zu erwägen. Der Zug hat sich im Turniergeschehen noch nicht durchgesetzt und birgt einiges an Überraschungspotenzial. Er gliedert sich zudem gut in unsere Aufbauempfehlungen allgemein ein, insbesondere vor dem Hintergrund, dass sich Schwarz im Anschluss nach dem Muster 10.d3 a6 11.♕e2 ♖b8 weiter aufbauen kann. Nun ist b7–b5 als Absicht erkennbar.)

9...cxd4

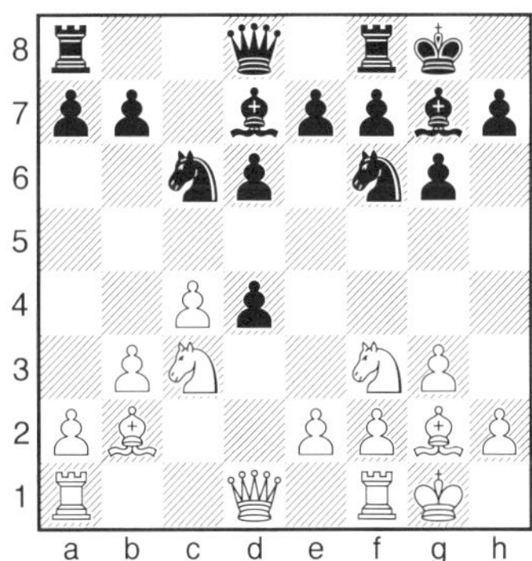

10.♘xd4

Gegenüber dem meistgespielten Zug 10...♘xd4 wartet die ebenfalls häufig gewählte Alternative 10...♕a5 aus der Sicht von Schwarz mit besseren statistischen Daten auf. Sie wird gerne zur Vorbereitung von ♖f8–c8 gespielt, um auf diese Weise ein Gegenspiel am Damenflügel vorzubereiten. Allerdings erschöpft sich ihr Sinn nicht in der Vorbereitung dieser Turmaktivierung und ist auch nicht darauf festgelegt.

Auf a5 entwickelt die Dame Wirkung auch zur Vorbereitung von b7–b5. Dies zeigt die Variante 11.e3 ♖ac8 12.♖c1 ♘xd4 13.exd4, worauf der Vorstoß des b-Bauern bereits in der Luft liegt.

(Im Falle von 13.♕xd4 hat Schwarz mit 13...♗c6 keine Mühe auszugleichen, z.B. nach 14.♗xc6 bxc6= usw.)

Nach 13...b5!? 14.cxb5 kommt Schwarz sowohl mit 14...♗xb5 als auch mit einem vorgezogenen 14...♗h6 in eine aussichtsreiche Stellung, z.B. mit der Folge 15.f4 ♗xb5 16.♘xb5 ♕xb5= usw.

V. Mit dem elastischen Zug5.d3 kann Weiß mit seinem weiteren Entwicklungsplan noch hinter dem Berg halten. Gewöhnlich kommt es in der Folge unter Zugumstellung zu Varianten, die wir an anderen Stellen ausführlich besprechen.

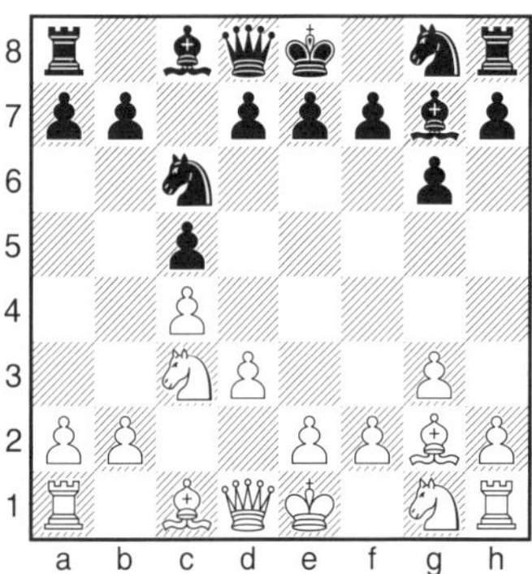

Nun sind 5...e6 und 5...d6 die mit Abstand meistgespielten Fortsetzungen. Die Wahl zwischen beiden ist Geschmackssache.

A) 5...e6

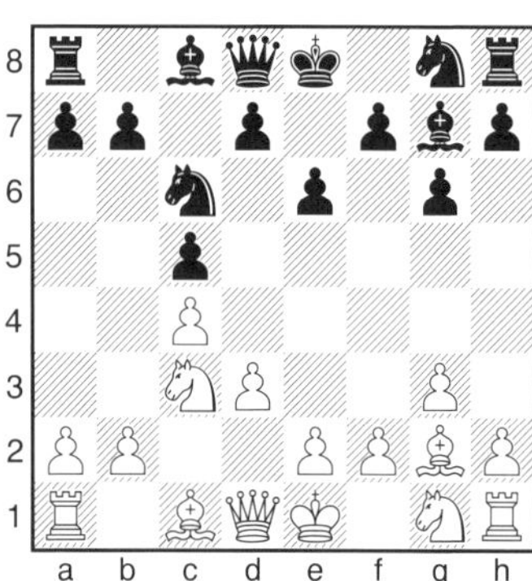

Schwarz verzichtet auf den Vorstoß des e-Bauern ins Zentrum. Der Königsspringer soll nach e7 entwickelt werden, wo er dann teilweise auch längerfristig stehen kann. Zur Aufbauidee gehört auch die Option, in einem geeigneten Augenblick den d-Bauern bis nach d5 zu bringen.

6.♗d2

(Die Fortsetzung 6.e4 führt zu Positionen, die wir oben in der Botwinnik-Variante 5.e4 als Alternative zum Hauptzug 5.♘f3 behandeln.)

Nach 6...♘ge7 stellt Weiß mit 7.♕c1 die Drohung ♗d2–h6 auf, die Schwarz allerdings sofort entschärfen kann.

(7.♘f3 0–0 8.0–0 führt in die Hauptvariante zurück.)

Nach 7...h6 bestätigen die Ergebnisse aus der Praxis, dass sich Schwarz die gleichen Hoffnungen auf den Partieerfolg machen kann wie sein Gegner, wenn er seine restlichen Eröffnungsaufgaben so gut löst wie die bisherigen. Vor diesem Hintergrund ist es nicht einfach, eine Fortsetzung für

Weiß zu empfehlen, die ihm vielleicht doch noch etwas Fantasie auf einen Vorteil gibt bzw. mit der er seinem Gegenüber zumindest noch etwas Denkarbeit aufladen kann. Die alte, aber bisher kaum erprobte Idee 8.h4 kann hier weiterhelfen.

(8.♘f3 d5)

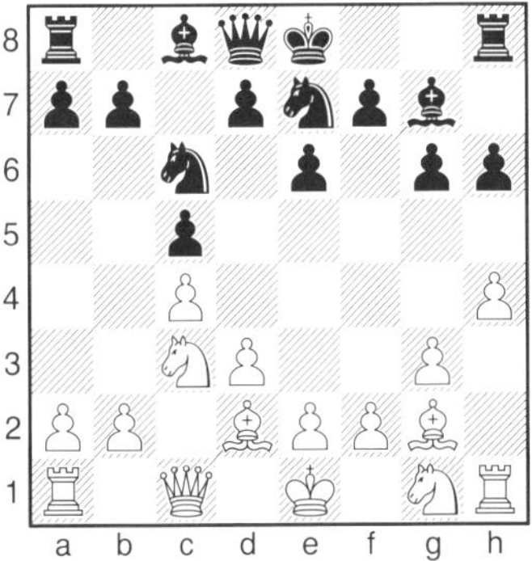

Mit 8...b6 und 8...d5 stehen Schwarz zwei der „üblichen Verdächtigen" als Antwort zur Verfügung.

A1) 8...b6

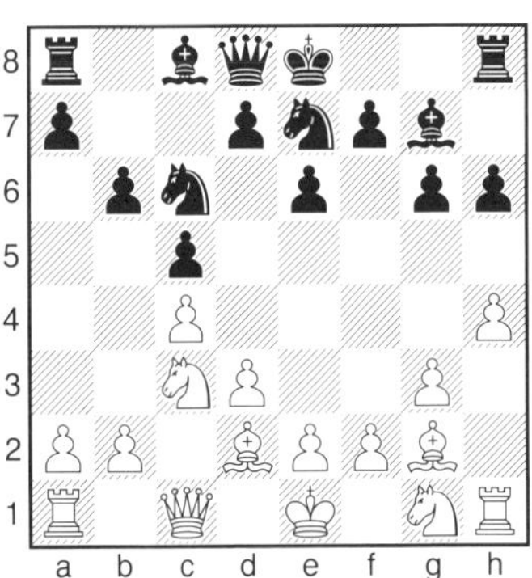

Mit diesem Zug, der das Fianchetto des Läufers vorbereitet, geht er die Sache etwas gemächlicher an.

9.♘h3

Da sich hier die Möglichkeit zur Springeraktivierung via e2 nicht ergibt, verfolgt Weiß die Idee eines Manövers ♘g1–h3–f4.

9...♗b7 10.♘f4 d6

Der Bauer macht das Feld für seine Dame frei, die von dort aus den ♗b7 decken wird. Schwarz verfolgt die Absicht eines Abtausches der weißfeldrigen Läufer, worauf der später rochierte weiße König etwas weniger sicher stehen wird. Nun ist 11.♖b1 der Auftakt zu dem bekannten Manöver ♖a1–b1, a2–a3 und b2–b4.

11...♕d7 12.a3

(12.♘e4 d5!)

12...♘d4 13.0–0 ♗xg2 14.♔xg2 0–0 15.b4 ♖ac8 mit Vorbereitung von d6–d5 und guten Aussichten für Schwarz.

A2) Auf den Frontalangriff mit 8...d5!? ist Weiß nicht zum Schlagen gezwungen. Allerdings ist 9.cxd5 durchaus eine gute Entscheidung.

(Wenn Weiß mit 9.♖b1 antwortet und auf die Möglichkeit spielt, gelegentlich b2–b4 durchzusetzen, kann Schwarz wie nach dem Schlagen in der Mitte mit gutem Spiel seinen Läufer auf die lange Diagonale entwickeln. Entsprechend kann es dann mit 9...b6 10.♘h3 ♗b7 usw. weitergehen. Der weiße Springer strebt, wie an anderer Stelle noch ausführlicher behandelt wird, nach f4.)

9...exd5 10.♘h3 b6 11.♘f4 ♗b7=

B) Eine andere Absicht verfolgt Schwarz mit 5...d6. Wenn möglich soll e7–e5 folgen.

B1) 6.♕d2

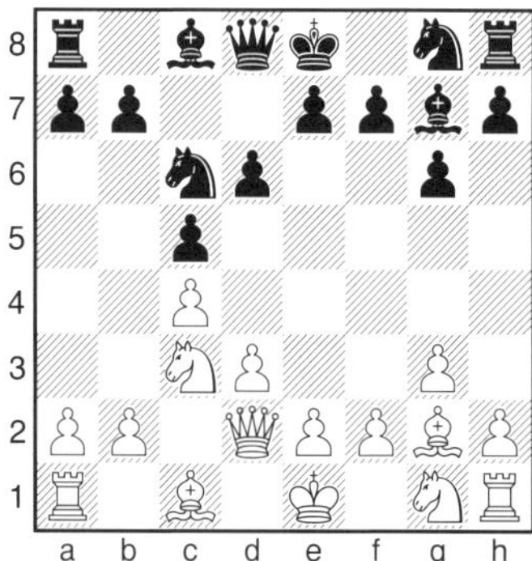

Wenn Weiß seine Dame auf diese Weise aktiviert und damit seinem Läufer d2 das Entwicklungsfeld wegnimmt, gibt er zu erkennen, dass dieser fianchettiert werden soll. Anschließen kann sich eine Phase, in der beide Seiten nach den skizzierten Plänen verfahren.

6...e5 7.b3 ♘ge7 8.♗b2 0–0

Es zeichnet sich ab, dass die Kontrahenten mit völlig ausgeglichenen Chancen ins Mittelspiel gehen werden. Zur Vollendung seiner Entwicklung kann Weiß auf das Aufbaumuster mit e2–e3, ♘g1–e2 usw. zurückgreifen.

Schwarz kann seinen Läufer nach e6 führen und dann seine Dame aktivieren, um ebenfalls auf die Zielgerade bei der Bewältigung seiner Eröffnungsaufgaben einzubiegen. Um einen Eindruck zu vermitteln, wie ein logischer Fortgang des Duells aussehen kann, schließen wir die beispielhafte Entwicklung 9.e3 ♗e6 10.♘d5 ♕d7 11.♘e2 an.

(Als Muster aufschlussreich ist auch die Variante 11.h4 h5 12.♘e2 ♖ab8 13.♘ec3 a6 14.0–0 b5. Sie baut auf Ideen und Manövern auf, die wir bereits besprochen haben, und veranschaulicht einen flexiblen Einsatz in der Praxis.)

11...♗h3 12.0–0 ♗xg2 13.♔xg2 f5 14.f4 ♖ae8= und die beiden Kontrahenten agieren weiter auf Augenhöhe.

B2) Anzutreffen ist auch 6.♗d2 mit der Idee, den Turm auf b1 zu ziehen und dann mittels a2–a3 usw. auf den Vorstoß b2–b4 zu spielen.

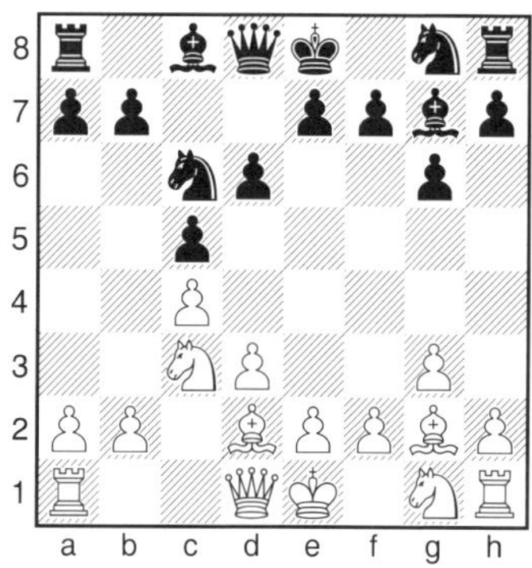

6...e5 7.a3 ♘ge7

(Experimentierfreudigen Spielern und Tüftlern empfehlen wir 7...f5!? zur Prüfung, verbunden mit der Idee ♘g8–f6 usw.)

8.♖b1 a5

Diese typische Aktion zur Verhinderung von b2–b4 ist uns schon häufig begegnet. Aber warum ist sie oft so wichtig? Die aktuelle Stellung ist gut geeignet, um dieser Frage nachzugehen.

(Wenn Schwarz einfällt, dass die Rochade regelmäßig eine gute Wahl sein kann, wenn nichts Wichtigeres anliegt, und vielleicht etwas sorglos 8...0–0 spielt, setzt er so etwas wie einen Automatismus in Gang, und zwar 9.b4 cxb4 10.axb4 a6 11.b5 axb5 12.♖xb5 und Weiß steht besser.)

Mit 9.e3 bereitet Weiß das uns schon bekannte Manöver ♘g1–e2, 0–0, ♘c3–d5, gefolgt von ♘e2–c3, vor.

9...0–0 10.♘ge2 ♖b8

Ein Schlüssel zum Gegenspiel für Schwarz kann der Vorstoß b7–b5 sein, den der Turm im Rücken des Bauern unterstützen soll.

11.0–0 ♗e6 12.♘d5 b5

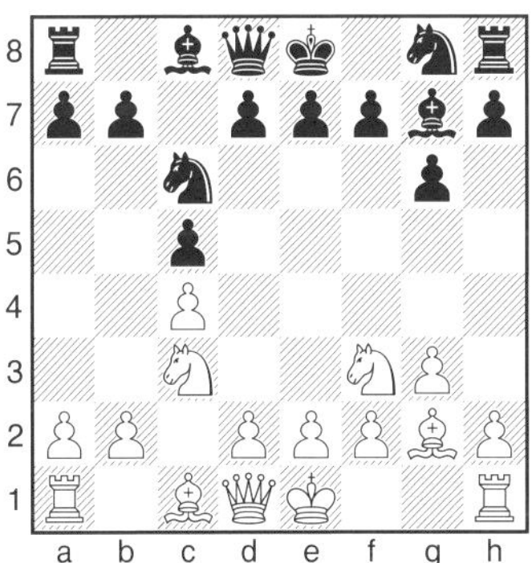

5...e6

Schwarz will sein Gegenspiel im Zentrum aufziehen und bereitet es durch die Umsetzung seines Plans e7–e6, ♘g8–e7 nebst d7–d5 vor. Seine wichtigsten Alternativen sind 5...♘f6, 5...e5 und 5...d6, die wir uns deshalb auch etwas genauer anschauen werden.

Vorab merken wir an, dass sich das Spiel nach der Wahl einer der alternativen Fortsetzungen, vor allem nach 5...♘f6 und 5...e5, tendenziell komplizierter entwickeln kann, wenn auch nicht muss. Dem unerfahrenen Spieler raten wir deshalb dazu, im Rahmen seiner Vorbereitung diesen Aspekt in seine Betrachtung einzubeziehen.

I. 5...♘f6 6.0–0 0–0

(Möglich ist auch 6...d6 7.d4 0–0 8.d5 ♘a5 mit Übergang in die Königsindische Verteidigung.

Ebenfalls spielbar ist 6...d5 7.cxd5 ♘xd5 mit Übergang ins **Kapitel 5** – zur Variante 6...g6 zum Hauptzug 6...♘c7.)

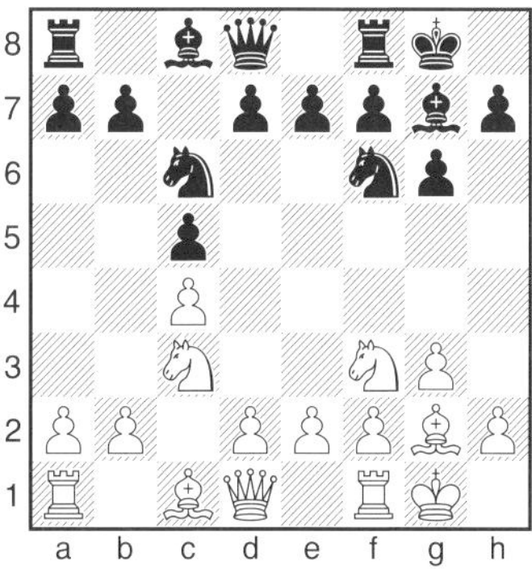

Weiß kann nun insbesondere mit 7.d4, 7.a3 und 7.d3 antworten.

A) 7.d4

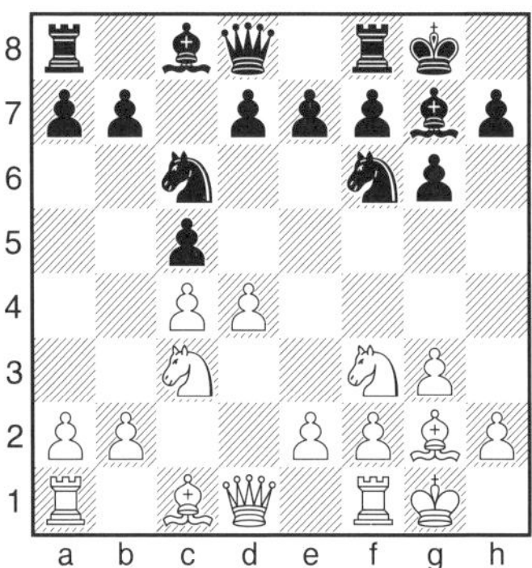

7...cxd4

(Mit 7...d6 kann Schwarz das Spiel in Richtung Königsindisch lenken – vgl. die stellungsgleiche Situation oben in der Variante 5...♘f6 (zum Hauptzug 5...e6) 6.0–0 d6 7.d4 usw.)

Nach 8.♘xd4 ♘xd4 9.♕xd4 darf Weiß die Fernwirkung des ♗g7 nicht übersehen, die eine noch verdeckte Gefährdung der Dame auslöst.

9...d6

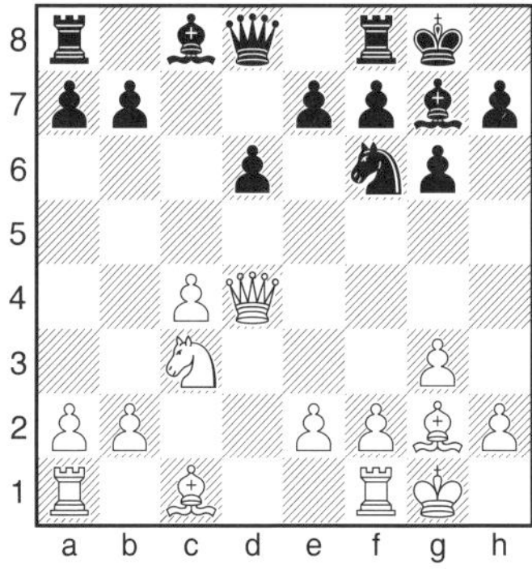

Dies ist die übliche Fortsetzung, von der im Turnierspiel nur sehr selten abgewichen wird. Der Läufer erhält einen Weg nach draußen und zugleich wird c4–c5 entgegengewirkt. In der aktuellen Konstellation mit dem Druck des weißen Läufers gegen den schwarzen Damenflügel sind die weiteren Planelemente ♖a8–b8, a7–a6 und im passenden Moment b7–b5 für Schwarz vorgezeichnet. Für Weiß stellt sich die Aufgabe, durch die Aktivierung des ♗c1 und einer verbesserten Aufstellung seiner Türme die Entwicklung abzuschließen.

10.♕d3

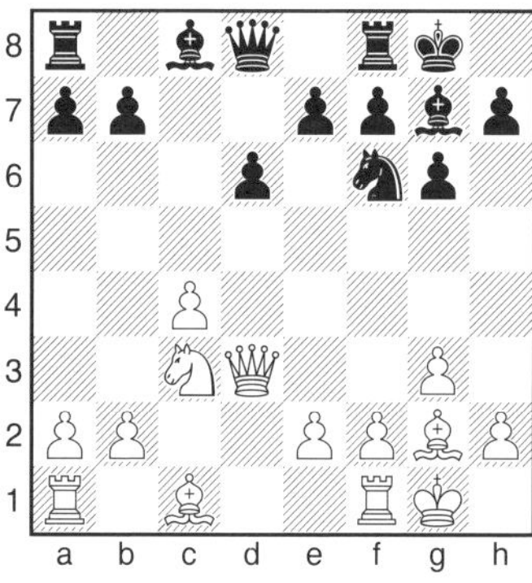

Dieser Zug, mit dem die Dame eine einflussreiche und sichere Position einnimmt, wird ebenfalls und mit Abstand am meisten gespielt.

(Anhänger hat auch die Alternative 10.♕d2, bei deren Wahl Weiß in Kauf nimmt, dass sein ♗c1 verstellt wird. Er zeigt damit an, dass dieser auf den Flügel entwickelt werden soll. Damit steht das Drehbuch für die folgende Episode – eigentlich nur eine „Neuverfilmung".

10...♖b8 11.b3 a6 12.♗b2 b5

Der Ausgleich für Schwarz ist sichergestellt. Weitergehen kann es beispielsweise mit 13.cxb5 axb5 14.♘d5 ♘xd5 15.♗xg7 ♔xg7 16.♗xd5 b4 17.♖fc1 e6 18.♗f3 d5= usw., um nur einen Ausblick auf einen der denkbaren Wege tiefer in die Partie hinein zu geben.)

10...a6

(10...♗f5 11.e4!)

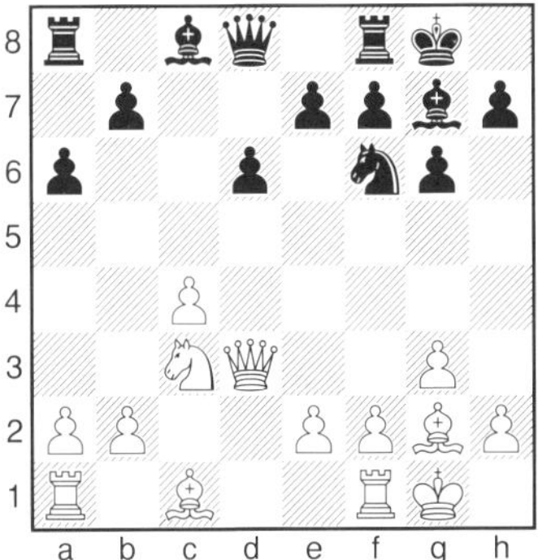

Für Weiß kommen nun besonders die Erwiderungen 11.♗e3, 11.♗d2 und 11.b3 in Betracht.

A1) 11.♗e3

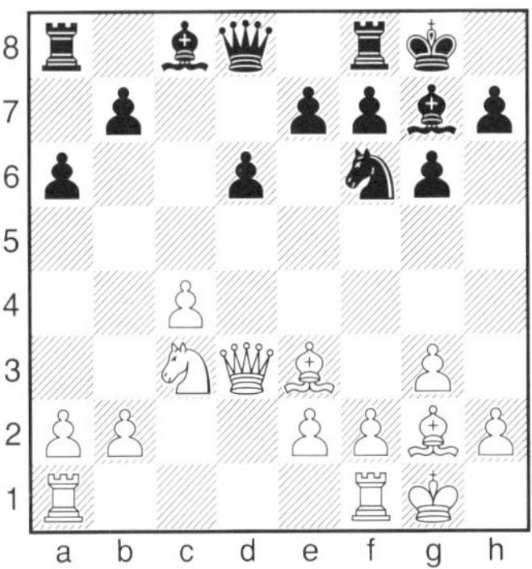

Das Feld e3 soll kein dauerhafter Standplatz für den Läufer sein. Es dient ihm grundsätzlich für einen Transfer nach d4 oder auch nach h6 für den Fall, dass er auf der Diagonalen c1–h6 Unterstützung von seiner Dame erhält.

Mit 11...♘g4 wird der Läufer zu einer sofortigen Entscheidung gezwungen. Mit dem angestrebten Manöver verbessert er seine eigene Aufstellung und nötigt Weiß zu Reaktionen, währenddessen Schwarz weiter an seiner Entwicklung insgesamt arbeiten kann.

12.♗d4 ♘e5 13.♕d1 ♖b8

Nun liegt b7–b5 in der Luft, aber noch nicht akut. Nach 14.♖c1 macht Schwarz zunächst mit 14...♗e6 das Feld c8 für den Turm frei, damit sich dieser einem Läuferangriff von a7 aus entziehen kann. Dabei nutzt er die verletzliche Situation des ♙c4, um seinen Läufer mit Tempo zu aktivieren.

(Das ungeduldige Vorgehen mit 14...b5? könnte Weiß mit 15.cxb5 bestrafen, denn nach 15...axb5 16.♗a7± würde Schwarz die Qualität einbüßen.)

15.♘d5

(15.b3 b5!)

Nach 15...b5 liegen die Voraussetzungen für den thematischen Befreiungszug vor. Weitergehen kann es mit 16.cxb5 ♗xd5.

(16...axb5 17.♘b4 ♖c8)

17.♗xd5 axb5=

A2) Mit der Wahl der Alternative 11.♗d2 fokussiert sich Weiß auf eine möglichst ungestörte Entwicklung. Schwarz kann seinem Beispiel folgen und sich auf seine eigenen entsprechenden Fortschritte konzentrieren.

11...♖b8

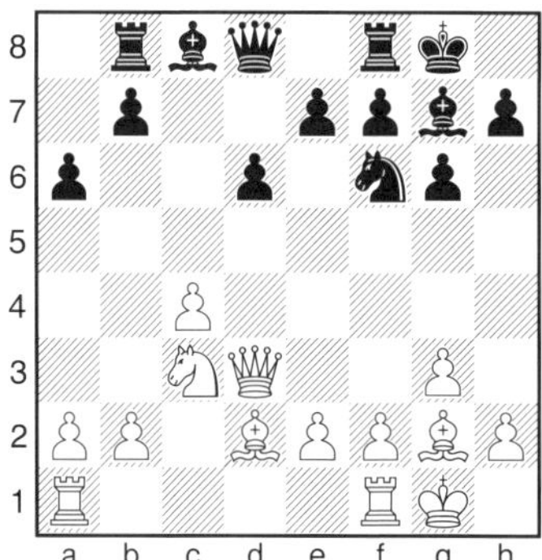

12.♖ac1

(Im Fernschach ist 12.e4 recht populär. Schwarz kann mit einem interessanten Plan reagieren, dessen Muster aus der folgenden Variante gut zu erkennen ist.

12...♗e6 13.b3 ♕d7 14.♖ac1 ♖fc8 15.♖fe1 b5

Hier ist es die Dame, die sich entscheidend mit in den Kampf um b5 einbringt. Läufer und Dame haben ihre Positionen auf der Grundreihe geräumt, so dass der zweite Turm auf den Damenflügel geführt werden konnte. Beide Türme drücken nun gemeinsam auf die weiße Stellung.)

Noch ist b7–b5 kein Thema, denn Schwarz ist auf b5 noch zu schwach bzw. Weiß zu stark. Mit 12...♘d7 rüttelt Schwarz an dieser Lage. Der Springer soll die weiße Dame aus ihrer Position drängen, so dass sie als Verteidigerin des Feldes b5 ausfällt.

A2a) 13.b3

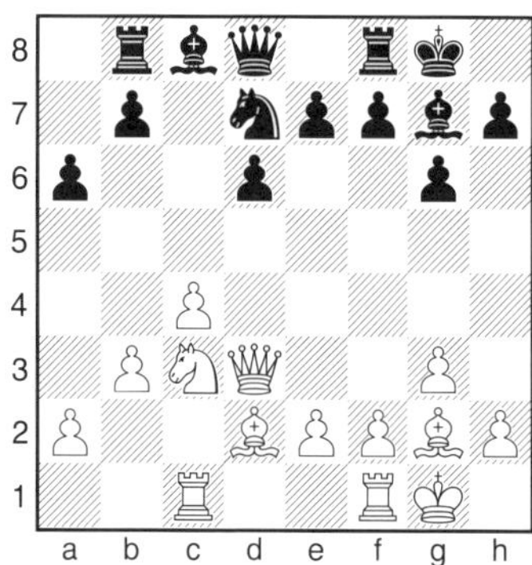

Diese mit 13...♘c5 14.♕c2 b5 fortgesetzte Variante ist bisher nur selten ausgespielt worden. Soweit es dazu gekommen ist, weist die Partienstatistik einen deutlichen Erfolgsüberhang für Weiß aus. Ein Blick hinter die Kulissen zeigt aber, dass der Grund hierfür oft erst in späteren Partiephasen entstanden ist. Es gibt hier noch einiges zu entdecken.

Eine tiefe Betrachtung können wir in unserem Buch nicht vornehmen, möchten aber noch ein paar Anhaltspunkte zur möglichen weiteren Entwicklung geben. Wir setzen mit der als Fortsetzung plausiblen Variante 15.b4 ♘e6 16.cxb5 axb5 17.♗e3 ♗xc3 18.♕xc3 ♗b7 fort. Bis hier kann der Ablauf als taktisch geprägt bezeichnet werden. Mit seinem letzten Zug will Schwarz die Dominanz des ♗g2 auf der Diagonalen a8–h1 brechen, die weiße Fianchetto-Stellung schwächen und nach Möglichkeit des Abtausches der Läufer erreichen, was aber nicht im Interesse von Weiß liegen dürfte. Deshalb ist 19.♗h3 die natürliche Antwort.

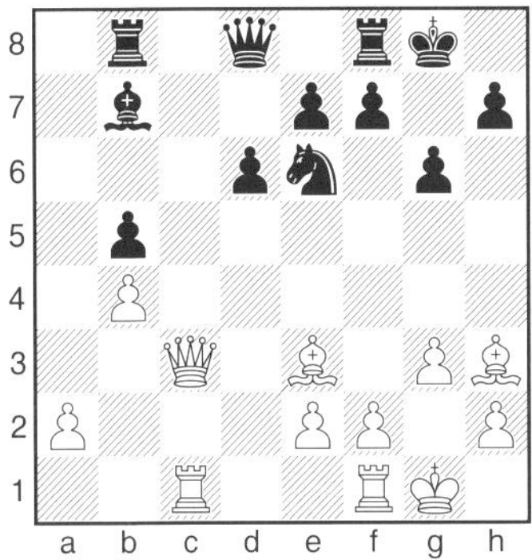

Nun hat Schwarz eine Weichenentscheidung zu treffen. Mit 19...♖c8 schlagen wir ihm eine Antwort vor, die nach unserer Kenntnis eine Neuerung ist.

(Mit Erfolg erprobt wurde 19...f5.)

Um einen Anhaltspunkt zu geben, wie das Duell unseres Erachtens im Anschluss plausibel weitergehen bzw. von den Kontrahenten geführt werden kann, ergänzen wir unsere Empfehlung um die Variante 20.♕d3 ♕d7 21.♗h6 ♖fd8 22.a3 d5 23.♖xc8 ♖xc8 24.♖d1 d4=.

A2b) 13.e4

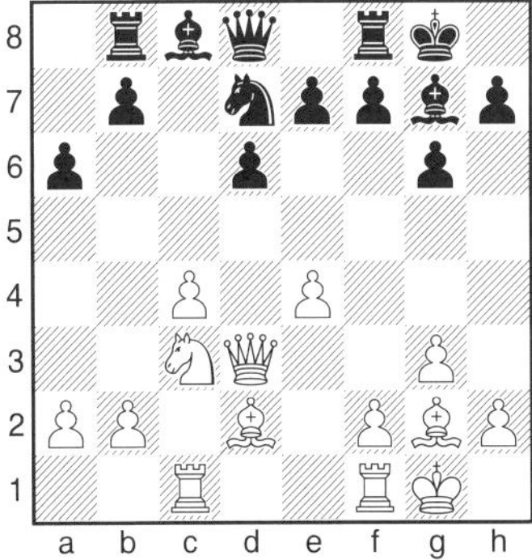

Der Bauer macht seinen Platz für die Dame frei, wobei er seinen aufs Zentrum gerichteten gestiegenen Einfluss gerne mitnimmt. Von e2 aus bewahrt sich die Dame ihren Einfluss auf b5.

Nach 13...♘e5 14.♕e2 gewinnt Schwarz mit dem Manöver 14...♗g4 15.f3 ♗d7 endlich die Überhand über das umkämpfte Feld, so dass er nach beispielsweise 16.b3 zu 16...b5 und guten Gegenchancen kommt.

A3) 11.b3 mit der Absicht, den Läufer zu fianchettieren, ist unproblematisch für Schwarz.

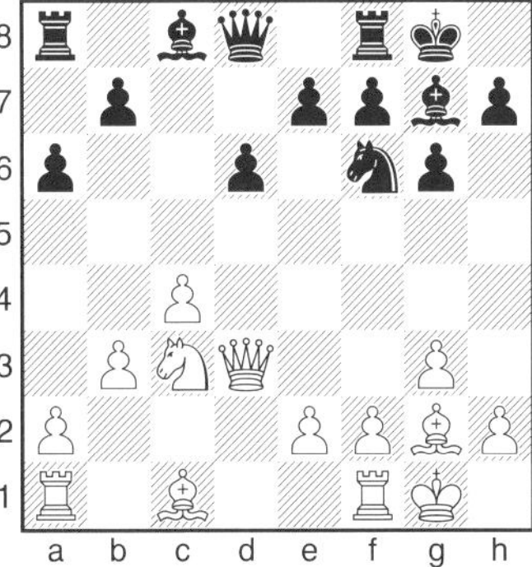

Die aus schlichten Entwicklungszügen bestehende natürliche Variante 11...♖b8 12.♗b2 ♗d7 13.♖ad1 b5 zeigt, wie er recht mühelos zu einem Übergewicht auf b5 und auf diesem Wege zu Gegenspiel kommen kann.

B) 7.a3 ist auch hier mit der grundsätzlichen Absicht verbunden, in einem passenden Moment den b-Bauern nach b4 zu spielen.

B1) Nun kann Schwarz mit der Wahl von 7...d5 Verhältnisse herstellen, auf die wir im Kapitel 5 spezifisch eingegangen sind. Nach 8.cxd5 ♘xd5 9.♘xd5 ♕xd5 10.d3 ist wie angekündigt die stellungsgleiche Lage erreicht wie im Kapitel 5, Variante 6...g6 (Abweichung zum Hauptzug 6...♘c7) 7.0–0 ♗g7 8.♘xd5 ♕xd5 9.d3 0–0 10.d3 usw.

B2) Nach der soliden Alternative 7...d6 und dann 8.♖b1 kann Schwarz zur Verhinderung von b2–b4 zu 8...a5 greifen, muss dies aber nicht unbedingt.

(Spielbar ist auch 8...♗f5 mit der Idee, im Rücken des Läufers auch die Dame auf die Diagonale c8–h3 zu bringen und dann den Läufer zur Schwächung der weißen Rochadestellung nach h3 zu führen. Es kann sich dann beispielsweise die folgende Variante ergeben.

9.d3 ♕d7 10.♖e1

Durch den Wegzug des Turms vermeidet Weiß die mögliche Fesselung seines Läufers. Dieser kann nun nach 10...♗h3 mit 11.♗h1 ausweichen und weiter als Verteidiger der Rochadestellung sowie als Offensivkraft auf der Diagonalen a8–h1 zur Verfügung stehen. Mit 11...h6 hält Schwarz den Gegner vom Feld g5 fern, worauf es mit den typischen Zügen 12.b4 ♖ac8= und dann schon bekannten Plänen weitergehen kann.)

9.d3

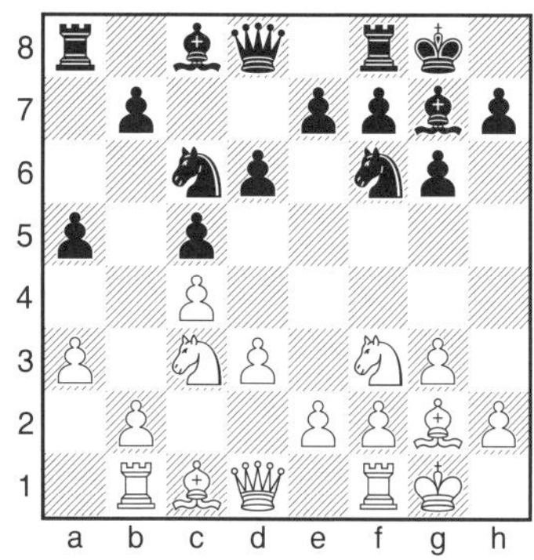

Der Plan für Weiß sieht wie folgt aus: Es soll weiterhin der Vorstoß des b-Bauern durchgesetzt werden. Dazu braucht dieser aber eine zusätzliche Unterstützung. Diese soll der noch auf f3 stehende Springer leisten, der zu diesem Zweck nach c2 gebracht wird. Der ♗c1 soll die Deckung des ♘c3 durch den ♙b2 ersetzen, die mit seinem Vorrücken wegfallen wird. Zu diesem Zweck macht der d-Bauer schon mal das Feld d2 frei.

9...♘e8

Der Plan für Schwarz sieht sehr ähnlich aus. Allerdings rüstet er sich für den Umgang und die Folgen eines weißen b2–b4. Dabei sieht er seine Chance darin, auch den eigenen b-Bauern im richtigen Augenblick nach vorne zu beordern. Die folgende Variante veranschaulicht, wie beide Seiten ihre Pläne in die Praxis umsetzen können.

10.♗d2 ♘c7 11.♘e1 ♗d7 12.♘c2 ♖b8

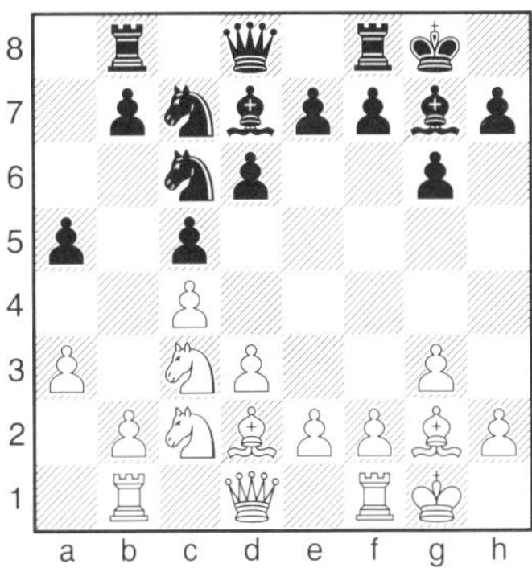

Die Stellung ist nun beinahe wieder symmetrisch. Beide Lager haben sich aufgestellt; es ist Zeit für den Schlagabtausch.

13.b4 axb4 14.axb4 ♘xb4 15.♘xb4 cxb4 16.♖xb4 und nun sichert sich Schwarz mit seinem Trumpf 16...b5= den Ausgleich. Nach 17.cxb5 ♘xb5 18.♘xb5 kann er sowohl mit dem Turm als auch mit dem Läufer auf b5 zurücknehmen, verbunden mit gleichen Perspektiven; z.B. 18...♖xb5 19.♖xb5 ♗xb5 20.♕b3 ♗d7= usw.

C) 7.d3

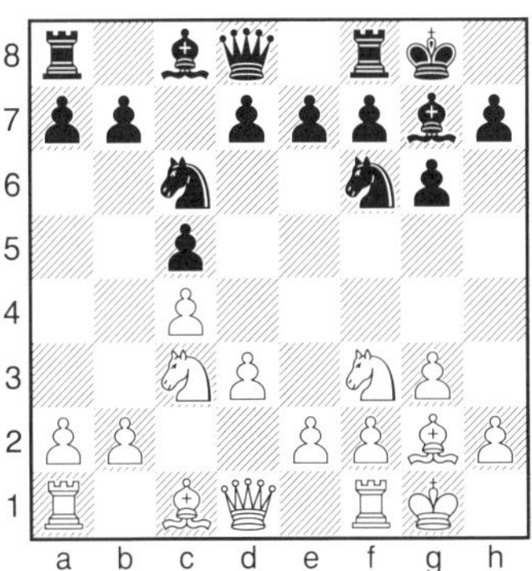

C1) 7...d6

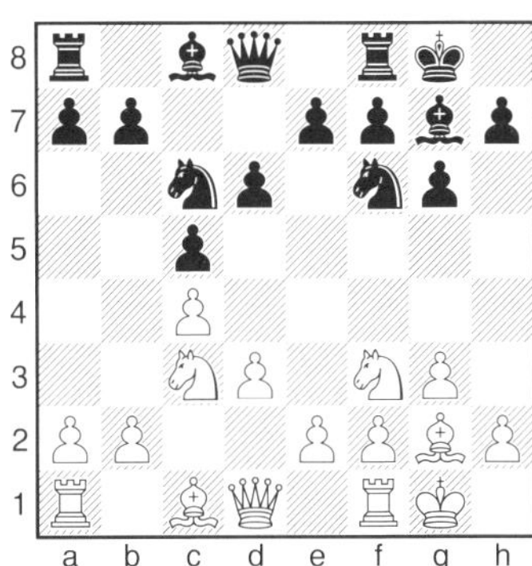

Neben diesem, die Symmetrie aufrechterhaltenden Zug kann sich Schwarz auch gut für eine der Alternativen 7...a6 und 7...d5 entscheiden. Eine dauerhafte Abkehr von der Symmetrie ist damit aber nicht unbedingt verbunden.

8.a3 ♗d7 9.♖b1 a5 10.♗d2 ♘e8

Der Springer soll nach c7 weiterziehen, um von dort das geschwächte Feld b5 zu kontrollieren.

11.♘e1 ♘c7 mit Übergang in die Variante 5...♘f6 (zum Hauptzug 5...e6) 6.0–0 0–0 7.a3 d6 8.♖b1 a5 9.d3 ♘e8 10.♗d2 ♘c7 11.♘e1 ♗d7 usw.

C2) Mit 7...a6 8.a3 verfolgen die beiden Kontrahenten identische Teilziele, nämlich den Vorstoß des b-Bauern.

(Allerdings kann Weiß auch der Strategie folgen, den schwarzen Vorstoß zu erschweren und den eigenen Bauern zurückzuhalten. Dann kann sich das Spiel beispielsweise mit 8.♗d2 ♖b8 9.a4 entwickeln. Nun muss Schwarz mit seinem Plan weiter ausholen. Er braucht mehr Figurenkraft auf b5 und eine neue Deckung für seinen ♘c6 für den Fall, dass er zu b7–b5 kommt.

Derweil kann Weiß seinen Figureneinfluss auf dem Damenflügel erhöhen. Weitergehen kann es auf Pfaden, die wir in ähnlicher Gestalt bereits behandelt haben, beispielsweise mit 9...d6 10.♘e1 ♗d7 11.♘c2 ♘e8 12.♖b1 ♘c7 nebst b7–b5 und gleichwertigen Chancen.)

8...♖b8 9.♖b1 b5 10.cxb5 axb5 11.b4 cxb4 12.axb4

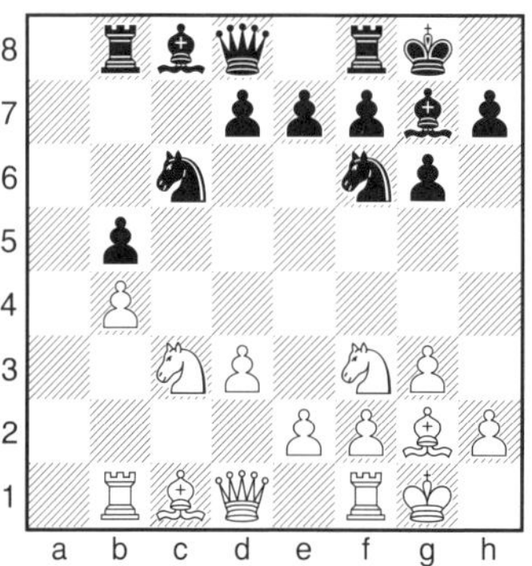

Nicht zu Unrecht scheint sich Schwarz in der Praxis hier häufig daran zu erinnern, dass er die Symmetrievariante ausgewählt hat, um die Symmetrie mit 12...d6 wieder aufleben zu lassen. Grundsätzlich ist die Überlegung, dass eine für Weiß gute Wahl gespiegelt auch für ihn gut sein dürfte, nicht schlecht. Er darf es mit seinem Nachahmen nur nicht übertreiben. Aber an welcher Stelle sollte er ein erforderliches Ausscheren nicht versäumen? So bitten wir unsere Leser, genau diese Stelle in der folgenden Variante zu suchen!

13.♗d2 ♗d7 14.♕c1 ♕c8 15.♗h6 ♗h3 16.♗xg7

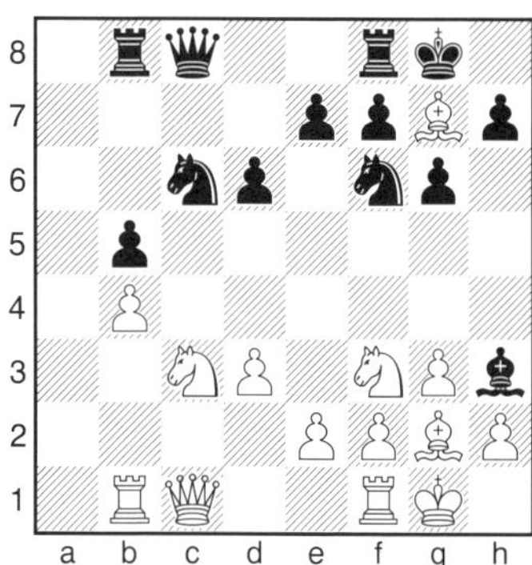

Hier darf Schwarz nicht weiter symmetrisch fortfahren. 16...♔xg7! ist erforderlich, aber warum?

(Die folgende Variante zeigt, was Schwarz erwartet, wenn er sorglos und dogmatisch symmetrisch fortfährt. 16...♗xg2? 17.♗xf8 ♗xf1 18.♗xe7 ♗xe2 19.♗xf6 ♗xf3 20.♕h6 Nun ist es passiert. Schwarz muss mit 20...♕f8 das Matt verhindern und steht nach 21.♕f4 ♗h5 22.g4+– auf Verlust.

Die vorstehende Variante haben wir zur Veranschaulichung, dass Schwarz irgendwann zu spät kommen wird, lange symmetrisch gehalten. An verschiedenen Stellen auf dem Weg hierher hätte er unter schlechten Zügen etwas weniger schlechte auswählen können, doch in keinem Fall hätte er dabei ohne einen verbleibenden schweren Nachteil abweichen können. Bei einem halbwegs fehlerfreien Spiel von Weiß kann er durch Abweichungen den Gang in die Niederlage nicht abwenden.)

Unabhängig davon, wie Weiß nun fortfährt, kann er keinen Vorteil mehr für sich herausschlagen. Ein plausibler Fortgang wird über die Züge 17.♕b2 ♗xg2 18.♔xg2 ♔g8= usw. möglich.

C3) 7...d5

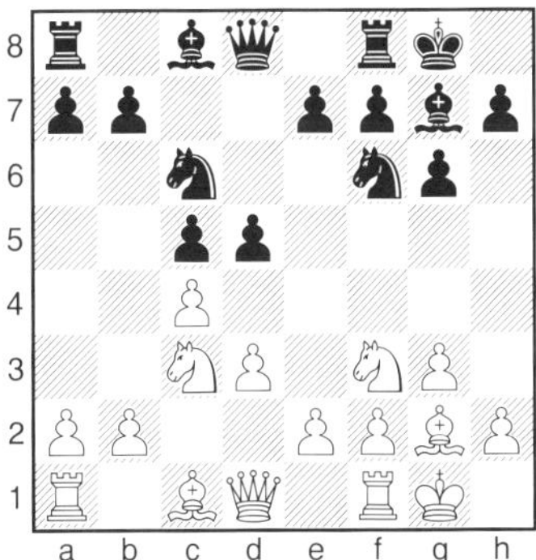

8.cxd5 ♘xd5 9.♘xd5

(Das auf b2–b4 ausgerichtete Standardmanöver verspricht Weiß keinen Vorteil, wie die Beispielvariante 9.♗d2 ♘c7 10.a3 b6 11.♖b1 ♗b7 12.b4 ♘d4= zeigt. Nun wäre 13.bxc5 wegen 13...♘xf3+ usw. nicht ratsam.)

Die nach 9...♕xd5 entstandene Situation ist stellungsgleich mit einer Nebenvariante im Kapitel 5. Zum möglichen Fortgang suchen Sie bitte dort die mit 6...g6 beginnende Variante zum Hauptzug 6...♘c7 auf.

II. Mit 5...e5 gibt Schwarz das Feld d5 auf, verstärkt aber seine Kontrolle über das Feld d4. Der Königsspringer wird nach e7 entwickelt. Dahinter steckt die Idee, mit seiner Hilfe einen der Vorstöße f7–f5 oder d7–d5 durchzusetzen.

6.0–0 ♘ge7

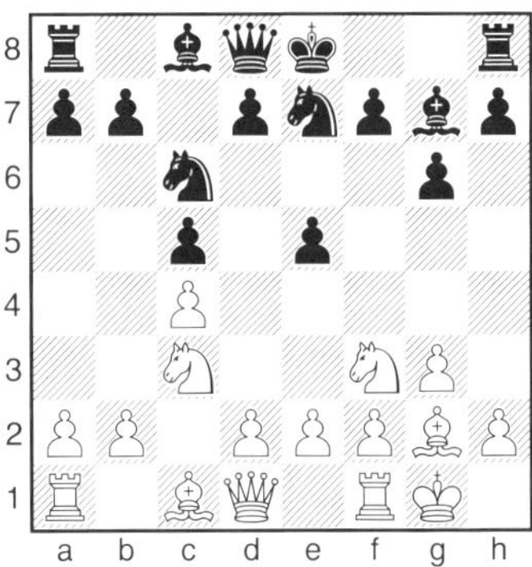

Weiß kann hier besonders mit 7.a3, 7.b3 und 7.♘e1 antworten.

A) 7.a3

Wie wir gleich sehen werden, ist die Drohung b2–b4 noch nicht akut. Schwarz kann sich deshalb zunächst um seine Königssicherheit kümmern.

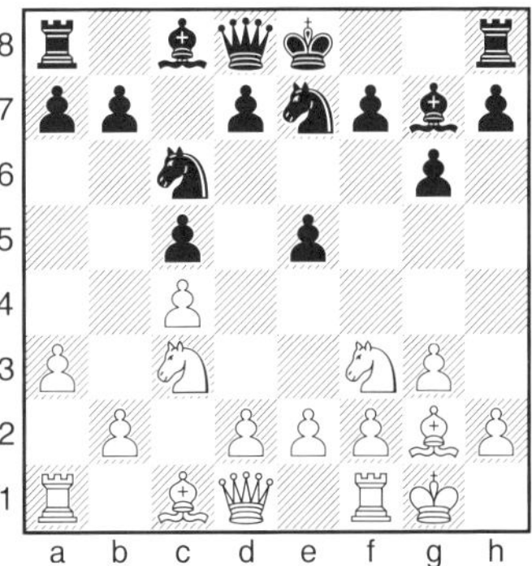

7...0–0

(Auf einen ersten oberflächlichen Blick sieht auch 7...d6 logisch aus, ist aber nicht anzuraten. Aufgrund dieser kleinen Stellungsänderung kann Weiß nun doch sofort energisch mit 8.b4!? vorgehen, denn nach 8...cxb4 9.axb4 ♘xb4 und nun 10.♗a3 ♘bc6 11.♘e4 erhält er eine starke Initiative.)

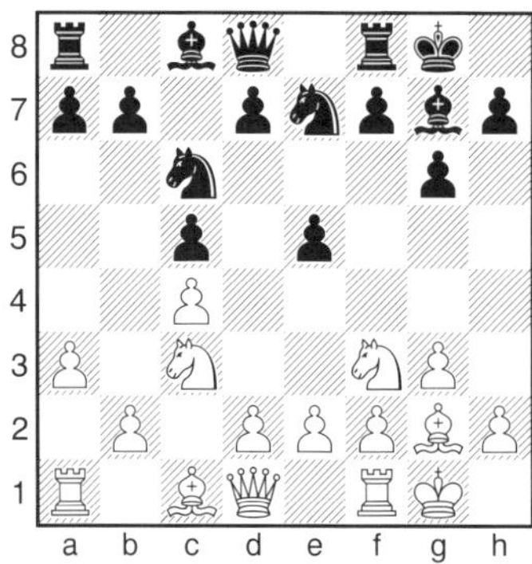

A1) 8.♖b1

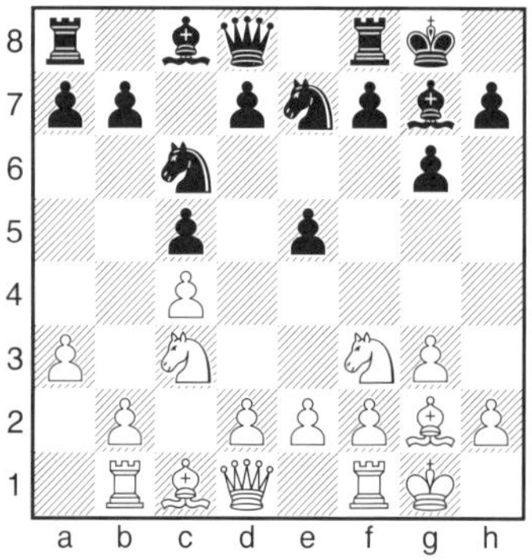

Nun liegen die Voraussetzungen für den Vorstoß des b-Bauern erst mal vor, so dass Schwarz reagieren muss, wenn er diesen Schritt weiter unterbinden will. Mit 8...a5 schlägt Weiß dem gegnerischen b-Bauern die Tür vor der Nase zu. Die Situation ist kompliziert und es ist für beide Seiten nicht einfach, die Entwicklung abzuschließen und die Kräfte in wirkungsvolle Positionen zu bringen.

9.♘e1 ist der Auftakt zu einem Manöver, mit dem Weiß das von Schwarz geschwächte Feld d5 mit einem Springer besetzen will. Dieser nimmt den Weg über e1, c2 und e3 auf sich, um endlich das Ziel vor Augen zu bekommen.

(Häufiger gespielt wird auch 9.d3 mit der Folge 9...d6 10.♗d2. Hier kann Schwarz anstelle der meistgewählten Alternativen 10...h6 und 10...♖b8 unmittelbar mit 10...f5 fortsetzen, ganz im Sinne der systemimmanenten Springerentwicklung ♘g8–e7. Auf einen Versuch, das Feld f4 mit 11.e3 unter Kontrolle zu halten, kann Schwarz nach dem Muster h7–h6, g6–g5 und f5–f4 vorgehen, beispielsweise in der Variante 11...h6 12.♕e2 g5 13.♘e1 f4 usw.)

Mit 9...d6 macht der Bauer den Weg für seinen Läufer frei, der nach e6 gebracht werden soll, von wo aus er den ♙c4 bedrohen kann, insbesondere aber Einfluss auf das wichtige Feld d5 nimmt.

10.♘c2 ♗e6 11.♘e3

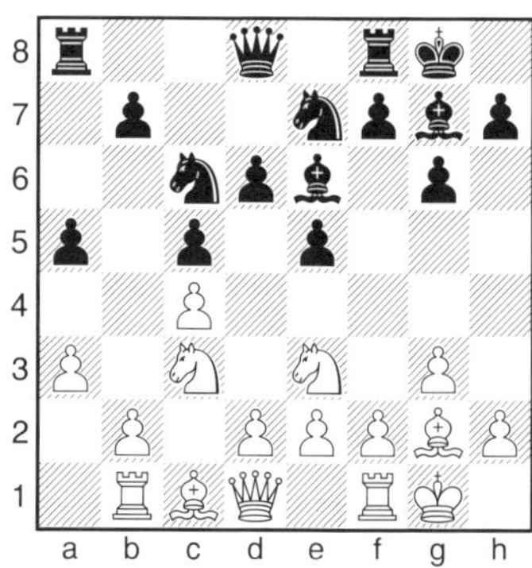

Da der Springer ohnehin nach e3 geführt werden sollte, hat Schwarz mit seiner Läuferentwicklung keinen Zeitgewinn erreicht.

11...♖b8

Zur Vorbereitung des beabsichtigten Springerzuges nach d4 ist es angebracht, diesen ohnehin nützlichen Zug genau hier zu platzieren.

(Mit 11...f5 kann Schwarz eine messerscharfe Variante provozieren, die nichts für schwache Nerven ist. Nach beispielsweise 12.d3 kann Schwarz mit 12...f4 13.♘ed5 g5 alle Brücken hinter sich abbrechen. Wer sich ein Beherrschen dieses scharfen Kampfes zutraut, hat gewiss praktische Chancen auf einen Partieerfolg. Und wenn es schiefgehen sollte, werden die Kontrahenten zumindest ein spannendes Duell ausgefochten haben.)

Die Stellung nach 12.d3 ♘d4 13.♘ed5 ist kompliziert und auch für recht erfahrene Spieler nicht leicht zu spielen.

13...♘xd5

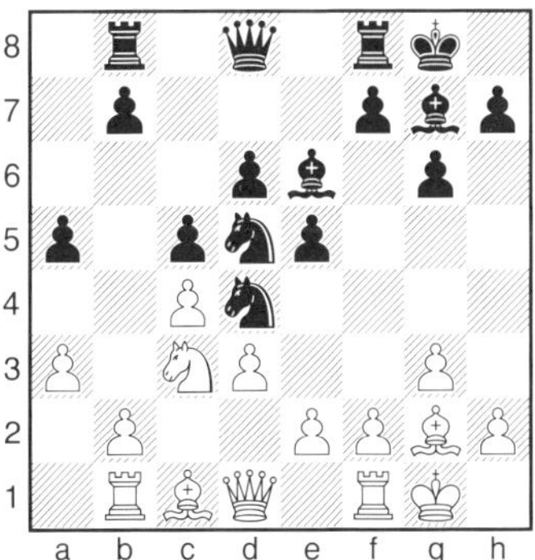

14.cxd5

(14.♘xd5 bringt Weiß keinen Vorteil. Nach 14...♗g4 15.♖e1 behält Schwarz mit 15...b5 alles im Griff. Folgen kann beispielsweise 16.h3 ♗d7 17.b4 axb4 18.axb4 bxc4 19.e3 ♘c6 mit weiterhin komplizierten Verwicklungen und Chancen für beide Seiten.)

14...♗d7

A2) 8.b4 wäre voreilig, weil Schwarz mit 8...d5! kontern kann.

(8...cxb4?! ist demgegenüber nicht anzuraten, denn nach 9.axb4 ♘xb4 10.♗a3!? hätte Schwarz Probleme.)

A3) 8.d3 könnte Weiß mit dem thematischen Zug 8...f5 oder auch ruhiger mit 8...d6 usw. beantworten.

B) Im Fall von 7.b3 Δ♗c1-b2 ist der Vorstoß b2–b4 natürlich vorerst vom Tisch. Dies heißt allerdings nicht, dass der b-Bauer nicht doch, entsprechend vorbereitet, zu einem späteren Zeitpunkt nach b4 gebracht werden soll. Auch hier kann Schwarz zunächst auf eine ruhige Entwicklung setzen und 7...0–0 spielen.

(Wenn er auf Krawall gebürstet ist, kann er mit 7...d5!? früh das Schicksal seines d-Bauern klären. In dieser Variante gibt es noch viel zu entdecken. Folgen kann 8.cxd5 ♘xd5 9.♗b2 ♘c7 mit einer Stellung, die im offiziellen Turnierspiel bisher nur sehr selten ausgespielt worden ist. Eine Tendenz, welche Seite sich mehr Hoffnungen auf einen Partieerfolg machen kann, lässt sich aus den Ergebnissen der Praxis (noch) nicht ableiten.)

8.♗b2

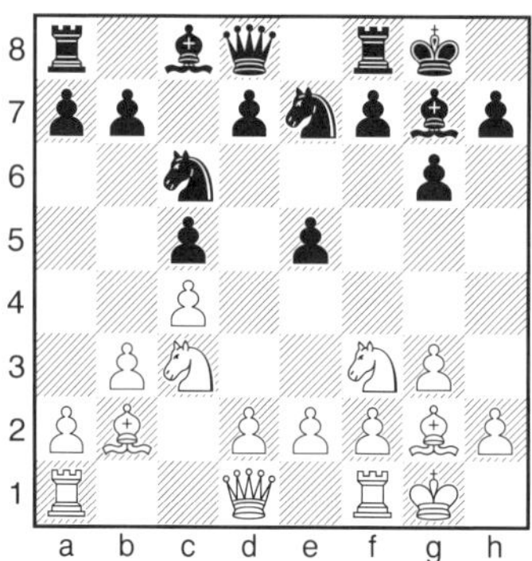

8...d6

(Wir erinnern uns daran, dass die Grundidee des Manövers 5...e5 mit ♘g8–e7 im Anschluss mit der Überlegung spielt, sowohl d7–d5 als auch f7–f5 zu unterstützen. Der elanvolle Vorstoß des f-Bauern ist an dieser Stelle ebenfalls bereits spielbar. Nach 8...f5 wäre e5–e4 unangenehm für Weiß, so dass er dem Bauern mittels 9.d3 das Betreten des Feldes e4 verwehrt.

Welche Richtung das Duell nach 9...d6 nimmt, liegt in der Hand von Weiß. Gute Fortsetzungen sind für ihn 10.e3, 10.a3 &b3–b4 und auch 10.♘d2 &♘c3–d5 usw. Nach 10.e3 beispielsweise kann es mit 10...h6 11.♘d2 ♗e6 12.♘d5 ♗f7 nebst ♘e7xd5 weitergehen.)

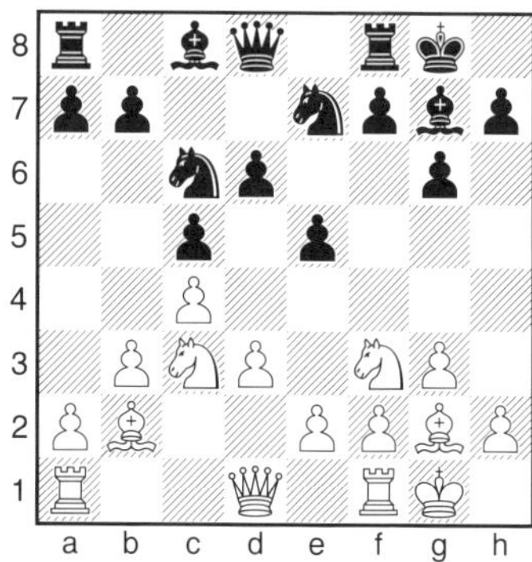

Nach 9.d3 setzt Schwarz zumeist mit 9...h6 fort. Unbedingt nötig ist dieser Zug aktuell nicht, nützlich aber schon. Er sperrt das Feld g5 für den Gegner und kann auch dabei unterstützen, zu einem späteren Zeitpunkt g6–g5 zu spielen.

Mit 10.♘d2 gibt der Springer seinem Läufer den Blick auf das Feld d5 frei, so dass Schwarz weiterhin an d6–d5 gehindert ist.

(Nachhaltiger vermieden ist das Vorrücken des Bauern im Falle von 10.e4 allerdings zum Preis einer Verstellung des ♗g2 und eines Loches auf d4. Schwarz kann mit dem typischen Zug 10...♗e6 erwidern.)

Nach 10...♗e6 kann Weiß d6–d5 nicht mehr ohne e2–e4 verhindern.

11.a3

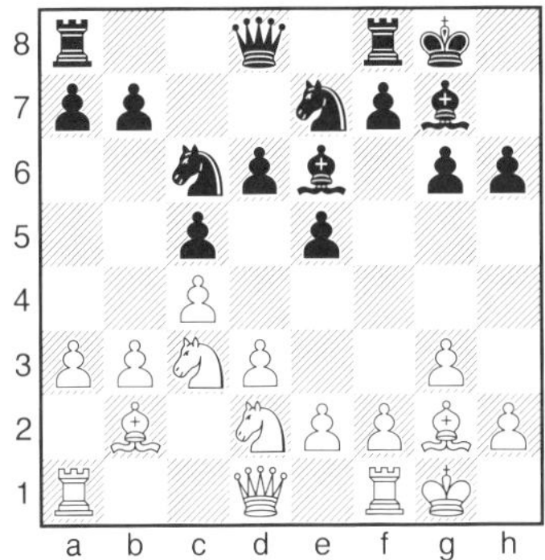

Wenn Schwarz dies zulässt, kann Weiß nun grundsätzlich nach einem baldigen ♘c3–d5 zu b3–b4 kommen. Mit 11...d5 aber kann Schwarz seinen langersehnten Wunsch realisieren und dem Kampf eine andere Richtung geben.

(Es ist eine Sache der Abwägung – auch hier kann Schwarz auf den Abtausch der weißfeldrigen Läufer mit einer Schwächung der weißen Königsstellung spielen, wofür er dann aber ein gegnerisches Vorgehen am Damenflügel zulassen muss. Es kann sich dann ein weiterer Verlauf mit 11...♕d7 12.♘d5 ♗h3 13.♗xh3 ♕xh3 14.b4 ergeben.

Auch hier ist die Lage kompliziert. Auf den schwarzen Stützungszug 14...b6 wird 15.b5 möglich, womit der ♘c6 vertrieben wird. Dessen bestes Rückzugsfeld e7 ist vom anderen Springer besetzt. Dieser kann aber den Zwischentausch 15...♘xd5 folgen lassen, verbunden mit der Folge 16.cxd5 ♘e7.

Nach 17.e4 f5 ist kein sicheres Urteil möglich, zu wessen Gunsten möglicher-weise am Ende das Pendel ausschlagen wird. Der Computer errechnet einen kleinen Vorteil für Weiß, woraus sich hier aber für die praktische Partie kaum Bedeutung ableiten lassen dürfte.)

Nach 12.cxd5 ♘xd5 13.♖c1 droht ♘c3xd5 gefolgt von ♖c1xc5.

13...♘xc3 14.♗xc3 ♖c8 mit der Idee f7–f5 und guten Chancen für Schwarz.

C) 7.♘e1

Mit der Wahl dieser Alternative zieht Weiß das in der Variante nach 7.a3 betrachtete Springermanöver vor.

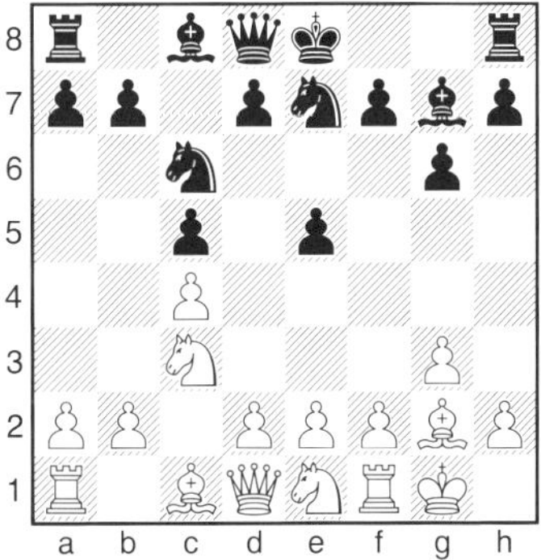

7...0–0

(Wenn Schwarz mit 7...d6 fortsetzt, kann sich die Änderung auf eine andere Reihenfolge seiner Züge beschränken, aber auch den Ansatz verfolgen, seine Aktivitäten in der Mitte teilweise zugunsten der Vorbereitung einer Aktion auf dem Damenflügel zurückzustellen. Seine Aufmerksamkeit teilt sich dann entsprechend auf den Kampf um das Feld d5 und auf seine Interessen am Damenflügel auf.

Weiß kann an seinem beabsichtigten Vorgehen festhalten, so dass es zu einem Fortgang mit 8.♘c2 ♗e6 9.♘e3 a6 10.♘ed5 ♖b8 kommen kann. Schwarz ist nun bereit, seinen b-Bauern nach vorne zu treiben, was Weiß mit 11.a4 unterbindet, allerdings unter einer Schwächung des Feldes b4.

Erst jetzt bringt Schwarz nach diesem Konzept seinen König ins Rochadeasyl.

11...0–0 12.d3 h6

Gegen ♗c1–g5 gerichtet. Weitergehen kann es mit 13.♗d2 f5 14.♖b1 ♘b4 mit einer komplizierten Lage.)

8.♘c2 d6

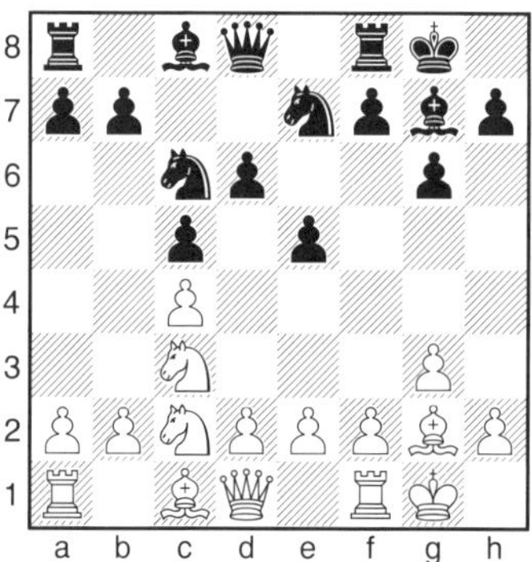

Während Weiß an der Umsetzung seiner Idee des Springermarsches bastelt, kann Schwarz seine Entwicklung voranbringen. Der Läufer soll nach e6 geführt werden und dann Unterstützung durch seine Dame auf der Diagonalen c8–h3 erhalten.

9.♘e3 ♗e6 10.♘ed5 ♕d7=

Schwarz hat sein Ziel, eine mindestens ausgeglichene Stellung in der Eröffnung zu erlangen, erreicht. Weiß hat nun mehrere Optionen zur Fortsetzung. Eine natürliche Alternative ist 11.d3, worauf Schwarz mit 11...♗h3 auf den Abtausch des weißen Fianchetto-Läufers spielen kann. In der Folge kann er neben den schon bekannten Wegen am Damenflügel auch am Königsflügel ein Gegenspiel aufzubauen versuchen, zum Beispiel über f7–f5 usw.

Wir können nicht vertiefend darauf eingehen, möchten die sich ergebenden Möglichkeiten zumindest aber an einer gut nachvollziehbaren Beispielvariante veranschaulichen. Diese führt über die Züge 12.♖b1 ♗xg2 13.♔xg2 ♘xd5 14.♘xd5 ♘e7 15.♘xe7+ ♕xe7 16.b4 f5 zu einer zweischneidigen Stellung. Das schwarze Gegenspiel am Königsflügel kann für Weiß sehr gefährlich werden.

III. Der Zug 5...d6 gibt Schwarz die Möglichkeit abzuwarten, wie Weiß seine Kräfte zu entwickeln denkt. d7–d6 kommt in vielen Varianten vor, so dass der Zug zeitlich flexibel eingesetzt werden kann. So kann es auch nicht verwundern, dass wir in der Folge mehrfach auf Stellungen treffen, die wir oben bereits behandelt haben. In diesen Fällen verweisen wir darauf und geben die Fundstelle jeweils spezifisch an.

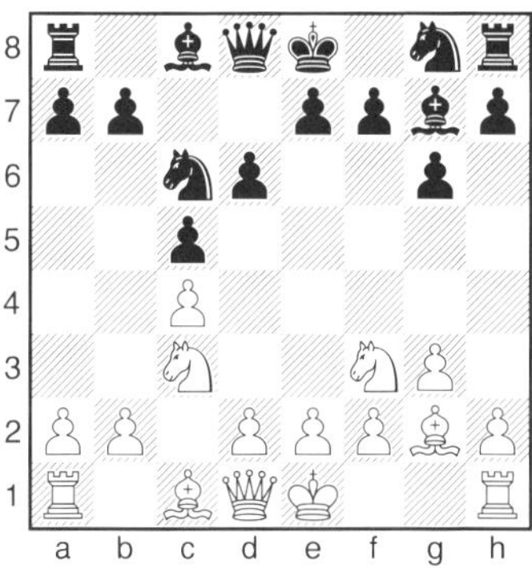

A) Da sich nichts Wichtigeres aufdrängt, ist es eine gute Entscheidung, mit 6.0–0 die Königssicherheit zu erhöhen und damit zugleich den Turm aus der Ecke zu holen.

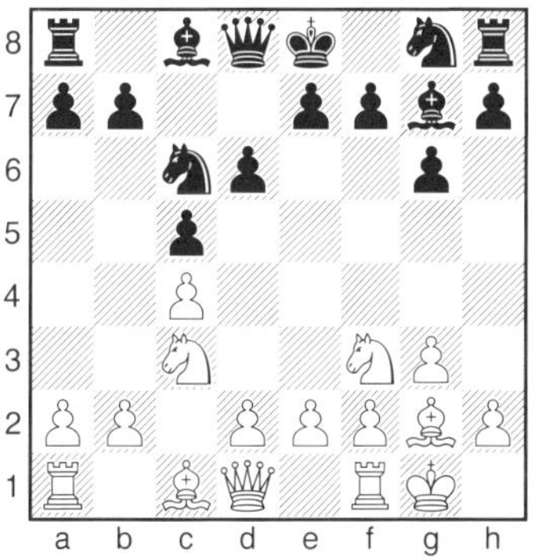

Neben anderen Möglichkeiten ist 6...♘h6 interessant, womit Schwarz die Entwicklung seines Königsflügels fortsetzen kann, ohne dass der Springer den ♗g7 verstellt. Somit bleiben dessen Druck gegen den weißen Damenflügel und insbesondere auch seine Kontrolle über das wichtige Feld d4 erhalten. In manchen Varianten gelangt der Springer später von h6 nach f5.

(6...♘f6 stellt den Übergang in die oben behandelte Variante 5...♘f6 (zum Hauptzug 5...e6) 6.0–0 d6 her.)

7.a3

Die Hinwendung zum schon gut bekannten Manöver zur Durchsetzung von b2–b4 usw. ist auch hier eine solide Möglichkeit für Weiß.

(– 7.d4 kann Schwarz nach 6...♘h6 nur ziehen, wenn er 7...cxd4 mit 8.♗xh6 beantwortet, um den ♗g7 von d4 abzulenken. Nach 8...♗xh6 9.♘xd4 ♘xd4 10.♕xd4 0–0 11.♖fd1 ♗g7= sind die Perspektiven ausgeglichen.

– 7.d3 stellt Schwarz vor keine besonderen Herausforderungen. Hier ist das schon für manche Varianten angekündigte Weiterziehen 7...♘f5 eine gute Antwort, die den Einfluss über das Feld d4 erhöht und Weiß die Lust zu e2–e4 nehmen soll, weil der Springer sich dann auf d4 einnisten kann. Nach beispielsweise 8.♗d2 0–0= hat Schwarz den Ausgleich schon früh in der Partie in der Tasche.)

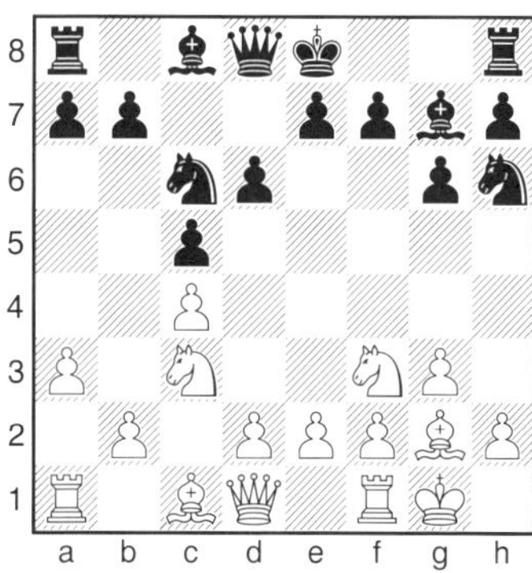

Weitergehen kann es nach den für beide Seiten schon bekannten Ideen mit 7...0–0 8.♖b1 ♖b8 9.b4 b6 10.d3 ♗b7=.

(Das auf Abtausch ausgerichtete taktische Vorgehen mit 10...♗xc3 11.♗xh6 ♗g7 12.♗xg7 ♔xg7= ist ebenso möglich. Der aktuell ungedeckte ♘c6 kann schon mit dem nächsten Zug mittels ♗c8–b7 gesichert werden.)

Vor 11.b5 mit einer Verdrängung des Springers muss Schwarz keine Angst haben. Das Vorgehen ist aus der Praxis bekannt. Die schlichte und ohne besondere Kommentierung gut nachvollziehbare Variante 11...♘a5 12.e4 ♗xc3 13.♗xh6 ♗g7 14.♗xg7 ♔xg7= bestätigt, dass für Weiß auf diese Weise kein Vorteil zu holen ist.

B) 6.d3

Was wir eben zu 5...d6 geschrieben haben, gilt grundsätzlich auch für diesen Zug, nur eben diesmal für Weiß.

Nun ist 6...♗d7 ein solider Entwicklungszug, der Überraschungen auf der Diagonalen a8–h1 seitens des weißen Läufers vorbeugt und die Möglichkeit beinhaltet, auf schon Bekanntes zurückgreifen zu können.

(Die natürliche Entwicklung 6...e5 7.0–0 ♘ge7 8.a3 0–0 9.♖b1 a5 hatten wir bereits in einer vorhergehenden Variante, nur in einer anderen Reihenfolge der Züge. Bitte schlagen Sie wie folgt zurück: 5...e5 und dann 6.0–0 ♘ge7 7.a3 0–0 8.♖b1 a5 9.d3 d6.)

7.0–0 ♘f6 8.♗d2 0–0

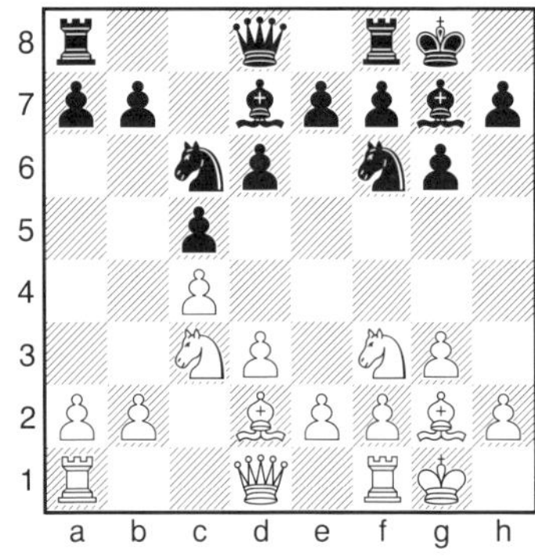

Damit herrscht wieder eine vollständige Symmetrie auf dem Brett und wir erinnern uns an eine ähnliche Situation nach 5...♘f6 (zum Hauptzug 5...e6). Und tatsächlich führt die übliche und auf Erhalt der Symmetrie ausgelegte Fortsetzung mit 9.a3 a6 10.♖b1 ♖b8 11.b4 cxb4 12.axb4 b5 13.cxb5 axb5 in uns bekanntes Terrain zurück.

Bitte suchen Sie oben die Variante 5...♘f6 (zum Hauptzug 5...e6) auf. Die aktuelle Stellung erreichen Sie dort nach 6.0–0 0–0 7.d3 a6 8.a3 ♖b8 9.♖b1 b5 10.cxb5 axb5 11.b4 cxb4 12.axb4 d6 13.♗d2 ♗d7.

6.0–0

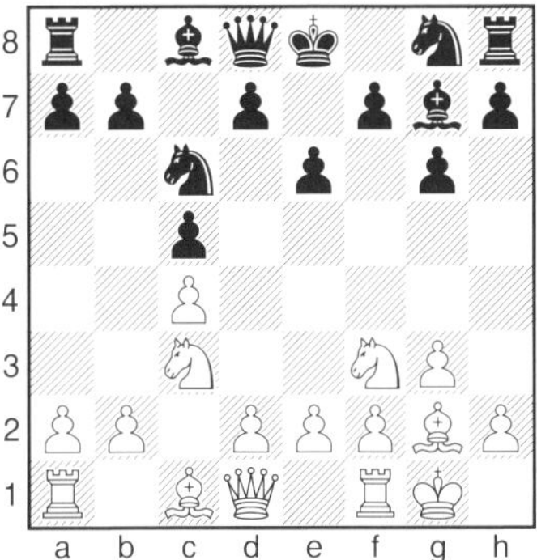

6...♘ge7

Damit setzt Schwarz seinen Aufbauplan, den wir zu 5...e6 skizziert haben, konsequent weiter um.

7.d3

Als Antwort auf 7.e3 kann Schwarz zunächst rochieren und dann seine Kräfte nach dem üblichen Schema d7–d6 etc. entwickeln.

Er kann seine Kräfte aber auch energisch mit 7...d5!? und der möglichen Folge 8.cxd5 exd5 9.d4 cxd4 10.♘xd4 0–0 usw. in Szene setzen.

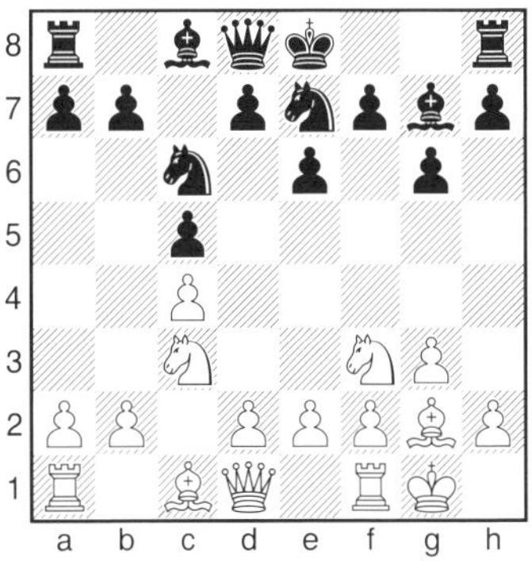

7...0–0

Es brennt nichts an, so dass die Rochade zur Sicherung des Königs eine sichere und gute Entscheidung ist.

Spielbar ist auch das sofortige Vorgehen im Zentrum mit 7...d5!?, worauf das Duell regelmäßig in Varianten übergeht, die wir an anderen Stellen betrachten.

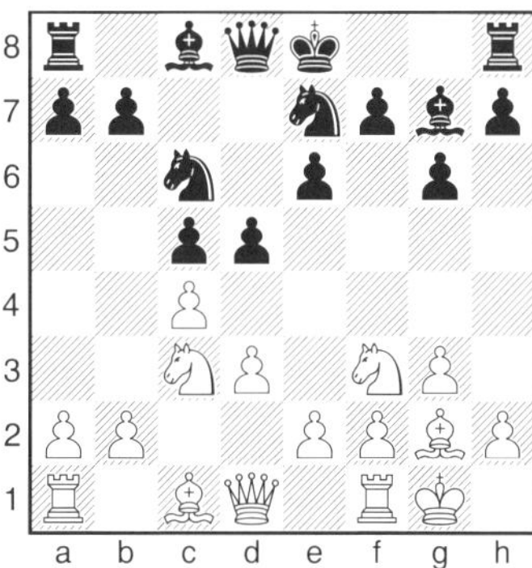

Diese Übergänge zeigen wir in der Folge auf, um dem Leser die Orientierung zu erleichtern.

A) 8.♗d2 b6

(8...0–0 hat nur die Bedeutung einer Zugumstellung und führt in die Hauptvariante nach 8...d5 zurück.)

9.a3 0–0 mit Übergang in die Variante 9.a3 (zum Hauptzug 9.cxd5) 9...b6 usw.

B) 8.cxd5 ♘xd5

(8...exd5 9.♗f4 0–0 mit Übergang in die Variante 8.♗f4 (zum Hauptzug 8.♗d2) 8...d5 9.cxd5 exd5 usw.)

9.♗d2 0–0 mit Übergang in die Variante 9...♘xd5 (zum Hauptzug 9...exd5).

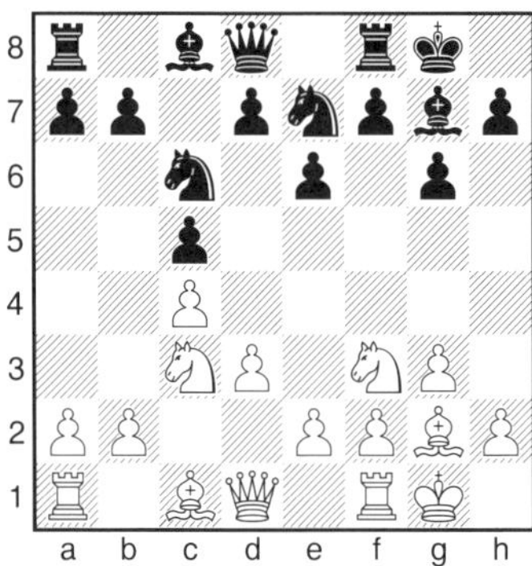

8.♗d2

Als Antwort auf 8.♗f4 scheint uns der Gegenschlag mit 8...d5! am besten zu sein. Daraus können sich insbesondere die folgenden Entwicklungen ergeben: 9.cxd5 exd5

(Wem die Aufstellung des ♘e7 nicht gefällt, kann auch zu 9...♘xd5 greifen und damit ebenfalls eine entlastende Reduzierung des Materials veranlassen.

Nach 10.♘xd5 exd5 kann sich Schwarz weiter nach dem Muster 11.♕d2 ♖e8 12.♖ac1 b6 13.♖fe1 ♗b7 usw. aufbauen. Die Stellung ist bisher nur selten ausgespielt worden. In diesen wenigen Fällen hat Schwarz positive Erfahrungen gemacht. Auch wenn das Chancenverhältnis nicht ganz klar ist, so lässt sich aber doch feststellen, dass Schwarz mit dem bisher Erreichten sehr zufrieden sein kann.)

Der Zug 10.♕d2 ist doppelt nützlich, indem die Dame entwickelt und die Verbindung zwischen den Türmen hergestellt wird, und Weiß zugleich auf den Abtausch der schwarzfeldrigen Läufer spielen kann.

10...b6

Unabhängig davon, ob Schwarz sie nutzen wird, schafft er hiermit die Option zum Läuferfianchetto.

11.♗h6 d4

(11...♗b7!? geht in Anlehnung an schon bekannte Ideen auch.)

12.♗xg7 ♔xg7 13.♘b5 ♗e6=

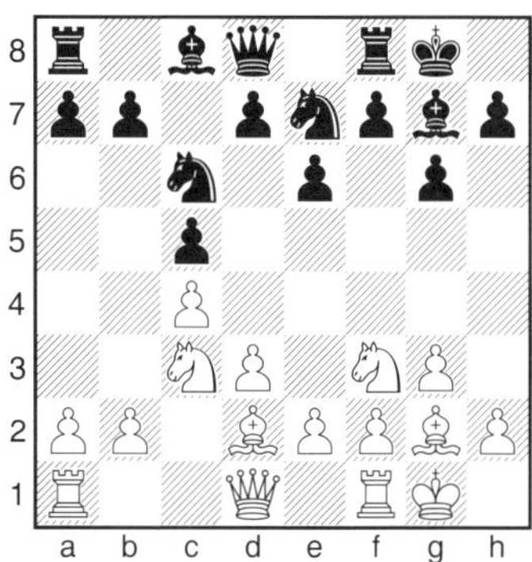

8...d5

Durchaus spielbar ist auch die ruhigere Alternative 8...d6!?. Wir beschränken uns hier auf die Aufnahme von Beispielvarianten, die illustrieren, wie beide Seiten unter Einsatz ihnen zur Verfügung stehender Standardpläne verfahren können.

9.a3

A) 9...b6 10.♖b1

(10.b4 cxb4 11.axb4 ♘xb4 12.♘d4 d5)

10...♗b7 11.b4 ♕d7 12.e3 ♖ad8 13.♕e2 ♘f5 mit einer elastischen Aufstellung der schwarzen Kräfte und guten Chancen.

B) 9...♖b8 10.♖b1 a6 11.b4 cxb4 12.axb4 b5 13.cxb5 axb5 14.♕b3 e5

(14...d5 15.♖fc1 ♕b6)

15.♖fc1 ♗e6=

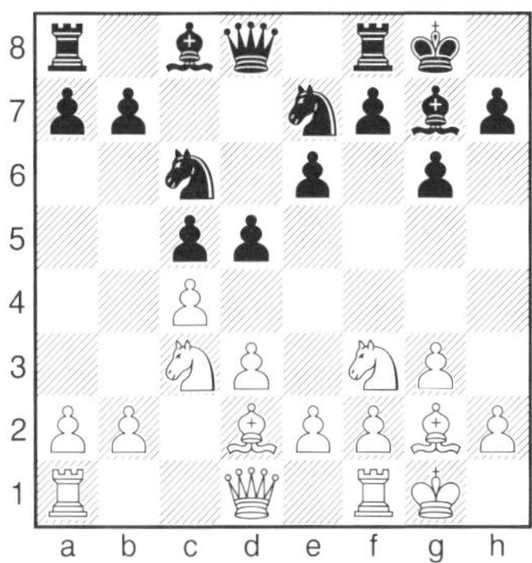

9.cxd5

Nach 9.a3 kommt Schwarz über den Plan mit dem Fianchetto des Damenläufers zu einem baldigen Ausgleich, z.B. in der Variante 9...b6 10.♖b1 ♗b7 11.cxd5 exd5.

(11...♘xd5 12.♘xd5 ♕xd5 geht auch. Schwarz darf nur nicht übersehen, dass mit dem Wegzug des ♘f3 seine Dame angegriffen sein wird.)

12.b4 cxb4 13.axb4 d4 14.♘e4 ♘d5= usw.

Oft gespielt wird auch 9.♕c1 mit der Absicht, den schwarzen Fianchetto-Läufer umgehend zu eliminieren. Auch hierauf ist der schwarze Plan mit dem Fianchetto des Damenläufers gut einsetzbar.

9...b6 10.♗h6 ♗b7 11.♗xg7 ♔xg7 12.cxd5 ♘xd5=

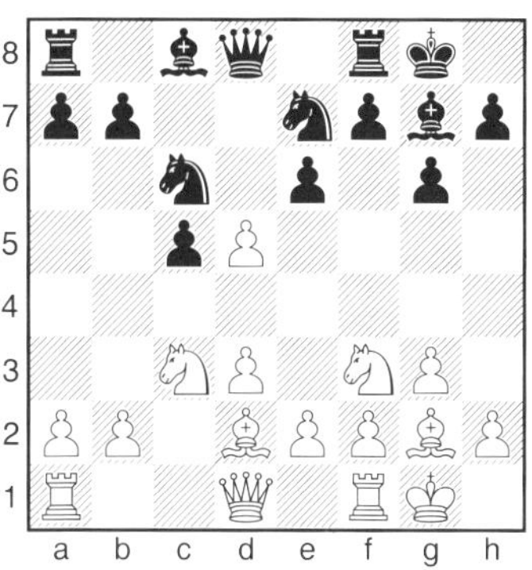

9...exd5

Diese Form des Schlagens auf d5 ist die klare Nummer 1 in der Spielergunst. Auch um das Studienmaterial schmal zu halten, machen wir diese Fortsetzung zu unserer Empfehlung.

9...♘xd5 ist allerdings auch hier eine vollwertige Alternative. Wir gehen aber wegen unserer Priorisierung der Alternative 9...exd5 nur verkürzt darauf ein. Dabei lassen wir uns zudem von der Feststellung leiten, dass wir den Zug ♘e7xd5 in ähnlichen Situationen bereits intensiver betrachtet haben, so dass jeweils dortige Erwägungen hier hilfreich beigezogen werden können. Die folgenden Varianten haben in weitem Rahmen einen Beispielcharakter.

10.♖c1

(Auf 10.♘xd5 kann Schwarz entweder mit dem Bauern oder auch mit der Dame zurücknehmen, jeweils mit guten Aussichten.)

10...b6 11.♘xd5

(11.a3 ♗b7 12.♘xd5 ♕xd5 13.♗c3 ♘d4 und Schwarz steht ausgezeichnet.)

11...exd5

(11...♕xd5?? 12.♘e5+–)

12.♗c3 ♗xc3 13.bxc3

(13.♖xc3 ♗e6 14.e3 ♖c8 15.♕a4 ♕e7)

13...♗f5 14.♘h4 ♗e6 15.f4 ♘e7 und Schwarz steht völlig sicher.

10.♖c1

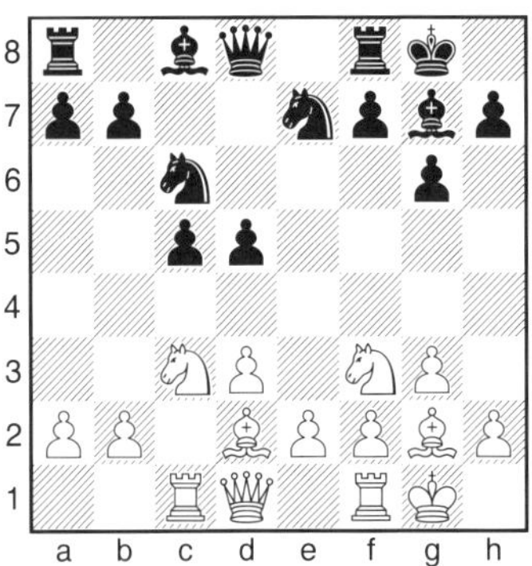

10...b6

Es gibt hier auch die Idee eines Aufbaus mit 10...d4 und nachfolgendem b7–b6. Allerdings muss sich Schwarz dann für den Fall, dass er seinen Gegner an b2–b4 hindern will, um seinen b-Bauern kümmern, wobei sein Turm etwas ins Abseits und in eine verpflichtende Situation gerät. Dem unerfahrenen Spieler möchten wir dieses Vorgehen deshalb nicht empfehlen, auch wenn es ansonsten durchaus für ein Ausprobieren geeignet ist. Weitergehen kann es mit 11.♘a4 b6 12.a3 a5 13.♕b3 ♖a6 mit einem zweischneidigen Spiel.

11.a3 ♗b7=

Beide Seiten haben ihre zentralen Aufbauideen realisiert. An der Schwelle des Übergangs zum Mittelspiel ist die Stellung völlig ausgeglichen. Anschließen kann sich beispielsweise ...

12.♘a4 ♘f5 13.b4 cxb4 14.axb4 ♖e8 15.e3 ♕d7 ...

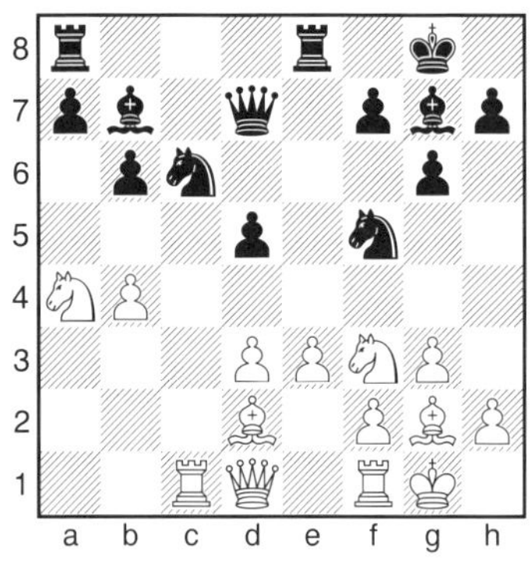

... nebst ♖a8–c8.

Zusammenfassung: Der Aufbau mit einem schnellen Fianchetto des Königsläufers eröffnet Schwarz sehr gute Chancen auf ein ausgeglichenes Spiel. Das Kapitel ist reich an in Betracht kommenden Varianten, doch für beide Seiten gibt es zentrale Aufbaupläne, an denen sie sich jeweils orientieren können und die ihnen auch Wahlmöglichkeiten einräumen. Ebenso ist es beiden Seiten an verschiedenen Stellen möglich, sich zwischen ruhigeren und aktiveren bis zweischneidigen Möglichkeiten zu entscheiden.

Kapitel 4

Die Fortsetzung 3.♘f3

1.c4 c5 2.♘c3 ♘f6 3.♘f3

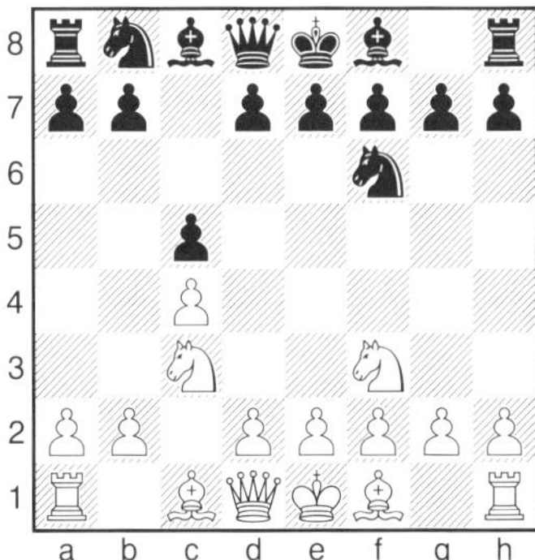

3...e6

Damit behält sich Schwarz den Einsatz des Igel-Systems vor. Dieses System, auch kurz als „Igel" bezeichnet, lässt sich in verschiedenen Eröffnungen einsetzen, so auch in der Englischen Eröffnung. Der Igel wird durch eine kompakte, auf wenig Raum ausgedehnte Bauernstruktur charakterisiert. Diese sieht zunächst arg passiv aus, was aber nur ein vorübergehendes Phänomen ist. Sie eröffnet viel Konterpotenzial und Chancen zum Gegenangriff. Hinter der Bauernwand warten die schwarzen Figuren auf das Signal zur Attacke.

Die Alternativen 3...♘c6 und 3...d5!? führen zu Stellungen, die wir an anderen Stellen unseres Buches behandeln. Zu 3...♘c6 schlagen Sie bitte im **Kapitel 1** sowie im **Kapitel 6** nach, zu 3...d5!? demgegenüber im **Kapitel 5**.

4.g3

Die Folgen der Variante 4.d4 cxd4 5.♘xd4 haben wir im **Kapitel 1** analysiert.

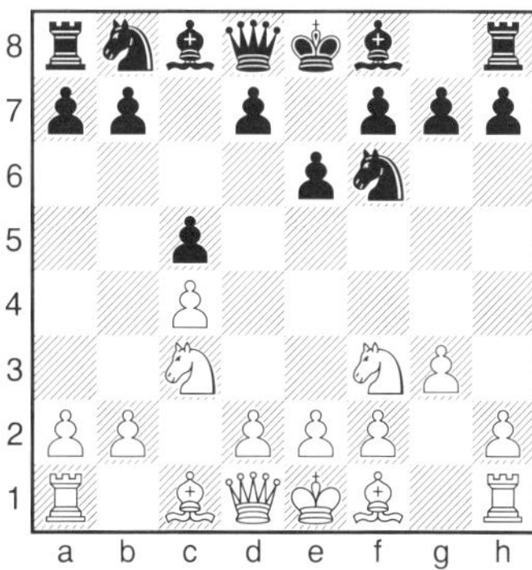

4...b6

Der Springerzug ♘b8–c6 ist in anderen Zweigen der Englischen Eröffnung ein Standardzug. Deshalb behandeln wir 4...♘c6 nicht hier, sondern in anderen Kapiteln, in denen er unter Zugumstellung zum Tragen kommt. Der konkrete Verweis auf bestimmte Kapitel ist hier noch nicht möglich.

Nach den einfach und normal auf Entwicklung gespielten Zügen ...

5.♗g2 ♗b7 6.0–0

... steht Schwarz vor der nicht ganz so einfachen Entscheidung, wie er weitermachen soll.

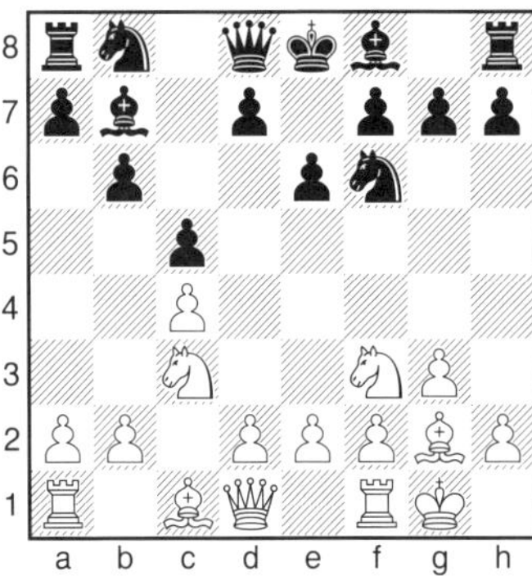

Soll er standardmäßig weiter auf die Aktivierung seines Königsflügels hinarbeiten oder bieten ihm seltener gespielte Alternativen ebenfalls gute Chancen, dann verbunden vielleicht mit einem gewissen Überraschungspotenzial?

6...♗e7

Unsere Empfehlung ist es, zumindest in einer Wertungspartie der Hauptlinie zu folgen und damit eben den Läufer zu entwickeln.

Eine tiefere Prüfung verdient jedoch auch 6...d5!?, ein seltener Gast auf der Turnierbühne.

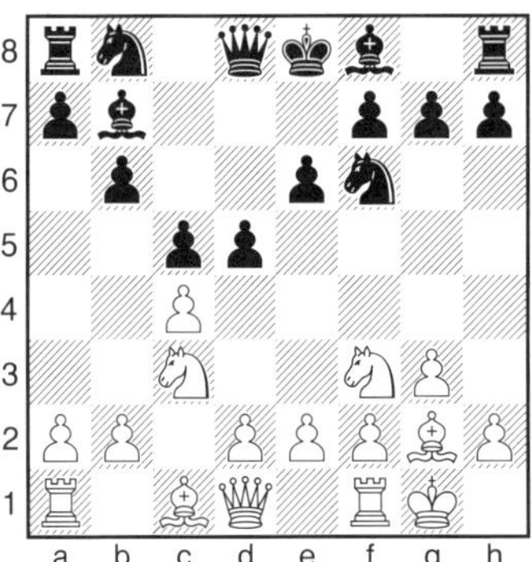

Die folgenden beispielhaften Ausführungen zeigen, wie es dann weitergehen kann.

7.cxd5

(Eine interessante Alternative ist 7.d4. Zu dieser Stellung kann es auch über andere Eröffnungen kommen, insbesondere über die Damenindische Verteidigung, aber auch über die Semislawische Verteidigung wie über die Réti-Eröffnung. Wir gehen mittels einer einzelnen Variante auf die wesentlichen Möglichkeiten ein.

Mit 7...♘bd7 hält Schwarz die Zentrumsspannung aufrecht. Damit eröffnet er Weiß allerdings die Möglichkeit, ihm hängende Bauern beizubringen. Nach 8.cxd5 ♘xd5 9.♘xd5 exd5 10.dxc5 bxc5 ist dies geschehen. Ob sich diese als Stärke oder Schwäche erweisen werden, ist noch nicht entschieden.

Mit 11.e3 fixiert Weiß die Bauernsituation in der Mitte.

11...♗d6 12.♗d2 Während Schwarz am Abschluss der Entwicklung seines Königsflügels arbeitet, nutzt Weiß die Zeit, um seinen Damenläufer in Position zu bringen.

Nach 12...0–0 13.♗c3 kann Schwarz mit 13...♕e7 die Folgezüge ♖f8–d8 und ♖a8–c8 vorbereiten, mit denen die Türme hinter den hängenden Bauern in Stellung gehen. Es ergibt sich ein zweischneidiges Spiel mit einem ungewissen Ausgang.)

7...♘xd5

(7...exd5 geht auch. Auch darauf kann Weiß mit 8.d4 antworten, sein Spiel befreien und seinen Zentrumseinfluss erhöhen. Zugleich macht er den Weg für seinen zweiten Läufer frei. Schwarz muss sehen, dass er seine Entwicklung abschließen kann. Mit 8...♗e7 9.♗f4 0–0 10.♖c1 ♘bd7 kann es logisch in der Partie weitergehen.)

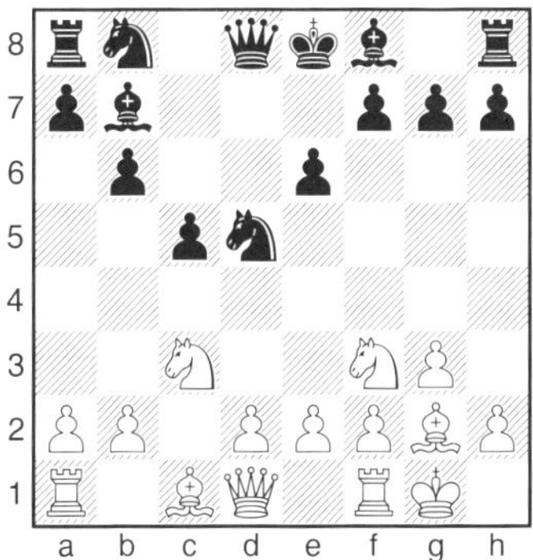

8.d4

(8.♘xd5 ist, wie die Ergebnisse aus der Praxis zeigen, eher für Schwarz von Vorteil.)

Mit 8...♘xc3 kann Schwarz die weiße Bauernstellung etwas schwächen und sich, weil nichts Dringenderes ansteht, Zeit für die Entwicklung seiner Kräfte verschaffen.

9.bxc3 ♗e7 10.♖e1

Der Turm macht den geplanten Vorstoß e2–e4 möglich.

10...0–0 11.e4 cxd4 12.cxd4 ♘d7

Die Stellung befindet sich in einem dynamischen Gleichgewicht. Anhand eines nur wenig kommentierten, aber spannenden Beispiels aus der Praxis möchten wir zeigen, wie es in der Partie weitergehen kann.

13.♗b2 ♖c8 14.d5

Hier kommt reine Taktik zum Tragen. Weiß provoziert einen eigenen isolierten Freibauern, von dem er weiß, dass er ihn nicht halten kann. Eine taktische Finesse aber wird ihm Gegenwerte einbringen.

14...exd5 15.exd5 ♘f6 16.♘h4 ♗xd5 17.♗xd5 ♘xd5 18.♗xg7

Dies ist kein Opfer, sondern Teil des langen Manövers. Mit seinem Schlagen auf g7 setzt sich der König einem Springerschach aus, das die weiße Aktion am Laufen hält.

18...♔xg7 19.♘f5+ ♔h8 20.♘xe7 ♘xe7 21.♕xd8 ♖fxd8 22.♖xe7 ♔g7 23.♖xa7 und über die weiteren Züge 23...♖c2 24.♖a4 ♖dd2 sichert sich Schwarz ein ausreichendes Gegenspiel.

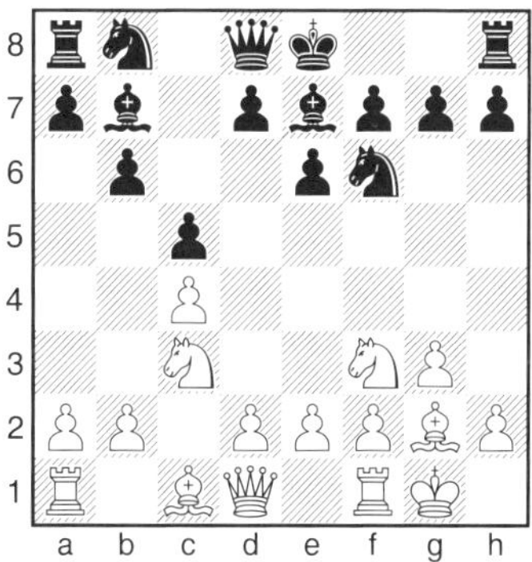

7.d4

Dies ist die aktivste Möglichkeit für Weiß.

Die Entscheidung für 7.♖e1 bringt ihm keinen konkreten Vorteil ein. Es gibt nun mehrere Alternativen für Schwarz, wir empfehlen aber 7...d5!, ohne auf andere Möglichkeiten einzugehen. Dieser Zug garantiert ihm den Ausgleich, wenn er es auch in der Folge richtig anstellt.

8.cxd5 ♘xd5

(Als Antwort auf 8...exd5 wäre 9.d4 gut. Weitergehen könnte es beispielsweise mit 9...0–0 10.♗f4 ♘bd7 11.dxc5 ♘xc5 12.♖c1± und Weiß hat mehr aktives Gestaltungspotenzial als sein Gegner.)

Nach 9.e4 ♘b4 verhindert 10.d4 den Zug ♘b4–d3, befreit das eigene Spiel und nimmt weiteren Einfluss auf das Zentrum.

10...cxd4 11.♘xd4 ♘8c6

Schwarz bringt seinen zweiten Springer ins Spiel und zwingt Weiß hinsichtlich seines ♘d4 zur Erklärung.

Nach 12.♘xc6 sichert sich Schwarz mit dem einen Damentausch einschließenden Manöver 12...♕xd1 13.♖xd1 ♘xc6 den Ausgleich. Mit 14.e5 kann Weiß versuchen, den schwarzen Damenflügel zu lähmen, doch mit 14...♖b8 fängt Schwarz dieses Problem sofort ab. Folgen kann beispielsweise 15.♘b5 0–0 16.♖d7 ♖fd8= usw.

7...cxd4

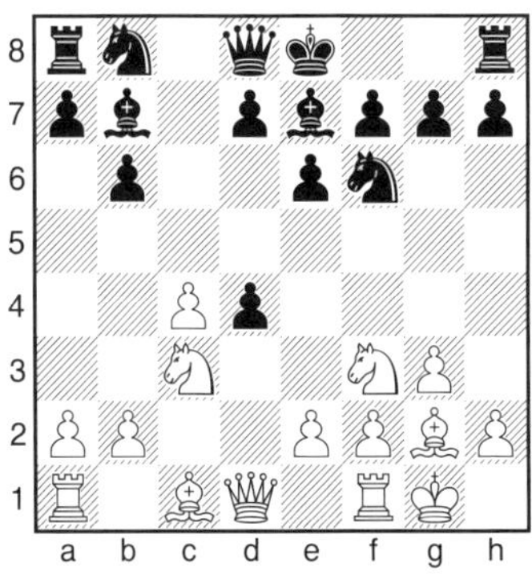

8.♕xd4

Auf dieses Weise vermeidet Weiß den Abtausch seines ♗g2.

Nach 8.♘xd4 ♗xg2 9.♔xg2 hat Schwarz keine Probleme. Er spielt weiter auf Entwicklung und auf den Bauernvorstoß d7–d5 mit ausgezeichneten Chancen auf den Stellungsausgleich.

8...d6

Ein für den Igel-Aufbau typischer Zug.

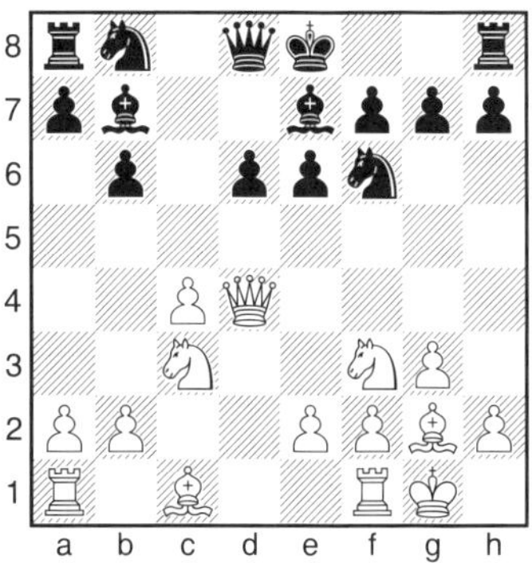

9.♖d1

Und gleich noch ein typischer Zug, diesmal für Weiß und mit dem Turm, der den Druck auf die gegnerische Stellung auf der d-Linie verstärkt.

Neben diesem Hauptzug kommen aber verschiedene Alternativen in Betracht, insbesondere 9.e4, 9.b3 und 9.♗g5. Zunächst gehen wir auf diese weiter ein.

I. 9.e4

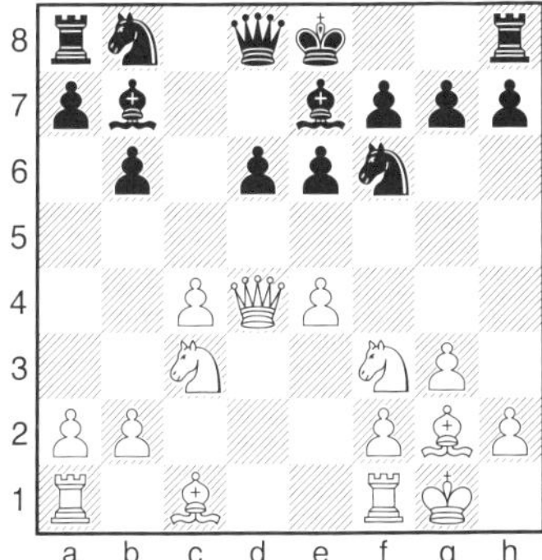

Auf d4 steht die Dame labil und wird womöglich bald einen anderen Platz benötigen. Mit dem Vorstoß des e-Bauern bereitet Weiß ihre Platzierung auf e3 vor. Die Fortsetzung mit ♘f3–d4 gehört zum weiteren Plan. Mit 9...a6 verwehrt Schwarz dem weißen Springer den Zutritt zu b5. Dies dient auch der Vorbereitung der beabsichtigten Entwicklung der Dame nach c7.

(Schwarz kann aber auch zunächst mit 9...0–0 den König evakuieren und schauen, wie Weiß sich weiter entscheidet, um dann zu einem ähnlichen Aufbau zu kommen.

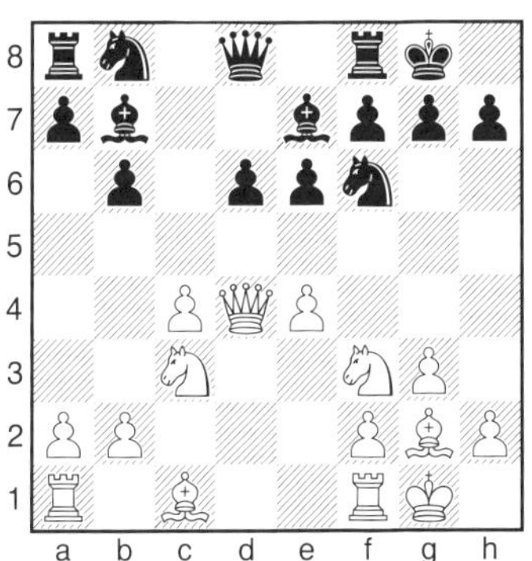

Zum weißen Aufbauplan gehört das Fianchetto des Damenläufers, denn wegen der Reservierung des Feldes e3 für die Dame ist die Diagonale c1–h6 aktuell kein ansprechendes Einsatzfeld für ihn.

Nach 10.b3 ♘bd7 11.♗b2 kann Schwarz 11...a6 nachholen und den Zug seiner Dame nach c7 absichern.

12.♕e3 ♕c7 13.♘d4

Das frei gewordene Feld d4 ist nun mit dem Springer gut besetzt, der in dieser zentralen Position die größte Wirkung entfalten kann. Schwarz steht vor der anspruchsvollen Aufgabe, seinen Kräften auf begrenztem Raum mehr Wirkung zu verschaffen. Die Türme müssen ins Spiel kommen und der schwarzfeldrige Läufer aus seiner eingesperrten Lage befreit werden. Mit 13...♖fe8 führt Schwarz die Partie in die übergeordnete Variante zurück.)

Da nichts Wichtigeres anliegt, ist nach 10.♕e3 der Zeitpunkt für 10...0–0 gekommen. Die Anmerkungen zu den Aufbauplänen beider Parteien in der Variante nach 9...0–0 (statt 9...a6) gelten in gleicher Weise hier.

11.♘d4 ♕c7 12.b3 ♘bd7 13.♗b2

Mit 13...♖fe8 startet Schwarz das Manöver, mit dem er die Umpostierung seiner Kräfte erreichen will. Der Läufer soll dabei auf die lange Diagonale a1–h8 geführt werden.

A) 14.♖fe1

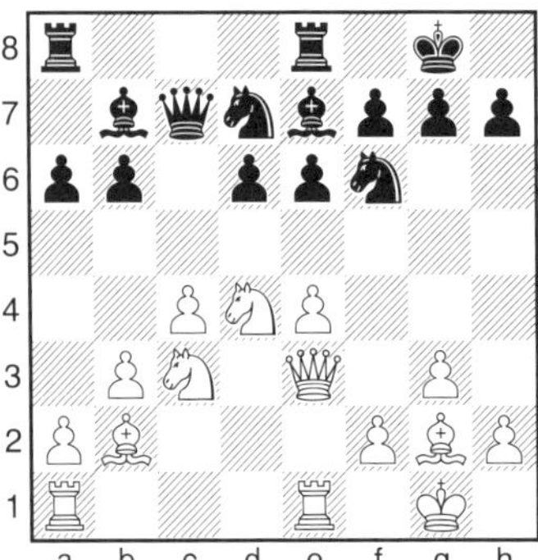

Die weißen Türme werden auf den zentralen Linien gut eingesetzt, auf denen sie von hinten die zentral stehenden Kräfte unterstützen.

14...♗f8 15.h3

Gegen Störaktionen des schwarzen Springers gerichtet.

15...♖ad8 16.♖ad1 g6

Es fehlt nun nur noch der Läufer auf g7, um den Aufbauplan abzuschließen. Die schwarze Stellung ist kompakt, wenn auch noch etwas passiver als die weiße, was aber in diesem System nichts Besonderes ist. Um eine Idee zu vermitteln, wie beide Parteien weiter vorgehen können, nehmen wir noch beispielhafte die folgende kurze Zugfolge auf: 17.♖e2 ♕b8 18.♕d2 ♗g7 19.♕e1 ♕a8 20.♔h2 ♘c5.

B) 14.♔h1

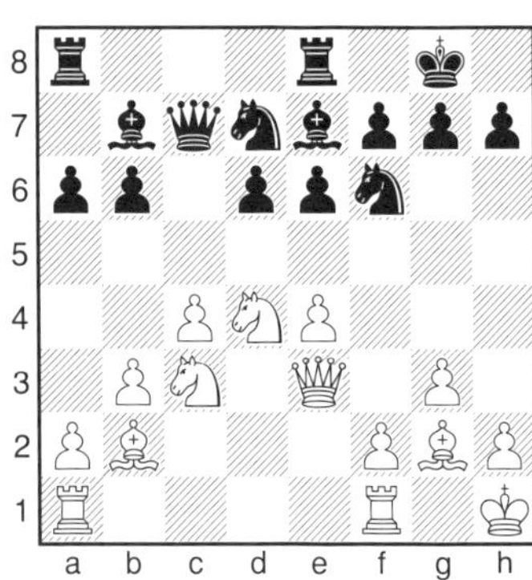

Weiß versucht die Zeit, die Schwarz zur Umorganisation benötigt, für ein eigenes aktives Vorgehen zu nutzen und f2–f4 folgen zu lassen.

14...♗f8 15.f4 g6 16.♖ae1

Das Turmduo im Rücken der beiden vorgerückten Bauern soll den Druck auf die gegnerische Stellung erhöhen. In dieser Variante sind die beiden Schwerfiguren auf der e- und der f-Linie besser eingesetzt als auf der d- und der e-Linie, wie es in der Variante ohne den Bauernvorstoß f2–f4 der Fall ist.

16...♗g7 17.h3 e5

Auf diese Weise forciert Schwarz einen blockierten weißen Isolani auf der e-Linie. Da sein Springer angegriffen ist, muss Weiß sofort reagieren und 18.fxe5 ist die angeratene Entscheidung.

(Die Springerflucht 18.♘c2 wäre günstig für Schwarz. Nach 18...exf4 19.♕xf4 ♘c5 ist der ♙e4 ein ausgezeichnetes Angriffsobjekt für die gegnerischen Figuren geworden.)

Nach 18...dxe5 19.♘f3 ♘h5 20.♔h2 f5 hat sich Schwarz mit einfachen Mitteln das angestrebte Gegenspiel verschafft.

II. 9.b3

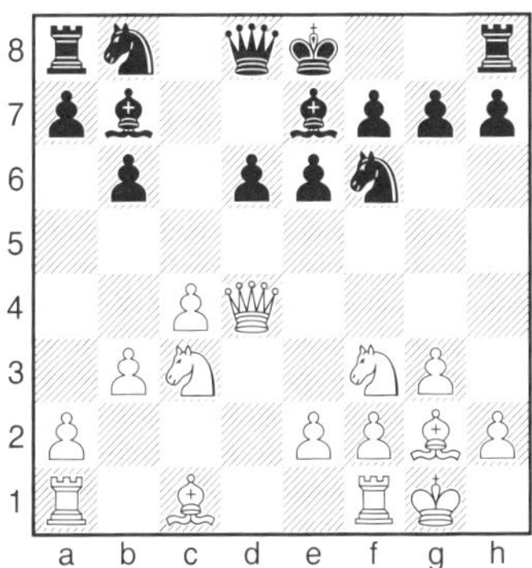

Dieses Vorgehen ist mit jenem nach 9.e4 verwandt.

9...0–0 10.♗b2

(Eine interessante Abweichung ist 10.♗a3, mit der Weiß Druck gegen den ♙d6 und in der d-Linie erzeugen will. Schwarz kann beispielsweise mit 10...♘a6 fortsetzen. Der Springer strebt nach c5, wonach er gut entwickelt sein wird und dem gegnerischen Läufer außerdem den Blick nach d6 verstellt.

11.♖fd1 ♘c5 12.♖ac1 a6 13.b4 ♘cd7 14.e4

Schwarz steht beengt, aber kompakt. Eine Idee, Gegenspiel zu erlangen, führt über b7–b5, zum Beispiel in der Zugfolge 14...♕b8 15.♘e1 b5 usw.)

Die Hintergründe für die folgenden Züge haben wir bereits oben erläutert. Diese Erläuterungen können auch hier genutzt werden.

10...a6 11.♖fd1 ♘bd7 12.♖ac1 ♕c7

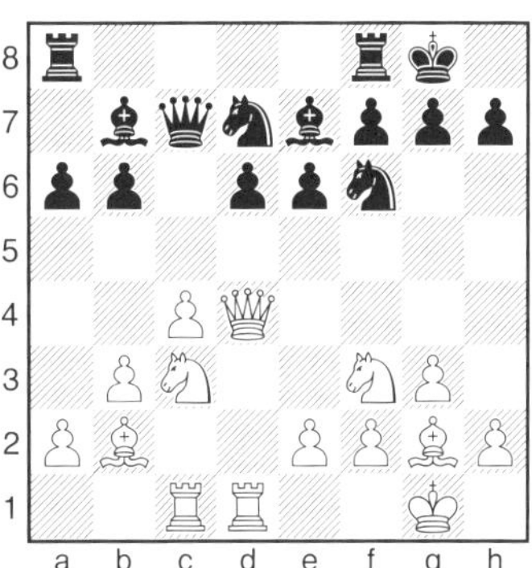

13.e4

(13.♘e1 ist besser für Schwarz. Er tauscht die weißfeldrigen Läufer ab und kommt nach beispielsweise 13...♗xg2 14.♘xg2 ♕b7 15.♘e3 b5! usw. zu einem schnellen Gegenspiel.)

Nach 13...♖ac8 können beide Parteien mit einem Vorgehen nach dem Muster 14.h3 ♕b8 15.♕e3 ♖fe8 16.♘d4 ♕a8 ihre Positionen ausbauen und absichern. Seine Probleme mit dem schwarzfeldrigen Läufer kann Schwarz mit der Methode ♗e7–f8, g7–g6 und ♗f8–g7 lösen, so wie wir es bereits in anderen Varianten gesehen haben. Den weiteren Kampf führt er mit guten Gegenchancen.

III. 9.♗g5

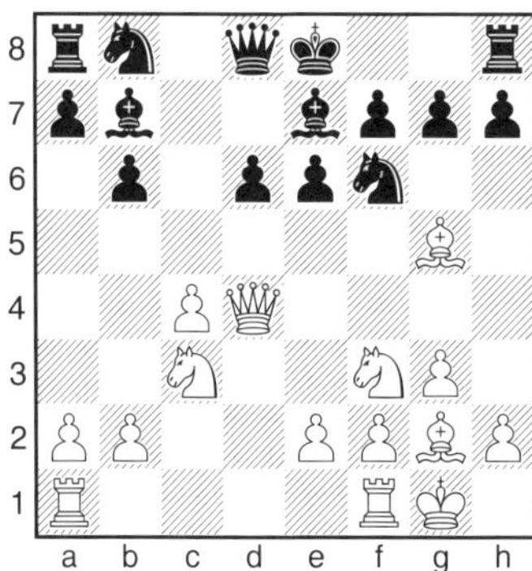

Die Idee hinter diesem Läuferausflug liegt darin, den ♘f6 in einem günstigen Moment zu schlagen. Dieser Moment kann sich auch dadurch als günstig erweisen, dass Schwarz mit dem Bauern zurücknehmen muss.

9...a6 10.♗xf6

Mit dem Schlagen an dieser Stelle verbindet Weiß die Absicht, den schwarzen Läufer von der Deckung des ♙d6 abzulenken, so dass dieser kraftvoll als Angriffsobjekt genutzt werden kann.

10...♗xf6

(Hier wäre 10...gxf6? ein Fehler, was die kurze Variante 11.♖fd1 ♘c6 12.♕d2± unter Beweis stellt.)

Mit dem Manöver ♕e4–f4, ♖f1–d1 und ♘c3–e4 kann Weiß seine Kräfte maximal gegen den ♙d6 werfen. Aber Schwarz hat genügend Ressourcen, um alles rechtzeitig unter Kontrolle zu halten und dabei sogar den König aus der gefährlichen Mitte zu bringen. Es kann entsprechend wie folgt weitergehen: 11.♕f4 0–0 12.♖fd1 ♗e7 13.♘e4 ♗xe4 14.♕xe4.

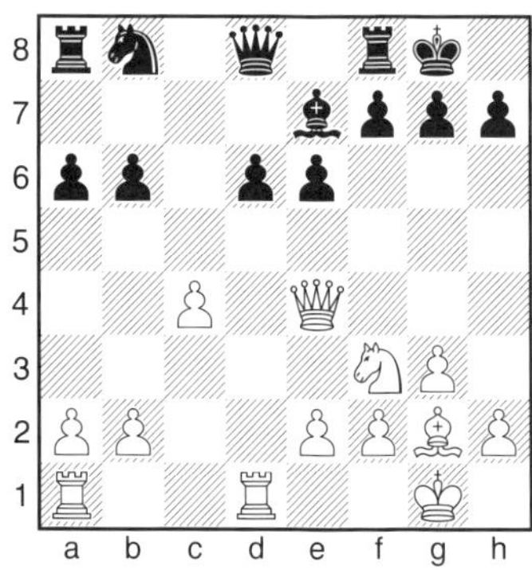

14...♖a7

Natürlich durfte Schwarz nicht übersehen, dass der Turm ungedeckt war und nach 14.♕xe4 von der Dame angegriffen wurde. Er löst das Problem aktiv, indem er diesen nicht deckt, sondern in eine wirkungsvollere Position überführt. Damit sorgt er zudem allfälligen Überraschungen vor, die daraus entstehen konnten, dass der Turm sich auf der Diagonalen des ♗g2 befand und nur gegnerische Figuren zwischen ihnen standen.

15.♘d4 ♖c7

Nun ist auch das Feld c6 hinreichend abgesichert und nach 16.b3 ♕c8 ist Schwarz im Begriff, den vollen Ausgleich herzustellen. Nach beispielsweise 17.♖d2 ♖d8 18.♖ad1 ♗f8 19.e3 d5 20.cxd5 ♖xd5= wäre er erreicht.

9...a6

Die Bedeutung dieses Sicherungszuges dürfte bereits in den voranstehenden Varianten deutlich geworden sein. Er wird in gleicher Weise auch hier gebraucht.

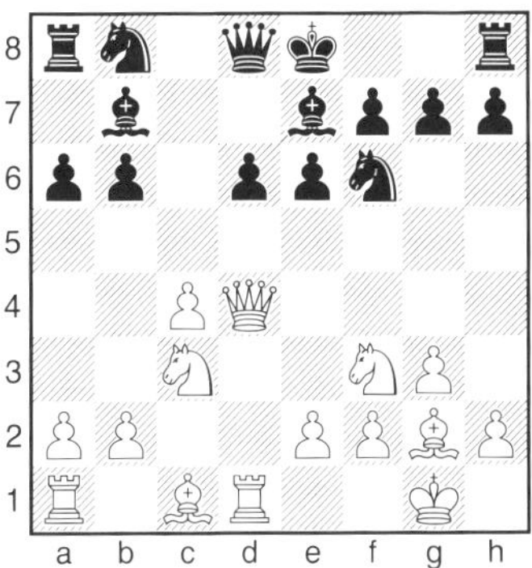

10.e4

Der Vorstoß des e-Bauern verkörpert die kraftvollste Möglichkeit für Weiß, auf Vorteil zu spielen. Mit seiner Wahl hofft er darauf, den erlangten Raumvorteil in der Mitte in der Folge nutzen zu können.

Zu den wichtigsten Alternativen zählen 10.b3, 10.♗g5 und 10.♘g5. Diesen wollen wir entsprechend etwas tiefer auf den Zahn fühlen.

I. Die Besteckteile in den Varianten sind oft gleich. Dies gilt auch für 10.b3, einen Altbekannten aus vorhergehenden Linien.

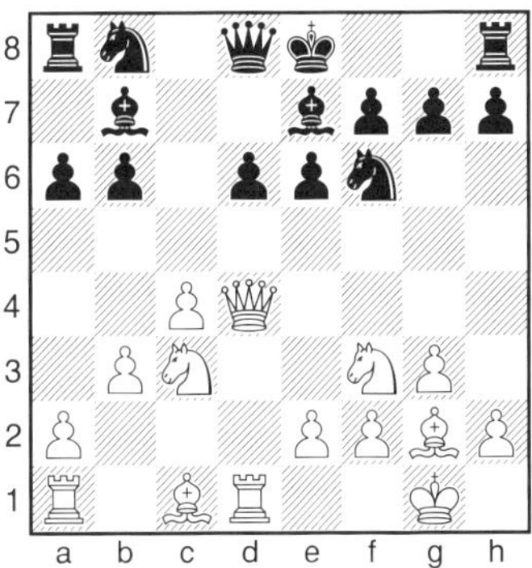

Unterschiedlich ist der Zeitpunkt, wann es zum Einsatz kommt und in welcher Situation. Nach 10...♘bd7 soll der Springer nach c5 geführt werden, was nach dem bereits erfolgten a7–a6 nur noch über d7 geht.

11.e4

(Natürlich geht auch 11.♗b2 mit Übergang zur Hauptvariante.)

Nach 11...♕c7 12.♗a3 hilft 12...♘c5 bei der Sicherung des ♙d6. Schwarz hat alles im Griff, was auch die beispielhafte Zugfolge 13.e5 dxe5 14.♕xe5 ♖c8= zeigt.

II. 10.♗g5

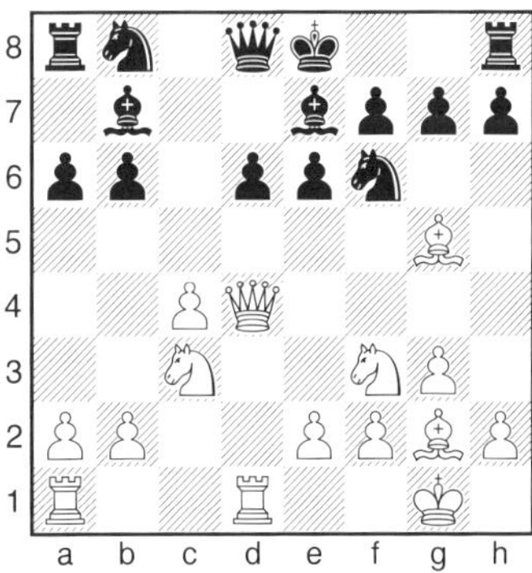

10...♘bd7

Wenn möglich, will sich Schwarz nach dem Plan 0–0, ♕d8–c7, ♖a8–c8, ♖f8–d8 aufbauen. Aber selbst, wenn er nicht alles wie gewünscht verwirklichen kann, winken ihm gute Aussichten.

11.♕d2

(11.♗xf6 beantwortet Schwarz mit 11...♘xf6, so dass die Deckung des ♙d6 durch den Läufer aufrechterhalten wird. Es kann dann in bekannten Mustern wie 12.e4 ♕c7 13.e5 dxe5

14.♕xe5 ♖c8 weitergehen und aus den weißen Bestrebungen um einen Eröffnungsvorteil ist die Luft gewichen. Folgen kann beispielsweise 15.♕xc7 ♖xc7 16.♘e5 ♗xg2 17.♔xg2 0–0= usw.)

Der ♙d6 ist hinreichend gesichert, also besteht jetzt die Möglichkeit zur 11...0–0.

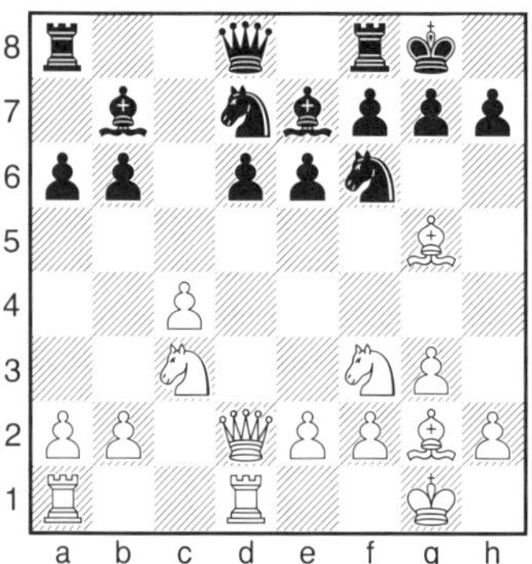

Mit 12.♖ac1 aktiviert Weiß auch seinen zweiten Turm.

(12.♗f4 sieht vielversprechender aus, als es tatsächlich ist. Mit 12...♘e8 sorgt Schwarz für die notwendige Deckung des ♙d6, wenn auch zum Preis einer noch etwas passiveren Aufstellung. Er steht jedoch kompakt und gibt Weiß kaum Angriffspunkte. Nach einer weiteren beispielhaften Entwicklung mit 13.♖ac1 ♖c8 14.b3 und nun mit 14...h6 steht er auf dem Sprung zur Aktivierung.

Die Ergebnisse aus der Praxis bestätigen, dass Schwarz seinem Gegner ebenbürtige Chancen hat. Nach 15.e4 ♕c7 kann er sich zeigen lassen, wie Weiß seine Stellung auszubauen gedenkt. Er ist gut vorbereitet, um auf alle Versuche gut reagieren zu können. Sobald eine Umpostierung der weißen Figuren dies erlaubt, indem dadurch der Druck auf d6 gemindert wird, kann der ♘e8 auf f6 zurückkehren.)

Nach 12...♖c8 13.b3 ♘c5= haben beide Parteien an der Schwelle von der Eröffnung zum Mittelspiel Chancen auf Augenhöhe.

III. 10.♘g5

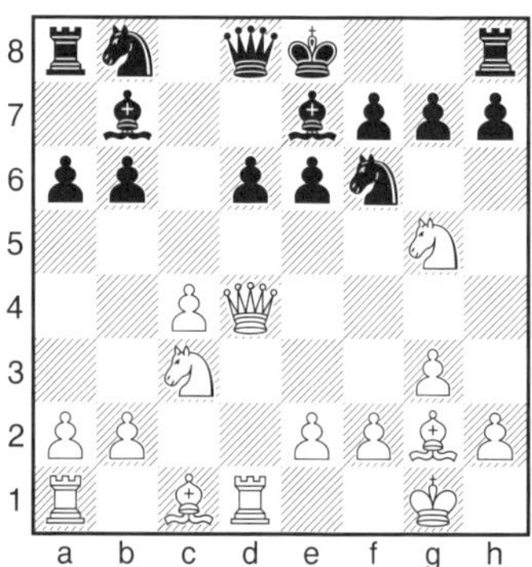

Diese Fortsetzung stellt keine besondere Herausforderung für Schwarz dar. Er kommt mit natürlichen Zügen relativ leicht zum Ausgleich. Nach 10...♗xg2 11.♔xg2 ♘c6 ist er beinahe explosionsartig zu einer besseren Lage gekommen.

12.♕f4

Auf f4 bleibt die Dame wirkungsvoll postiert.

(Die Alternative 12.♕d2 geht auch, verspricht Weiß aber keinen Vorteil gegenüber dem Schwenk auf die f-Linie. Mit beispielsweise 12...♕c7 13.b3 0–0 14.♗b2 ♖fd8 15.♖ac1 ♕b7 können beide Seiten auf Entwicklung spielen und die Partie ins Mittelspiel einbiegen lassen.)

12...0–0 13.b3 ♕c7

Wenn Weiß den Druck auf den ♙d6 mit 14.♗a3 erhöht, steht Schwarz die gute Antwort 14...♖fd8= mit Ausgleich zur Verfügung. Die folgende Zugfolge zeigt beispielhaft auf, wie es in der Partie weitergehen kann.

15.♖ac1 ♘e5

Auf e5 steht der Springer stark und ist nur schwer zu vertreiben. Indem er das Feld c6 geräumt hat, zeigt er die Verletzlichkeit des weißen Königs auf der Diagonalen a8–h1 auf.

16.♘ge4 ♘xe4 17.♘xe4 ♕b7 18.♔g1 ♘g6 19.♕e3 d5

Spätestens jetzt muss Weiß erkennen, dass er nichts in der Hand hat, womit er einen Stellungsvorteil reklamieren könnte.

10...♘bd7

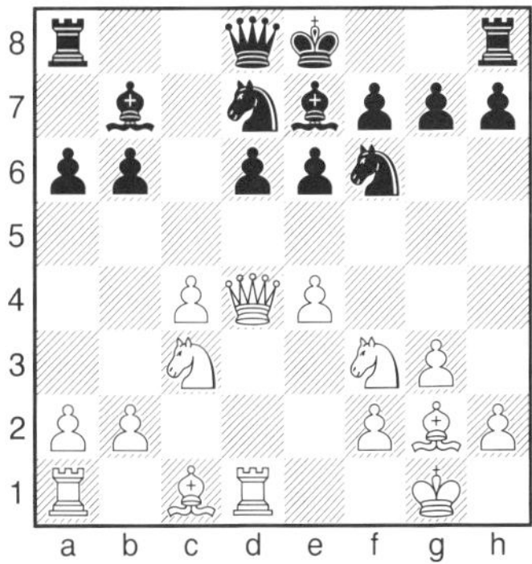

Die Diagrammstellung zeigt eine typische Situation des Igel-Systems. Das Spiel von Schwarz basiert darauf, eine feste Stellung mit Bauern auf a6, b6, d6 und e6 zu errichten und dann abzuwarten, was der Gegner spielt. Hier ist eine zweischneidige Situation erreicht.

11.b3

Die Entwicklung des Läufers auf die Diagonale a1-h8 gehört zum Hauptplan von Weiß. Selten wird er nach a3 gezogen.

– Im Fall von 11.♕e3 kann Schwarz seine Pläne etwa wie in der Hauptvariante anlegen, z.B. 11...♕c7 12.b3 0–0 13.♗b2 ♖fe8 14.♖ac1 ♖ac8 mit der typischen Idee ♕c7–b8–a8 usw.

– Auch nach 11.♗e3 kann er bekannte Wege anstreben, z.B. 11...♕c7 12.♖ac1 0–0 13.h3 ♖ac8 14.♘d2 ♘c5 usw.

Die Fortsetzung mit aus den Nebenvarianten bekannten Zügen ...

11...♕c7 12.♗b2 0–0 13.♖ac1 ♖ac8 14.♕e3 ♖fe8=

... führt in ausgeglichene Verhältnisse.

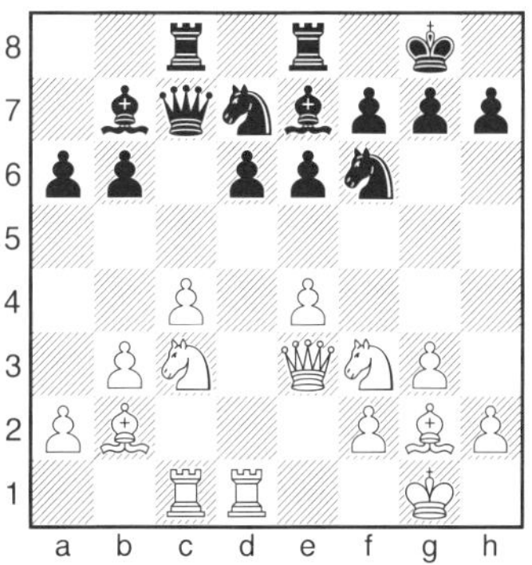

Zusammenfassung: Mit 3...e6 kann Schwarz das Spiel in die Richtung des Igel-Systems lenken. In diesem kommt es zu komplizierten Stellungen mit beiderseitigen Chancen.

Mit 3...d5!? kann Schwarz andere Bahnen anstreben, die ihm ebenfalls gute Chancen einräumen.

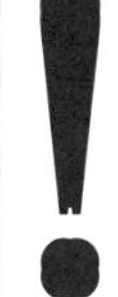

Kapitel 5

Die Fortsetzung 3...d5

1.c4 c5 2.♘c3 ♘f6 3.♘f3 d5

Dieses aktive Vorgehen wurde von Akiba Rubinstein popularisiert, einem polnischen Spieler, der in den 1910er und 1920er Jahren zur Weltspitze gehörte. Schwarz macht ohne Umschweife deutlich, was er will: Zentrumseinfluss und Initiative.

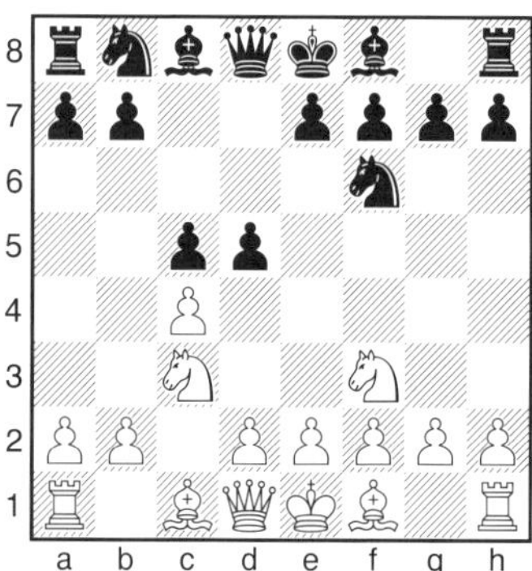

4.cxd5

Weiß reagiert in der Turnierpraxis am häufigsten mit dem Schlagen, so dass dies der Hauptzug im System ist. Auf diese Weise löst er die Situation im Zentrum sofort auf.

Zu den Hauptalternativen gehören 4.d4 und 4.e3, denen wir deshalb einige Ausführungen widmen.

I. 4.d4

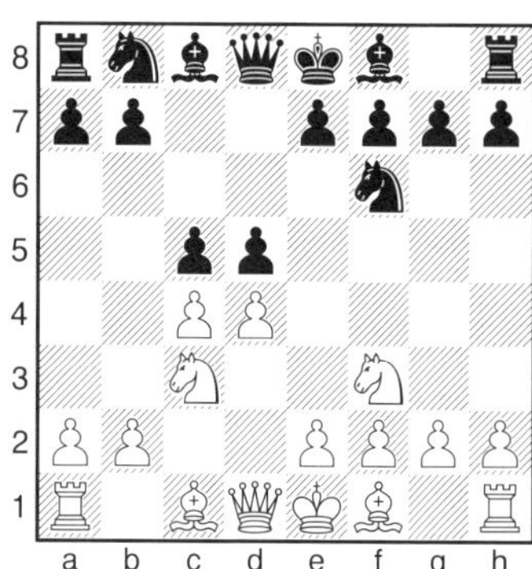

Durch eine schlichte Blockade hindert Weiß den gegnerischen Bauern an einem weiteren Vormarsch.

4...cxd4

(Die Zugfolge 4...e6 5.cxd5 führt in die Tarrasch-Verteidigung des Damengambits, die wir in dem Buch *Eröffnungen Damengambit, lesen-verstehen-spielen*, Joachim Beyer Verlag 2020, behandelt haben. Nun kann Schwarz mit 5...♘xd5 oder 5...exd5 reagieren.)

Mit 5.♘xd5 stellt Weiß das materielle Gleichgewicht wieder her und zieht den Springer aus der bedrohten Position.

(Den gleichen Effekt könnte er mit 5.♘xd4? erreichen, und dennoch ist diese Alternative nicht zu empfehlen. Schwarz kommt über die Reihe natürlicher Züge 5...e5 6.♘f3 d4 7.♘b1 ♘c6 8.a3 e4 zu einem bedeutenden Raumvorteil.)

Nach 5...♘xd5 6.cxd5 ♕xd5 7.♕xd4 ♕xd4 8.♘xd4 ist bereits weitgehend klar, dass keine der beiden Parteien die Eröffnungsphase mit einem bemerkenswerten Eröffnungsvorteil wird beenden können, es sei denn, dass eine von ihnen straucheln sollte.

Mit 8...a6 hindert Schwarz den weißen Springer am Betreten des Feldes b5, von wo aus er das verletzliche Feld c7 erreichen könnte. Die Zugfolge 9.e4 e5 10.♘f3 ♘c6 11.♗c4 lässt die Kontrahenten auf einfachem Weg Entwicklungsfortschritte erreichen, bevor Schwarz auf taktische Weise mit 11...♗b4+ 12.♗d2 ♗xd2+ 13.♔xd2 ♔e7= den Ausgleich bewahrt.

II. 4.e3

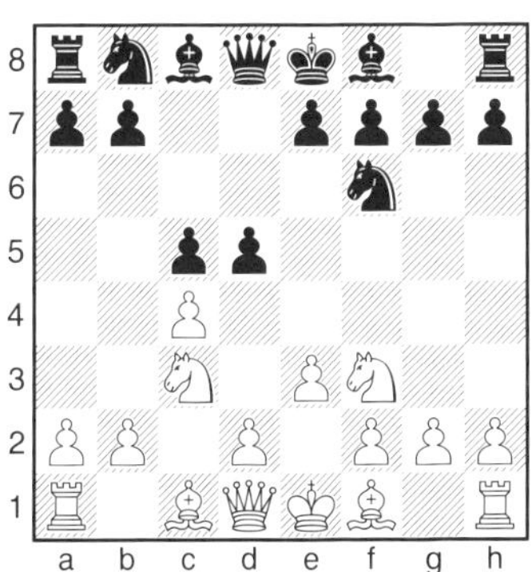

Diese Fortsetzung sorgt für eine Deckung des ♙c4 durch den Läufer, lässt aber 4...d4 zu. Diese Chance sollte Schwarz auch nutzen, so dass Weiß dieser Weg nicht zu empfehlen ist.

(Die Alternative 4...♘c6 ist etwas schwächer, denn mit 5.cxd5 ♘xd5 6.♗b5 kann Weiß die Partie in eine für ihn vorteilhafte Linie dirigieren. Der Läufer droht auf c6 zu schlagen, wonach Schwarz einen schwachen Doppelbauern auf der c-Linie zu verwalten hätte. Die sofortige Deckung mittels ♗c8–d7 ist ausgeschlossen, weil dies den ♘d5 kosten würde.

Entsprechend schaltet Schwarz 6...♘xc3 mit der Folge 7.bxc3 ♗d7 vor. Allerdings hat Weiß eine günstige Veränderung seiner Bauernstellung erreicht, deren Potenzial nach beispielsweise 8.0–0 e6 9.d4 deutlich wird. Folgen kann 9...♗e7 10.e4± und Weiß hat eine starke Zentralstellung erreicht, die ihm einen zumindest kleinen Eröffnungsvorteil vermittelt.)

Die Reaktion 5.exd4 löst keine aus weißer Sicht positive Entwicklung aus, aber die zur Springerflucht zur Verfügung stehenden Alternativen sind nicht besser.

5...cxd4 6.♘e2 ♘c6 7.d3

Auf Kosten eines rückständigen Bauern auf d3, der zugleich die weitere Aktivierung der weißen Kräfte behindert, scheint Weiß etwas aus der Bredouille gekommen zu sein, doch mit 7...e5 leitet Schwarz kraftvoll die weitere Entwicklung seiner Kräfte ein. Nach einer aus natürlichen Zügen bestehenden Fortsetzung mit 8.♘g3 ♗e7 9.♗e2 0–0 10.0–0 ♘d7 steht Schwarz aufgrund seines Raumvorteils besser. Weitergehen kann es mit 11.♘f5 ♖e8 12.♘xe7+ ♕xe7∓ usw.

4...♘xd5

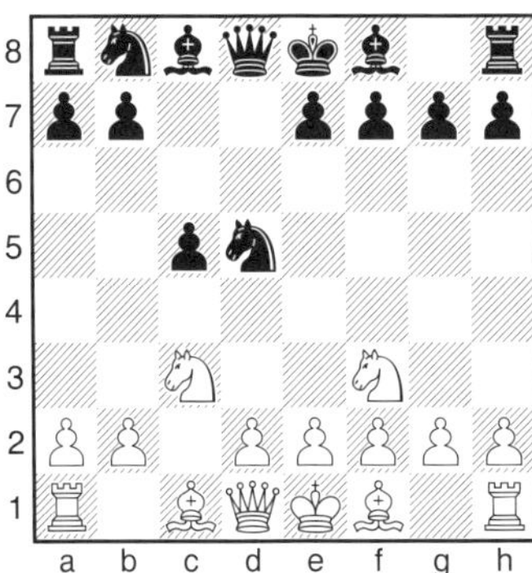

5.g3

Das Fianchetto des Königsläufers gehört zum weißen Hauptspielplan. Weiß kann sich aber insbesondere auch für 5.d4, 5.e3 oder 5.e4 entscheiden. Die sich daraus jeweils ergebenden Möglichkeiten wollen wir uns etwas genauer anschauen.

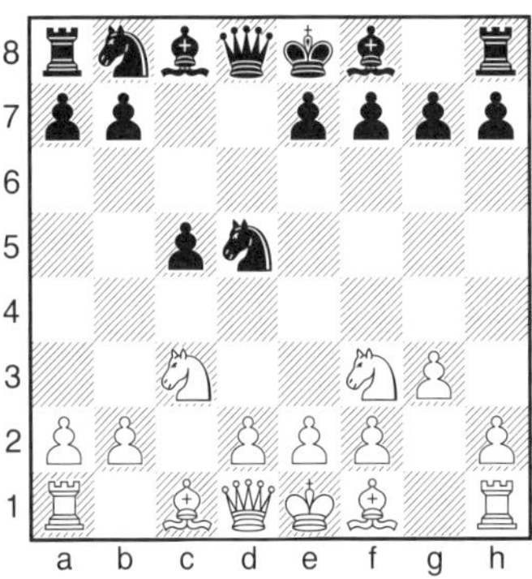

I. 5.d4

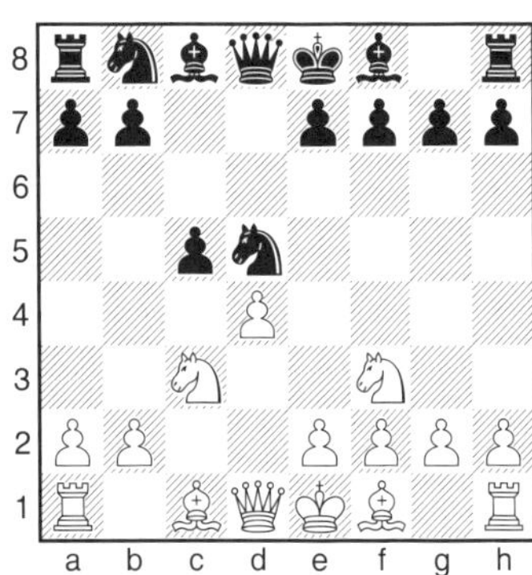

Mit der Wahl dieser Fortsetzung hält sich Weiß einen Übergang in andere Eröffnungen offen, vor allem ins Damengambit.

5...♘xc3

(– Die Fortsetzung 5...e6 führt zum Damengambit.

– Die mit 5...cxd4 eingeleitete Variante 6.♕xd4 ♘xc3 7.♕xc3 ♘c6 8.e4± führt zu einer schnelleren und wirkungsvolleren Entwicklung der weißen Kräfte und ist somit eher weniger ratsam.)

6.bxc3 e6

Der Bauer hält den weißen d-Bauern auf und macht den Weg für den ♗f8 frei.

(Mit 6...g6 kann Schwarz hier alternativ auch eine Variante der Grünfeld-Indischen Verteidigung ansteuern, z.B. 7.e4 ♗g7 usw.)

Auch nach 7.e4 ist die Partie im Damengambit angekommen. Auf klassischem Weg im Damengambit kann die Stellung über die Zugfolge 1.d4 d5 2.c4 e6 3.♘c3 ♘f6 4.♘f3 c5 5.cxd5 ♘xd5 6.e4 ♘xc3 7.bxc3 erreicht werden.

Weitergehen kann es beispielsweise mit 7...cxd4 8.cxd4 ♗b4+ 9.♗d2 ♗xd2+ 10.♕xd2 0–0 mit beiderseitigen Chancen. Diese Variante haben wir auf Seite 211 in unserem Buch *Eröffnungen, Damengambit, lesen-verstehen-spielen*, Joachim Beyer Verlag 2020 behandelt.

II. 5.e3 wird in der Praxis seltener als die drei anderen von uns betrachteten Alternativen gespielt, überzeugt aber mit guten statistischen Daten.

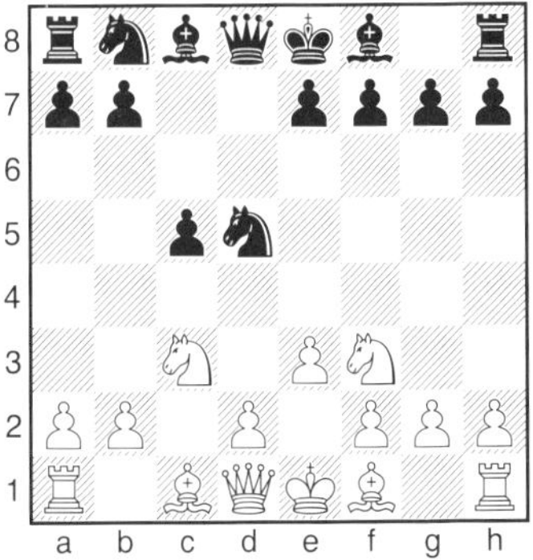

Der Bauer macht den Weg für den ♗f1 frei, stellt sich aber dem anderen Läufer in den Weg. Dieser wird sich dann also voraussichtlich Richtung Flanke entwickeln. Von e3 aus unterstützt der Bauer den Vorstoß d2–d4.

5...♘xc3

(Mit 5...e6 kann Schwarz Stellungen herbeiführen, die in ihrer Struktur solchen im Damengambit ähneln oder unmittelbar ins Damengambit wechseln. Es kann dann beispielsweise mit 6.d4 ♘c6 usw. weitergehen, womit der Übergang vollzogen ist.

Die Zugfolge 1.d4 d5 2.c4 e6 3.♘c3 ♘f6 4. ♘f3 c5 5. cxd5 ♘xd5 6. e3 ♘c6 nimmt den direkten Weg über das Damengambit.)

6.bxc3

(Die Alternative 6.dxc3 ist ohne große Ambition. Wenn Schwarz auf den Damentausch eingeht, kann er leicht ausgleichen und viel Spannung aus dem Kampf nehmen. Er kann aber auch 6...♕c7 spielen und damit auf mehr hoffen. Nach 6...♕xd1+ 7.♔xd1 ♘c6 hat er den Ausgleich geschafft. Weiß hat das Rochaderecht verloren, was hier aber keine Rolle spielt. Dem König droht bis auf Weiteres keine Gefahr und bei Bedarf kann er sich in dieser Stellung auch vergleichsweise schnellen Fußes in eine sichere Position begeben.)

6...g6

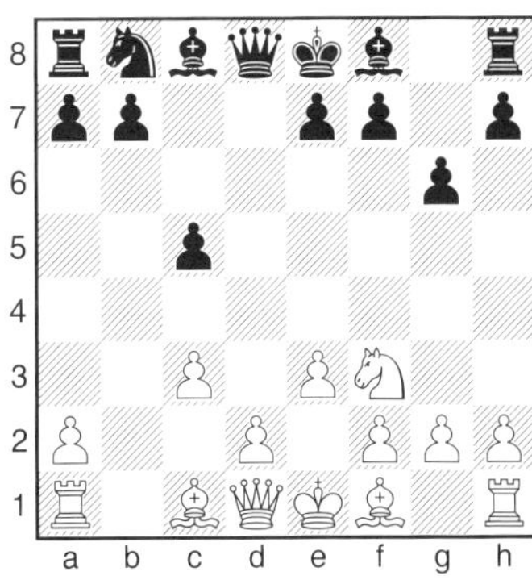

Schwarz strebt einen Aufbau mit ♗g7 und 0–0 an. Auf der langen Diagonalen a1–h8 winkt dem Läufer viel Einfluss und er drückt auf die weiße Zentralstellung.

7.♗b5+

(Weiß kann auch sofort 7.d4 spielen und seinen Königsläufer nicht nach b5 führen, wo er für ihn die Möglichkeit eines frühen Abtausches provoziert. Schwarz kann darauf mit einer ruhigen Entwicklung seiner Kräfte reagieren, so dass es einen beispielhaften Fortgang mit 7...♗g7 8.♗d3 0–0 9.0–0 geben kann.

Optisch scheint sich Weiß zumindest leicht im Vorteil zu befinden, weil er etwas weiter in der Entwicklung vorangekommen ist und mehr Einfluss auf das Zentrum hat; dies täuscht jedoch. Schwarz steht auf dem Sprung, seine Kräfte mit Siebenmeilenstiefeln zu aktivieren. Die folgende Beispielvariante zeigt das Muster auf, nach dem dies geschehen kann.

9...♕c7 10.♕e2 ♖d8 11.♖d1 b6 12.♗b2 ♘c6 13.♖ac1 ♗b7

Schwarz hat seine elastische Aufstellung erreicht und übt Druck auf das weiße Lager aus. Nach 14.e4 e6 sind die Chancen ausgeglichen, was auch die Ergebnisse aus der Praxis widerspiegeln.)

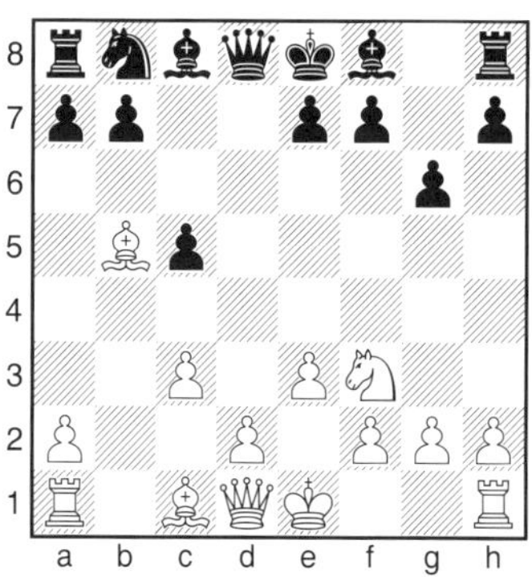

7...♗d7 8.♕b3

Die Dame deckt den Läufer, der somit in Position bleiben kann. Dies gibt Schwarz die Gelegenheit zur Fortsetzung nach seinem Aufbauplan für den Königsflügel.

8...♗g7 9.♗a3

Zwar kann Weiß seinen Läufer in einer Weise entwickeln, dass Schwarz zur Verteidigung seines ♙c5 gezwungen ist, doch ein echter Tempogewinn ist damit nicht verbunden, denn 9...b6 ist ohnehin ein sinnvoller Zug, der Schwarz weiterbringt.

10.♗xd7+

(Weiß kann auch sofort 10.d4 spielen, was ihm aber keine besseren Chancen einbringt.)

10...♕xd7 11.d4 ♘c6=

So wie bekanntlich viele Wege nach Rom führen, gibt es hier mehrere Wege, den die Kontrahenten tiefer in die Partie hinein nehmen können. Ein plausibler Fortgang führt über die Züge 12.♖d1 ♘a5 13.♕c2 cxd4 14.cxd4 0–0 15.0–0 ♖ac8 und die Aussichten halten sich weiterhin die Waage. Schwarz hat einen Bauernvorteil auf dem Damenflügel, Weiß auf der anderen Seite. Beide Könige stehen auf dem Königsflügel, was es Schwarz die Umsetzung eines Plans erleichtern kann, sich einen Freibauern auf dem Damenflügel zu verschaffen.

III. 5.e4

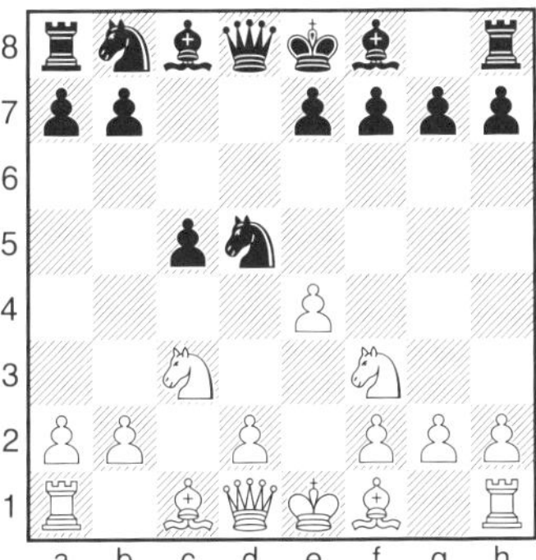

Weiß zwingt seinen Gegner zur sofortigen Entscheidung, ob er seinen Springer behalten will oder auf c3 abtauscht. Allerdings schwächt er damit das Feld d3. Für den wenig erfahrenen Spieler ist diese Variante mit Weiß nicht leicht zu führen.

A) Die natürliche und auch häufigste Reaktion 5...♘b4 leitet die Hauptvariante in dieser Spielweise ein. Der Springer nimmt d3 aufs Korn.

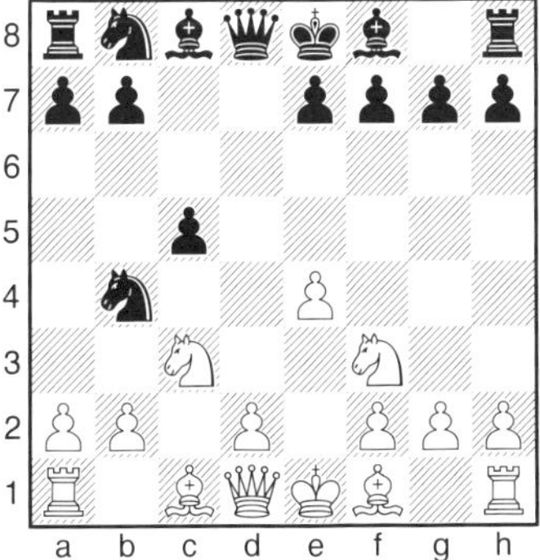

A1) 6.♗c4

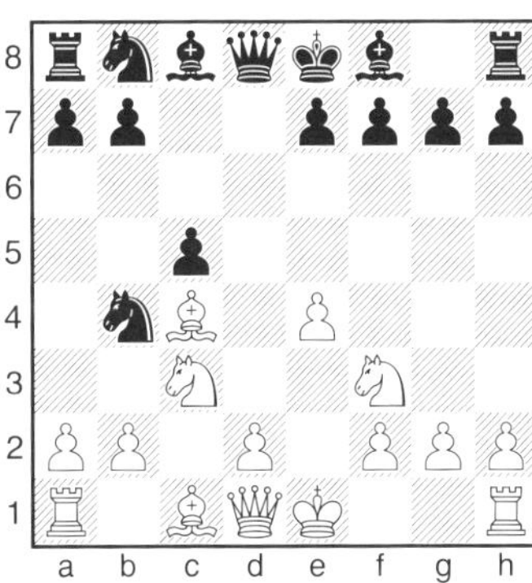

Der Läufer entwickelt sich und nimmt mit f7 den schwächsten Punkt im schwarzen Lager ins Visier. Nach 6...♘d3+ sieht die Situation unangenehm für Weiß aus, lässt sich aber gut managen.

7.♔e2

(7.♗xd3 macht kurzen Prozess mit der schwarzen Aktion. 7...♕xd3=)

7...♘f4+

(Die Folgen von 7...♘xc1+ 8.♖xc1 e6 9.d4 sind günstig für Weiß.)

8.♔f1 ♘e6

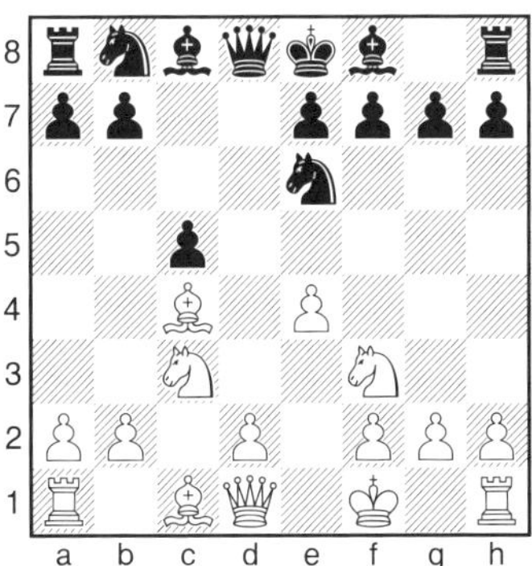

Der Springer entzieht sich prophylaktisch dem Angriff durch den Läufer nach d2–d4. Weiß stehen hier mehrere Türen offen, wir konzentrieren uns aber auf 9.b4 und 9.♘e5. Auch das zurückhaltende 9.d3 ist eine weitere Prüfung wert, daneben wartet das selten gespielte 9.h4 mit vielversprechenden Praxisergebnissen auf.

Bei 9.b4 geht es um den Kampf um das Zentrum. Der c-Bauer soll abgelenkt werden, damit Weiß ungestört zu d2–d4 kommen kann.

(Mit 9.♘e5 verschafft er sich Einfluss auf das Feld d7. 9...g6 bereitet die – in der gegenwärtigen Situation einzig richtige – Entwicklung des Läufers nach g7 vor. Nun kann 10.♕a4+ folgen, worauf Schwarz kaum eine Alternative zu 10...♗d7 hat. Diese reicht aber aus, wie die Beispielvariante 11.♘xd7 ♕xd7 12.♗xe6 fxe6 13.♕xd7+ ♔xd7 14.d3 ♘c6 15.♗e3 b6 zeigt.

Schwarz steht gut, was auch der Computer rechnerisch bestätigt. Wem allerdings vor der Fortsetzung des Spiels mit dem Doppelbauern auf der e-Linie graust, wird sich diesem Urteil subjektiv nicht anschließen. Objektiv kann Schwarz ♗f8–g7 ziehen und vielleicht auch ♗g7–f6 folgen lassen, dies insbesondere dann, wenn Weiß seinen h-Bauern bis h5 vorantreibt.)

9...cxb4

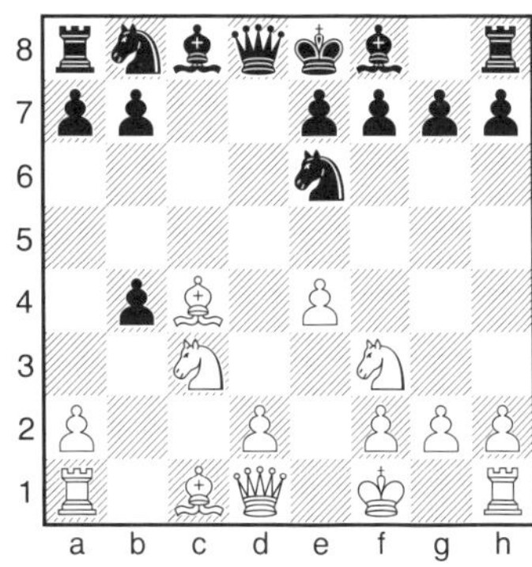

A1a) 10.♘e2

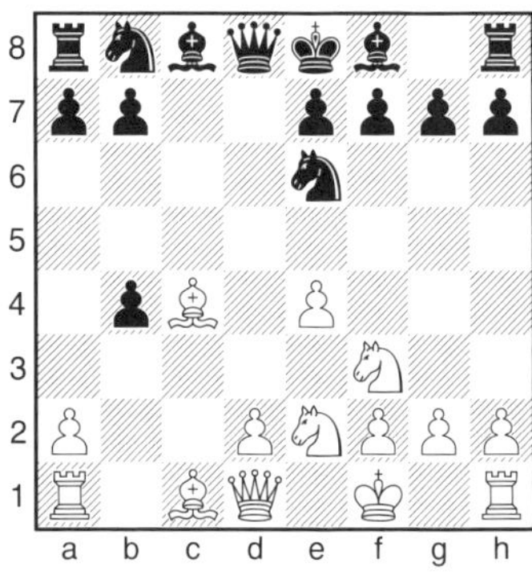

Schwarz sollte nun die lähmende Situation seines ♘e6 verbessern, wobei wir die aktive Alternative 10...♘c5 bevorzugen, auch wenn der Springer in Erwartung des Vorstoßes d2–d4 dort labil steht.

(Die aus der Praxis bekannte Variante 10...♘c7 11.d4 e6 12.h4 b5 13.♗d3 ♗b7± ist angesichts der starken weißen Zentralstellung und der Probleme für Schwarz, ein systematisches Gegenspiel aufzuziehen, diesem weniger anzuraten.)

11.♕c2

(Nach 11.♘g3 hat Schwarz in der Variante 11...♗e6 12.♗xe6 ♕d3+ 13.♔g1 ♘xe6 14.♗b2 ♘c6= keine Probleme, den Kampf weiter auf Augenhöhe zu gestalten.)

Nach 11...e6 12.d4 ♘cd7 steht Schwarz beengt und hat Entwicklungsprobleme. Allerdings musste auch Weiß auf dem Weg in diese Stellung eine Kröte schlucken, die ihm noch immer im Hals steckt. Die Konstellation ♔f1/♖h1 ist (noch) problematisch. Zudem hat er noch immer einen Bauern weniger. Mit ♗f8–e7 und 0–0 bewahrt sich Schwarz eine akzeptable Position.

A1b) Nach 10.♘d5 wird ein Fortgang mit 10...g6 11.♗b2 ♗g7 12.♗xg7 ♘xg7 möglich. Nun sollte sich Weiß mit 13.♘xb4 den Bauern abholen, um wieder zum materiellen Gleichstand zu kommen.

(In der Praxis hat er mehrfach mit 13.♕c1 fortgesetzt, worüber die Dame einen Röntgenblick nach c7 entwickelt. Mit 13...♘c6 behält Schwarz alles unter Kontrolle und nach beispielsweise 14.d4 ♗e6∓ ist seine Stellung sogar vorzuziehen.)

Nach 13...0–0 14.d4 ♗g4 ist die Stellung weit davon entfernt, ausbalanciert zu sein. Weiß hat ein starkes Zentrum und Raumvorteil, dafür aber eine unvorteilhafte Königsstellung und damit verbunden Probleme bei der Aktivierung seines ♖h1. Schwarz muss sehen, wie er seine offensichtlichen Konterchancen am besten nutzt. Die – allerdings spärlichen – Ergebnisse aus der Praxis machen Schwarz mehr Hoffnung auf den Partieerfolg.

A2) Die Alternative 6.♗b5+ bringt Schärfe ins Spiel. Als Antwort empfiehlt sich 6...♘8c6. Wenn Weiß nun hier seine angestrebte Befreiung mit 7.d4 einleitet und Schwarz mit 7...cxd4 antwortet, müssen beide Seiten aufpassen, dass sie nicht den Überblick verlieren. Nun geht nur 8.a3, wovon sich der Leser auch durch eigene Analysen am Brett überzeugen sollte.

Es wird sich nun 8...dxc3 9.♕xd8+ ♔xd8 10.axb4 cxb2 11.♗xb2 anschließen, und erst jetzt finden die Kontrahenten wieder eine Gelegenheit zum Durchatmen. Das Material hat sich gelichtet, die Stellung ist ausgeglichen, aber es gibt noch einige offene Fragen. Wir steigen deshalb ausnahmsweise noch etwas tiefer in die möglichen weiteren Verwicklungen ein.

11...e6 ist als Entwicklungszug zu verstehen und nicht als Vorbereitung, um einen zweiten Bauern einzuheimsen. Weiß hat seine Kräfte bisher viel aktiver aufstellen können, wenn auch zum Preis eines Bauern. Für Schwarz ist es deshalb angebracht, die eigene Entwicklung schnell voranzutreiben und nicht auf einen weiteren Materialgewinn zu spielen.

12.0–0

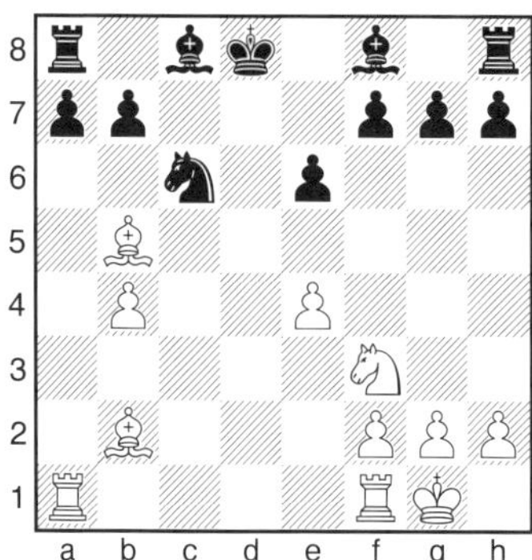

Der Bauer wäre ohnehin nicht zu decken, aber wichtig ist, dass der König aus der Schusslinie kommt. Mit 12...♗d7! bleibt Schwarz im Geschäft. Er darf sich nicht blenden lassen und glauben, dass ihm der Gewinn des ♙b4 einen Vorteil einräumen würde.

(Nach 12...♗xb4? wäre die Variante 13.♗xg7 ♖g8 14.♗f6+ ♔c7 15.♖fc1 möglich, von der sich kaum befriedigend abweichen lässt. Nunmehr hat Schwarz Probleme, den Ausgleich weiter zu halten.)

Mit 13.♗xc6 leitet Weiß ein Manöver ein, das ihn den materiellen Gleichstand wieder herstellen lässt und das Duell direkt ins Endspiel katapultiert.

13...♗xc6 14.♘e5 ♔e8 15.♘xc6 bxc6 16.♖fc1 ♗xb4 17.♖xc6 ♔d7 18.♖ca6 ♖hc8 19.♖xa7+ ♖xa7 20.♖xa7+ ♔e8=

Die Chancen im Endspiel sind ausgeglichen. Weiß muss auf seine Grundreihe aufpassen.

B) Im Falle von 5...♘xc3 gefolgt von 6.bxc3 g6 7.d4 ♗g7 entstehen Varianten aus der Hauptvariante der Grünfeldindischen-Verteidigung.

Keine Probleme hat Schwarz nach 6.dxc3 ♕xd1+ 7.♔xd1. Er kommt mühelos zu einem ordentlichen Spiel, z.B. mit 7...♘c6 beginnend. Weiß kann ihn mit 8.♗e3 zur Verteidigung seines ♙c5 zwingen, wobei er zwischen zwei Möglichkeiten wählen kann. Wir empfehlen ihm 8...b6, auch weil diese Entscheidung gut zu unseren ähnlichen Empfehlungen in anderen Varianten passt.

(Es geht aber auch 8...e6, was dem Bauern die Deckung durch den Läufer einbringt. Mit 9.♔c2 zeigt Weiß, dass es für ihn hier kein Verlust gewesen ist, das Rochaderecht einzubüßen. Der Königszug bereitet ♖a1–d1 vor. Nach 9...♗d7 10.♗e2 0–0–0 stehen beide Könige, ohne und mit langer Rochade, auf dem Damenflügel.)

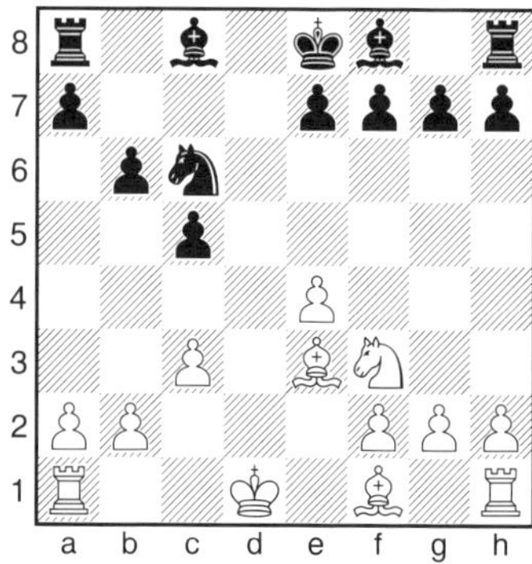

Mit 9.♔c2 antizipiert der König die von Schwarz angestrebte weitere Entwicklung und verlässt die d-Linie, bevor ihm dort ein Turmschach droht, wenn Schwarz zur Rochade bereit steht. Auf c2 steht er sicher und zudem seinem ♖a1 nicht mehr vor der Nase.

Nach 9...♗b7 profitiert der Läufer von dem „erzwungenen“ Zug 8...b6.

10.♘d2 ist ein flexibler Zug, mit dem sich der Springer die Möglichkeit zum Weiterziehen nach c4 verschafft und den f-Bauern frei macht.

Nach 10...0–0–0 kann Schwarz in der Folge sowohl e7–e6 als auch g7–g6 ziehen, um den Läufer entweder auf e7 oder g7 zu platzieren.

5...♘c6

Die Spielidee, den Königsläufer auf die lange Diagonale zu bringen und dies sogleich mit 5...g6 vorzubereiten, ist auch möglich. Mit 6.♗g2 leitet Weiß den normalen Verlauf ein, in dem beide Seiten ihre Läufer fianchettieren und dann rochieren. Es muss aber nicht so kommen.

(Wenn Weiß mit 6.♕b3 den ♘d5 unter Druck setzen will, kümmert Schwarz dies wenig. Er kann stark mit 6...♘b4! antworten.)

6...♗g7

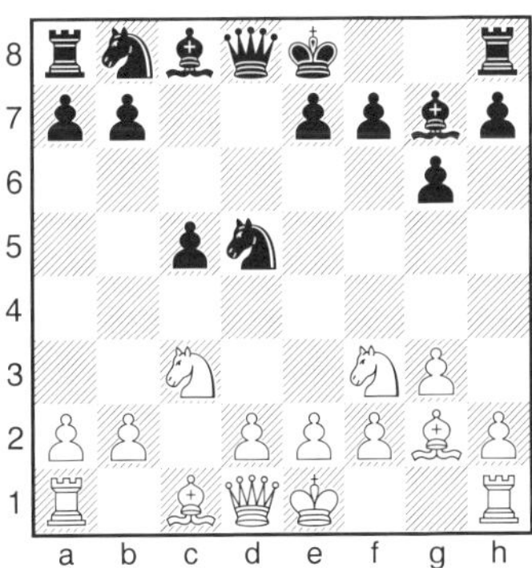

7.0–0

(7.♕a4+ vernachlässigt etwas die allgemeine Regel, dass einzelne Angriffsaktionen erst gestartet werden sollten, wenn die Stellung ausreichend entwickelt ist. Für ein Strohfeuer und Irritationen beim Gegner reicht die Aktion allerdings aus. Es ist aber zweifelhaft, ob sich dies genügend für Weiß auszahlt, denn Schwarz macht trotz seiner zwischenzeitlichen Bindung an Reaktionen auf weiße Versuche auch Fortschritte im eigenen Spiel.

Weitergehen kann es mit 7...♘c6 8.♕c4 ♘db4.

Schwarz kontert den Angriff zugleich auf Springer und Bauer mit der Androhung einer Springergabel auf c2.

9.0–0 ♕a5

Damit sind zunächst einmal alle akuten Aufgaben erfüllt und alle Kräfte sind hinreichend gedeckt.

10.d3

Nach 10...♗e6 und dann beispielsweise 11.♕h4 ♘c2 12.♖b1 ♕b4 13.♗f4 h6 14.a3 ♕a5 ist die Situation völlig unklar.)

7...0–0

A) 8.♘xd5

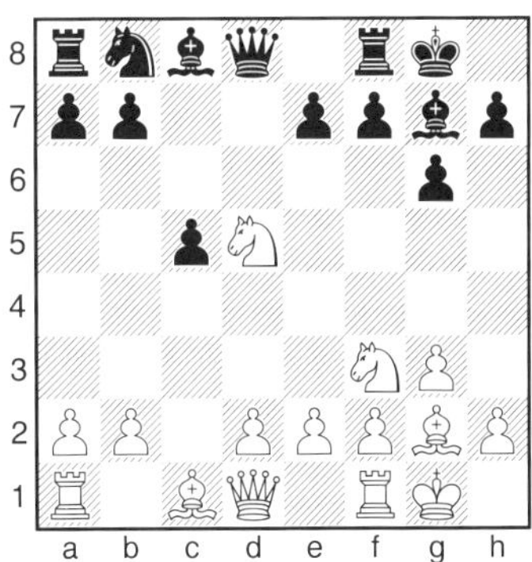

Dies ist das übliche Vorgehen.

8...♕xd5 9.d3

(9.d4 sieht zunächst wie ein Fehler aus, der schlicht einen Bauern kosten wird. Dies ist aber nicht der Fall. Nach 9...cxd4 sorgt 10.♗e3 dafür, dass der schwarze Bauer fallen wird. Wegen der Fesselung durch die Dame ist der ♗e3 für den Bauern tabu. Mit 10...♕b5 nutzt die Dame die Möglichkeit, sich mit einem Angriff auf den ♙b2 von der langen Diagonalen zu entfernen, auf der ihr der Angriff durch den ♗g2 drohte, indem der ♘f3 gezogen wird.

11.♘xd4 ♕xb2 12.♗d5

Der Läufer übernimmt die Deckung des ♙a2, so dass der ♖a1 gezogen werden kann.

Mit 12...♕a3 verlässt die Dame prophylaktisch die b-Linie. Es ist klar, dass der gegnerische Turm diese besetzen wird, um dann gemeinsam mit dem Läufer gegen b7 zu drücken.

13.♖b1 a6

Der Bauer verwehrt dem ♘d4 das Betreten des Feldes b5, von wo aus dieser nicht nur die Dame angreifen, sondern auch nach c7 zu gehen drohen würde. Nun stellt der Schlagabtausch 14.♗xb7 ♗xb7 15.♖xb7 ♕xa2 16.♖xe7 den materiellen Gleichstand wieder her. Mit seinem aktiven Freibauern, dessen Laufbereitschaft Schwarz mit 16...a5 anzeigen kann, hat er gute Perspektiven.)

9...♘c6 mit Übergang ins Kapitel 3

(Siehe dort die Variante 5...e6 (zum Hauptzug 5...♘f6) 6.0–0 0–0 7.d3 d5 8.cxd5 ♘xd5 9.♘xd5 ♕xd5.)

Auf 10.♕a4 folgt dann 10...♕h5! 11.♗e3 ♗d7 mit etwa gleichen Chancen.

B) 8.d4

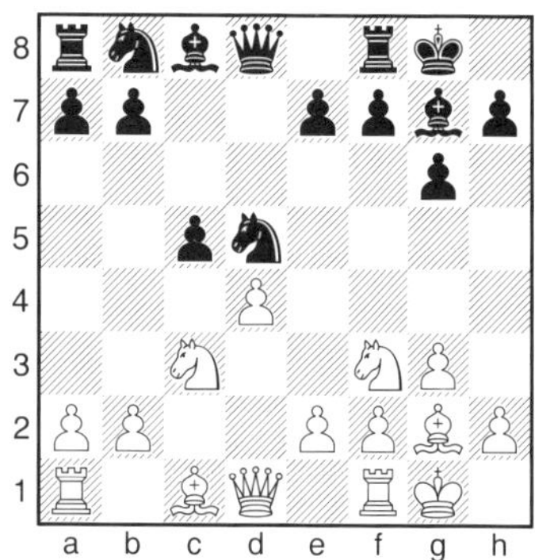

Diesen Vorstoß kann Schwarz am einfachsten mit 8...cxd4 beantworten.

(Auch mit 8...♘xc3 kann sich Schwarz den Ausgleich erhalten, was die plausible Variante 9.bxc3 ♘c6 10.e3 ♕a5 11.♕b3 ♖b8= bestätigt.)

Nach 9.♘xd4 ♘xc3 10.bxc3 ist die Stellung sehr übersichtlich geworden und von einem offenen Charakter, so dass auch der weniger erfahrene Spieler nicht so leicht gravierend etwas übersehen kann.

Schwarz stehen nun insbesondere zwei Möglichkeiten offen, mit deren Wahl er am Drücker bleiben kann. Er muss darauf achten, dass der ♗g2 gegen den ♙b7 und den dahinterstehenden Turm drückt, so dass er seinen Damenflügel nicht nach Belieben entwickeln kann, sondern sich einen Fortschritt erarbeiten muss.

B1) 10...♕a5

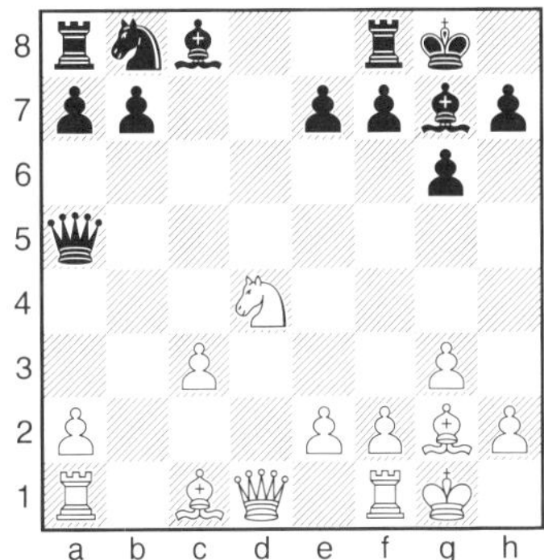

Die Dame attackiert den ♙c3, so dass Weiß zu dessen Unterstützung tätig werden muss. Zugleich verlässt sie die d-Linie, womit sie sich etwaigen Abtauschmöglichkeiten entzieht.

11.♕b3 ♘c6

Nur so kann Schwarz seinen Damenflügel zeitnah zum Leben erwecken. Es wird ihn den b-Bauern kosten, aber als Ausgleich wird er sich den weißen c-Bauern holen können.

12.♘xc6 bxc6 13.♗xc6 ♗e6

Der Läufer kommt mit Tempogewinn ins Feld. Nicht unwichtig ist seine Wirkung gegen a2, wie wir noch sehen werden.

14.♕a3 ♕xc3 15.♗xa8 ♕xa1 16.♕xa7 ♕xa2 mit Ausgleich.

Weil mit 13...♗e6 der Läufer – zunächst nur mit Fernwirkung – das Feld a2 seinem Wirkbereich einverleibt hat, war der Dame das Schlagen auf a2 möglich.

B2) Ein ganz anderes Gesicht bekommt die Stellung nach 10...♘c6.

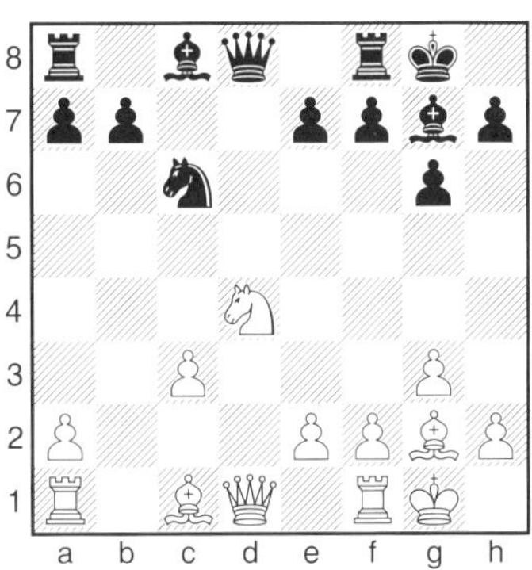

11.♘xc6 bxc6

(11...♕xd1 scheitert an 12.♘xe7+, womit Schwarz auf die Verliererstraße kommen würde.)

12.♕xd8

(12.♗xc6 kann die scharfe Variante 12...♗h3 13.♗g2 ♗xg2 14.♔xg2 ♗xc3 15.♗h6 ♗xa1 16.♕xa1 auslösen. Nun kann Schwarz das Matt auf g7 nur mit 16...f6 verhindern, dies aber völlig ausreichend. Weiß holt sich die Qualität mit dem Manöver 17.♖d1 ♕b6 18.♗xf8 zurück. 18...♔xf8=)

12...♖xd8 13.♗xc6 ♖b8 14.♗f4 ♖b2 und die Stellung ist etwa ausgeglichen.

C) 8.♕b3 wird auch gespielt, kann aber gut mit 8...♘b6 abgefangen werden.

6.♗g2

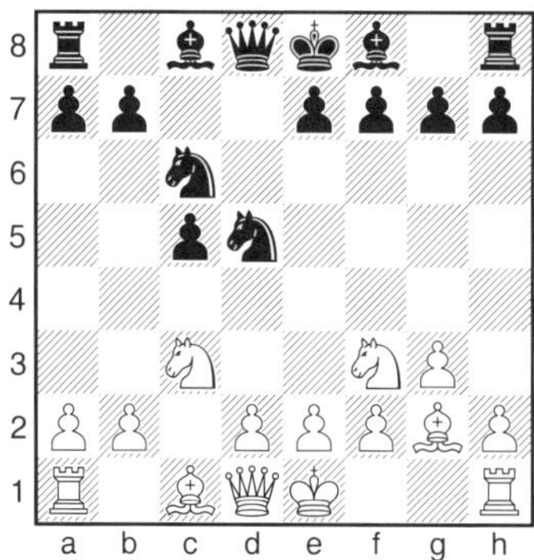

6...♘c7

Im Geiste Rubinsteins gespielt. Schwarz klärt die zentrale Position seines Springers, der Tempoverlust spielt keine Rolle. Er beabsichtigt e7–e5 und will vorab die Kontrolle über das zentrale Feld d4 erhöhen.

Als Alternativen kommen vor allem 6...e6, 6...g6 und 6...♘xc3 in Betracht.

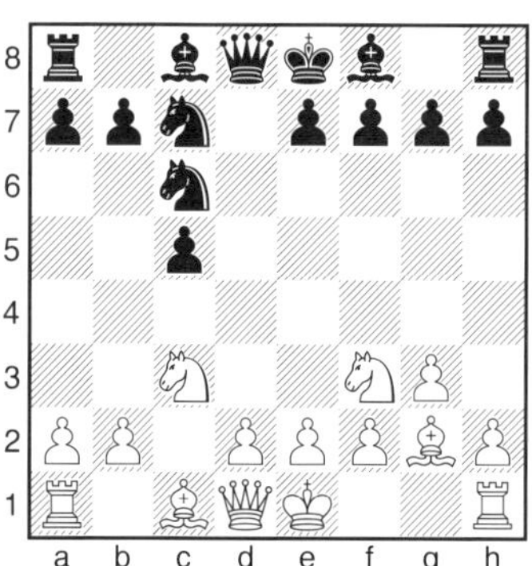

I. 6...e6 bietet den Übergang ins Damengambit an, der mit weißer Mitwirkung über 7.♘xd5 exd5 8.d4 laufen kann. Damit ist die Tarrasch-Verteidigung erreicht, die wir bereits in unserem Buch *Eröffnungen, Damengambit, lesen-verstehen-spielen*, Joachim Beyer Verlag 2020, behandelt haben.

II. Wie so oft ist auch hier die mit 6...g6 eingeleitete Fianchetto-Lösung eine vollwertige Alternative.

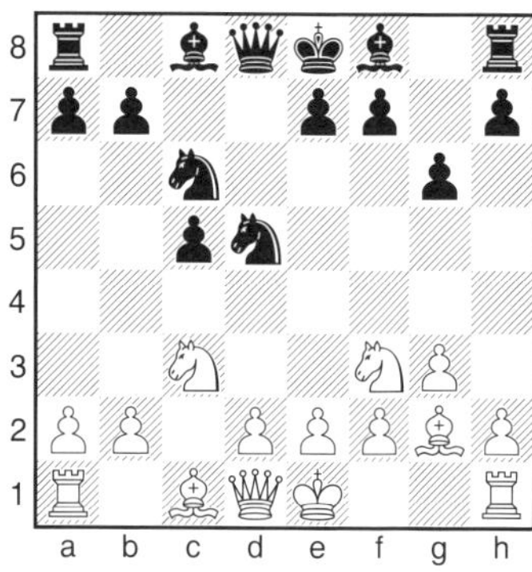

7.0–0

(Wenn Weiß den zu erwartenden Aufbau sogleich mit dem energischen Vorstoß 7.h4 beantwortet, sollte Schwarz mit 7...h6 reagieren. Beide Parteien können im Anschluss ihre Entwicklung fortsetzen, beispielsweise mit 8.0–0 ♗g7 9.d3 0–0 und kurz vor dem Ende der Eröffnungsphase ist der Gleichstand gesichert. Weitergehen kann es auf dieser Basis zum Beispiel mit 10.♘xd5 ♕xd5 11.♗e3.

Weiß wählt den ♙c5 als Ziel aus, das er mit konzentrierten Kräften angreifen will, seine Kräfte dabei weiter aktivierend.

11...♕h5

Damit sie nicht durch einen Abzug des ♘f3 vom ♗g2 angegriffen werden kann, sucht sich die Dame rechtzeitig eine zugleich sichere wie aktive neue Position aus.

12.♖c1 b6 13.d4 ♖d8=)

7...♗g7 8.♘xd5 ♕xd5

Auch hier sind die beiderseitigen Chancen als gleichwertig anzusehen. Weil die Kontrahenten ihre Eröffnungsaufgaben noch nicht vollständig verrichtet haben, wollen wir noch etwas tiefer in das mögliche weitere Geschehen schauen.

9.d3

Zu Recht setzt die Praxis beinahe ausnahmslos auf diese Fortsetzung.

9...0–0

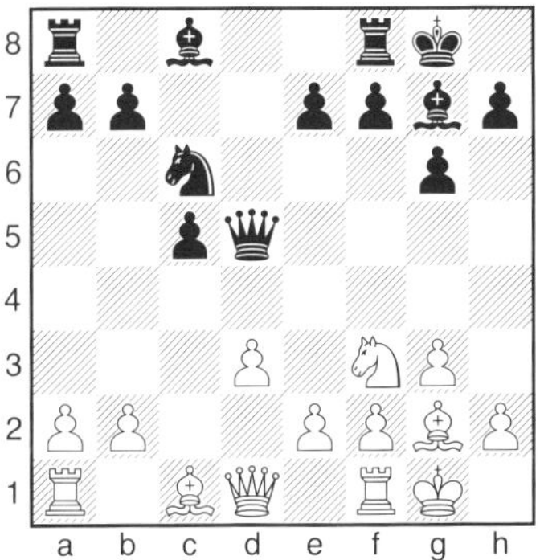

A) 10.a3

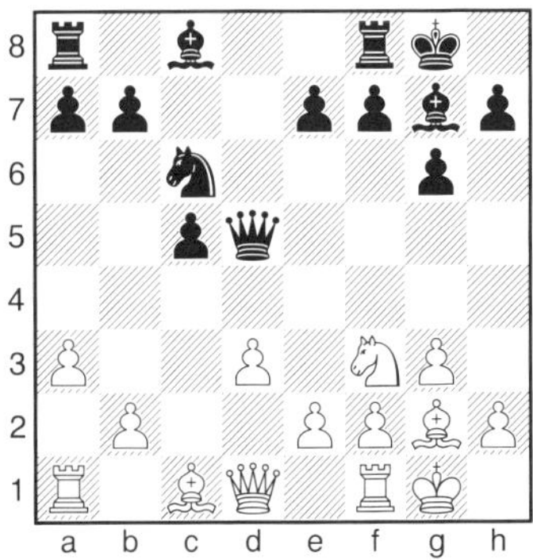

Dies ist ein universeller Zug, der anzeigt, dass Weiß mit einer weiteren Vorbereitung b2–b4 spielen will, aber auch eventuellen gegnerischen Störmanövern mit dem Springer vorbeugt.

Mit 10...♕d6 entfernt sich die Dame aus dem Röntgenblick des ♗g2, ohne die Kontrolle über c6 aufzugeben und die weitere Entwicklung der Kräfte zu behindern.

Mit 11.♖b1 wird die Fesselung des ♙b2 aufgelöst und dieser erhält Rückendeckung für seinen Drang nach vorne.

11...♗e6

Wichtig war es, den Läufer ins Feld zu bringen, damit die Dame auf ♗c1–f4 nach d7 ausweichen kann, ohne ihn einzusperren. Von e6 aus beherrscht er die Diagonale a2–g8 und kann bei Gelegenheit nach d5 gebracht werden, um dem ♗g2 Grenzen zu setzen.

12.♗f4 ♕d7

Weitergehen kann es beispielsweise mit 13.♕d2 ♖ac8 14.b4.

(Möglich ist auch der Einschub eines Intermezzos nach dem Muster 14.♗h6 b6 15.♗xg7 ♔xg7 16.b4 ♘d4= usw.)

14...cxb4 15.axb4 ♘d4 und Schwarz hält den Ausgleich.

B) Eine scharfe Variante entsteht nach 10.♗e3. Wir empfehlen sie dem noch wenig erfahrenen Spieler nicht, bieten sie aber zu einem weiteren Studium an. Mit 10...♗xb2 nimmt Schwarz den angebotenen Bauern an, um sich in der Folge zeigen zu lassen, wie Weiß Ersatz erstreiten will.

(10...♗d7 gibt Weiß die Möglichkeit zu 11.♘d4, wonach Schwarz natürlich nicht auf d4 schlagen darf, weil sonst der ♗g2 seine Dame schlagen würde. Diese sollte so weichen, dass sie das

Feld c6 unter Kontrolle halten kann, was mit 11...♕d6 erreicht ist.

12.♘xc6 ♗xc6 13.♗xc6 ♕xc6 14.♖c1

Nun kann Schwarz mit 14...♕e6 den ♙c5 aufgeben, um sich als Ersatz den ♙a2 zu holen und nach 15.♖xc5 ♕xa2 16.♖b5 b6 über vollwertige Gegenchancen zu verfügen.)

11.♖b1 ♗f6 12.♕a4

Nun droht ♘f3–d4 mit Läuferangriff auf die Dame, so dass diese wegziehen muss.

Nach 12...♕d7 13.♗xc5 droht der weiße Angriff übermächtig zu werden, doch mit 13...b6 verfügt Schwarz über eine überraschende Ressource. Nach 14.♗xb6 spielt er 14...♘d4 und nun hängen bei Weiß Dame, Läufer und der ♙e2.

15.♕d1 axb6 16.♘xd4 ♖xa2 und in dieser nicht ausbalancierten Stellung sind die Aussichten beider Parteien gleich. Weiß darf nicht übersehen, dass sein Springer bedroht ist. Sowohl mit ♘d4–c6 als auch ♕d1–b3 kann er das Problem lösen. Schwarz wird sich um die Sicherheit seines b-Bauern kümmern müssen, verfügt aber über das Läuferpaar.

III. 6...♘xc3

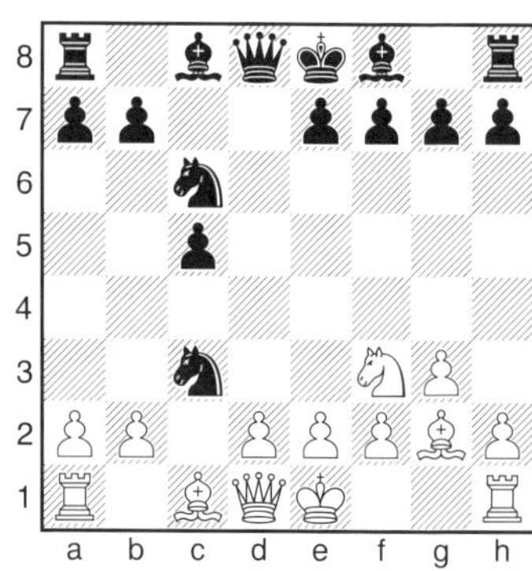

7.bxc3

(Nach 7.dxc3 ♕xd1+ 8.♔xd1 kann Schwarz sowohl 8...♗f5 als auch 8...♗d7 spielen, mit der Idee lang zu rochieren.)

Nun genießt der raumgreifende Zug 7...e5 das größte Vertrauen auf der Turnierbühne.

(Der Fianchetto-Aufbau ist auch hier wieder eine Alternative, zum Beispiel über die Zugfolge 7...g6 8.0–0 ♗g7 9.♖b1 0–0 usw.)

Eine Standardentwicklung ist nun 8.0–0 ♗e7 9.d3 0–0, wobei die beiden weißen Züge oft auch in der umgekehrten Reihenfolge vorkommen. Schwarz hat den Fuß zum Ausgleich bereits in der Tür. Der weitere Weg des Duells ist nicht vorgezeichnet. Der folgende, in der Praxis einige Male, auch im Fernschach, erprobte weitere Verlauf mit 10.♖b1 ♖b8 11.♘d2 zeigt auf, nach welcher Aufbauidee beide Seiten jeweils fortsetzen können.

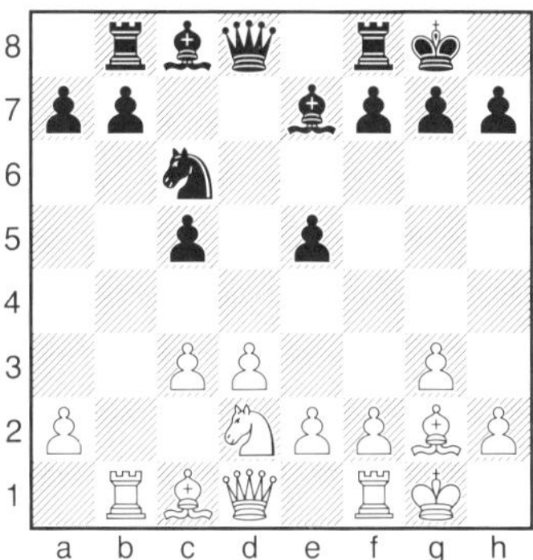

Wir geben hier 11...♕c7 den Vorzug gegenüber 11...♗e6, das im herkömmlichen Turnierbetrieb häufiger vorkommt. Im Fernschach ist dies allerdings umgekehrt. Der Entwicklungszug mit der Dame führt zu einem soliden Aufbau, von dem aus auch der noch wenig erfahrene Spieler seine Partie gut fortsetzen kann.

(11...♗e6 und nun 12.♘c4 ♗d5= ist nicht minder solide. Allerdings kann Weiß insbesondere im Duell gerade gegen den unerfahrenen Spieler seine Hoffnung auf 12.♗xc6 bxc6 13.♖xb8 ♕xb8 setzen, wonach Schwarz mit einem isolierten Doppelbauern auf der c-Linie weitermachen muss, was für den Neuling eine echte Herausforderung sein kann.)

12.c4 b6 13.♘e4 ♗b7=

7.0–0

Mit der Wahl dieser Fortsetzung macht Weiß deutlich, dass die Mobilisierung seiner Kräfte die oberste Priorität genießt.

Die Alternativen 7.♕a4, 7.b3 und 7.a3 sind ebenfalls anzutreffen.

Daneben führt 7.d3 e5 8.0–0 in die Hauptvariante zurück.

I. 7.♕a4

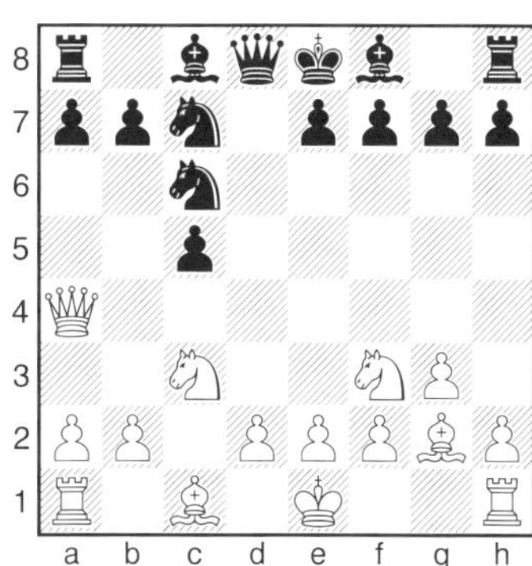

Mit dieser Fortsetzung arbeitet Weiß gegen den Vorstoß e7–e5, denn aufgrund der Fesselung des ♘c6 hätte der Bauer auf e5 keine ausreichende Deckung.

7...♗d7 8.♕e4

Der Vorstoß des schwarzen e-Bauern bleibt verhindert, aber auch in dieser Variante verfügt Schwarz mit dem Fianchetto des Königsläufers über einen guten zweiten Entwicklungsweg.

Nach 8...g6 9.♘e5 kann Schwarz den Tausch Springer gegen Läufer nicht verhindern, denn ♘c6xe5 verbietet sich wegen des aktuell verletzlich stehenden Turms.

9...♗g7 10.♘xd7 ♕xd7 11.0–0 0–0

Am Eröffnungsfortschritt gemessen hat Schwarz inzwischen die Nase leicht vorne, ohne dass dies ein anderes Urteil als „gleich“ zulassen könnte. Dies bestätigt auch die Betrachtung konkreter Varianten, die wir deshalb ausnahmsweise etwas weiter in die Partie hineingehend vornehmen.

12.a3

Es geht um das Feld b4, auch zur Vorbereitung des Vorstoßes b2–b4.

(Von der Rückkehr der Dame nach a4 sollte sich Weiß nichts versprechen. Schwarz kann diese Position ausnutzen, wie die Variante 12.♕a4 ♖ab8 13.d3 b5 14.♕d1 ♖fd8= bestätigt.)

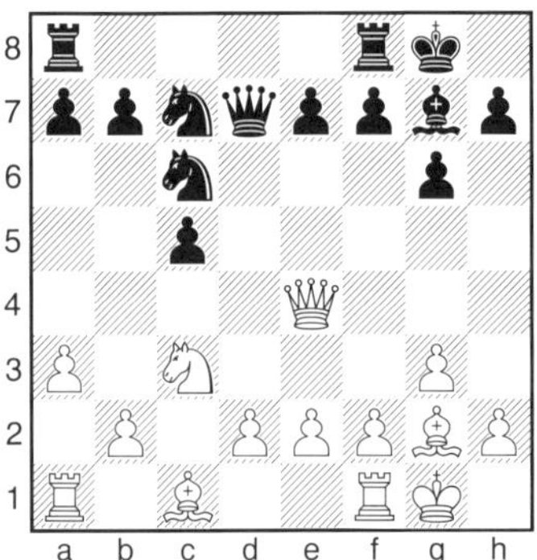

12...♖ac8

Schwarz rechnet mit b2–b4, will dies mit b7–b6 beantworten und braucht deshalb eine zusätzliche Deckung des ♘c6, die nun der Turm übernimmt.

13.♖b1 ♘e6

Der Springer strebt nach d4. Zugleich stellt er die Verbindung zwischen Turm und Springer her.

Nach 14.b4 b6 15.♘d5 ♘ed4 muss Weiß aufpassen, denn nur mit 16.bxc5 bleibt er im Spiel.

(16.♗b2?! würde Schwarz 16...e6!∓ erlauben, worauf dem Springer nur die Flucht mit 17.♘f4∓ möglich wäre. Schwarz stehen nun mehrere gute Fortsetzungen zur Verfügung, von denen wir 17...e5 favorisieren. Schwarz entwickelt eine Initiative und dominiert das Geschehen.)

Nach 16...bxc5 kann es mit 17.♘c3 ♘a5 18.d3 c4 und schwarzem Gegenspiel weitergehen.

II. 7.b3

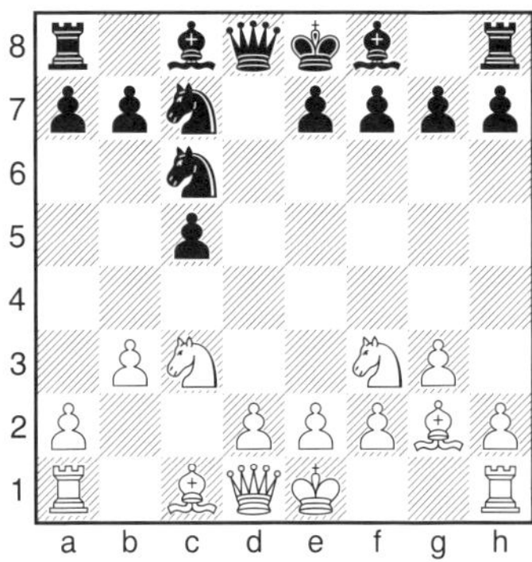

Weiß fianchettiert seinen Läufer und macht das Feld c1 für seinen Turm frei. Mit dem raumgreifenden Schritt 7...e5 verstärkt Schwarz seinen Einfluss auf das Zentrum. Allerdings verbindet sich damit ein weiterer Entwicklungsgedanke. Schwarz antizipiert die gegnerische Läuferentwicklung, indem er die Diagonale a1–h8 frühzeitig sperrt. Wegen der Deckungsmöglichkeit f7–f6 ist diese Lage stabil.

8.♗b2 f6

Indem Schwarz seinen zentralen Bauern sofort unterstützt, ist er nicht zu einer Reaktion gezwungen, sobald sich der ♘c3 bewegt und daraufhin der ♙e5 doppelt angegriffen wird.

(Dass es auch anders und mit einem verzögerten Aufzug des f-Bauern geht, zeigt beispielhaft die Variante 8...♗e7 9.♖c1 f6 10.♘a4 ♘e6 11.♘h4 ♗d7 12.0–0 0–0= auf.)

Anschließen kann sich eine Phase der beiderseits ruhigen Aktivierung der Kräfte nach dem Muster 9.0–0 ♗e6 10.♖c1 ♕d7 11.d3 ♖d8. Zur Vervollständigung der schwarzen Aufbauidee fehlen noch die Züge ♗f8–e7 und 0–0. Die weiße Aufbauidee wird vom Doppelfianchetto geprägt. Den weiteren Kampf können die Kontrahenten auf Augenhöhe führen.

III. 7.a3

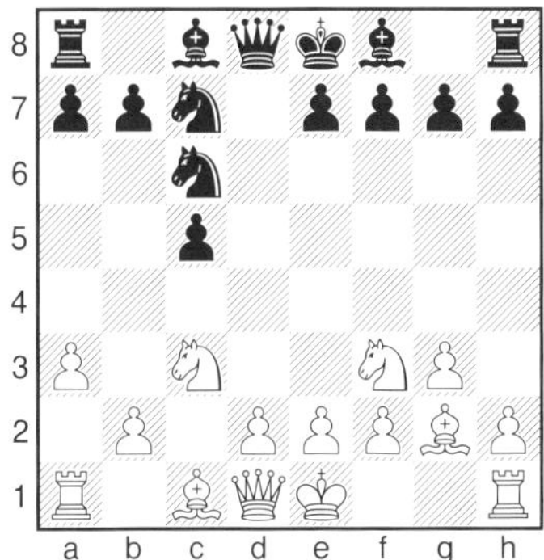

Weiß will seinen Sprengungszug b2–b4 so früh wie möglich ansetzen.

A) 7...e5

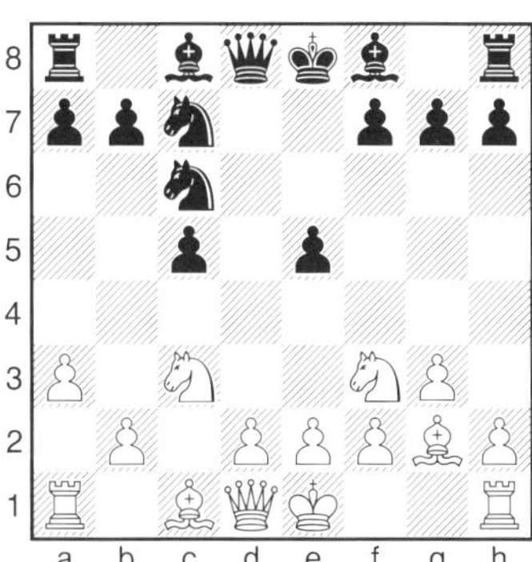

Mit diesem Vorstoß verfolgt Schwarz ähnliche Ansätze wie in der mit 7.b3 eingeleiteten Variante.

8.b4 f6 9.bxc5 ♗xc5

Schon jetzt wird deutlich, dass Weiß bei der Wahl von 7.a3 kein Eröffnungsvorteil winkt. Es kann nun natürlich weitergehen mit 10.0–0 0–0 11.♗b2 ♗e6 und beide Seiten habe jeweils den Kern ihrer Eröffnungsstrategie umgesetzt. Sie werden mit etwa gleichen Chancen ins Mittelspiel kommen. Dies bestätigen auch die Ergebnisse von der Schachbühne und aus der Fernschachpraxis.

Die aktuelle Stellung ist schon einige Male ausgespielt worden, auf unterschiedlichen Variantenwegen. Aus konzeptionellen Gründen müssen wir uns auf ein – nicht mehr weiter kommentiertes – Beispiel beschränken, um Anhaltspunkte dafür zu geben, wie es in der Partie weitergehen kann. 12.♘a4 ♗e7 13.d3 ♖c8 14.♖c1 ♕d7 15.♘c5 ♗xc5 16.♖xc5 b6 17.♖c1 ♘b5 &♘b5–d4 mit weiterhin gleichen Chancen.

B) Auch hier wieder ist der Entwicklungsplan mit einem Fianchetto des Königsläufers spielbar. Also 7...g6 mit der möglichen Folge 8.b4 ♗g7.

(Schwarz sollte nicht annehmen, dass er mit 8...cxb4 9.axb4 ♘xb4 einen Bauerngewinn einfahren kann. Es folgt 10.♕a4+ ♘c6 11.♘e5 und Weiß holt sich den Bauern mit gutem Spiel zurück.)

Nach 9.bxc5 kann Weiß diesen Bauern nicht halten, so dass Schwarz diese Entwicklung problemlos zulassen kann.

Nach 9...♘e6 10.0–0 ♘xc5 zeichnen sich in groben Zügen die Konturen des weiteren Kampfes ab. Weiß verfügt über ein Bauernplus auf dem Königsflügel, Schwarz auf dem Damenflügel. Inwieweit es die Kontrahenten ggf. schaffen werden, Freibauern zu bilden, ist noch nicht absehbar. Nach 11.♖b1 0–0 ist das Spiel zweischneidig.

7...e5

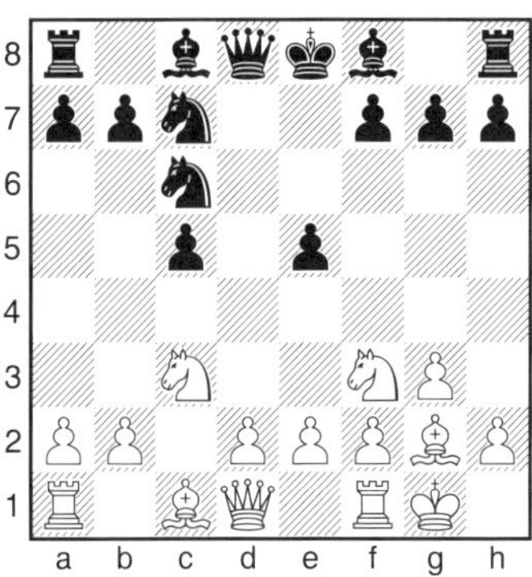

8.d3

Der mit 8.b3 eingeleitete Fianchetto-Plan ist auch hier nicht gefährlich für Schwarz. Er kann seine Antwortstrategie an den bereits in vorstehenden Nebenvarianten behandelten Überlegungen ausrichten.

Mit 8...♗e7 verzichtet Schwarz auf ein Fianchetto, will kurz rochieren und dann den e-Bauern mittels f7–f6 stützen. Bitte beachten Sie die Ähnlichkeit zur Stellung in der mit 7.b3 eingeleiteten Nebenvariante.

Nach 9.♗b2 0–0 10.♖c1 f611.♘a4 b6= sind die wesentlichen Elemente beider Aufbaupläne umgesetzt.

8...♗e7

8...f6 hat hier nur die Bedeutung einer Zugumstellung; nach 9.♘d2 ♗d7 10.♘c4 ♗e7 ist das Spiel in die Hauptvariante zurückgekehrt.

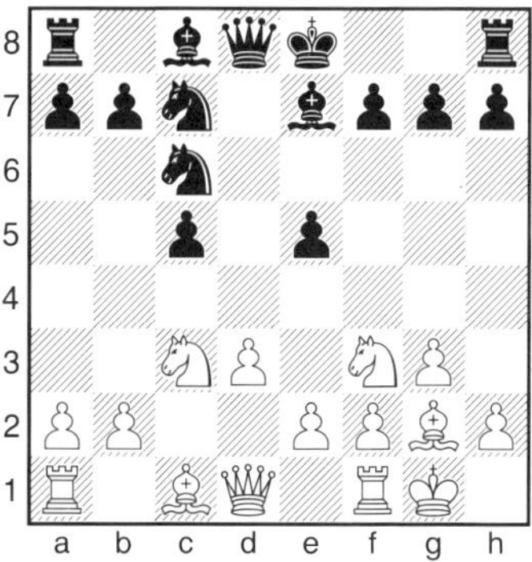

Dies ist die übliche und von uns auch empfohlene Fortsetzung.

9.♘d2

9.♗e3 baut kaum Druck auf die gegnerische Stellung auf und ist deshalb bequemer für Schwarz zu spielen. Die auf natürlichen Zügen basierende Entwicklung 9...0–0 10.♖c1 ♗d7 11.♘d2

♖c8 12.♘c4 f6= macht deutlich, wie es weitergehen kann.

Mit 10...♗d7 hat Schwarz den Platz für den noch auf a8 postierten Turm frei gemacht und vorausschauend den ♘c6 gedeckt, um der Verletzung seiner Bauernstruktur vorzubeugen, sobald diese nach dem Wegzug des ♘f3 möglich wurde.

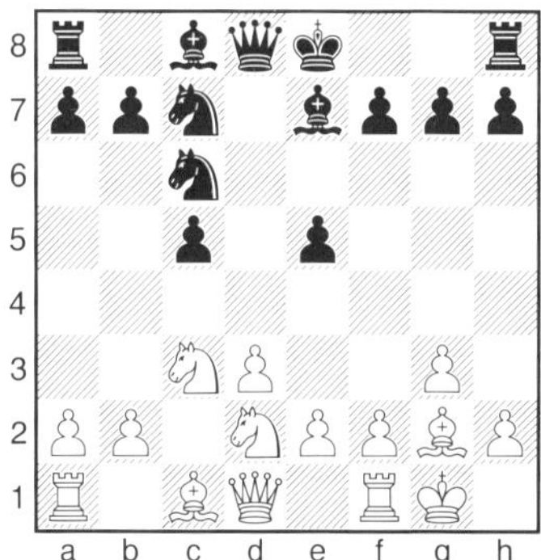

9...♗d7

Schwarz macht b7xc6 mit Ramponierung seiner Bauernstellung vermeidbar.

9...0–0!? ist spielbar, aber gerade für den noch unerfahrenen Spieler keine Empfehlung. Es kann 10.♘c4 f6 11.♗xc6 bxc6 folgen, und die ehemals intakte Bauernstruktur ist Vergangenheit. Dass Schwarz trotzdem seine Chancen behält, zeigt die folgende Variante, die wir allerdings nur zu Illustrationszwecken einfügen.

12.♕a4 ♗h3 13.♖e1 ♕d7 14.♘a5 ♘b5 15.♗e3 ♘d4 mit durchaus guten Perspektiven für Schwarz.

10.♘c4

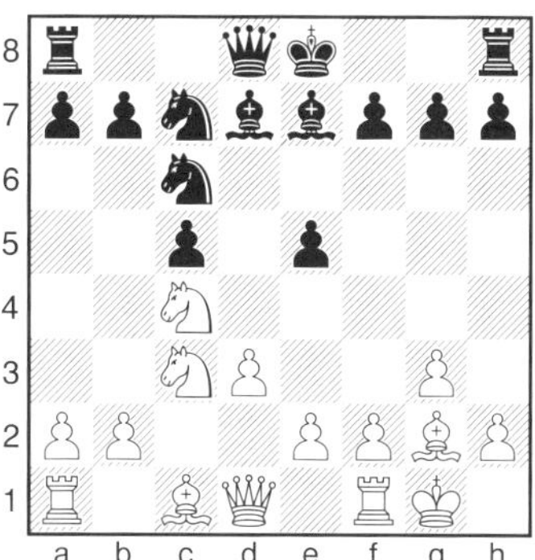

10...f6

Auch hier ist diese Fortsetzung solide.

Sehr oft hat Schwarz hier 10...0–0 unserem Hauptzug vorgezogen. Dies gilt für das herkömmliche Turnierschach wie auch für das Fernschachspiel. Diese Fortsetzung ist mit einem Bauernopfer verbunden. Nach 11.♗xc6 ♗xc6 12.♘xe5 hat Weiß einen Bauern mehr und keine schwachen Punkte. Nach 12...♗e8 lässt sich dennoch keine klare Einschätzung zur Situation treffen. Von der Stellung nach 13.♗e3 ausgehend weist die Statistik einen klaren Erfolgsüberhang für Weiß aus.

Der weitere Kampf nimmt oft scharfe Züge in zweischneidigen Stellungen an, in denen leichte Ungenauigkeiten schon zu erheblichen Nachteilen führen können. In unserer Einschätzung zur Variante müssen wir differenzieren. Dem unerfahrenen Spieler empfehlen wir sie vor den aufgezeigten Hintergründen nicht. Für den risikofreudigen und versierten Spieler aber kann sie eine echte Alternative sein. Ihm empfehlen wir eine weitere Prüfung unter Nutzung von Spezialliteratur und einer gut sortierten Partiendatenbank.

11.f4

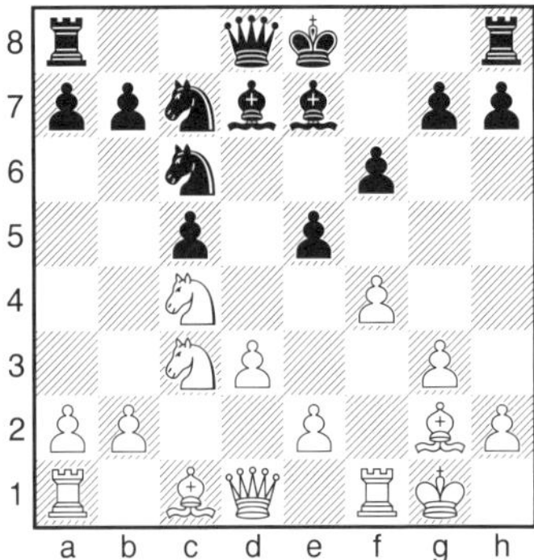

11...b5!

Diese forsche Antwort ist zugleich die bestmögliche. Entsprechend hat sie sich in der Praxis bewährt. Der Springer muss weichen und wird dabei seinem ♗c1 den Blick auf den ♙f4 nehmen.

11...exf4? 12.♗xf4 0–0 13.♕b3± ist ungenau.

12.♘e3 exf4

Aufgrund der Vorbereitung mit 11...b5 kann Weiß jetzt nur mit dem Bauern zurücknehmen.

13.gxf4

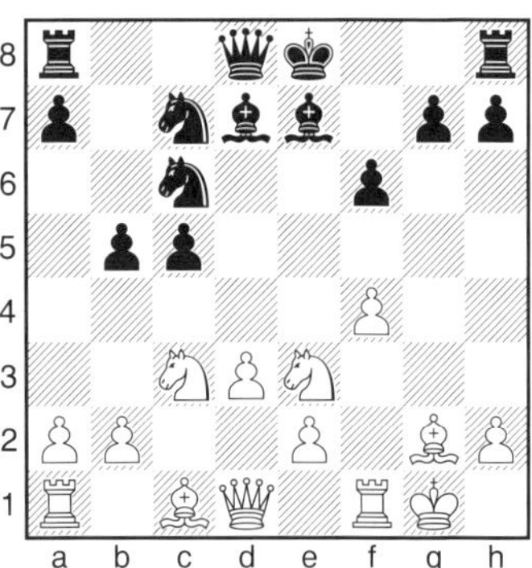

13...♖b8

Der Weg 13...0–0 14.♘ed5 ♖b8 usw. funktioniert auch.

14.♘ed5 ♘xd5 15.♘xd5 0–0 16.♗e3

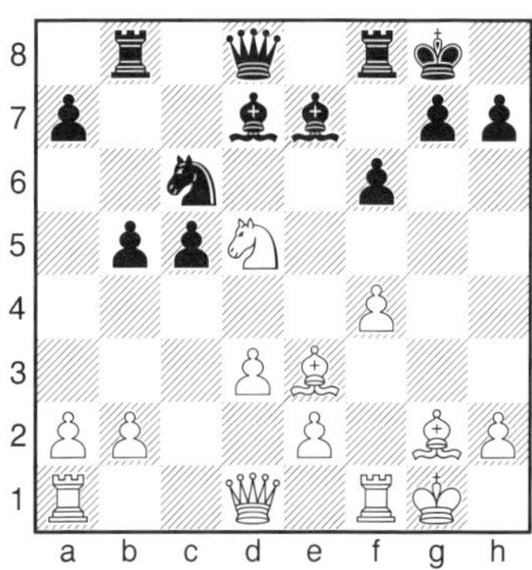

16...♘d4

Das Duell hat die Schwelle des Übergangs von der Eröffnung zum Mittelspiel erreicht. Beide Seiten haben ihre Aufgaben lösen können, die Stellung befindet sich in einem dynamischen Gleichgewicht. Von hier aus haben beide Spieler die Chance, eine interessante und hinsichtlich des Ausgangs offene Partie zu führen. Um Anhaltspunkte zu geben, wie es weitergehen kann, schließen wir die folgende Beispielvariante an:

17.b4 ♗e6 18.♘xe7+ ♕xe7 19.bxc5 ♕xc5 mit beiderseitigen Perspektiven.

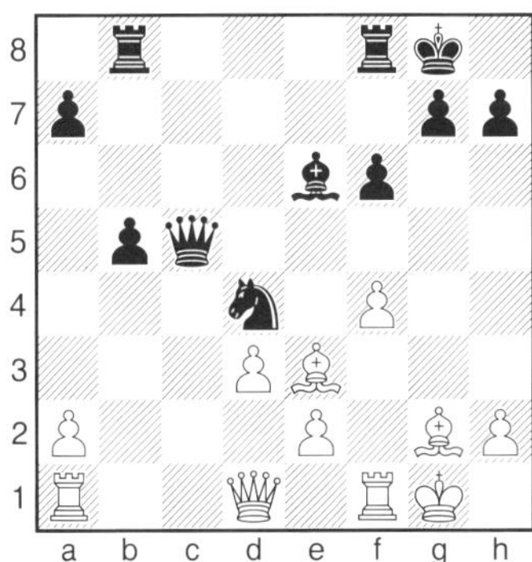

Zusammenfassung: Akiba Rubinsteins 6...♘c7 einbeziehender Plan ist eine starke Waffe. Dabei kann Schwarz auf mehrere Standardaufbauten zurückgreifen. Oft stehen ihm alternativ Lösungen mit oder ohne einem Fianchetto des Königsläufers zur Verfügung. Weiß ist hinsichtlich seiner Entwicklung flexibel. Dies gilt insbesondere für den Einsatz seiner beiden Zentralbauern. Für beide Seiten gibt es verschiedentlich die Möglichkeit, zwischen eher ruhigen Entwicklungen einerseits und scharfen, zweischneidigen Abenteuern andererseits zu wählen.

Kapitel 6

Die Fortsetzung 3...g6

1.c4 c5 2.♘c3 ♘c6 3.♘f3

Mit diesem Zug wird das sogenannte Dreispringersystem eingeleitet. Diese Springerentwicklung ist ein Standardzug und kommt natürlich auch in anderen Zugfolgen der Englischen Eröffnung vor. Man muss deshalb etwas aufpassen, dass man dem Zugumstellungsteufel nicht auf den Leim geht.

3...g6

Mit dieser Erwiderung will Schwarz die Kontrolle über die zentralen Felder d4 und e5 verstärken, indem er den Läufer ins Fianchetto führt.

Zur Variante 3...♘f6 4.d4 cxd4 5.♘xd4 werfen Sie bitte einen Blick in die **Einführung** zu diesem Band und dort in die Hauptvariante – sowie auch in das **Kapitel 1**.

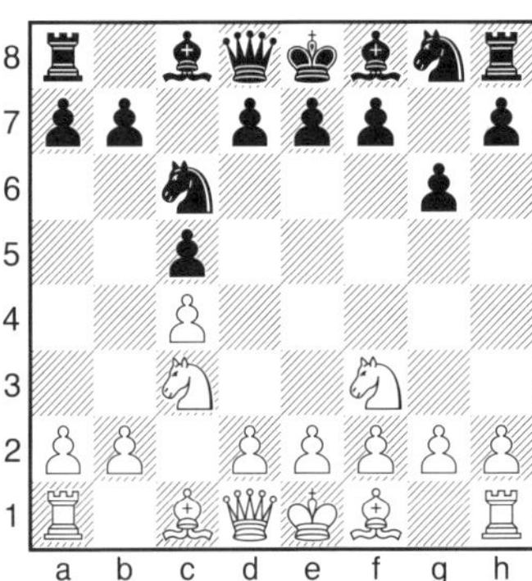

Ein guter Plan verbindet sich nun mit dem Aufzug des d-Bauern ins Zentrum, vorbereitet mit ...

4.e3,

... um nach c5xd4 mit dem Bauern zurückzunehmen.

Eine energischere Methode im Kampf um das Zentrum ist das sofortige 4.d4. Nach 4...cxd4 5.♘xd4 ♗g7 muss sich Weiß allerdings zunächst um seinen ♘d4 kümmern, was seinem aktiven Streben etwas den Schwung nimmt.

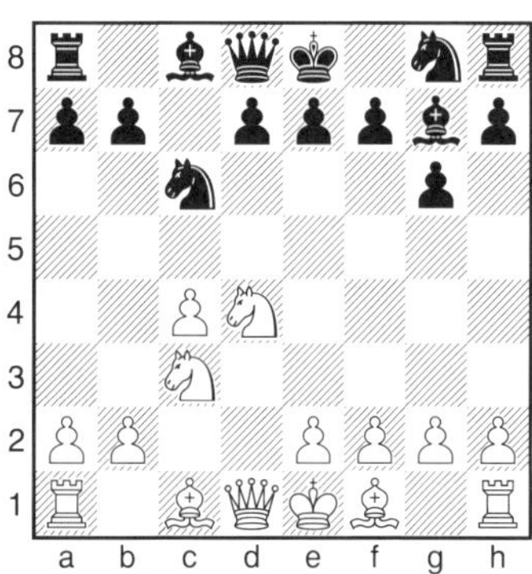

A) 6.♘c2

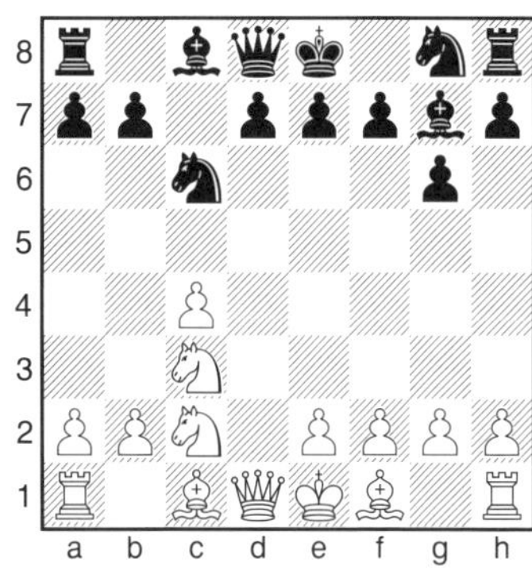

Mit der Entscheidung zu 6.♘c2 stimmt Weiß der Zerrüttung seiner Bauernstellung auf dem Damenflügel zu. Sie ist deshalb nicht jedermanns Sache. Allerdings zahlt Schwarz einen durchaus hohen Preis, wenn er das gegnerische Angebot mit 6...♗xc3+!? annimmt. Er gibt seinen wichtigen Fianchetto-Läufer her, wodurch seine Königsstellung geschwächt wird und ein kompliziertes Spiel entsteht.

(Ein solider alternativer Plan besteht darin, zunächst den Königsflügel vollständig zu entwickeln. Dessen Umsetzung kann Schwarz mit 6...♘f6 einleiten. Damit ist der Weg zur Rochade frei geworden. Beachtlich ist auch, dass der Springer sich an der Kontrolle über das Feld d5 beteiligt.

7.e4

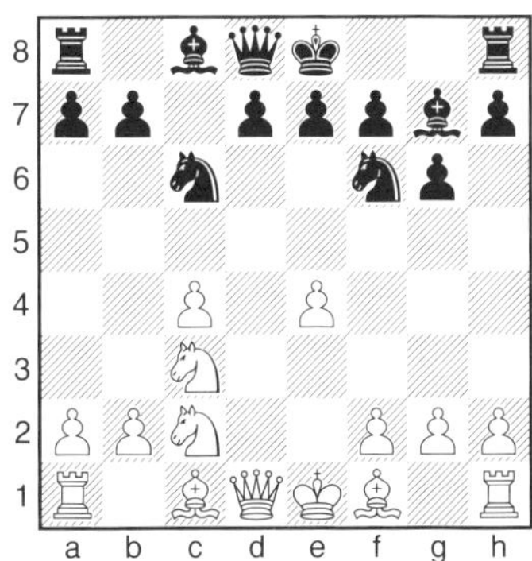

Der Bauer macht nicht nur den Weg für den ♗f1 frei, sondern wendet sich auch gegen ein gegnerisches Vorgehen mit d7–d5.

7...0–0 8.♗e2 d6

Schwarz hat die Kernideen seines Aufbaus umgesetzt. Wenn auch Weiß mit 9.0–0 einen ersten Etappenabschluss erreicht hat, kann Schwarz mit 9...♘d7 Druck gegen den ♘c3 aufbauen. Weitergehen kann es beispielsweise mit 10.♗d2 a5 worüber eine interessante Stellung mit beiderseitigen Chancen entsteht.)

7.bxc3

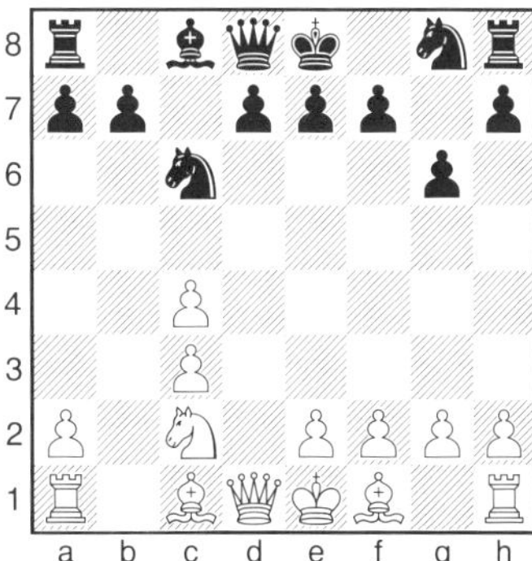

Diese Stellung ist in der Praxis schon oft ausgespielt worden. Die beiden Hauptfortsetzungen für Schwarz sind nun 7...♘f6 und 7...♕a5. Unsere Empfehlung zumindest für den wenig erfahrenen Spieler ist 7...♘f6.

(Nach 7...♕a5 kann Weiß mit der auf der Hand liegenden Fortsetzung 8.♗d2 reagieren, wonach er allerdings Probleme mit seiner weiteren Entwicklung hat und in eine passive Lage geraten kann. Die Partienstatistik spricht dabei Schwarz die besseren Aussichten zu.

Er kann aber auch den ♙c3 als Opfer anbieten, um im Fall einer gegnerischen Annahme seine Kräfte möglichst schnell zu mobilisieren. Dies kann er mit 8.e4 einleiten. Mit 8...♘f6 nutzt Schwarz zunächst die Möglichkeit, seinen Springer mit einem Angriff auf den ♙e4 zu aktivieren.

Mit 9.f3 hält Weiß an seiner Opferidee fest, verteidigt seinen e-Bauern und macht keinerlei Anstalten, dies auch für seinen ♙c3 zu tun.

9...♕xc3+ 10.♗d2 ♕e5 11.♘e3 nebst ♘e3–d5 mit guten Perspektiven für den geopferten Bauern.)

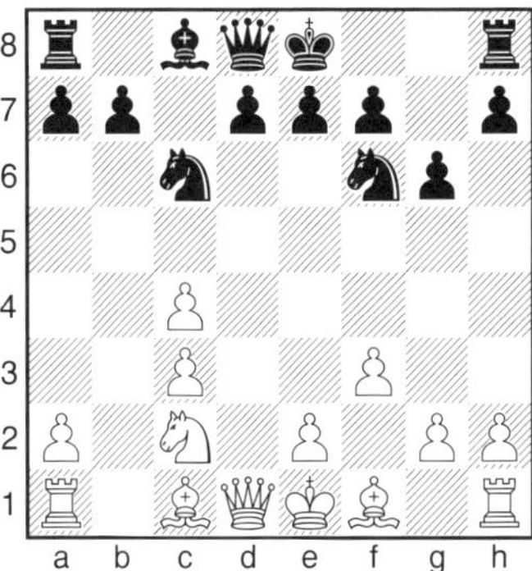

8.f3

Zum weißen Aufbau gehören der auf e4 postierte e-Bauer, die kurze Rochade und der zu deren Vorbereitung sowie zur Verteidigung des ♙c4 auf der Diagonalen f1–a6 entwickelte Läufer. Der f-Bauer unterstützt dessen Umsetzung. Die durch sein Vorgehen entstandene Schwächung der späteren Königsstellung fällt nicht ins Gewicht, zumal der gegnerische schwarzfeldrige Läufer, der sonst auf der Diagonalen a7–g1 ein verlockendes Wirkfeld hätte, nicht mehr auf dem Brett steht.

8...♕a5

Der Doppelbauer ist eine Schwachstelle im weißen Lager. Schwarz kann diese, wie hier für seine Dame, zur forcierten Entwicklung seiner Kräfte sowie als Angriffsziel nutzen.

9.♗d2 d6 10.e4 0–0 11.♗e2

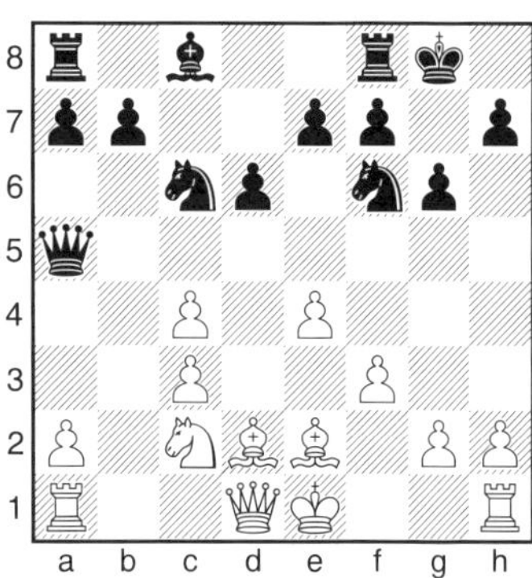

Die halboffene c-Linie ist prädestiniert für eine Besetzung mit einem schwarzen Turm, im weiteren Verlauf vielleicht sogar mit beiden Türmen. Um das Feld c8 frei zu machen, kann der ♗c8 grundsätzlich in beide Richtungen entwickelt werden. Unsere Empfehlung ist 11...♗d7.

(11...b6!? ist eine durchaus interessante Alternative, die das Feld b7 für den Läufer frei macht, aber dem ♘c6 die Bauerndeckung nimmt. Die Veränderung macht 12.♘b4 zu einem lukrativen Schritt. Natürlich kann Weiß nicht darauf hoffen, dass der ♘c6 auf b4 zuschlagen wird, worauf er unter Auflösung des Doppelbauern zu einer sehr guten Stellung käme. Das Feld b4 kann sich aber noch als gutes Sprungbrett in Richtung d5 erweisen.

12...♗b7 13.0–0 ♖ac8

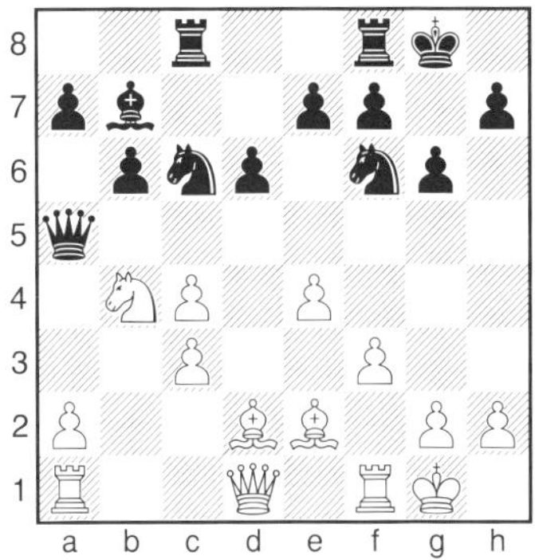

Dieses heterogene Stellungsbild ist zum Chancenverhältnis schwer einzuschätzen. Beide Parteien haben Stärken und Schwächen. So etwa verfügt Weiß über ein Plus an Raum und kann eventuell Profit aus seinem Läuferpaar schlagen. Schwarz hat die bessere Bauernstellung und mit dem weißen Doppelbauern eine geeignete Angriffsmarke. Weitergehen kann es beispielsweise mit 14.♘d5 ♖fe8 15.♗g5 ♘d7 usw.)

12.♘e3 ♖ac8

Auch diese Variante erlaubt keine sichere Einschätzung zum Chancenverhältnis. Nach einem natürlichen Fortgang mit 13.0–0 ♘e5 hat Schwarz in seinem aktiven Handeln allerdings bereits eine klare Linie erreicht, so dass er mit dem bisher Erreichten sehr zufrieden sein kann.

B) Die Alternative 6.e3 führt zu einer eher ruhigen Entwicklung beider Lager. Sie ist die richtige Wahl besonders für den Spieler, der einen zunächst harmonischen Aufbau seiner Stellung bevorzugt, um auf dieser Basis in ein positionell geführtes Spiel zu kommen. Beide Parteien können sich mit nach allgemeinen Eröffnungsprinzipien gespielten Zügen wie 6...♘f6 7.♗e2 0–0 8.0–0 aufbauen, bevor sich Schwarz die Entscheidung stellt, ob er weiter dem ruhigen Weg den Vorzug gibt oder aber der Stellung etwas mehr Bewegung einhauchen will.

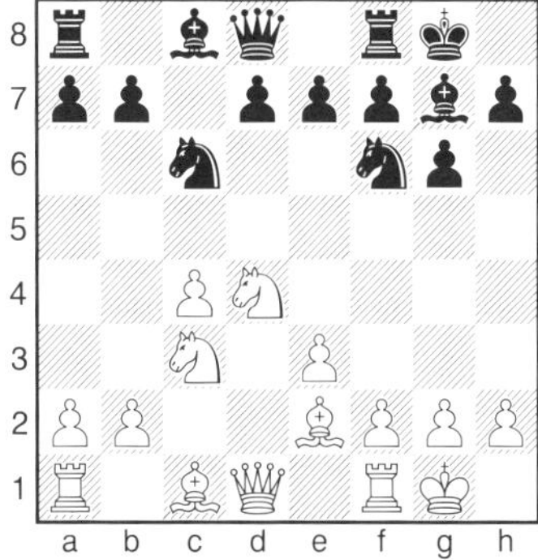

Mit 8...d5 wählt er das aktivere Vorgehen.

(Der gemächliche Weg mit 8...d6 macht einen Aufbau möglich, bei dem Schwarz auf den Bauernvorstoß b7–b5 spielt. Diesen kann er mit a7–a6 und ♖a8–b8 vorbereiten. Indem sich Weiß mit 6.e3 für eine Aufstellung entschieden hat, die dem ♗c1 wenig Entwicklungsmöglichkeit auf der Diagonalen c1–h6 lässt, hat er durchblicken lassen, dass er ihn zu fianchettieren gedenkt.

Bei einer beiderseitigen Umsetzung dieser Pläne kann es zu einem Fortgang mit 9.b3 ♗d7 10.♗b2 a6 11.♕d2 ♖b8 12.♖fd1 b5 kommen. Damit hat Schwarz den Stellungsausgleich in der Tasche. Plausibel ist ein Fortgang mit 13.cxb5 ♘xd4 14.♕xd4 axb5= usw.)

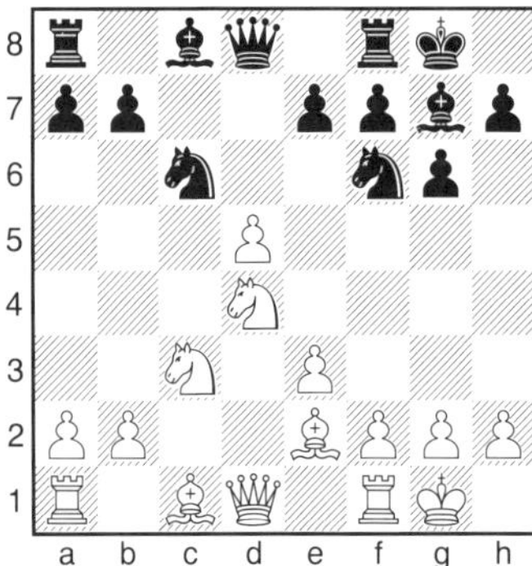

Meistgespielt und am besten ist für Weiß nun 9.cxd5, worauf es mit 9...♘xd5 10.♘xd5 ♕xd5 weitergehen kann. Hier nun kann Weiß seinem Gegner einen isolierten Bauern auf c6 beibringen, indem er mit 11.♗f3 die Dame direkt, dahinter aber zugleich auch den Springer aufs Korn nimmt.

Nach 11...♕c5 12.♘xc6 bxc6 ist der Isolani Realität geworden, den Weiß sogleich mit 13.♕a4 attackieren kann. Allerdings kann Schwarz die Drohung indirekt parieren, indem er mit 13...♖b8= seinerseits den unzureichend gedeckten ♙b2 angreift. Wichtig ist zudem, dass sich der Turm auf diese Weise einer Bedrohung für den Fall entzogen hat, dass Weiß mit dem Läufer auf c6 schlägt.

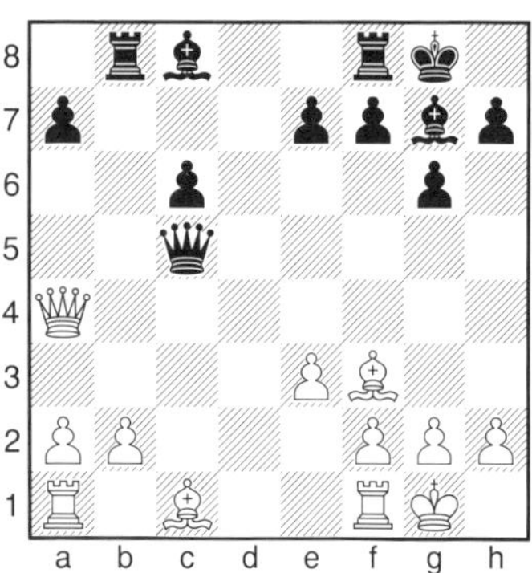

Nach 14.♖b1 ist der ♙b2 hinreichend gedeckt, Weiß aber dennoch nicht in der Lage, einen Mehrbauern zu erlangen.

(14.♕xc6 scheitert als Manöver zum Materialgewinn an 14...♕xc6 15.♗xc6 und jetzt 15...♗e6=. Weiß verliert auf jeden Fall einen seiner beiden Bauern am Damenflügel.)

Mit 14...♗e6= behält Schwarz alles unter Kontrolle. Der Rest ist reine Schachtaktik, wie die folgenden natürlichen Varianten bestätigen.

15.b3 ♕b5

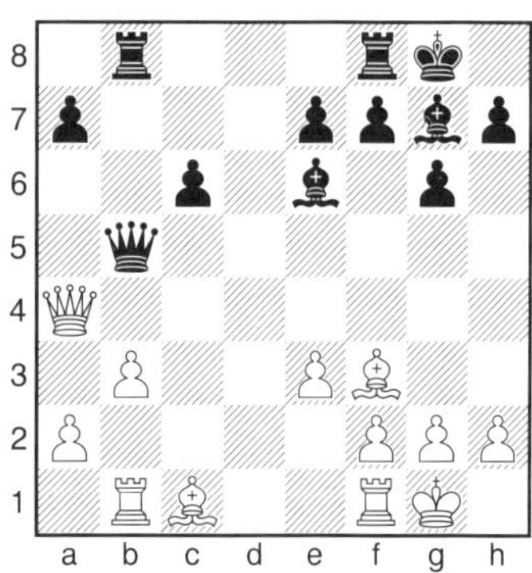

Nach 16.♗a3 kann die Partie quasi ohne „echtes“ Mittelspiel ins Endspiel übergleiten.

(Hier allerdings ist es Weiß, der erst noch aufpassen muss. Wenn er sich nach 16.♗xc6? mit einem vermeintlich erzielten Bauerngewinn im Vorteil sieht, fällt er nach den weiteren Zügen 16...♕xa4 17.♗xa4 ♗f5 18.♗a3 ♗xb1 19.♖xb1 ♗f6∓ aus allen Wolken. Sein auf b1 verletzlich stehender Turm hätte ihn vom Schlagen auf c6 abhalten sollen.)

16...♕xa4 17.bxa4 ♗f6 18.♗xc6 ♗xa2 19.♖xb8 ♖xb8= usw.

4...♗g7 5.d4

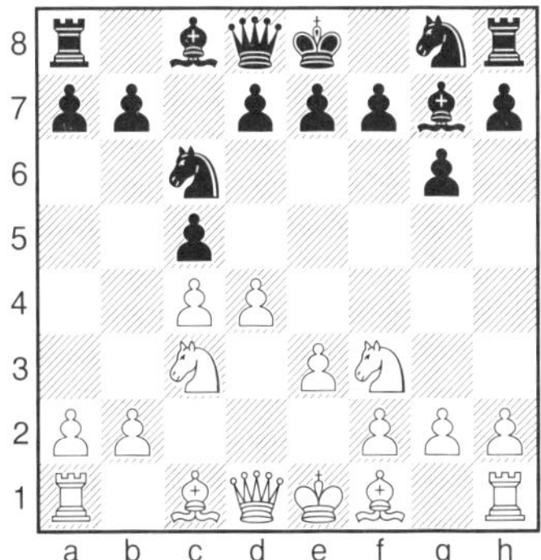

5...d6

Mit der Wahl dieser Fortsetzung hält Schwarz die Bauernspannung im Zentrum aufrecht.

Wenn sich Schwarz für die Alternative 5...cxd4 entscheidet, macht er sich das Leben schwerer. Die Fortsetzung mit 6.exd4 führt zu einem konkurrenzlosen weißen Bauernduo in der Mitte. Entsprechend verzögert ist auch hier der Standardzug 6...d6, die beste Wahl für Schwarz. Zumeist antwortet Weiß nun mit 7.♗e2, die etwas bessere Erfolgsstatistik weist allerdings 7.d5 auf.

7.d5

Die Auswirkungen dieser Entscheidung sind recht komplex. Der Bauer verdrängt den gegnerischen Springer und erobert Raum, die Felder c5 und e5 werden dabei jedoch geschwächt. Mit seinem Vorrücken macht er jedoch gleichzeitig das Feld d4 für den Springer frei, der in dieser zentralen Position eine große Wirkung entfaltet.

(7.♗e2 kann zu der ruhigen Entwicklung 7...♘f6 8.0–0 0–0 9.h3 d5 mit Übergang in die **Einführung** zu diesem Band, Variante 2.e3 ♘f6 usw. führen.)

7...♘e5

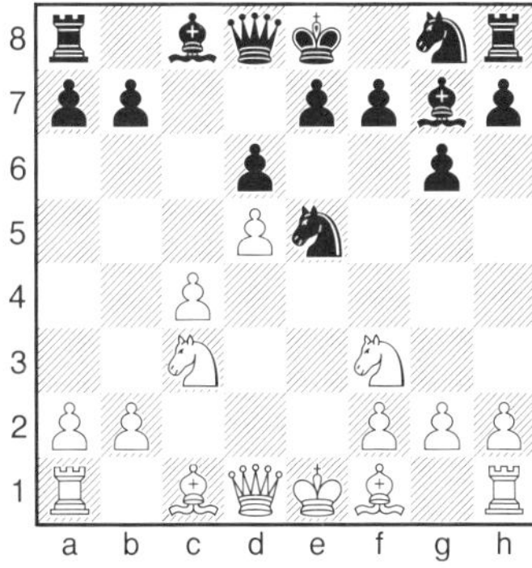

Mit 8.♘xe5 und 8.♘d4 stehen Weiß zwei etwa gleichwertige Antworten zur Verfügung. Die Entscheidung zwischen beiden ist überwiegend Geschmackssache.

A) 8.♘xe5 ♗xe5 entzieht der Stellung einiges an Spannung, so dass sich die Parteien im Anschluss erst wieder weiter entwickeln müssen, bevor es zu unmittelbaren Konflikten kommt.

9.♗e2

Als Weg in die Freiheit hat Schwarz das Feld h6 usw. für seinen Springer erkoren. Hierzu muss ihm aber zunächst eine Deckung verschafft werden. Diese erreicht Schwarz mittels 9...h5 Ein wichtiger weiterer Effekt dieses Vorgehens ist die Inbesitznahme des Feldes g4.

(Die aktuelle Stellung ist schon häufig in der Praxis ausgespielt worden. Zumeist kam dabei die Variante 9...♗g7 10.0–0 ♘f6 11.♗e3 0–0 12.♕d2 zur Ausführung. Zu Buche steht daraufhin ein aus der Sicht von Schwarz beinahe katastrophales Ergebnis in der Erfolgsstatistik. Es ist deshalb auf jeden Fall sinnvoll, nach Verbesserungen im schwarzen Spiel zu suchen.)

10.0–0 ♘h6

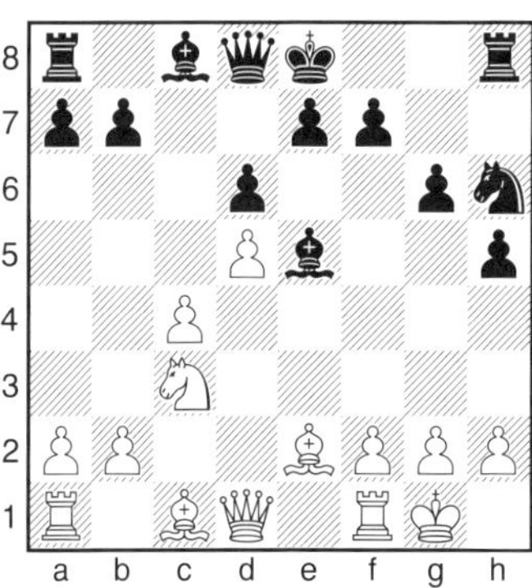

Am einfachsten für Weiß ist es unseres Erachtens nun, wenn er seinem Gegner mittels 11.h3 die Kontrolle über das Feld g4 wieder entzieht.

(Die Idee, 11.♗e3 mit der Absicht ♗e3–d4 zu spielen, kann Schwarz gut mit 11...♘g4 kontern. Das Problem, dass sowohl der ♗e3 und der ♙h2 gleichzeitig bedroht sind, kann Weiß nur befriedigend mit 12.♗xg4 lösen, worauf 12...hxg4 den ♙h2 erneut in den Wind stellt. Nach 13.g3 ♗f5 hat sich Schwarz eine aktive Stellung erarbeitet, die ihm Chancen mindestens auf Augenhöhe eröffnet, z.B. 14.♗d4 f6 usw.)

Über 11...♘f5 gelangt der Springer auf ein akzeptables, zu g4 aber nicht gleichwertig gutes Feld. Anschließen kann sich eine Entwicklung über „schlichte" Eröffnungszüge wie 12.♗d2 ♗d7 13.♖c1 0–0, womit sich Schwarz die Chancen auf den Ausgleich erhält.

B) 8.♘d4

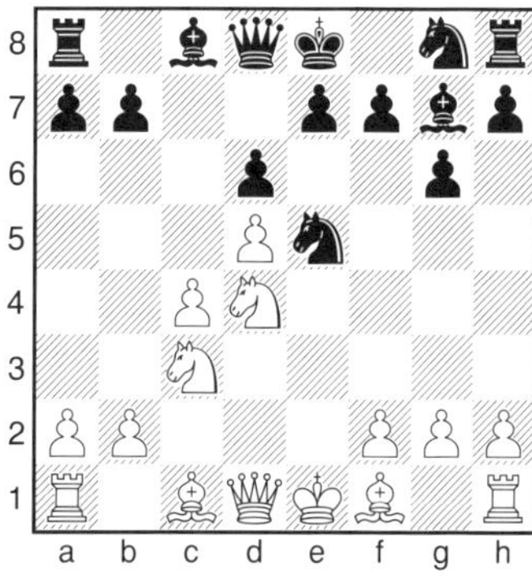

Der Springer nimmt eine wirkungsvolle Position ein, aus der er nur schwer verdrängt werden kann. Wichtig ist dabei seine Einflussnahme auf das Feld f5, das dem gegnerischen Königsspringer als Entwicklungsfeld dienen kann.

8...♘h6

Auch in dieser Variante ist h6 nur ein Transferfeld für den Springer.

(Grundsätzlich schlüssig ist auch ein Plan, mittels ♖a8–c8 Druck auf den

♙c4 aufzubauen, um Weiß zu b2–b3 zu bewegen, worauf Schwarz die dann mangelnde Deckung des ♘c3 für die eigene Entwicklung nutzen kann. Vor diesem Hintergrund könnte sich die Partie wie folgt entwickeln: 8...♗d7 9.♗e2 ♖c8 10.b3 ♕a5 11.♗b2.

Im Ergebnis aber hat sich Weiß im Zuge dieser Aktion einen Raumvorteil verschafft, der ihm die etwas besseren Aussichten einräumt. Er kann jetzt noch die kurze Rochade folgen lassen und mit h2–h3 seinen Vorteil konservieren.)

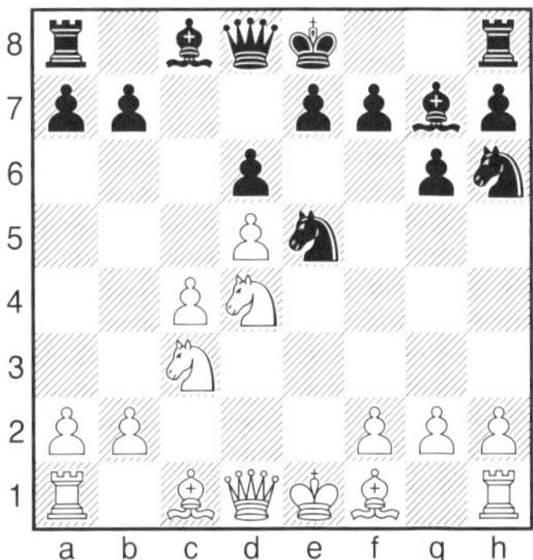

Wie oft verschafft sich Weiß auch hier mit dem einfachen Zug 9.h3 die Kontrolle über g4. Zugleich dirigiert er den Springer für den Fall, dass dieser eine bessere Position aufsuchen soll, nach f5, wo ihn bereits der eigene ♘d4 erwartet.

9...0–0 10.♗e3

Aufgrund des eingerichteten Schutzes vor einem gegnerischen Springerangriff von f5 aus ist dies die aktuell beste Entwicklungsmöglichkeit für den Läufer. Er verschafft sich dabei die Option, seinem auf g7 stehenden Widersacher auf d4 entgegenzutreten.

10...♘f5 11.♘xf5

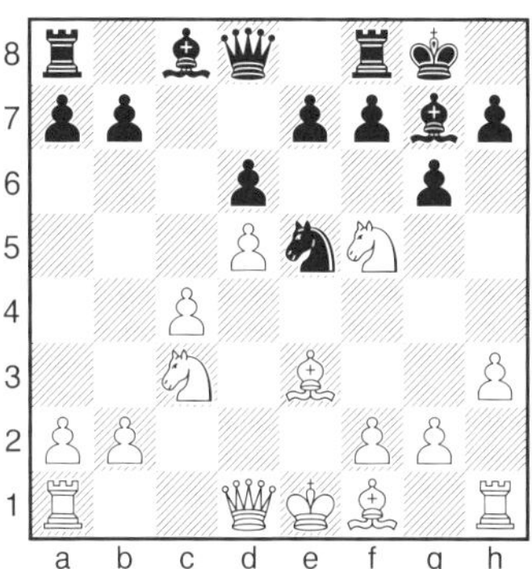

11...♗xf5

(11...gxf5!? ist einen Versuch wert.)

12.g4 ♗c8 13.f4 ♘d7 14.♕d2 ♘c5

Damit ist eine zweischneidige Stellung entstanden, in der beide Seiten eigene Chancen haben. Weiß verfügt allerdings über einen Raumvorteil. Seine Angriffsmöglichkeiten konzentrieren sich auf den Königsflügel, wo seine Bauern schon entsprechend vorgerückt sind. Allerdings muss er sich noch entscheiden, was mit seinem König passieren soll.

Eine Möglichkeit ist 15.0–0–0, womit dann die Kontrahenten auf verschiedene Flügel rochiert haben und der Kampf an Dynamik weiter zulegen kann. Er kann sich jedoch auch an seine Idee, seinen Läufer dem gegnerischen in den Weg zu stellen, erinnern und mit der Wahl von 15.♗d4 seine Entscheidung zur Königssicherheit noch etwas zurückstellen.

6.♗e2

I. Auch gespielt wird 6.d5, worauf 6...♘e5 die angebrachte Reaktion ist.

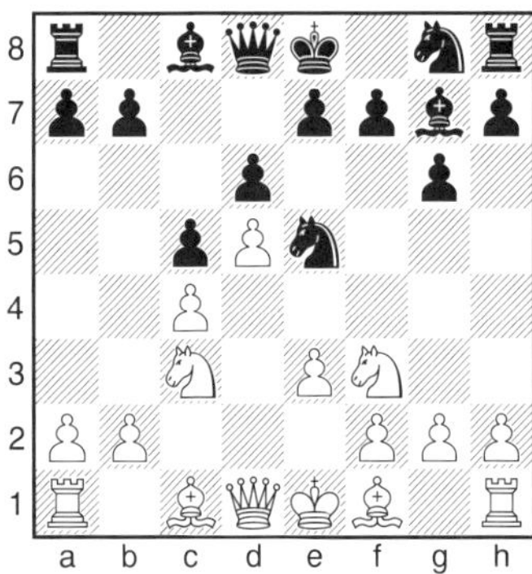

A) Die besten Resultate aus der Turnierpraxis weist aus der Sicht von Weiß die Antwort 7.♘xe5 auf.

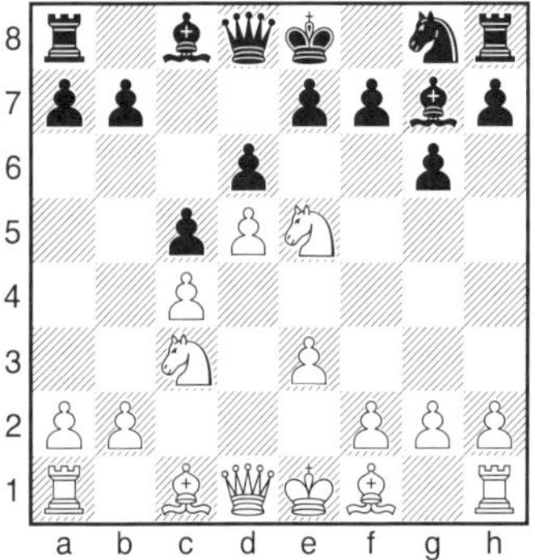

Der schwarze Springer verschwindet vom Brett und mit ihm auch die bisher von ihm geschluckten Tempi. Der auf diesem Weg aus seiner sicheren Stellung gelockte schwarze Königsspringer wird ein weiteres Mal angefasst werden müssen, was Schwarz Zeit kosten wird.

7...♗xe5

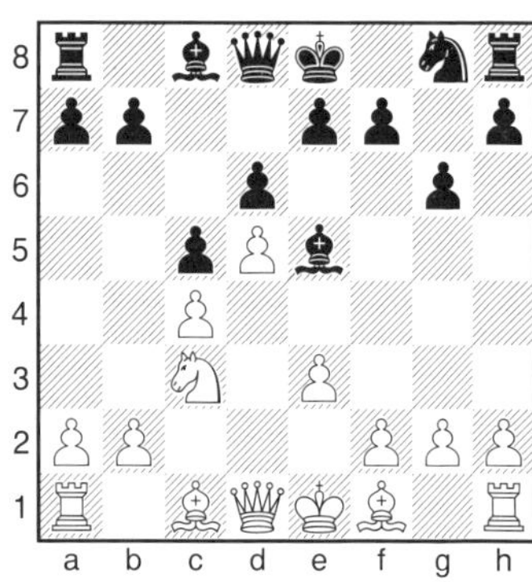

In ihre aktuellen Erwägungen haben die Kontrahenten verschiedene Unwägbarkeiten einzubeziehen. Zu diesen gehören u.a.:

1. Was passiert mit dem weißen Königsläufer bzw. was *sollte* mit ihm passieren?

2. Sollte – aus der Sicht von Weiß – der ♘c3 von einer Figur gedeckt und – aus der Sicht von Schwarz – vom ♗e5 geschlagen werden, wenn es bei der Deckung allein durch den Bauern bleibt?

3. Was passiert mit dem schwarzen Königsläufer bzw. was *sollte* mit ihm passieren?

4. Was passiert mit den schwarzen Bauern auf e7 und f7 bzw. was könnte mit ihnen vor dem Hintergrund passieren, dass Schwarz ein Gegenspiel erreichen will?

Auf diese Fragen gibt es keine eindeutigen Antworten, sondern verschiedene Möglichkeiten. Die folgenden Darstellungen tragen insofern einen Beispielcharakter und versuchen dabei die jeweils verschiedenen denkbaren Konsequenzen zumindest aufzuzeigen.

Bei der Aktivierung mit 8.♗d3 beteiligt sich der Läufer an der Beherrschung des wichtigen Feldes e4.

(Anders ist es im Falle von 8.♗e2.

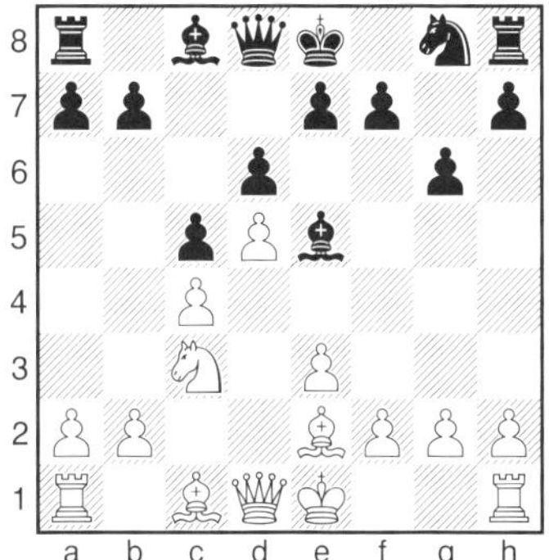

Hier kann sich die Investition ‘Läufer gegen Springer“ lohnen, weil Schwarz den Kampf um e4 für die Aktivierung seiner Kräfte unter gleichzeitiger Bindung der weißen nutzen kann. Entsprechend wird das Manöver 8...♗xc3+ 9.bxc3 f5 10.0–0 ♘f6 11.f3 ♕a5 12.♕c2 möglich.

Mit Erfolg wurde hier in der Praxis 12...♗d7 mit der Idee gespielt, lang zu rochieren. Nun kommt Weiß zu 13.e4. Er verschafft damit seinem Läufer zugleich einen freien Weg bis h6, wobei sich bestätigt, dass der Abtausch des Läufers im 8. Zug eine Schwächung ausgelöst hat. Mit 13...0–0–0 kann Schwarz dem Kampf aufgrund der Rochade auf verschiedene Flügel eine zusätzliche Dynamik verleihen.

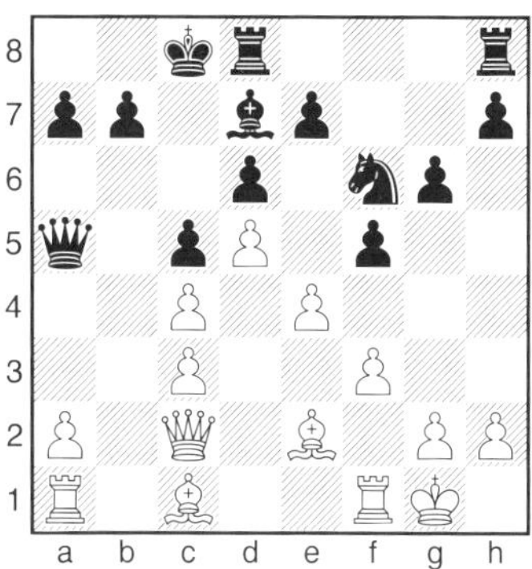

Wenn er die gegnerische Möglichkeit, den Läufer nach h6 zu führen, beseitigen möchte, kann er unter Zurückstellung seiner Rochade auch über den vorherigen Schritt h7–h6 nachdenken. Das Stellungsbild ist kompliziert, der Ausgang ist ungewiss. Der Computer errechnet einen leichten Vorteil für Weiß, die praktischen Chancen sind aber ohne Zweifel verteilt.)

Nun würde Schwarz ein Schlagen auf c3 keinen Vorteil im Kampf um e4 verschaffen, da aufgrund der Läuferunterstützung ein anschließendes f7–f5 mit e3–e4 gekontert werden könnte. So ist es sinnvoll, den für die Verteidigung des Königsflügels wichtigen Läufer zu behalten und mit 8...♗g7 prophylaktisch zurückzuziehen.

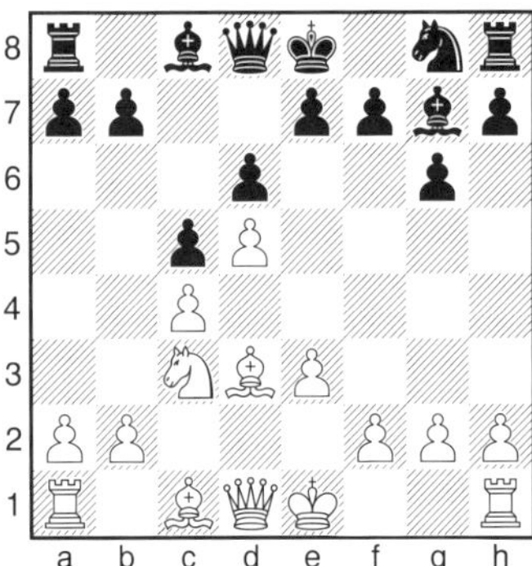

Weitergehen kann es mit den natürlichen Zügen 9.0–0 ♘f6 10.e4 ...

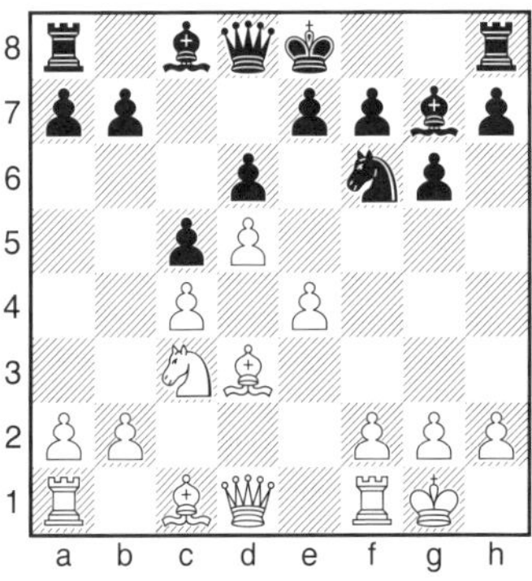

... und weiter 10...0–0.

Weiß ist zu seinem weiteren Vorgehen nicht festgelegt. Neben Spielweisen, für die der Leser Erläuterungen zu anderen Varianten beiziehen kann, möchten wir eine weitere Option aufzeigen. Sie verbindet sich mit der Erwartung, dass Schwarz bald seinen e-Bauern bewegen wird, was zu einer Schwächung seines rückständigen d-Bauern führen wird. Dieser kann somit zu einer guten Angriffsmarke für den schwarzfeldrigen weißen Läufer werden. Damit dieser über f4 auf die Diagonale h2–b8 gebracht werden kann, ohne vom ♘f6 sogleich wieder vertrieben werden zu können, ist ein Schlupfloch auf h2 erforderlich.

Dieses erreicht Weiß mit 11.h3 unter einer gleichzeitigen und auch nützlichen Sperrung des Feldes g4 für die gegnerischen Figuren. Bei der Umsetzung der für beide Seiten skizzierten Pläne kann es zum folgenden Fortgang kommen: 11...e6 12.♗f4 exd5

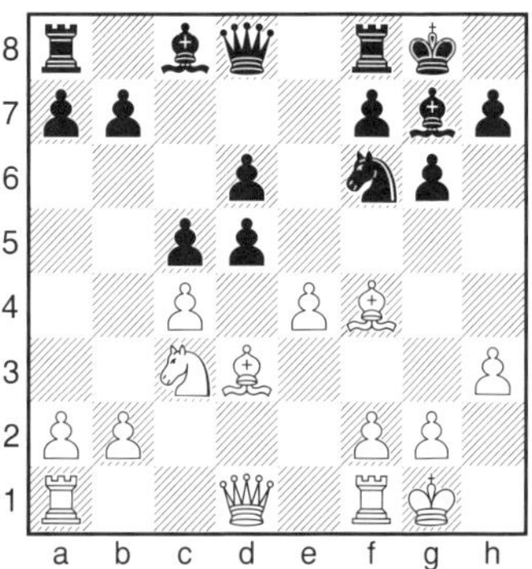

13.cxd5.

(Im Falle von 13.exd5 ♘h5 14.♗h2 f5 entsteht eine komplizierte Lage mit beiderseitigen Möglichkeiten.)

Mit 13...a6 sperrt Schwarz das Feld b5 für die weißen Leichtfiguren, so dass der Springer den ♙d6 nicht von hier aus attackieren und der ♖f8 ungestört nach e8 geführt werden kann. Zugleich öffnet er das Fenster für den Vorstoß b7–b5, das Weiß mit 14.a4 allerdings sofort wieder schließt.

Weitergehen kann es beispielsweise mit der aus plausiblen Zügen bestehenden Variante 14...♖e8 15.♖e1 ♘h5 16.♗h2 ♗e5 17.♗xe5 ♖xe5 mit einem zweischneidigen Spiel im Ergebnis.

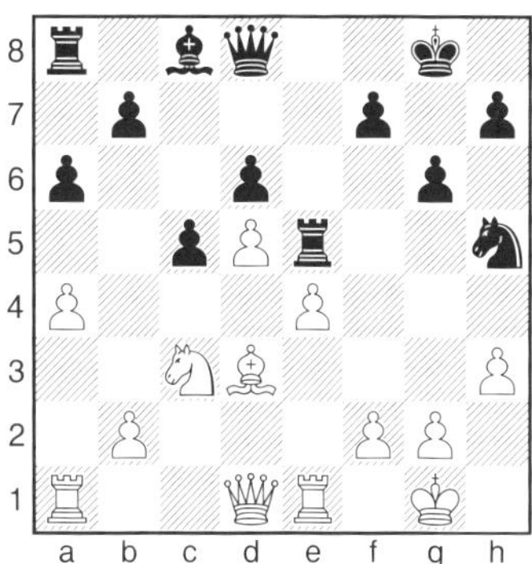

Schwarz bietet sich eine Postierung seiner Dame auf e7 &f7–f5 an, womit er das angestrebte Gegenspiel erreicht hätte.

B) Anhänger hat auch die Alternative 7.♘d2, mit deren Wahl Weiß in erster Linie den Weg für seinen f-Bauern frei machen will. Wie die Turnierpraxis bestätigt, kann Schwarz nur mit dem forschen Vorstoß 7...f5 auf ein hinreichend aktives Spiel hoffen.

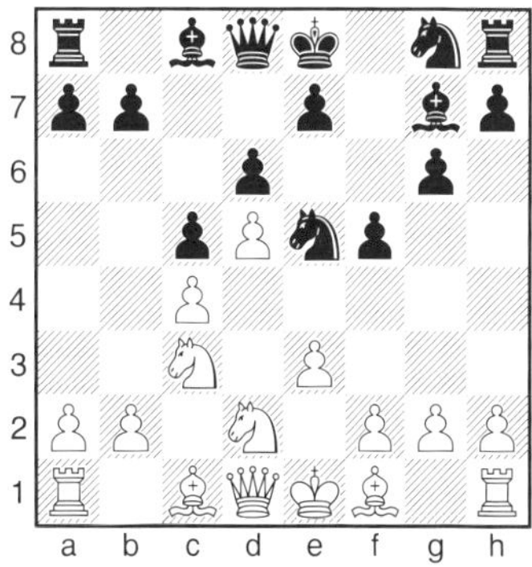

Natürlich entsteht dabei ein Loch auf e6, das Weiß aber bis auf Weiteres nicht ausnutzen kann. Es wird später mit e7–e6 oder auch mit e7–e5 beseitigt werden können.

B1) 8.♗e2

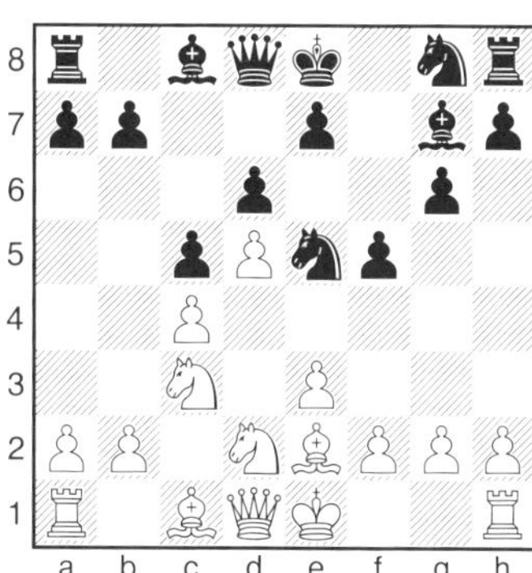

Bevor Weiß seinen Plan mit dem f-Bauern in die Tat umsetzt, will er die Entwicklung seines Königsflügels abschließen. Dies ist die sicherere Variante in seinem Vorgehen.

8...♘f6 9.0–0 0–0

Damit hat Schwarz seine Vorbereitungen abgeschlossen und kann sich in der Folge seinem Vorhaben widmen, die gegnerische Zentralstellung aufzurollen und sein Gegenspiel damit einzuleiten.

Bevor Weiß seinen f-Bauern nach vorne beordert, sperrt er g4 als Fluchtfeld. Zwingend erforderlich ist dies nicht, nützlich aber schon.

10...e6 11.f4 ♘f7 12.dxe6

Würde Weiß nicht auf e6 schlagen, müsste er mit e6–e5 rechnen.

12...♗xe6 13.♗f3 d5

Auf der Basis einer sehr soliden Aufstellung hat Schwarz das angestrebte Gegenspiel erreicht.

B2) 8.f4 ♘f7

(Weil Weiß das Feld g4 nicht mit h2–h3 für sich in Anspruch genommen hat, ist auch 8...♘g4 möglich. Weiß muss sich nun, als Konsequenz von 7.♘d2, um seinen ♙e3 kümmern. Dies gibt Schwarz die Zeit, um weiter an seinem Gegenspiel zu feilen.

Mit 9.♕f3 sorgt Weiß für die nötige Deckung des Bauern, ohne sich zu Konzessionen in der Umsetzung seiner eigenen Pläne zwingen zu lassen. Nach 9...e5 hat Schwarz die Hand am Ausgleich.

10.dxe6 ♘e7

Der ♙e6 ist Schwarz sicher; er kann ihn sich später holen. Das Feld f6 muss für den ♘g4 frei bleiben. Mit der Entwicklung nach e7 bereitet Schwarz die Weiterleitung des Springers nach c6 vor, wo er wirkungsvoll postiert sein wird. Weitergehen kann es mit 11.h3 ♘f6 12.♗e2 ♘c6 13.0–0 ♗xe6=.)

9.♕c2

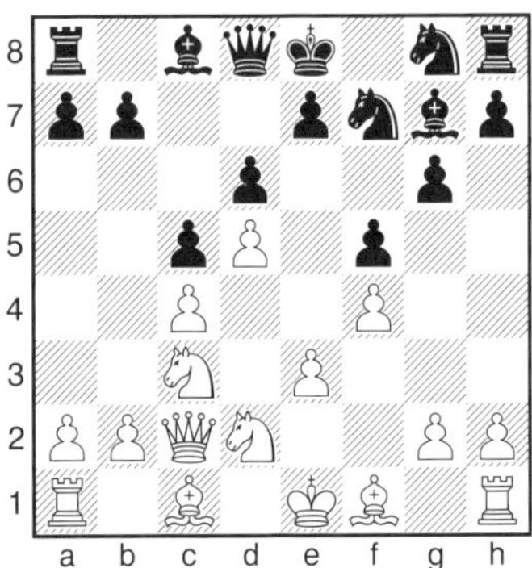

Die Dame übernimmt eine aktivere Rolle. Aufgrund ihrer Deckung des ♘c3 ist die Möglichkeit ♗g7xc3 für Schwarz nicht mehr lukrativ. Material aus der Praxis ist für die erreichte Brettsituation rar gesät. Insbesondere für Schwarz zu prüfende Alternativen sind nun 9...♘f6, 9...e6 und 9...e5. Die beiden Züge mit dem e-Bauern laufen allerdings nicht weg, so dass Schwarz zu deren Vorbereitung auch zunächst die Entwicklung seines Königsflügels abschließen kann.

9...♘f6

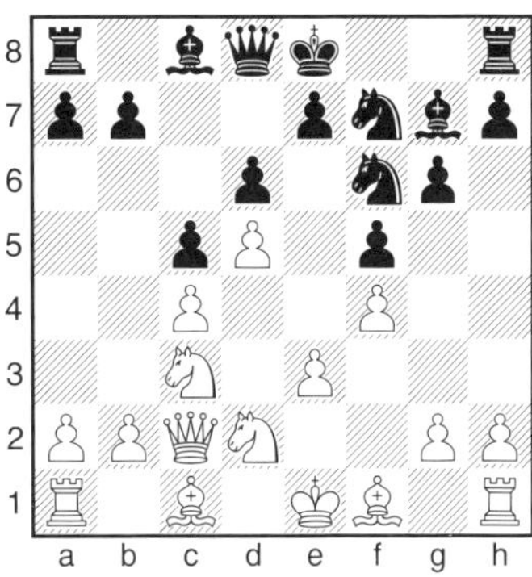

10.♗d3

(10.♗e2 geht auch, aber nicht 10.e4 mit der Überlegung 10...fxe4 11.♘dxe4 ♘xe4 12.♘xe4. Schwarz hat nun die Chance, sich ein Übergewicht zu sichern, insbesondere durch die Wahl von 12...e6)

10...0–0 11.0–0 e5

Es ist unklar, welche Partei den besseren Aufbauplan gewählt hat. Das angestrebte Gegenspiel hat Schwarz aber auf jeden Fall erreicht.

II. 6.dxc5 macht wenig Sinn und ist in der Turnierpraxis deshalb auch kaum anzutreffen. Da nicht auszuschließen ist, dass ein wenig erfahrener Spieler den Griff zu dieser Möglichkeit in Erwägung zieht, gehen wir darauf ein, beschränken uns aber auf ein Mindestmaß.

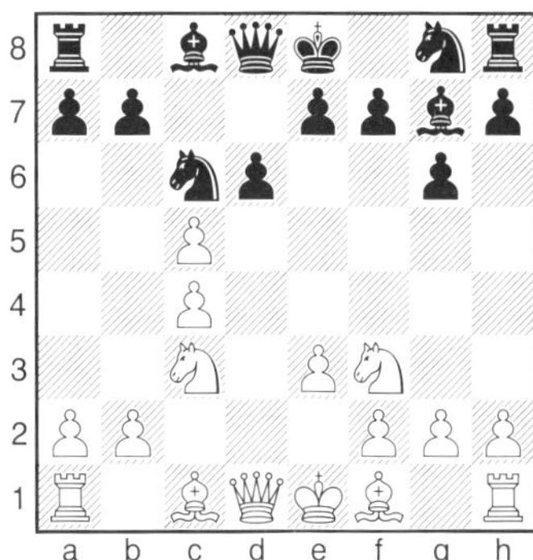

Die Beschädigung der weißen Bauernstruktur mit 6...♗xc3+ ist hier der einfachste Weg. Unabhängig davon, ob Weiß nach 7.bxc3 dxc5 zum Damentausch schreitet oder nicht, kann er den Ausgleich durch Schwarz nicht verhindern.

A) Eine Möglichkeit, die Damen auf dem Brett zu halten, ist 8.♕c2.

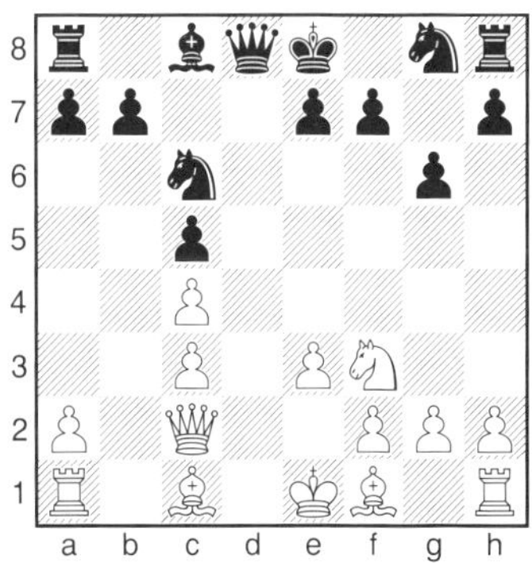

Es fällt Schwarz daraufhin nicht schwer, zu einem Erfolg versprechenden Spiel zu kommen, beispielsweise mit der symmetrischen Antwort 8...♕c7. Der isolierte Doppelbauer ist ein Makel in der weißen Stellung, den der Vorteil des Läuferpaars zumindest aktuell nicht aufwiegen kann.

(Schwarz kann auch forsch mit 8...e5 fortfahren, so wie in verschiedenen Varianten zuvor. Weiß ist als Antwort 9.e4 zu empfehlen, um Schwarz in der Mitte zu stoppen. Wenn er darauf verzichtet und beispielsweise mit 9.♗e2 fortsetzt, kann es zur für Schwarz angenehmen Entwicklung mit 9...f5 10.e4 f4 usw. kommen.)

Beide Seiten haben nun die Aufgabe, ihre Entwicklung schnell fortzusetzen. Die Zeichen sprechen dafür, dass dies auf ruhigen Wegen über natürliche Züge passieren kann, z.B. mit der Variante 9.e4 b6 10.♗e3 ♘f6 11.♗e2 ♗b7 12.♖d1 ♖d8 usw.

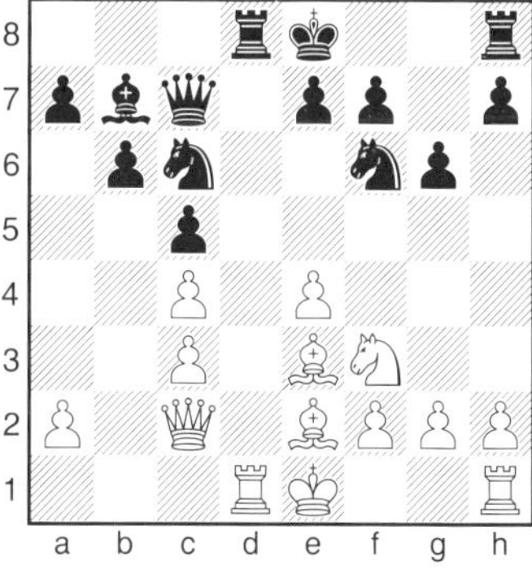

Auch wenn es wohl übertrieben wäre, hier einen zumindest leichten Vorteil für Schwarz zu sehen, kann er aber doch mit seinem Spiel sehr zufrieden sein. Er muss allerdings aufpassen. So wäre auf die gegnerische Einladung 13.♖d5 eine Annahme mit 13...♘xd5 nicht angeraten, denn nach 14.cxd5 gerät er in passiver Lage unter Druck. Mit der Wahl insbesondere einer der

Alternativen 13...e6, 13...0–0 oder 13...♘g4 kann er den gegnerischen Versuch, ihm ein Bein zu stellen, konstruktiv zurückweisen.

B) Nach 8.♕xd8+ ♘xd8 kann es beispielsweise wie folgt weitergehen: 9.e4 ♘c6 10.♗e3 b6 usw.

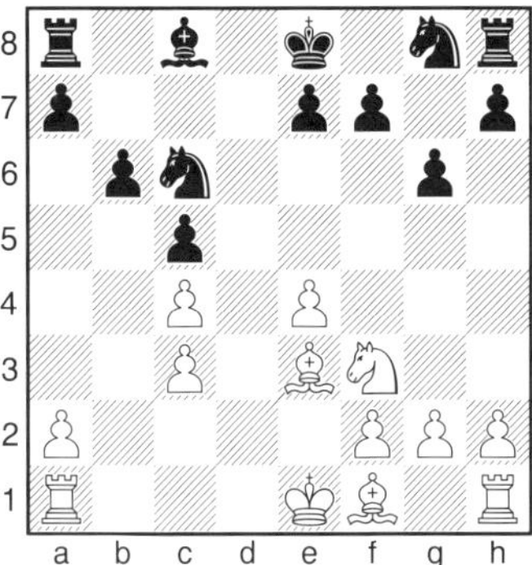

Schwarz hat keine Probleme. Die weitere Aktivierung seiner Kräfte kann er flexibel an das weiße Vorgehen anpassen. So kann sein Läufer je nach Bedarf beispielsweise nach b7 geführt oder auf der Diagonalen b8–h2 entwickelt werden. In der Folge kann sich ihm besonders die lange Rochade anbieten.

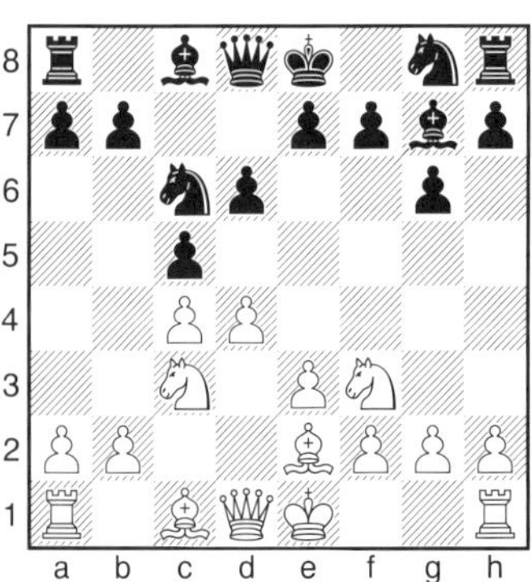

6...♗g4

Dies ist die nach 6...♘f6 nur am zweithäufigsten gewählte Alternative, wartet aber mit deutlich besseren statistischen Ergebnissen als der Springerzug auf.

Eine interessante, aber wohl nicht ganz ausreichende Idee ist auch 6...e6 mit der Absicht, den ♘g8 nach e7 zu entwickeln, wo er weder dem Läufer noch dem f-Bauern im Weg stehen wird, aber ein eventuelles späteres f7–f5 unterstützen kann.

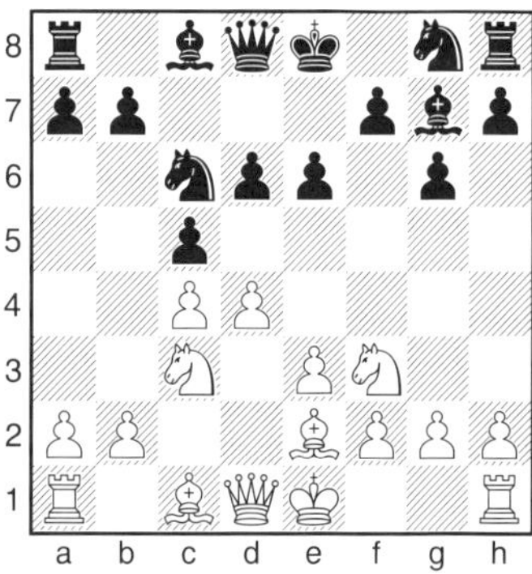

Auch wenn dieser Weg für eine Wertungspartie nicht unbedingt zu empfehlen ist, kann er im freien Spiel ein spannendes Duell auslösen. Seine Analyse schärft zudem das Verständnis zur Spielführung in diesem Kapitel allgemein. Nach 7.0–0 kann 7...♘ge7 sofort geschehen. Nach einer typischen Entwicklung mit 8.d5 exd5 9.cxd5 ♘e5 10.♘xe5 ♗xe5 11.e4 ♗g7 ...

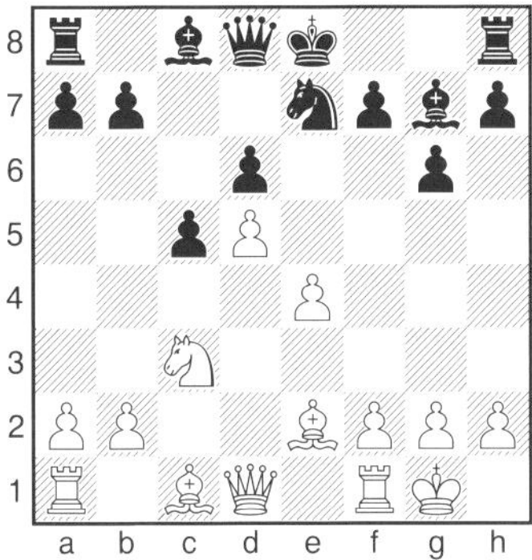

... und nun 12.♗f4 steht Weiß aktiver. Zudem verfügt er über einen Raumvorteil.

Schwarz hat Probleme, seinen Kräften ausreichend Aktivität zu verschaffen, was nicht zuletzt am ♗c8 deutlich wird. Das Spiel kann auf bekannten Pfaden mit 12...a6 13.a4 0–0 14.♕d2 voranschreiten. Nun ist 14...f5 Δ♗c8–d7, ♕d8–c7 und ♖a8–e8 zu prüfen.

7.d5

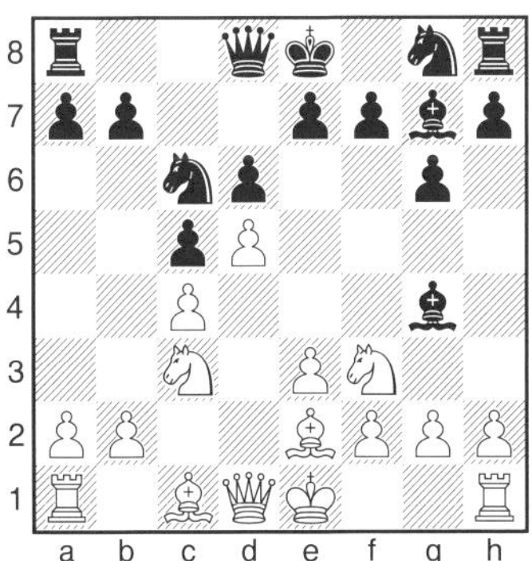

7...♗xc3+!?

Wie schon in Nebenvarianten zuvor geht es Schwarz auch hier um die Schwächung der weißen Bauernstruktur am Damenflügel.

Aber was ist vom aus der Praxis bekannten Plan zu halten, nach dem Schwarz beide Läufer durch Abtausch gegen die weißen Springer hergibt? Nach 7...♗xf3 8.♗xf3 ♗xc3+ 9.bxc3 ist diese Situation erreicht.

9...♘e5

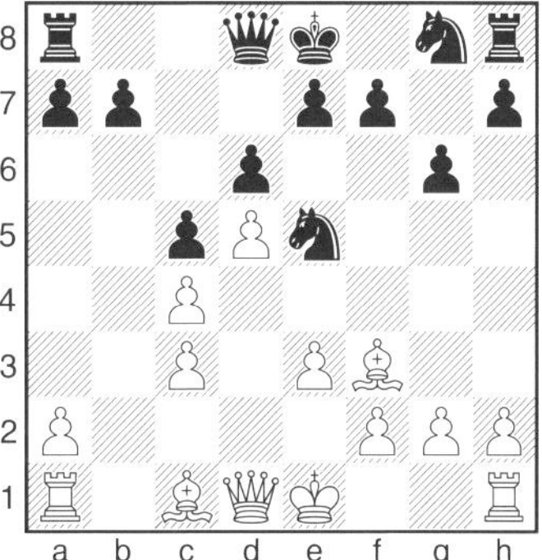

Die Stellung ist weit davon entfernt, ausbalanciert zu sein. Oft ausgespielt worden ist sie bisher nicht. Soweit dies passiert ist, hat Weiß zumeist ruhig mit 10.♗e2 fortgesetzt. Dabei ging es weniger um die Deckung des ♙c4, da dieser indirekt durch das mögliche Manöver ♕d1–a4+ usw. gesichert ist, sondern um den Erhalt des Läufers.

(10.e4 mit der Idee, dem ♗c1 einen Weg nach h6 zu öffnen, von wo aus er die kurze schwarze Rochade verhindern kann, bringt Schwarz in keine echte Bredouille. Wenn der König nicht auf seinen Flügel rochieren kann, bleibt die Möglichkeit zur Überführung auf die andere Seite. Nach 10...♘f6 11.♗h6 ♕a5 12.♕b3 0–0–0 steht Schwarz gut.)

Nun kann sich Schwarz weiter nach dem bekannten Muster 10...f5 mit dem nachfolgend auf f6 postierten Springer und der kurzen Rochade aufbauen. Entsprechend kann es zu folgendem weiteren Verlauf kommen: 11.♖b1 b6 ...

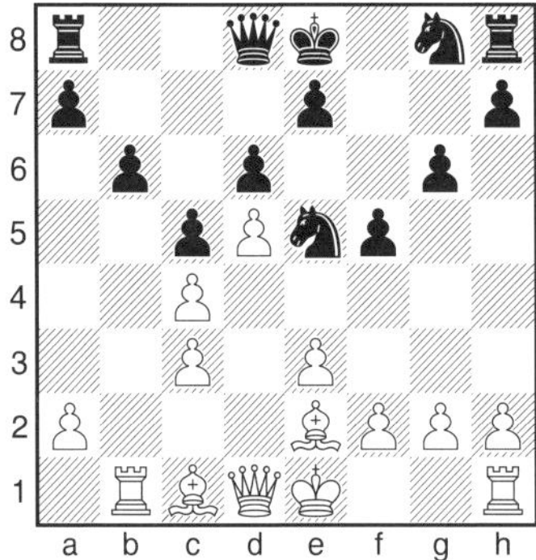

... 12.0–0 (12.f4 ist zu überlegen) 12...♘f6 13.f3 0–0 mit einem im Ergebnis undurchsichtigen Chancenverhältnis. Zweifellos aber kann Schwarz mit dem bisher Erreichten zufrieden sein. Seine Springer spielen einflussreiche Rollen.

8.bxc3 ♘a5

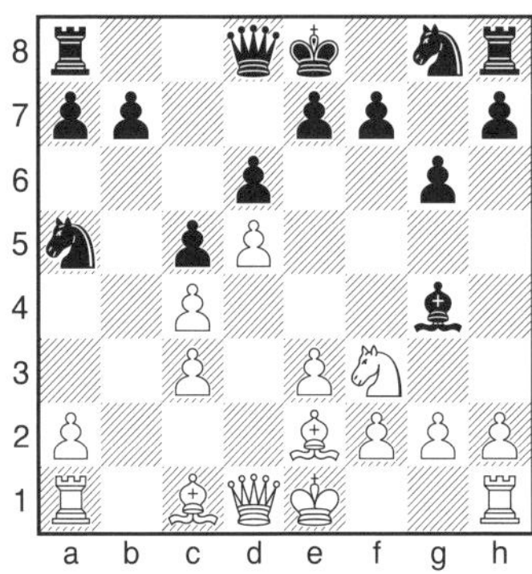

9.e4

Weiß kann seinen Zug mit dem e-Bauern auch zunächst zurückstellen und eine Klärung der Figurenspannung mit 9.♘d2 herbeiführen. Schwarz kommt dabei allerdings zu guten Gegenchancen.

Nach 9...♗xe2 10.♕xe2 ♕d7 11.e4 ist eine Stellung erreicht, für die uns nur ein einziges Beispiel aus der Praxis bekannt ist. In diesem siegte Weiß, allerdings bei einem teilweise ungenauen gegnerischen Spiel.

(– 11.a4 0–0–0

– 11.♘b3 ♕a4 12.♘xa5 ♕xa5=)

Nach 11...♕a4 12.0–0 0–0–0 hat Schwarz das angestrebte Gegenspiel erreicht.

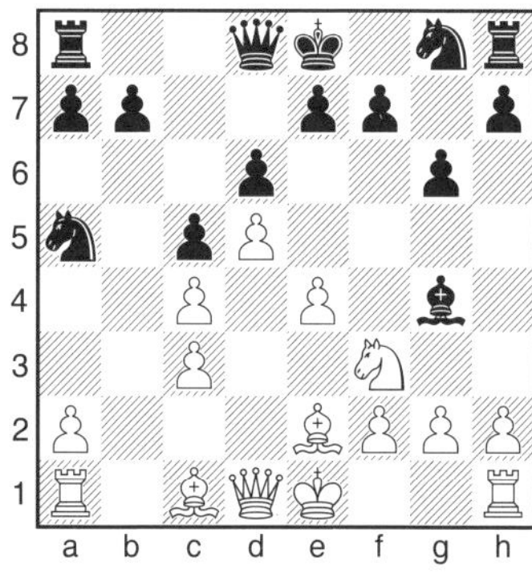

9...♘f6

Ein Zug mit Überraschungspotenzial ist an dieser Stelle 9...♕d7!?, mit dem Schwarz die kurzfristige Umsetzung der langen Rochade anstrebt. Er ist in der Praxis bisher kaum in Erscheinung getreten und verdient mehr Aufmerksamkeit als bisher, Analysen und Praxistests.

10.0–0

(10.♕d3 ♘f6 11.0–0 führt unter Zugumstellung in die Variante zurück.)

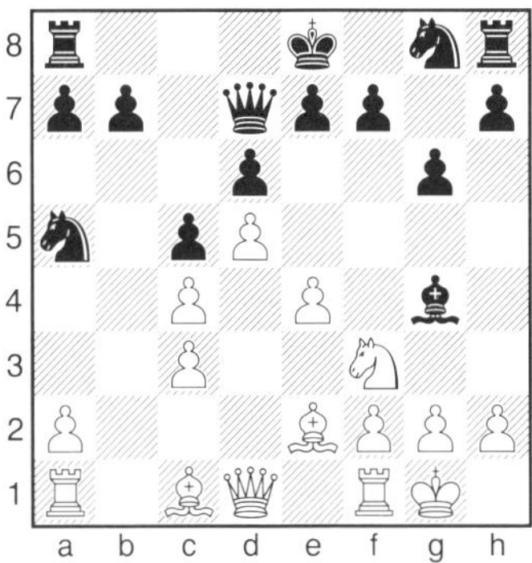

A) Die zielgerichtete Fortsetzung seiner Entwicklung hat für Schwarz die oberste Priorität. Indem er mit 10...♘f6 seine letzte noch nicht aktivierte Leichtfigur ins Feld bringt, hält er sich daran. Nach 11.♕d3 ist die Dame besonders elastisch postiert.

(Zum Ausgleich führt die Abwicklung mit 11.♘d2 ♗xe2 12.♕xe2 ♕a4= usw.)

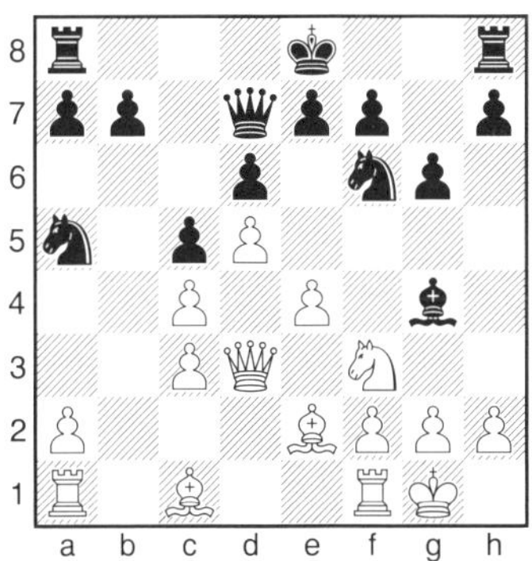

11...0–0–0 sorgt dafür, dass die Könige auf unterschiedlichen Flügeln stehen, so dass die Kontrahenten aus dieser zweischneidigen Stellung heraus besonders auf eine hinreichende Dynamik ihres Spiels achten müssen. Zurzeit ist Weiß etwas freier aufgestellt, Schwarz aber hat gute Konterchancen. Mit h2–h3 kann Weiß seinem Gegner auch den zweiten Läufer abjagen, so dass es zum Kampf 2 Läufer gegen 2 Springer kommen kann. In einer offenen Stellung haben dann tendenziell die Läufer einen Vorteil, in einer geschlossenen kann es andersherum sein.

B) Vor einem materialistischen Denken in der Richtung 10...♗xf3 11.♗xf3 ♘xc4? sollte Schwarz sich hüten, weil es ihn schnurstracks in Nachteil bringt. Zwar ist ♗g4xf3 die vorgesehene Antwort auf h2–h3, nicht aber ein Mittel zur Erringung eines Materialvorteils. Schon nach 12.♗g4 wird deutlich, dass er wenig Freude an seinem Mehrbauern haben wird.

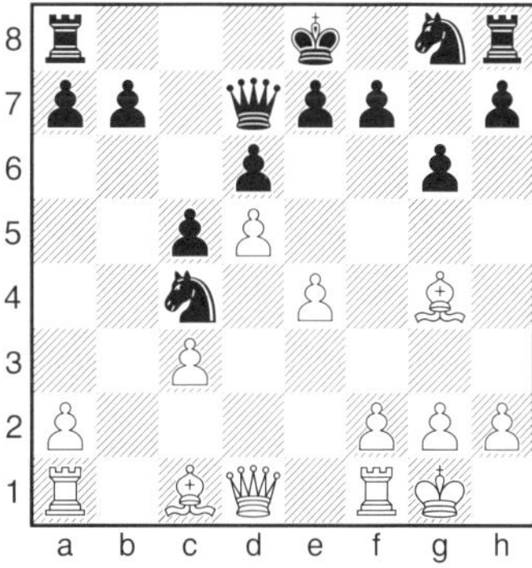

Die angegriffene Dame darf die Diagonale a4–e8 nicht verlassen, da sonst ♕d1–a4+ zum Springerverlust führt.

12...f5

(12...♕b5 13.♗e2 ♕a6 14.♕b3 b5 15.a4+–)

Nach 13.exf5 ♘f6 14.♗e2 ♘b6 15.fxg6+– steht Schwarz vor dem Trümmerhaufen seiner Stellung.

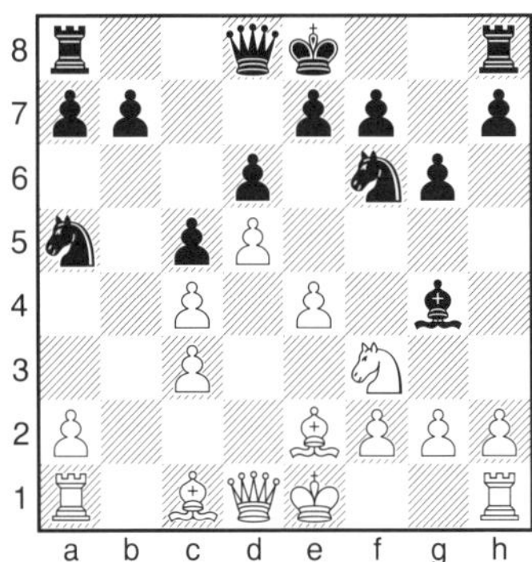

10.♕a4+

Auf diese Weise will Weiß den flexiblen schwarzen Aufbau stören. Andere Züge, beispielsweise 10.♘d2 und 10.e5, sind ungefährlich. Dies bestätigen auch die folgenden kurzen und nicht besonders kommentierten Varianten.

– 10.♘d2 ♗xe2 11.♕xe2 ♕d7

– Nach 10.e5 ♗xf3 11.exf6 ♗xe2 12.♕xe2 ♔d7 findet der schwarze König einen guten Platz auf dem Damenflügel.

10...♗d7 11.♕c2

Nun kann Schwarz mit ...

11...♕c7

... die lange Rochade vorbereiten.

12.0–0 0–0–0

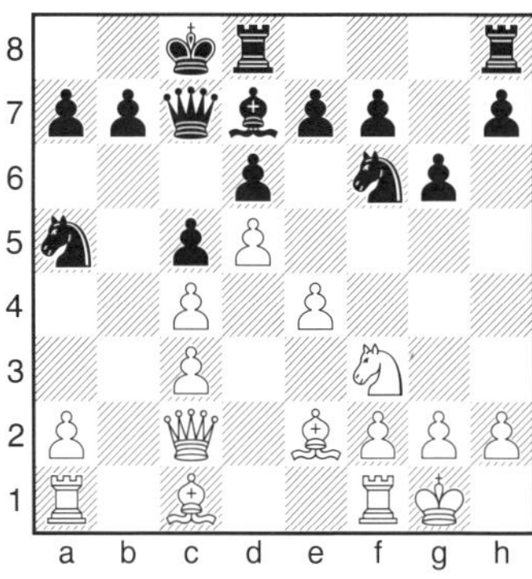

Die entgegengesetzten Rochaden verleihen der erreichten Stellung einen zweischneidigen Charakter, der die beiderseitigen Aussichten einer klaren Einschätzung entzieht.

Zusammenfassung: In diesem System ist die Entwicklung nach 3...g6 eine gute Lösung für Schwarz. In zahlreichen Varianten spielt Weiß zunächst eine aktivere Rolle, wobei sich Schwarz aber gute Konterchancen sichern kann.

Mit der Wahl von 7...♗xf3 statt unseres Hauptzuges 7...♗xc3+ kann er Weiß auf ein bisher noch wenig erforschtes Terrain locken, verbunden mit einem interessanten Kampf zwischen 2 Springern und 2 Läufern.

Quellenverzeichnis

Bücher:

Hansen, C., The Full English Opening, New In Chess 2018

Konikowski, J.: Eröffnungen – richtig gespielt, 6. Auflage, Joachim Beyer Verlag 2020

Konikowski, J.: Schnellkurs der Schacheröffnungen, 9. Auflage, Joachim Beyer Verlag 2023

Konikowski, J./Bekemann, U.: Eröffnungen – Damengambit (lesen-verstehen-spielen), Joachim Beyer Verlag 2020

Konikowski, J./Bekemann, U.: Eröffnungen – Königsindische Verteidigung (lesen-verstehen-spielen), Joachim Beyer Verlag 2019

Konikowski, J./Bekemann, U.: Eröffnungen – Sizilianische Verteidigung (lesen-verstehen-spielen), Joachim Beyer Verlag, 2. Auflage 2022

Marin, M.: Großmeister-Repertoire, Die Englische Eröffnung, Band 3, Quality Chess 2010/2011

Datenbanken und elektronische Bücher:

ChessBase 17

Mega Database 2024

Fernschach-CD (Herbert Bellmann) 2023

Periodika:

Rochade Europa

ChessBase Magazin

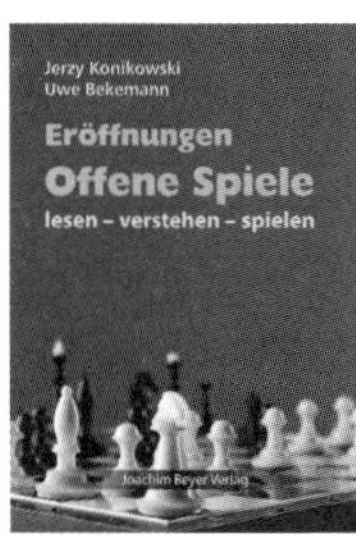

Jerzy Konikowski / Uwe Bekemann

Eröffnungen – Offene Spiele

lesen – verstehen – spielen

168 Seiten, gebunden, Leseband

Mit diesem Buch erhält der Schachfreund ein Werk, das einen auf ihn zugeschnittenen leichten Einstieg in das schwierige und umfassende Umfeld der Eröffnungstheorie ermöglicht. Dabei ist es ohne Bedeutung, ob er sich wenig oder noch gar nicht mit der Eröffnungstheorie des Schachspiels befasst hat.

Die hinter den einzelnen Eröffnungen und Spielweisen stehenden Ideen und Pläne werden ausführlich erklärt. Der Leser soll die Chance erhalten, die jeweilige Eröffnung richtig zu verstehen und diese nicht nur mit auswendig gelernten Zugfolgen abzuspulen. Selbst der einzelne Zug wird nach Sinn und Zweck erläutert, wenn diese nicht ganz offensichtlich ist.

Mit den Kenntnissen, die sich sicher der Leser mit diesem Buch verschafft, wird es ihm ein Leichtes gut in seine praktische Partie zu kommen und ein interessantes, unterhaltsames wie auch den Erfolg versprechendes Schach spielen zu können.

Das zugleich vorgestellte Repertoire deckt die anerkannten bzw. als spielbar geltenden Eröffnungen im Bereich der „Offenen Spiele“ ab.

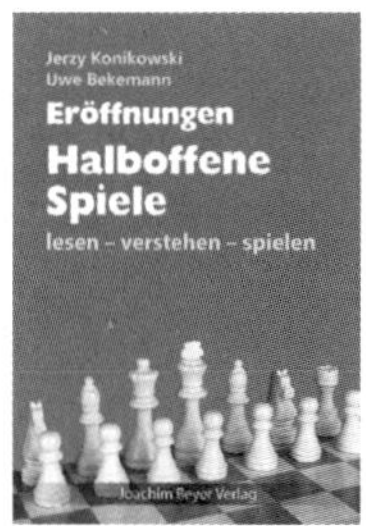

Jerzy Konikowski / Uwe Bekemann

Eröffnungen – Halboffene Spiele

lesen – verstehen – spielen

258 Seiten, gebunden, Leseband

Hier ist ein Buch, das für den Bereich der Halboffenen Spiele wie beispielsweise die Französische Verteidigung und die Caro-Kann-Verteidigung Erklärungen und Anleitungen gibt und nicht auf ein Studium von Varianten setzt.

Mit diesem Buch erhält der Schachfreund ein Werk, das einen auf ihn zugeschnittenen leichten Einstieg in das schwierige und umfassende Umfeld der Eröffnungstheorie ermöglicht. Dabei ist es ohne Bedeutung, ob er sich wenig oder noch gar nicht mit der Eröffnungstheorie des Schachspiels befasst hat.

Die hinter den einzelnen Eröffnungen und Spielweisen stehenden Ideen und Pläne werden ausführlich erklärt. Der Leser soll die Chance erhalten, die jeweilige Eröffnung richtig zu verstehen und diese nicht nur mit auswendig gelernten Zugfolgen abzuspulen. Selbst der einzelne Zug wird nach Sinn und Zweck erläutert, soweit er für das Verständnis wichtig ist.

Mit den Kenntnissen, die sich der Leser mit diesem Buch verschafft, wird es ihm ein Leichtes sein, gut in seine praktische Partie zu kommen und ein interessantes, unterhaltsames wie auch den Erfolg versprechendes Schach spielen zu können.

Das zugleich vorgestellte Repertoire deckt die anerkannten bzw. als spielbar geltenden Eröffnungen im Bereich der „Halboffenen Spiele" (ohne die Sizilianische Verteidigung, die in einem eigenen Band behandelt wird) ab und bietet zugleich die eine oder andere neue Idee an, die auch einen erfahrenen Spielpartner überraschen kann.

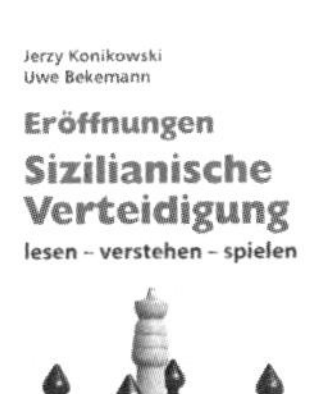

Jerzy Konikowski / Uwe Bekemann

Eröffnungen – Sizilianische Verteidigung

lesen – verstehen – spielen

160 Seiten, gebunden, Leseband

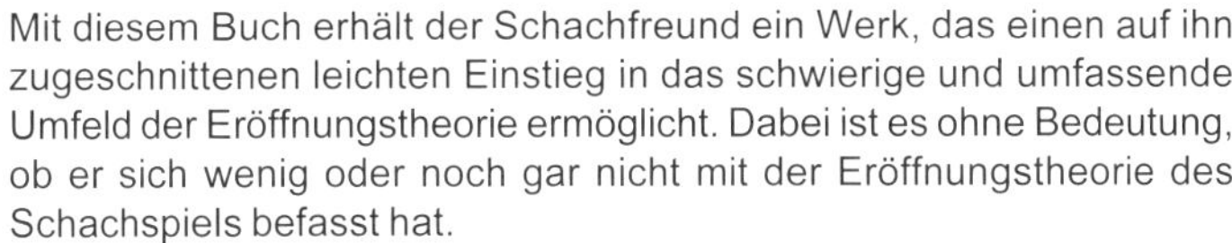
Mit diesem Buch erhält der Schachfreund ein Werk, das einen auf ihn zugeschnittenen leichten Einstieg in das schwierige und umfassende Umfeld der Eröffnungstheorie ermöglicht. Dabei ist es ohne Bedeutung, ob er sich wenig oder noch gar nicht mit der Eröffnungstheorie des Schachspiels befasst hat.

Die hinter den einzelnen Systemen der Sizilianischen Verteidigung stehenden Ideen und Pläne werden ausführlich erklärt. Der Leser soll die Chance erhalten, die jeweilige Spielweise richtig zu verstehen und diese nicht nur mit auswendig gelernten Zugfolgen abzuspulen. Selbst der einzelne Zug wird nach Sinn und Zweck erläutert, soweit dies nicht ganz offensichtlich ist.

Mit den Kenntnissen, die sich der Leser mit diesem Buch verschafft, wird es ihm leichtfallen, gut in seine praktische Partie zu kommen und ein interessantes, unterhaltsames wie auch den Erfolg versprechendes Schach zu spielen.

Zugleich geben die Autoren dem Leser ein Grundrepertoire für Weiß und für Schwarz an die Hand, das die wichtigsten Linien der Sizilianischen Verteidigung enthält.

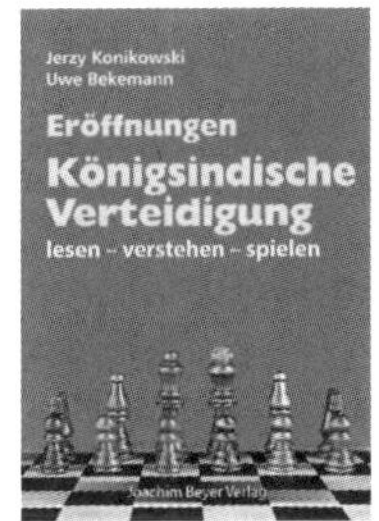

Jerzy Konikowski / Uwe Bekemann

Eröffnungen – Königsindische Verteidigung

lesen – verstehen – spielen

280 Seiten, gebunden, Leseband

Mit diesem Buch erhält der Schachfreund eine Grundlage, die einen auf ihn zugeschnittenen leichten Einstieg in das schwierige und umfassende Umfeld der Eröffnungstheorie ermöglicht. Dabei ist es ohne Bedeutung, ob er sich wenig oder noch gar nicht mit der Eröffnungstheorie des Schachspiels befasst hat.

Die hinter den einzelnen Systemen der Königsindischen Verteidigung stehenden Ideen und Pläne werden ausführlich erklärt. Der Leser soll die Chance erhalten, die jeweilige Spielweise richtig zu verstehen und diese nicht nur mit auswendig gelernten Zugfolgen abzuspulen. Selbst einzelne Züge werden nach Sinn und Zweck erläutert, soweit diese nicht ganz offensichtlich sind.

Mit den Kenntnissen aus diesem Buch wird es dem Leser leicht fallen, gut in seine praktische Partie zu kommen, um auf dieser Grundlage interessantes, unterhaltsames und Erfolg versprechendes Schach zu spielen.

Zugleich geben die Autoren dem Leser ein Grundrepertoire für Weiß und für Schwarz an die Hand, das die wichtigsten Systeme und Varianten der Königsindischen Verteidigung enthält.

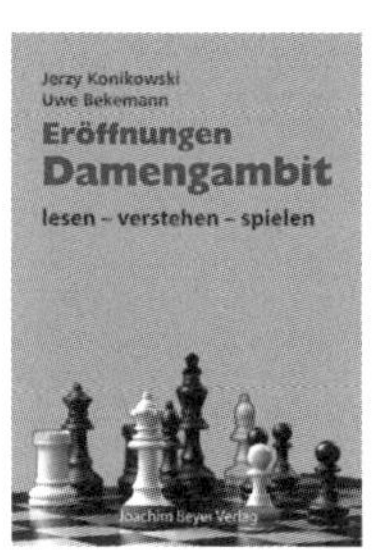

Jerzy Konikowski / Uwe Bekemann

Eröffnungen – Damengambit

lesen – verstehen – spielen

320 Seiten, gebunden, Leseband

Was braucht der Schachspieler, wenn er die Spielregeln beherrscht, aber in zu vielen Partien bereits in der Eröffnungsphase in Schwierigkeiten gerät? Diese Frage stand im Mittelpunkt, als unsere Autoren dieses Buch über das Damengambit geschrieben haben.

Hier ist ein Werk, das nach 1.d4 d5 2.c4 ein facettenreiches System sehr unterschiedlicher Spielweisen, die teilweise zu den beliebtesten im Turniergeschehen zählen, von Grund auf erklärt. Selbst der einzelne Zug wird nach Sinn und Zweck erläutert, soweit dies nicht ganz offensichtlich ist. Der Leser erhält die Chance, die Theorie des Damengambits ohne besondere Vorkenntnisse richtig zu verstehen, um so gut in seine praktische Partie zu kommen und erfolgreich ein interessantes und unterhaltsames Schach zu spielen.

Zugleich geben unsere Autoren dem Leser ein Grundrepertoire für Weiß und für Schwarz an die Hand, das die wichtigsten Linien des Damengambits inklusive der Slawischen Verteidigung enthält.

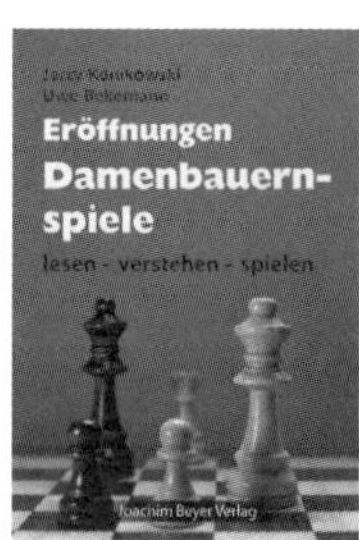

Jerzy Konikowski / Uwe Bekemann

Eröffnungen – Damenbauernspiele

lesen – verstehen – spielen

352 Seiten, gebunden, Leseband

Mit diesem Werk verschafft sich der Leser den Zugang zu heutzutage sehr populären Systemen wie u.a. dem Trompowsky-Angriff und dem Londoner System, zu Überraschungswaffen wie beispielsweise der Weressow-Eröffnung und auch zu Spielweisen wie dem Blackmar-Diemer-Gambit, die aufgrund einer langjährigen treuen Anhängerschaft eine ganz eigene Aura umgibt.

Die Hauptsysteme werden jeweils in einem der 11 Kapitel im Buch vorgestellt, die getreu dem Leitfaden dieser Buchreihe „lesen – verstehen – spielen" gestaltet sind.

Die Eröffnungen werden ausführlich erläutert, wobei die Autoren einen besonderen Wert auf die Darstellung der Ideen und Pläne gelegt haben, denen sie folgen. Der Leser soll die Chance erhalten, die jeweilige Eröffnung richtig zu verstehen und diese nicht nur mit auswendig gelernten Zugfolgen in einer eigenen Partie abzuspulen. Selbst der einzelne Zug wird nach Sinn und Zweck erläutert, soweit er für das Verständnis wichtig ist.

Mit den Kenntnissen, die sich der Leser mit diesem Buch verschafft, wird es ihm ein Leichtes sein, die behandelten Damenbauernspiele mit den weißen wie mit den schwarzen Steinen sinnvoll anzuwenden. Das Werk bietet zugleich die eine oder andere neue Idee an, die auch einen erfahrenen Spielpartner überraschen kann und interessante, unterhaltsame wie auch spannende Duelle verspricht.